高等院校互联网+新形态教材·经管系列(二维码版)

公共经济学
(微课版)

聂永有　编　著

清华大学出版社
北　京

内 容 简 介

本书致力于将西方经济学理论用于研究政府部门的经济活动,主要根据"市场失灵"和"政府失灵"这两条主线进行内容选择。关于市场失灵的论述,以外部性和公共产品为主要内容,介绍了自由竞争性市场经济的缺失和不足,需要政府进行必要的干预和调节。关于政府失灵,则以公共选择、政府规制和政府财政收支(税收、公债和公共支出、财政政策)及再分配(社会保障)为主要内容展开论述,分析政府经济活动中的权力行使应该坚守的边界和越权行使可能带来的社会福利的损失,强调尊重市场经济规律的重要性。

本书可作为经济学和公共管理等相关专业本科生的教材,也可作为经济管理、工商管理及公共管理硕士生的教材。

本书封面贴有清华大学出版社防伪标签,无标签者不得销售。
版权所有,侵权必究。举报: 010-62782989, beiqinquan@tup.tsinghua.edu.cn。

图书在版编目(CIP)数据

公共经济学: 微课版/聂永有编著. —北京: 清华大学出版社,2021.10(2022.8重印)
ISBN 978-7-302-58282-3

Ⅰ. ①公… Ⅱ. ①聂… Ⅲ. ①公共经济学—高等学校—教材 Ⅳ. ①F062.6

中国版本图书馆 CIP 数据核字(2021)第 105886 号

责任编辑:	梁媛媛
装帧设计:	李 坤
责任校对:	张彦彬
责任印制:	朱雨萌
出版发行:	清华大学出版社
网 址:	http://www.tup.com.cn, http://www.wqbook.com
地 址:	北京清华大学学研大厦 A 座　　邮 编: 100084
社 总 机:	010-83470000　　邮 购: 010-62786544
投稿与读者服务:	010-62776969, c-service@tup.tsinghua.edu.cn
质量反馈:	010-62772015, zhiliang@tup.tsinghua.edu.cn
课件下载:	http://www.tup.com.cn, 010-62791865
印 装 者:	三河市君旺印务有限公司
经 销:	全国新华书店
开 本:	185mm×260mm　　印 张: 17.5　　字 数: 426 千字
版 次:	2021 年 9 月第 1 版　　印 次: 2022 年 8 月第 2 次印刷
定 价:	56.00 元

产品编号: 075701-01

编 委 会

聂永有 (上海大学经济学院教授)

卢正刚 (上海大学经济学院副教授)

朱　婷 (上海大学经济学院副教授)

李　靖 (上海大学经济学院副教授)

王静华 (上海大学经济学院教师)

陶新桂 (上海大学经济学院教师)

刘亚洲 (上海大学经济学院教师)

刘　奎 (上海大学经济学院教师)

前　言

"公共经济学"作为一门研究政府和市场关系的课程，其理论随着西方经济思想的不断发展而逐步形成，最初的渊源要追溯到英国古典经济学家对于财政和税收的相关论述。19世纪80年代，意大利、挪威和瑞典等学者在此基础上进一步丰富了关于公共支出理论的研究，特别是随着20世纪30年代富兰克林·罗斯福对凯恩斯经济学思想的大胆运用并收到显著效果的实践，使得政府部门对市场经济管理活动的科学性和规律性的运用在全社会得到更多的认同，相关经济学理论得到了政府部门更多的关注和运用，越来越多的经济学家成为政府官员的顾问和智囊。政府政策(尤其是财政政策)得到相关经济学思想更多的支撑和指导，也促使越来越多的学者开始用经济学理论研究公共管理中遇到的问题。例如，詹姆斯·布坎南提出的公共选择理论开拓了经济学理论解释和分析政治选举、政治家动机和行为选择的新方向；埃莉诺·奥斯特罗姆提出的经济治理理论认为以往公共事务的解决要么依靠政府要么依靠市场作为选择的思维和方法是有问题的，并提出通过自治组织管理公共物品的新思路。这两位学者都因此获得了诺贝尔经济学奖。正是在许许多多学者的持续努力下，公共经济学作为一门独立的课程体系，其内容才日益丰富和成熟，国内外高校纷纷将这门课程作为经济学和公共管理专业学生的必修课程。也正是在此背景下，我们也在获得多年教学实践经验的基础上编撰了这本教材。

本书结合西方公共经济学经典理论的框架脉络，按照市场和政府二分法，围绕市场失灵和政府失灵这两大基本问题展开阐述。在具体的章节安排上，第一章导论，主要介绍了公共经济学的主要特点和在中国改革开放实践中产生的巨大作用，让读者对公共经济学的实际应用价值有一定的了解，从而激发大家的学习兴趣；第二、第三章主要围绕市场失灵来展开，就市场的外部性和市场在提供公共产品的不足方面进行理论分析和实际探讨；第四、第五章则围绕政府失灵问题进行阐述，分析政府的权力产生方式和运行特点往往导致政府政策目标难以达成，政府规制会被利益集团所操控等问题；后面第六章至第十章主要介绍了政府收入(税收和公债)的筹集和支出的管理如何能够达成社会福利的最大化，财政政策如何根据经济发展状况的不同进行调整，如何通过社会财富的二次分配来建立和国家经济发展水平相适应的社会保障，从而实现公众个人利益和社会公共利益的协调平衡。

本书面向的主要读者是具有微观经济学和宏观经济学基础的经济学专业和公共管理专业本科生，为了便于大家对教材知识的把握，在力求做到通俗易懂之外，我们还在每章的末尾附上了相关案例，提供了相关练习题，也在相关章节讨论了该领域的一些学术热点问题，为大家进一步的研究性学习提供指引。

本书是在借鉴众多国内外相关教材的基础上编撰而成的，作者均为上海大学经济学院的一线教师。具体分工如下：由聂永有教授担任第一作者并负责全书的策划和总体设计，卢正刚副教授、朱婷副教授分别担任第二作者和第三作者，其中卢正刚副教授负责编写第一、第十章，朱婷副教授负责编写第四、第五章；此外，李靖副教授、王静华老师、陶新桂老师也参与了本书的编写，其中李靖副教授负责编写第六、第九章，王静华老师负责编写第二、第三章，陶新桂老师负责编写第七、第八章；刘亚洲老师、刘奎老师对全书进行了认真的校对。

在这里，要特别感谢清华大学出版社的黄东林老师，是黄老师的最初提议，才有了本书的撰写计划，黄老师为本书的出版做了大量的前期工作。同时，还要感谢本书的责任编辑梁媛媛老师，梁老师在本书出版过程中认真负责，兢兢业业，为我们提供了很多好的意见和建议，对本书的顺利出版做出了重要的贡献。对两位老师的辛勤付出，我们深表谢意。同时还要感谢所有在本书写作和出版过程中提供支持和帮助的各位同事和朋友。

历经两年多的反复修改，呈现在广大读者面前的这本《公共经济学(微课版)》仍会有诸多的不足和错漏之处，敬请广大读者和同仁不吝赐教。

编　者

目 录

第1章 导论 ... 1
  1.1 公共经济学概述 ... 1
    1.1.1 公共经济学的概念 ... 1
    1.1.2 公共经济学的特征 ... 1
  1.2 公共经济学的基本理论体系 ... 3
  1.3 公共经济学在中国的发展与升华 ... 3

第2章 外部性 ... 7
  2.1 外部性理论发展过程回顾 ... 7
    2.1.1 外部性理论的初步形成时期(1890—1920年) ... 7
    2.1.2 外部性理论的拓展时期(1920—1999年) ... 8
    2.1.3 外部性理论的实践运用(1960年至今) ... 11
  2.2 外部性类别及其效应分析 ... 12
    2.2.1 外部性的效应及外部性存在的条件 ... 12
    2.2.2 产生正负效应的外部性分类及其效应分析 ... 13
    2.2.3 外部性的耗竭性 ... 17
  2.3 外部性内在化 ... 19
    2.3.1 外部性内在化的含义 ... 19
    2.3.2 负外部性的内在化举例 ... 19
    2.3.3 正外部性的内在化举例 ... 21
  2.4 外部性内在化的理论分析及其策略选择 ... 22
    2.4.1 外部性内在化的理论分析 ... 23
    2.4.2 策略选择 ... 23
  2.5 外部性理论的运用 ... 26
    2.5.1 庇古税 ... 26
    2.5.2 产权 ... 27
  复习思考题 ... 32

第3章 公共产品 ... 33
  3.1 公共产品的界定 ... 33
    3.1.1 私人产品 ... 33
    3.1.2 公共产品 ... 34
    3.1.3 公共产品的识别 ... 35
    3.1.4 公共产品的分类 ... 36
  3.2 公共产品的供给分析 ... 39
    3.2.1 公共产品的供给方式 ... 39
    3.2.2 公共产品的私人供给 ... 40
  3.3 公共产品的需求分析 ... 43
    3.3.1 公共产品的消费特征 ... 43
    3.3.2 纯公共产品的需求分析 ... 45
  3.4 公共产品的均衡分析 ... 46
    3.4.1 庇古均衡 ... 46
    3.4.2 萨缪尔森局部均衡 ... 48
    3.4.3 一般均衡 ... 49
    3.4.4 林达尔均衡 ... 50
  3.5 公共产品的社会效应分析 ... 51
    3.5.1 纯公共产品 ... 51
    3.5.2 俱乐部产品 ... 52
    3.5.3 公共资源 ... 55
    3.5.4 混合产品 ... 56
  3.6 公共产品的其他非政府供给 ... 57
    3.6.1 授予经营权 ... 57
    3.6.2 经济资助 ... 58
  复习思考题 ... 62

第4章 公共选择 ... 63
  4.1 公共选择理论概述 ... 63
    4.1.1 公共选择理论产生的背景 ... 63
    4.1.2 公共选择理论的形成过程 ... 64
    4.1.3 公共选择理论的前提 ... 65
    4.1.4 公共选择理论的主流学派 ... 66
  4.2 投票理论 ... 68
    4.2.1 偏好显示与公共选择 ... 68
    4.2.2 直接民主制下的投票选择 ... 69
    4.2.3 代议民主制下的投票选择 ... 73
  4.3 寻租理论和腐败治理 ... 75

4.3.1　寻租理论 75
　　4.3.2　腐败治理 78
复习思考题 84

第5章　政府规制 85

5.1　政府规制概述 85
　　5.1.1　政府规制的含义 85
　　5.1.2　政府规制的分类 86
　　5.1.3　政府规制的主要形式 86
5.2　政府规制相关理论 88
　　5.2.1　政府规制的理论依据 88
　　5.2.2　政府规制的成本——
　　　　　收益分析理论 90
5.3　政府规制改革理论与实践 92
　　5.3.1　政府规制失灵 92
　　5.3.2　政府规制改革的路径 94
　　5.3.3　各国政府规制改革实践 96
复习思考题 106

第6章　税收原理和制度 107

6.1　税收：公共收入的重要形式 107
　　6.1.1　公共收入及其原则 107
　　6.1.2　税收概述 109
　　6.1.3　税收是政府取得公共收入的
　　　　　最佳形式 114
6.2　税收原则 115
　　6.2.1　税收原则的演变 115
　　6.2.2　税收的公平原则 119
　　6.2.3　税收的效率原则 123
6.3　税收制度 125
　　6.3.1　税种分类 125
　　6.3.2　基于课税对象的税收制度 128
6.4　税制结构的设计 133
　　6.4.1　税种的配置 133
　　6.4.2　税率的选择 135
6.5　税收的转嫁与归宿 135
　　6.5.1　税收转嫁与税收归宿概述 135
　　6.5.2　税收转嫁的局部均衡分析 137
　　6.5.3　商品课税归宿的局部均衡
　　　　　分析 143

复习思考题 151

第7章　公债 152

7.1　公债概述 152
　　7.1.1　公债的含义 152
　　7.1.2　公债的产生与发展 153
　　7.1.3　公债的功能与作用 154
7.2　公债的种类 155
　　7.2.1　公债的分类 155
　　7.2.2　公债种类的设计原则 157
7.3　公债理论 158
　　7.3.1　早期公债有害论 158
　　7.3.2　公债有益论 160
　　7.3.3　现代的公债有害论 163
　　7.3.4　马克思、恩格斯的公债
　　　　　理论 164
7.4　公债的发行与偿还 165
　　7.4.1　公债发行 165
　　7.4.2　公债本金偿还与付息方式 167
　　7.4.3　公债偿还资金来源 168
7.5　公债的经济效应 169
　　7.5.1　公债效应的研究方法 169
　　7.5.2　公债对财政收支的影响 171
　　7.5.3　公债对货币供给的影响 172
　　7.5.4　公债对总供给和总需求的
　　　　　影响 175
　　7.5.5　公债对收入分配的影响 177
复习思考题 183

第8章　公共支出 184

8.1　公共支出概述 184
　　8.1.1　公共支出的分类 184
　　8.1.2　公共支出的原则 186
8.2　公共支出的规模扩展与结构演变 188
　　8.2.1　公共支出的规模扩展 188
　　8.2.2　公共支出的结构演变 189
　　8.2.3　公共支出规模扩展与结构
　　　　　演变的理论解释 190
　　8.2.4　我国公共支出的规模与结构 .. 192
8.3　购买性支出与转移性支出 194

目录

  8.3.1 购买性支出 194
  8.3.2 转移性支出 197
 8.4 公共支出的预算与评估 199
  8.4.1 公共支出的预算 199
  8.4.2 公共支出的评估——
     成本-收益分析 201
 复习思考题 206

第9章 财政政策 207

 9.1 财政政策概述 207
  9.1.1 财政政策的含义及分类 207
  9.1.2 财政政策的目标 209
  9.1.3 财政政策的手段 211
 9.2 国民收入的决定与财政政策乘数 .. 214
  9.2.1 国民收入的决定 214
  9.2.2 财政政策乘数 216
 9.3 选择性财政政策 218
  9.3.1 选择性财政政策的作用
     机制 219
  9.3.2 扩张性财政政策 220
  9.3.3 紧缩性财政政策 222
 9.4 非选择性财政政策 223
  9.4.1 内在稳定器的含义 223
  9.4.2 内在稳定器的效应 223
 9.5 财政政策和货币政策的搭配 225
  9.5.1 货币政策与财政政策的区别 .. 225
  9.5.2 财政政策和货币政策搭配的
     必要性 226
  9.5.3 财政政策和货币政策的配合
     模式 227
 复习思考题 231

第10章 社会保障制度 232

 10.1 社会保障概述 232
  10.1.1 社会保障的含义 232
  10.1.2 社会保障的内容 234
  10.1.3 社会保障的功能 241
 10.2 社会保障的主要模式 242
  10.2.1 社会保险型模式 242
  10.2.2 福利国家型模式 243
  10.2.3 强制储蓄型模式 243
  10.2.4 国家保险型模式 244
 10.3 中国社会保障制度的发展过程、
   目前管理体制和发展水平 244
  10.3.1 新中国成立后到改革
     开放前计划经济阶段 244
  10.3.2 改革开放后社会保障制度的
     建设阶段 245
  10.3.3 我国现行的社会保障管理
     体制及其发展水平 246
 10.4 对欧洲发达国家社会保障制度的
   借鉴与思考 252
  10.4.1 欧洲社会保障制度的现状 252
  10.4.2 欧洲高福利的负面作用 253
 10.5 中国社会保障制度的发展方向 255
  10.5.1 量力而行，做好"补短板"
     工作 255
  10.5.2 控制规模，避免"养懒汉"
     后果 256
 复习思考题 265

参考文献 266

扫一扫,观看"导论"微课视频。

第 1 章 导论

公共经济学是研究公共部门经济行为规律的一门学科,不同于公共管理学,公共经济学尝试将经济学的相关理论和方法作为基本的分析工具来分析公共部门的经济行为的规律。本章我们主要介绍公共经济学的基本内涵、主要特征、分类和学科架构,并探析公共经济学对中国改革开放的促进作用,以及中国经济快速增长过程中的政府行为对公共经济学理论所带来的新发展。这不但可以为我们认识中国经济奇迹背后的经济规律和发展逻辑提供思路,同时也可以为中国经济的进一步发展提供一些理论解释。

1.1 公共经济学概述

1.1.1 公共经济学的概念

"公共经济"一词,是由"公共"和"经济"两个词汇构成的,"公共"是相对于"私人"而言的,指的是涉及众人之事,而众人之事就涉及组织与管理的问题,即与公共部门和公共权力有关。因此,"公共经济"常被解释为政府部门的经济行为,而"公共经济学"也因此被理解为一门从经济学视角研究公共部门经济管理职能和作用的学科。换言之,公共经济学是一门以公共部门经济活动规律性为主要研究对象的学科。

由于在政府经济活动中的财政收入和支出等数据最容易以数字形式直接表现出来且易于计量,因此也最为经济学者所喜爱,所以在很多经济学者眼中,公共经济学常被称为公共财政学。但实际上公共经济学涉及的范围更加广泛,含义更为深远,其包含的某些研究领域,如公共选择、社会保障等,都不属于公共财政学所涵盖的内容,所以不能将公共经济学简单地看成公共财政学。也有学者称其为政府经济学或公共部门经济学,但公共经济学这一名称近年来得到了越来越多学者的认同,逐渐成为经济学界的共识。

1.1.2 公共经济学的特征

公共经济学作为一门研究公共部门经济活动规律的学科,可以归纳出以下几个特征。

1. 宏观性

由于公共部门经济行为的影响非常广泛，如产业的规划和引导、外资的引进、义务教育和医疗保险的提供、税收的减免、房地产市场的管理等，这些都涉及全体或绝大多数个人、家庭或企业，而不是仅仅针对某单一个体或者特定群体的微观市场经济活动，其产生的影响往往是巨大的和深远的。例如，中国改革开放早期苏南地方政府对社队企业的宽容和扶持，为以后当地乡镇企业的大规模扩张和繁荣奠定了基础，也因此才有了后来大量农业人口的就地转移。如果没有起初苏南地方政府的支持，就没有后来全国乡镇企业的大发展，没有各地政府彼此之间的学习、竞争和中央政府的因势利导，就没有后来劳动密集型工业的快速发展。正是从地方政府的宽容扶持到中央政府的因势利导，才开始了我国多种所有制经济并存的格局，而这些政府经济行为正是公共经济学的研究对象。由此可见，政府经济行为的影响不是细节和局部的，而是广泛而深远的，所以说公共经济学具有显著的宏观性特点。

2. 实践性

公共经济学可以说是经济学与公共管理学的交叉学科，作为一门新兴的学科，它更注重以宏观和微观经济学的理论和方法作为指导思想来处理市场失灵和政府失灵的问题，一方面积极发挥政府规划和计划的作用，防止越权干预市场；另一方面也反对以尊重市场为名，在市场遇到难以解决的问题时不能果断出击，主动填补市场功能的缺位。中国改革开放取得的巨大成就，实际上既是发挥市场经济机制作用的结果，也是对公共经济学理论的一种运用。改革开放以来，中国政府始终坚持实践是检验真理的唯一标准，强调实事求是，根据中国国情进行发展道路的选择，尊重广大人民群众的创新精神，从对农村联产承包责任制予以承认和推广，到后面的乡镇企业的发展、国有企业的改革、经济特区的成立、民营经济的不断扩张、外资大规模的引进，拉开了改革开放的序幕，逐渐走出了计划经济的藩篱，走上了社会主义市场经济的道路，这些都是尊重市场规律的体现。这些发展过程中所取得的成果也不断推动着中国改革开放的深入，而中国政府在此过程中并没有像美国政府那样满足于早期"守夜警察"的角色，而是充分发挥政府的引导作用，如招商引资，推动高速公路、高速铁路等基础设施建设，鼓励房地产开发等，快速推进工业化和城市化的进程。尽管这其中有不少面子工程和负面影响，但是，不管是著名经济学家张五常总结的"县际竞争"理论，还是其他学者总结的"城投公司"的发展经验，都充分肯定了中国政府在此过程中所发挥的重要作用，而不仅仅是科斯(Ronald H. Coase)和王宁在《变革中国》一书中所说的中国政府只是尊重了市场规律，让四大"边缘力量"发挥了市场的作用，才有了中国今天的发展成果，这种说法是对中国政府创造性作用的一种否定。如果真是这样，那么印度的发展应该超过中国，而不是被中国远远抛在后面。因此，公共经济学是一门实践性很强的学科，它绝对不是教条主义的产物，它强调将理论和实践更好地结合起来，才能得到不断发展和创新。

3. 涉及学科的多样性

正如前文所言，公共经济学不仅是对经济学专业的财政学课程名称的改变，而且还是一个多学科综合形成的交叉学科，从广泛意义上说是经济学和政治学的结合，具体来说更多地表现为财政学和公共管理学的结合。当然，它还涉及宏观经济学和微观经济学的内容，除了经济学之外,伦理学、社会学和社会保障学部分的内容也属于它的研究范畴。

4. 研究空间的扩展性

现有公共经济学的研究内容似乎是围绕财政学展开的,其研究内容仍有很大的伸展空间,不仅可以包含公共产品、公共选择、财政收入和支出等领域,而且可以扩展到很多边缘领域,如社会保障和民主的关系、政府主导和自由市场竞争的边界、国有企业的作用与其行为的边界等。特别是结合中国发展实际进行政府功能的再思考,包括对中国改革开放经验的理论总结等,都是公共经济学的重要内容。这些相关研究不但可以在一定程度上预测中国未来的发展,也可以为世界上其他发展中国家提供经验借鉴。

1.2 公共经济学的基本理论体系

对于公共经济学教材的结构体系而言,现有教材情况千差万别,编者们更多的是基于自身原有的学科背景和教学实践,提出自己的理论架构。这些理论体系的共同点是把公共部门(主要是政府)的经济活动作为研究对象,围绕公共产品和公共选择这两个基本原理为重点,然后延伸到政府财政收入、支出与收入再分配等内容,如税收、预算、公债和支出等相关理论。绝大多数教材以此为基本架构,然后做部分添加和修改,或将侧重点稍作改变。

本教材的体系与上述教材基本保持一致,主要是以政府的经济活动为研究对象,在介绍外部性理论的基础上,介绍公共产品和公共选择这两个基本原理,进而围绕国家财政的收支来介绍税收、公债、公共支出和收入的再分配(即社会保障)等理论,并在此基础上适当延伸到政府管制和财政政策等内容。

1.3 公共经济学在中国的发展与升华

中国改革开放的实践既得益于公共经济学的理论指导,同时也促进了相关理论的发展繁荣。中国改革开放的过程是计划经济体制日渐退却、市场机制日渐活跃并渗透至各个行业和角落的过程。受西方经济学的影响,市场力量日益得到尊重并发挥着越来越重要的作用,民生需求得到市场和政府的关注,改革开放也是围绕民生起步并逐渐升级。在此过程中政府并没有退出舞台,而是换一种方式在影响和推动着社会的变革。中国改革开放的实践也确实推动了公共经济学的发展,并不断丰富着公共经济学的内涵。

长期以来,自由主义市场经济一直被西方经济学奉为圭臬,西方主流经济学家主张资源配置要发挥市场这只"看不见的手"的作用,政府不应该干预市场,而是要做好"守夜警察"的角色,虽然后来随着1929年资本主义大萧条的出现而接受了凯恩斯主义经济思想,政府加大了对市场的干涉,但随着凯恩斯主义导致的政府干预市场行为的普及,西方国家经济产生了以往少有的滞涨难题——经济停滞和通货膨胀同时出现,于是早就心怀不满的古典自由主义和新古典经济学派把这一问题的产生归罪于凯恩斯主义学派,他们更加坚信:市场和国家是二元对立的,私人和公共也是二元对立的,政府不能随便干预市场的运行。众多现代西方经济学权威对此态度一致。例如,哈耶克坚决支持市场和国家二元对立的观点,他从对新古典经济学具备完全理性和完全信息的个人假设质疑入手,认为要直面人不可能完全理性和具备完全信息的现实,才是真正的个人主义,所以哈耶克认为苏联的计划经济是不可能成功的,因为政府计划和决策不可能做到完全理性,同时也不可能掌握完备的信息作为决策依据。基于上述原因,哈耶克认为自由市场作为众多理性经济人的集合体,虽然做不到完全理性,也难以具备完全信息,但在资源配置方面相比较而言却是最优的方式。而另一经济学权威科斯的产权理论的核心观点是,经济发展离不开市场经济,而要实现市场经济的有效运转必须保持产权清晰。上述西方经济学权威的观点已经成为这个表述为"硬"性"科学"的核心前提,几乎占有数学公理似的强势地位。不仅学术界坚持此观点,在现实政治运作过程中也同样如此。美国民主党和共和党这两大政治对手尽管近些年仇怨日深,相互指责,彼此设绊,但两党的政治家们都几乎一致赞同国家绝对不该参与任何牟利性活动;并且坚持把国家和市场、公共和私人二者截然对立起来,认为只有私有企业才能从市场中赢利,政府机构不能经营营利性企业,只可以为公共服务而征税或贷款。这一点几乎从来没有受到过质疑。美国这两大政党更关注市场中的个人行为是否需要受到有效监管,以及政府关于货币供应量和就业量等宏观经济政策是否要采用凯恩斯主义经济思想。相比之下,共和党人一般认为国家干预得越少越好,应该任由市场这只"看不见的手"自我运作;而对凯恩斯主义的政府干预市场行为,民主党人持开放的态度。这是两党的主要区别,但两大政党对于国家或国营公司参与市场盈利活动都不太支持。① 比如,对于巨额的国家社会保障基金,因为观念的局限,虽然长期入不敷出,但政治家和经济学家仍然坚持认为国家社会保障基金只能购买国债而不能用于购买私有企业的股票,尽管后者的回报率历来都高于前者。而不受此观念束缚的中国政府正在不断放松对国家社保基金的限制,国家社保基金正陆续进入股市,其目的也是解决社保基金保值的问题。截然不同的做法,反映的是对政府干预市场的不同态度。

从苏联式的计划经济向市场经济转型的中国,联产承包责任制在农村取得成效后,改革的重点就从农业转向工业、从农村转向城市,城市原来的国有企业成为政府改革的重点,但由于体制僵化,以及国有企业多为学习苏联模式发展起来的重化工业企业,并且多为资本密集型的工业领域,加上就当时中国的资源禀赋来看,资本明显匮乏,劳动力资源丰富,产业结构与资源禀赋不匹配,所以国有企业改革步履艰难。而在苏南农村本不起眼的社队企业却异军突起,迅速发展壮大,不但持续多年 20%以上的增长率,还因此解决了 50%农村剩余劳动力的出路问题。"苏南模式"迅速在全国推广,成为后来经济学家文一所说的中国的第一次工业革命,而乡镇企业也被科斯称为四大边缘力量之一,代表的是民间市场力量的发展和壮大,邓小平更将乡镇企业的崛起形容为一个令人震惊的惊喜。虽然这些乡镇企业的产生不是当时的基层政府计划安排的结果,更不是中央政府的功绩,但乡镇企业的发展离不开基层政府"保姆式"的配套服务,给予市场进入资格、土地、厂房、贷款担保和税收优惠等,这些都是很多乡镇企业无法单纯靠自身力量从市场获得的,当然政府也基于利益交换的原则从中得到了税收和政绩的回报,如果这些乡镇企业真的如西方经济学家所说的"坚持私有产权不让步,不搞所谓集体经济的模糊化",可能从一开始就被政府

---

① 黄宗智. 国营公司与中国发展经验:"国家资本主义"还是"社会主义市场经济"?[J]. 开放时代,2012,(09): 8-33.

禁止了。

同样，中国的土地政策也一直为中西方经济学家所诟病，认为中国既然搞市场经济，就要按照西方经济学逻辑实行土地私有化，实行土地市场的自由交易，而中国政府一直坚持土地的集体所有制和全民所有制的原则，没有对此作出让步。对中国执政者而言，土地在中国历史上就一直关系着政权的安危，如果真如西方经济学家所言，实行土地的彻底私有化，意味着农民的土地可能很快会被大资本兼并，农民则因为失地而大规模拥挤到城市成为流民。但中国的工业化水平还无法一下子容纳这么多的失地农民，国家也没有能力为农民提供维持其生存和发展所需的社会保障，一旦失地的农民蜂拥到城市，城市就会迅速出现大量的贫民窟，印度、巴西的城市贫民窟问题就会在中国重现，而流民的大规模出现和聚集一直是中国历代政权最大的威胁，会直接导致暴力革命和政权瓦解，中国历史上这方面的教训太多了。2008年金融危机爆发时，中国受到西方危机的冲击，大量企业破产倒闭，很多农民工瞬间失业，被迫返乡，如果不是因为农村的土地为他们提供了失业后的生活保障，使他们不至于面临生存危机，其后果是难以想象的。正是因为土地的公有制，使得政府在经济发展到一定水平后能够启动房地产市场，而中国房地产市场发展到今天，尽管受到众多指责和批评，如大规模的土地征用和拆迁带来的民众利益的受损、房地产商获取市场的暴利等，这些都是不容否定的事实，但是我们必须承认，20世纪90年代以来广大民众人均居住水平短期内获得了大幅度的改善，中国人均居住面积在2016年达到26平方米，住房持有率则达到80%以上，这一数字在国际上也属于较高水平。更重要的是，民众的家庭财富随着房地产的繁荣而迅速增加，近些年凡是购房的居民，其家庭财富增加速度都赶上甚至超过了GDP的增长。而在这些房地产增值的背后是中国政府持续增加对城市基础设施等公共品的供给，如道路、桥梁、超市、学校、医院等，正是这些公共品的丰富和完善提高了区域内商品房的价值，推动了房地产的不断增值。如果没有土地的国有化，从法律上就不能通过此方式来筹集大规模公共品投资所需的足够资金，也就无法通过大规模的公共基础设施投资来有效应对2008年的金融危机。没有土地的国有化，就不能快速征用土地来将高速铁路和高速公路等基础设施从规划变为现实。印度正是因为土地的私有化，尽管有非常宏伟的建设规划，但高速公路、高速铁路等基础设施建设进展缓慢，截至2017年，印度全国高速公路只有900多千米，更没有高速铁路。因为一旦听说要建设相关工程，沿途的土地价格就会应声而涨，使得政府工程造价水涨船高至无法承受。土地私有化制度严重地阻碍了印度的发展，印度学者中正兴起一种以中国为标准的研究热潮，而中国的土地国有化政策也是印度特别羡慕中国的一点。

近年来，特别是金融危机以来，世界五百强企业中，中国企业越来越多，如2017年世界五百强中有115家中国企业，而在这些企业中，国有企业占绝大多数。虽然国有企业在一定程度上存在大而不强的现实尴尬，但对于中国这样的发展中国家，单凭民营企业自身的努力是不行的，毕竟发达国家跨国公司在其领域长期经营，积累了巨人的资本和技术优势，很多领域绝对不是中国企业短时间内能够超越的。而只有得到国家强力支撑的国有企业，才有信心和实力在相关领域与发达国家跨国公司进行竞争。比如，高铁和大飞机领域，国家的战略决策和长期投入对于这些行业企业的发展至关重要。正如学者温铁军所言，第二次世界大战以来的世界格局，就是一个"金字塔型"的国家分布，美国处于金字塔塔尖，欧洲国家和日本处于中间等级，其他发展中国家则在塔基。这些年来，除了几个阿拉伯国家因为拥有巨量石油资源的优势而获取大量财富之外，只有日本、韩国、新加坡和中国港澳台地区达到发达国家/地区水平，这更多的是欧美发达国家因为"冷战"原因而给予的支持，而其他发展中国家至今几乎没有顺利发展到发达国家水平的例子。而世界五百强长期以来主要为美日欧企业所占据，与发展中国家几乎无缘，第二次世界大战后的世界政治经济秩序完全是在美欧主导下制定的，特别是美元主导下的国际经济秩序把其他发展中国家变成了美国可以随时剪羊毛的羊群，美国通过战后的这种体制把自己变成了一个高高在上的剥削者。发展中国家要想打破这种美日欧主导的世界经济格局，单靠市场化的手段和循序渐进式地发展是难以达到与美日欧相抗衡的能力的。因此，只有从国家层面进行规划扶持，才可能有这样的能力，尤其是像中国这样的大国，不但具有最大的人口和市场优势，而且具有能够汇聚调动全国人财物等资源的制度优势，可以集中攻关、寻求突破，这是其他发展中国家所不具备的。并且，正因为国家手中控制巨大的资源，从而政府具有强大的宏观调控能力，可以有效地抵御各种经济危机，毕竟改革开放40多年来，我们并没有遇到像西方国家经常面临的经济大萧条，这是现代西方经济学无法解释的一个事实。

因此，中国改革开放以来的发展一方面不断受西方公共经济学理论的影响；另一方面，中国也用自身的发展实践不断质疑和改造着公共经济学，不断丰富和深化公共经济学理论。当然，中国的改革开放仍在继续，还面临很多困难和阻力，但随着中国经济的进一步发展，阻挠改革的深层次矛盾和障碍将不断克服，关于中国经济发展的理论总结也会不断地丰富和升华，那时来自中国的实践一定会越来越多地上升为公共经济学的理论知识，也会成为可以为其他发展中国家提供借鉴和学习的知识体系。

第2章　外部性

外部性也称外部效应，指的是没有在价格中得到反映的交易成本或效益，从而使得某些个人或厂商的经济行为在影响了第三者但并不为之承担应有成本或并未获得应有报酬的现象。

外部性可以由生产者发起，也可以由消费者发起，承受外部性的对象既可以是生产者，也可以是消费者。从外部性影响效果的性质看，可以将其分为两种类型，即正外部性和负外部性。所谓正外部性，通常是指给交易双方之外的第三者带来的未在价格中得以反映的经济效益；相反，如果给交易双方之外的第三者带来的未在价格中得以反映的成本费用，则被称为负外部性。

现实生活中，教育、消防等都会产生正外部性。教育在让当事人受益的同时无意识地进行知识传播，购买消防器材的家庭防止失火无辜累及邻居或免于受邻居失火的影响，都属于正外部性。而像厂商的废弃物，如果没有进行必要的无害化处理就排放到土壤或河流中，而影响到当地的居民土壤和用水的健康和安全，就是负外部性。

在基本了解外部性概念的基础上，本章就外部性理论发展、外部性的函数表述及外部性的纠正进行阐释。

2.1　外部性理论发展过程回顾

外部性首先是由阿尔弗雷德·马歇尔(Alfred Marshall)提出的，但解释外部性问题的理论发展体现在两个方面：一是针对企业行为的经济性方面进行的研究，二是从法律的视角来探索外部性产生的根源。也有学者对这两个方面都有研究。为了便于梳理，我们将按照时间进度回顾相关理论的发展过程。

2.1.1　外部性理论的初步形成时期(1890—1920年)

最初提出"外部经济"一词的，是英国经济学家阿尔弗雷德·马歇尔(Alfred Marshall)，

1890年他在《经济学原理》①这本书中首次使用。具体而言,马歇尔观察到一群具有分工协作关系的企业在一定空间区域集中的现象,并将其称为"地方化经济"(localization economy),这种企业的地理集中在今天称为产业集聚区。马歇尔对这种地方化经济产生的优势是这样解释的:产业的集中能够带来规模经济。原因有如下三个方面。

一是劳动力市场共享。在该集聚区大量特定产业技能的劳动者形成劳动力市场,成为劳动力"蓄水池",为该地区提供了可供选择的熟练劳动力,同时劳动者在该市场也能获得更多可供选择的工作机会。

二是产业链式供应与衔接构成了专业化的供应商市场。在这里,以资本为纽带形成了原材料、装备、能源、运输等生产要素和条件的专业化市场,降低了整个行业的平均生产成本。

三是知识外溢。集聚区内任何一家企业的知识创造、技术进步、信息传播、组织变革和更新等都会产生外溢效应,区内的其他企业能更早、更快地获得收益。

在今天,产业集聚区已经成为一种普遍的经济现象,这是外部经济的生动体现。因此可以说,外部经济就是指随着某一产业中企业规模扩大、技术进步及集聚区的行业规模扩大能够惠及其他企业和产业的效应。

虽然马歇尔首次提出并解释了外部经济,但外部经济理论的初步形成是以阿瑟·庇古(Arthur Pigou)在《福利经济学》②(1920)一书中的论证为标志的。庇古认为,增加一个单位某种产品的产量,支付的成本包括边际私人成本(marginal private cost,MPC)和边际外部成本(marginal external cost,MEC),二者之和称为边际社会成本(marginal social cost,MSC);相应地,消费该产品获得的是边际私人收益(marginal private revenue,MPR)和边际外部收益(marginal external revenue,MER),二者之和被称为边际社会收益(marginal social revenue,MSR)。其中,边际私人成本是生产者为增加单位产量而增加支付的成本,边际外部成本是生产企业之外的其他企业或居民甚至是政府为增加的单位该产品所支付的成本;边际私人收益是生产者因增加生产单位该产品后所获得的收益,边际外部收益是指生产企业之外的其他企业或居民甚至是政府因该产品增加一单位后所获得的收益。

庇古认为,如果生产者增加一单位产品,支付了边际私人成本和边际外部成本,而只收获边际私人收益,就是外部不经济;如果生产者增加一单位产品,收获了边际私人收益和边际外部收益,而只支付了边际私人成本,就是外部经济。无论外部经济还是外部不经济,都统称为外部性。由于外部性存在可能导致市场失灵,无法实现资源配置的帕累托最优,所以,庇古建议:在存在外部不经济时,每增加单位产品应该向生产者收取边际外部成本的税收;当存在外部经济时,每增加单位产品应该向生产者给予边际外部收益的补贴。

2.1.2 外部性理论的拓展时期(1920—1999年)

外部性理论的拓展体现在两个方面:一是沿着经济收益和成本本身的一贯脉络进行的拓展,具有重要影响性的人物是阿林·杨(Allyn Young)和鲍莫尔(Baumol);二是从法律视角进行的拓展,主要代表人物是奈特(Frank H. Knight)。

---

① [英]阿尔弗雷德·马歇尔. 经济学原理[M]. 刘生龙,译. 北京:中国社会科学出版社,2007.
② [英]阿瑟·庇古. 福利经济学[M]. 台北:台原出版社,1971.

1. 规模经济的经济收益和成本方面的拓展

1928 年，美国经济学家阿林·杨(Allyn Young)在《收益递增与经济进步》[①]一文中对马歇尔的规模经济进行了拓展，提出了动态外部经济的观点。杨评价道，马歇尔的规模经济的源泉来自外部经济，即产业内某一厂商规模的扩大取决于该产业的发展，也就是说，某个产业的规模增长只是表现在所有产业内技术进步等具有知识外溢效应的创新活动，而相对于小经济体，大经济体从事创新活动具有独特的优势。按照这样的逻辑推理，小经济体就没法演变成大经济体。因而，杨称马歇尔的外部经济理论是基于静态均衡视角的，具有片面性。

于是，杨提出了动态外部性的观点。他认为，在具有外部经济的领域中，存在"新产品出现→新产业诞生→新外部经济→另一新产品出现→另一新产业诞生→规模经济"自发的报酬递增循环的现象；这一现象是"市场规模→劳动分工→报酬递增"循环往复、自我演进、迂回生产机制作用的结果，从而降低了生产成本，提高了劳动效率，扩大了市场规模。在这个外部经济动态的演变过程中，报酬递增使得小经济体演变成大经济体，再进一步发展到更大规模，实现了规模经济。

与杨的拓展不同，1986 年，美国经济学家保罗·罗默(Paul M. Romer)[②]则运用竞争性动态均衡模型对马歇尔外部经济理论中的知识外溢效应进行了拓展。在这个竞争性动态均衡模型中，罗默将技术视作经济发展的内生变量，技术是知识积累的结果。知识外溢对报酬递增产生如下作用：①在知识产权保护期内，通过付费可以产生知识外溢效应；在知识产权保护期结束后，多样化的知识传播渠道可以产生更大的知识外溢效应，因此，知识的积累才是经济增长的原动力。②专业化知识产生经济增长的内部经济效应。对于产品生产中个别的、创新的、特殊化的专业知识，是激发个别企业积极投入研发资金、开发新产品、获得垄断利润等的内在动力。当专业化知识转化为社会共有的、成熟的、普遍化的一般知识时，可以使产业内所有厂商获得外部经济效应。内部经济和外部经济交互作用，使单一企业能够实现报酬递增，进而扩展成使整个产业呈现报酬递增的趋势。③知识作为经济发展的内生变量，本身产生递增收益，同时也使得资本、劳动、土地等生产要素产生递增收益，为经济的长期增长提供了条件。

1952 年，美国经济学家鲍莫尔(Baumol)在庇古外部性理论的基础上，对垄断条件下的外部性、受害者行为的外部性、社会福利与外部性等问题进行了深入研究[③]。鲍莫尔认为：①在生产要素供给和市场份额既定的条件下，随着工业规模的不断扩大，产业内任何一家厂商生产规模的扩大或缩小，都将会导致其余厂商生产成本的相应提高或降低，产生外部性；当个别厂商生产规模扩张到足以形成垄断时，会进一步加重外部性；但通过市场的细分和产品的差异化可以逐步减轻甚至消除外部性。②市场存在自发消除外部性对受害者产生影响的机制。如果外部性对受害者造成的损失可以准确评估，就会刺激和引导受害者采

---

① Allyn Young. Increasing Return and Economic Progress [J]. The Economic Journal, 1928, 38(152): 527-542.

② P M Romer. Increasing Returns and Long-run Growth [J]. The Journal of Political Economy, 1986, 94(5): 1002-1037.

③ [美]鲍莫尔. 福利经济与国家理论[M]. 北京：商务印书馆，1982.

取积极有效的自我保护措施，自动减少或消除外部性。如果通过庇古税对受害者进行补偿，那么政府的干预反而会导致被外部性影响的个人放弃积极有效的自我保护措施，不利于外部性问题的解决。因此，政府不应该干预，即既不对施害者征税，也不对受害者补偿。③共享产生外部性。当个体与其他人协作时，可以从彼此启发、帮助、合作中增加收益，获得正外部性，从而最大限度地提高个人福利。

澳大利亚华裔经济学家杨小凯、波兰德于1991年发表《经济增长的一种微观机制》[①]一文，将交易费用进一步深入分析后主张用内生交易费用(endogenous transaction cost)和外生交易费用(exogenous transaction cost)来表达，并认为所有的经济问题的本质都是交易费用问题，即节省界定产权的成本(外生交易费用)与减少产权界定不清引起的经济扭曲(内生交易费用)之间的两难冲突问题，在此基础上，杨小凯主张用交易费用替代外部性或将外部性内部化。因此，与科斯用交易费用(或交易成本，transaction cost)建模以解释产权界定的重要性不同，在交易成本为零时，是不存在外部性的，或者说外部性没有意义；如果存在外部性，那么也只是想象中的初始状态，因为交易双方通过自愿协商就可以改变外部性存在的初始状态。在交易成本为零的假设情况下，交易空间、次数、数量可以无限扩大；而事实上，在交易成本为正的现实约束下，市场交易成本，包括价格搜寻、谈判和签约费用等，制约着市场范围的无限扩大。

2. 法律视角的开拓

与杨和鲍莫尔的纯经济分析不同，1924年，美国经济学家奈特(Frank H. Knight)打破纯经济理论的思维框架，转而从法律的视角看规模不经济性的背后原因，即从产权界定方面对外部不经济进行分析。在《社会成本解释中的一些谬误》中，奈特认为，有些产品的外部性是因为产权界定不清晰所致，像稀缺资源，如果产权界定清晰，就可以避免外部不经济的问题。以公路为例(后文将之作为公共产品进行分析)，公路的拥挤是由自然资源的稀缺而非边际私人收益与边际社会收益的差额所导致，虽然拥挤产生的是外部不经济，但其背后的原因在于：像公路这类属于稀缺资源且缺乏对其进行清晰产权界定的产品，若将这类稀缺产品划为私人所有，则外部不经济将得以克服。显然，奈特肯定的是私人产权对市场机制下供求关系的约束作用。这一点与庇古的市场失灵观点相反。

最具标志性的事件是科斯的《社会成本问题》[②]一文的发表，尽管这篇文章在沉寂了几十年后其价值才被后人发现。在该文中，科斯构建了一个交易成本模型，提出了通过产权界定纠正外部性问题的观点。交易成本是人们在经济活动中为制定和执行交易规则而付出的代价，其涉及的规则指的是为人们的交易活动提供基本保障的制度框架。科斯认为，外部性的产生并不是市场制度的必然结果，而是由于产权没有界定清晰。有效的产权可以降低甚至消除外部性，因此在交易成本为零和产权明晰界定的情况下，通过市场自由交易，就可以使经济活动的边际私人收益和边际社会收益相等，从而减少甚至消除外部性。具体来说，科斯的主要观点是：①交易是有成本的。②在交易成本为零的情况下，只要把外部性的责任界定给施加外部性损害的一方或遭受外部性损害的一方，那么理性的双方当事人

---

① Xiao Kai Yang, Jeff Borland. A Microeconomic Mechanism for Economic Growth[J]. Journal of Political Economy, 1991: 460-482.

② R H Coase. The Problem of Social Cost [J]. The Journal of Law and Economics, 1960, 2(1): 1-44.

都会将边际外部成本和边际外部收益自动纳入交易当事人各自的边际私人成本和边际私人收益；在当事人交易的过程中，政府只需要适当地界定产权，为自由谈判、交易提供保障，就可以克服外部性造成的效率损失，达到帕累托最优[①]。③在交易成本为正的情况下，政府把外部性的责任界定给施与方或接受方，会产生不同的资源配置结果。至于授予哪一方，政府必须对各种可能的解决方案进行比较和权衡，从总体的、边际的成本和收益角度进行分析以界定责任方，实现资源的优化配置。

其后，美国经济学家艾利斯(Joseph H. Ellis)和菲尔纳(W. Fellner)在《外部经济与不经济》[②]一文中，对非专用性产品的外部性进行了研究。他们认为，只要给予稀缺资源以有效产权，即可达到最优产量，因此，在稀缺性与有效产权分离的非专用性条件下，即使没有外部性，也不能达到最优产量。这一观点是对奈特理论的有力支持。从两位经济学家的观点看，外部不经济与产权有关，无效率的产权制度是导致外部不经济产生的根源，如现实生活中的污染问题、资源开发过度等公共地悲剧问题。

1970年，中国香港经济学家张五常发表了《合约结构与非专有资源理论》[③]一文，我们认为，他对外部性理论进行的批判恰好指出了问题的关键所在：既然产权的清晰界定如此重要，无论是艾利斯还是科斯，他们虽然都指出了产权界定的重要性，却都对如何清晰地界定产权没有定论，那么现在的问题就应该落实在如何清晰地界定产权上。张五常进一步指出，在产权没有明确界定的情况下，必然导致外部性概念的模糊不清，而外部性概念的模糊则导致"谁对谁产生外部性"的问题无法界定。他认为，每一个经济行为都有外部性效应，产生的原因主要有以下三点：一是当事人缺乏签约权；二是合约存在但合约条款不全面；三是有些条款因为某些未知原因与一些边际等式不相符。

产权界定不清晰，必将导致合约本身的不完全或不完善，而合约本身的不完全或不完善是因为获取信息需要支付成本。按照张五常的逻辑，应该以合约理论代替外部性理论。其理由是：①合约是当事人双方在自愿情况下的某些承诺；②由于交易与生产的情况、制度安排的执行与谈判努力等因素的差异，使得不同的合约安排会有不同的交易费用；③由于在现实经济生活中，人们所掌握的信息通常具有不完全性和不对称性，因此获得完全信息的可能性很小而且成本高昂。基于这三点理由，合约当事人通常只能根据自己所掌握的信息或按双方的实际情况，选择适合自己的合约条款，或在局限条件下签订对自己有利的合约，通过不同的合约安排来减少或降低资源运行中的交易费用，实现资源优化配置。显然，张五常的观点进一步明确了外部性问题的根源是法律问题。

2.1.3 外部性理论的实践运用(1960年至今)

马歇尔是第一个比较系统地研究产业集群现象的经济学家。马歇尔首次提出外部经济理论和内部经济理论，他把经济规模划分为两种类型：第一类是产业发展的规模，他称之

---

① 刘红，唐元虎. 外部性的经济分析与对策——评科斯与庇古思路的效果一致性[J]. 南开经济研究，2001(5): 45-48.

② J. H. Ellis, W. Fellner. External Economies and Diseconomies[J]. American Economic Review, 1943, 23(3): 493-511.

③ 张五常. 经济解释——张五常经济论文选. 北京：商务印书馆，2000：81-109.

为外部规模经济,这是和专业的地区性集中有着很大关系的;第二类是取决于从事工业的单个企业和资源,他称之为内部规模经济。马歇尔把这种大量种类相似的中小型企业在特定地区集聚的现象称作"产业区"。

在马歇尔之后,对产业的地方化现象的理论研究中比较著名的有韦伯的工业区位理论、佩鲁的增长极理论,这些理论都围绕产业的集聚对区域经济发展的作用,探讨集聚的经济区域在经济发展中的推动机制。这些理论不仅成为区域经济学的理论基础,也是当代产业集群的理论源头。到 20 世纪七八十年代,迈克·波特(Michael E. Porter)[①]将前人的经济集聚区域界定为产业集群,即相关企业和机构在生产过程中由于商品、服务和(或)知识的交易而紧密关联的专业化组织的地方化网络,并在某一特定区域出现地理集中现象;同时,波特在研究集群的过程中提出了产业集群的"钻石"理论。此外,克鲁格曼(Paul R. Krugman)的空间经济学对产业集群理论的发展又是一大推进,并对波特的理论加以补充和完善,标志着产业集群理论的正式形成。

随着产业集群理论的演进和发展,可以说是对外部性理论的精彩诠释。更重要的是,该理论为政府干预市场和公共领域提供强有力的理论支持。我们从政府主导的自上而下地推动产业集群和工业园区的实践,使之成为当代经济的主体形式,足以见证这一理论的魅力。

2.2 外部性类别及其效应分析

随着对外部性的研究越来越深入,对外部性的分类也越来越多样。本节将主要介绍其中的两类:一类是根据外部性的承受人产生的正负效用进行的分类;另一类是根据外部性能否被耗竭进行的分类。在对不同分类的外部性进行介绍之前,我们先介绍外部性的效应及外部性存在的条件。

2.2.1 外部性的效应及外部性存在的条件

1. 外部性的效用函数

设:U_A——A 的效用;

X_i——影响效用 U_A 且受 A 控制的活动,其中 $i=1,2,3,…,n$;

Y_B——影响效用 U_A 并受 B 控制的活动。

则有:$U_A = U_A(X_1, X_2, X_3, …, X_n, Y_B)$

这个函数式表示消费者或厂商 A 的效用水平既受 A 所控制的活动 $X_1, X_2, X_3, …, X_n$ 的影响,也受其他人或厂商 B 所控制的活动 Y_B 的影响,其中,Y_B 对 U_A 的影响被称为 B 对 A 的外部性。

2. 外部性存在的条件

假设厂商在生产经营中发生的成本分为私人成本和外部成本,获得的收益分为私人收益和外部收益。私人成本是厂商生产产品所支付的成本,厂商之外的消费者或其他厂商支

---

① Michael E. Porter. Clusters and New Economics of Competition[J].Harvard Business Review,1998.11.

付的费用为外部成本;厂商获得的收益是私人收益,而厂商之外的人或厂商获得的收益是外部收益。令社会成本等于私人成本加外部成本,这意味着厂商的经济行为给社会带来了费用;令社会收益等于私人收益加外部收益,这意味着单个厂商的经济行为给社会带来了收益。

边际私人成本(MPC)是指每增加一单位某种商品或劳务的产量所必须追加支付的成本;边际外部成本(MEC)是指每增加一单位某种商品或劳务的产量由厂商之外的人或厂商所必须追加支付的成本;边际社会成本(MSC)是指每增加一单位某种商品或劳务的产量整个社会必须追加支付的成本;边际私人收益(MPR)是指每增加一单位某种商品或劳务的产量厂商增加的收益;边际外部收益(MER)是指每增加一单位某种商品或劳务的产量由厂商之外的人或厂商所增加的收益;边际社会收益(MSR)是指每增加一单位某种商品或劳务的产量整个社会增加的收益。

在上述基本界定的前提下,外部性存在的条件如下:

① 不存在外部性的条件:当 MEC=0,MER=0 时,有 MPC=MSC,MPR=MSR;
② 存在外部性的条件:当 MEC≠0,MER≠0 时,有 MSC=MPC+MEC,MSR=MPR+MER;
③ 负外部性的条件:当 MEC < 0,MER=0 时,有 MPC > MSC;
④ 正外部性的条件:当 MEC > 0,MER=0 时,有 MPR < MSR。

依此类推。

2.2.2 产生正负效应的外部性分类及其效应分析

根据外部性产生的正负效应,通常将对承受者产生的正效应,叫作正外部效应或正外部性;而将对承受者产生的负效应,叫作负外部效应或负外部性。

1. 负外部性对社会福利的影响

负外部效应最关键的问题是这类产品的价格不能充分反映用于生产或提供该种产品或生产要素的社会边际成本。以造纸行业污染环境为例,造纸会给交易双方之外的其他人或企业造成损害,但无论买者还是卖者都未核算其给第三方附带的这一成本。在负外部性中,每增加一个单位某种商品或劳务的生产量,厂商之外的其他居民和厂商就必须支付的追加边际成本,即外部边际成本(MEC)。MEC 曲线有递增、不变和递减三种情况,如图 2-1(a)(b)(c) 所示。

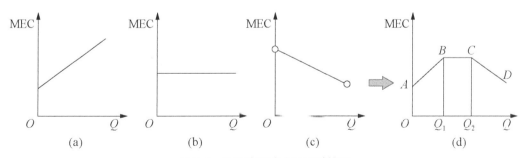

图 2-1 外部边际成本的三种情况

产量与外部边际成本之间相关性的三种情况可以继续用造纸行业污染环境的例子解释:对于造纸厂向河流排放污水,如果纸张产量很小,即 $Q<Q_1$,鉴于河流具有自净能力,造纸厂排放的污水量在河流自净能力的范围内,对河流的污染很小或不明显,此时 MEC 就

很小，但随着排污量的持续增加，MEC 将随之逐渐增加，对应于图 2-1(a)或(d)中的 AB 段；随着造纸厂纸张产量的增加，排放的污水量逐渐增多，超越了河流的自净能力，即 $Q_1<Q<Q_2$，此时河流的自净能力丧失，造纸厂每排放一单位污水，都会产生固定数量的污染值，MEC 值达到不变，对应图 2-1(b)或(d)中的 BC 段；当造纸厂的生产规模扩大到或成长为大造纸厂时，即 $Q>Q_2$，能够引进技术装备并利用规模经济效应，就开始出现 MEC 下降的情况，即进入 MEC 递减的阶段，对应图 2-1(c)或(d)中的 CD 段。造纸厂生产过程中产生的外部性为负外部性。对于厂商而言，这种负外部性会带来产量过剩；对于社会而言，这种负外部性会带来福利损失。

如图 2-2 所示，横轴表示产量，纵轴表示价格，S'为边际社会成本曲线。结合该图，我们对上述外部性的问题进行如下分析。

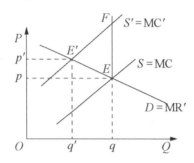

图 2-2 外部性与产量过剩

第一种情况：厂商在确定产品成本时考虑到边际外部成本 MEC。在需求曲线上，每个点与产量相对应的价格也是边际收益，即需求曲线 D 和边际收益曲线 MR′重合，有 D=MR′。如果边际外部成本 MEC 是一个常数，在负外部条件下，边际成本是边际私人成本和边际外部成本之和，有：

$$S' = MC' = MSC = MEC + MPC = S + MEC$$

于是有边际成本曲线与供给曲线 S'重合。

在存在负外部性这类产品的市场上，供求均衡点将位于 S'与 D 两条曲线相交的 E'点。在该点，边际成本等于边际收益，即 MC′=MR′，对应的供给水平为 q'，产品的定价为 p'，即为符合资源配置的帕累托最优产量。

第二种情况：厂商在确定产品成本时没有考虑到边际外部成本 MEC。不过，在这类产品存在负外部性的条件下，厂商向市场的供给并不会在 E'点的均衡处所对应的产出水平上，因为私人厂商并不需要支付边际外部成本 MEC，而只承担边际私人成本 MPC，即 MC=MPC，所以厂商产出水平是由需求曲线 D 与边际私人成本 S 相交的 E 点对应的产量决定的。在这个产出水平上，厂商完全从其自身的经济利益最大化的角度作出理性决策，相应地，厂商对产品的定价为 p。这种情况当然是在纯粹的市场机制下才会出现的供给量和定价，并且没有政府或其他外部因素干预。因此，在 E 点，虽然此时 MR=MC，但这个最优是从厂商的角度进行界定的。

将上述两种情况进行对比，不难得出这样的结论：负外部性的存在会引致厂商的产量供给过剩。原因很简单：在第一种情况下，均衡在 E'点时，厂商的边际收益 MR′大于边际私人成本 MC，即 MR′>MC，并且市场对该产品的定价为 p'，这意味着：如果厂商将产量水平定为 q'，显然没有达到第二种情况下市场的供给水平。而其中的原因就在于，厂商如果将边际外部成本 MEC 内部化为产品成本的一部分,就会减少产出量;或者说,如果厂商按照 MC=MR,在价格为 p' 时的背景下,市场供给如果为 q' 的水平,则意味着厂商没有实现利润最大化。而在这种情况下,厂商将会在 MR'>MC 时继续扩大生产规模,使产量从 q' 增加到 q,均衡点也将从 E' 点移到 E 点,从而达到在 MR=MC 时的均衡。

从 $p'>p$ 与 $q'<q$ 成反比关系的情况看,这显然与我们在经济学所学到的"厂商的产出水平与产品价格成正比"的一般规律相悖,而这个问题的根源恰恰在于 MEC 由谁来承担。正如我们在第二种情况下所做的分析,在存在外部性的情况下,如果外部边际成本不由厂商承担,则厂商就会扩大生产;而如果定义供求均衡的产量是最理想状态,那么 $\Delta q(q-q'$ 的差额)则意味着过剩的产量供给。为此,社会为生产过剩产量所付出的成本是 $q'qFE'$ 围成的梯形面积,其中梯形 $q'qEE'$ 的面积所对应的则为厂商获得收益,而余下的 $\triangle EFE'$ 的面积则是因为生产过剩所导致的社会福利的损失。不幸的是,无论哪种均衡都不能称为理想的均衡,因为无论对消费者还是对厂商,这都是不利的。

2. 正外部性对社会福利的影响

在前面我们已经介绍过,在产品或劳务具有正外部性时,每增加一个单位某种商品或劳务的生产量,厂商之外的其他居民和厂商获得的增量收益是边际外部收益 MER。边际收益 MR 曲线一般呈现两种情况:一种是边际收益不变;另一种是边际收益递减[①],如图 2-3 所示。图中横轴表示厂商生产某种产品的产量,纵轴表示边际外部收益 MER。

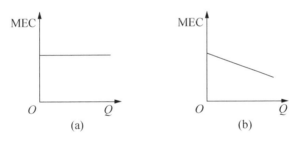

图 2-3 边际外部收益曲线的两种情况

首先,我们讨论一下边际外部收益不变时,正外部性对社会福利的影响。

在图 2-3(a)中,外部边际收益 MER 曲线是水平的,其含义是随着产量的增加,MER 的值维持在一个固定的值,这就是边际外部收益不变;而在图 2-3(b)中,外部边际收益 MER 曲线是向右下方倾斜的,其含义是随着产量的增加,MER 的值逐渐减少。

当某一产品的外部性为正时,边际外部收益不变意味着资源配置的低效率,这将导致该类产品的市场供给不足和社会福利损失。这种情况对受益者而言,显然是无法令其满意的。图 2-4 对这类问题进行了解释。

在图 2-4 中,横轴表示产品 X 的产量,纵轴为产品 X 的价格。对于供给曲线,令曲线上的每一点与产量相对应的价格也是边际成本,这意味着供给曲线 S 与边际成本 MC 重合,有 S=MC;假设边际外部收益 MER 是一个常数,那么对于这个具有正外部性的产品来说,生产该产品的厂商的边际收益 MR'实际上是边际私人收益 MPR 与边际外部收益 MER 之和,即:

---

① 卢现祥. 环境、外部性与产权[J]. 经济评论,2002(4):70.

$$MR' = MPR + MER$$

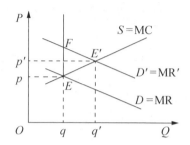

图 2-4 正外部性带来的供给不足

这样边际收益曲线 MR′ 与需求曲线 D′ 重合。这样假设的结果将问题简化了，但不失一般性。

在供求均衡时，需求曲线 D′ 与供给曲线 S 相交于 E′，此时边际收益等于边际成本，即 MR′=MC；在 E′ 点，产量为 q′，价格为 p′，这是在 MR′=MC 时的均衡。

不过，这样的均衡能够实现吗？正如我们的假设，产品 X 具有正外部性，在这种情况下，如果厂商按照边际收益等于边际成本的方案进行产量决策的话，产品的供给水平会达到 q′，但是此时厂商的收益情况会怎样呢？此时厂商边际收益只是 MPR，明显地，MPR<MR′，即当边际私人收益小于该产品在供给水平为 q′ 时，产品 X 的实际边际社会收益为 MR′。那么，问题就来了：如果厂商的边际私人收益 MPR 小于边际成本，厂商会扩大产品的供给水平吗？答案是：不会。因为从私人厂商的角度看，产品产量的供给应该是基于边际私人收益 MPR 等于该产品的边际成本，这才能达到厂商利益最大化的目的，所以，对于产品 X，因为外部性为正，所以该厂商不会作出产量水平为 q′ 的生产决定，厂商仍然会在利益最大化的需求引导下，按最基本的"边际收益等于边际成本"的原则将它的最优产量水平确定在 q 点，此时，q<q′，即厂商的实际产出水平 q（在此我们将之称为私人自愿供给，Private Voluntary Suppose，PVS）是小于社会希望的供给水平 q′（这里不妨将 q′ 界定为社会期望供给，Social Expect Suppose，SES）的，即 PVS<SES。

那么，在私人自愿供给（PVS）小于社会期望供给（SES）时，均衡点所对应的价格水平却恰好是 p<p′，所以，这与微观经济学中已经学过的基本规律"价格越高供给水平越高"是一致的，这是厂商对价格所作出的一般的、理性的反应。因此，我们看到，对于这种具有正外部性的产品，就出现了供给不足的情况，即缺少 Δq(q′−q)。至此，可以得出一个一般的结论：当产品具有正外部性时，一般会出现厂商的供给不足。

当正外部性产品的供给不足时，对社会产生的影响是：社会收益原本应该对应于图 2-4 中的梯形 qq′E′F 的面积，但无法实现；厂商能够获得的收益则为梯形 qq′E′E 的面积；两相比较，ΔEE′F 的面积就是由于供给不足而造成的社会福利损失。

其次，我们讨论一下当边际外部收益递减时，正外部性对社会福利的影响，如图 2-5 所示。

在图 2-5 中，S 表示供给曲线，边际社会收益曲线 MSR 向右下方倾斜，边际私人收益 MPR 也向右下方倾斜且位于边际社会收益曲线的下方，两条曲线之间的差距，即：

$$MER = MSR - MPR$$

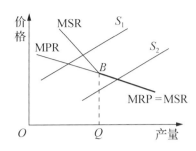

图 2-5 边际收益递减时的资源配置情况

当然,边际社会收益曲线与边际私人收益曲线的斜率不同,假设两条曲线相交于点 B。为简化起见,与边际收益不变情况下对供给曲线的界定相似,边际社会收益 MSR 表示包含有边际外部收益在内的需求曲线,边际私人收益 MPR 为消费者所能够获得的边际收益,这和消费者的需求曲线一致。这样,在产量未达到 Q 点之前,可以看到由于边际外部收益 MER 的存在,每个消费者在增加一单位产品的消费所获得的边际外部收益 MER 是递减的,当市场上的消费数量达到 Q 点时,边际外部性消失,即 MER=0。

那么,当该产品存在正外部性时,厂商的供给水平显然没能满足消费者消费更多产品的愿望。原因很简单,每个消费者都希望自己在消费时能够获得额外的好处 MER,但厂商的供给曲线为 S_1,所以这种情况下的资源配置是低效的。当然,我们希望厂商的产品供给水平能够持续增加并至少达到 B 点。这里我们假设为 S_2,那么可以看到,从 B 点开始,尽管厂商的供给可以不断增加,但是边际外部收益都为零,并且边际社会收益等于边际社会成本,此时的供求曲线相交的点 B 实现了资源的有效配置。

对于具有正外部性且外部收益递减的产品,如疫苗接种,随着接种疫苗人数的增加,那些具有传染性疾病的传播机会大幅降低;当接种疫苗的人数达到一定水平后,疾病的传染机会将会降为零,边际外部收益可视为零,正外部性至此消失。这就是外部性的可耗竭的特征,下面我们将从理论的角度对此做进一步解释。

2.2.3 外部性的耗竭性

在许多情况下,外部性都可能出现并同时影响很多人,这种外部性是一类具有多边外部性的产品,如工业污染、交通废气、噪声污染等。

多边外部性可分为可耗竭(私有的或竞争的)的多边外部性和不可耗竭(公共的或非竞争性的)的多边外部性。可耗竭意味着这类外部性交易通过使消费品成为私人产品而变得具有竞争性,即可消除该消费品的外部性。比如,某人将垃圾倒在 A 地,那么该人将垃圾倒在 B 地的量就减少了。又如,你在上海的马路上驾驶汽车,那么你的汽车尾气所产生的雾霾主要污染的就是上海的空气,而新疆的居民则不受此空气污染的影响。不过,在这个例子里,上海的居民没有哪一位能让自己比其他人遭受更少的空气污染,这样的外部性就是不可耗竭的外部性。

假设市场存在两类人,产生多边外部性的人和承受多边外部性的人不是同一人(尽管在空气污染的例子中产生污染的人本身也不能避免,在本例中只为简化起见),那么在纯粹的市场面前,多边外部性能否消除呢?为此,不妨假设:

(1) 有 N 名生产者生产 n 种商品，记为 j；

(2) 有 M 名消费者，记为 i；

(3) p——这 n 种商品的私有价格向量；

$\pi_j(e_j)$——第 j 名生产者产生的外部性，且第 j 名生产者所获得的利润为关于 e_j 的函数；

$\phi_i(h_i)$——第 i 名消费者所承受的外部性，并用他所承受的外部性来表示的效用函数；

(4) 假设 $\phi_i' < 0$，偏导数 $\pi_j'' < 0$ 且 $\phi_i'' < 0$。

1. 可耗竭的外部性

在外部性可耗竭的前提下，用市场的方法来解决可耗竭的多边外部性是可行的。

我们把帕累托最优作为解决总效用和总利润最大化问题的方法，则有：

$$\underset{\substack{(e_1,\cdots,e_N)\geq 0 \\ (h_1,\cdots,h_M)\geq 0}}{\operatorname{Max}} \sum_{i=1}^{M}\phi_i(h_i) + \sum_{j=1}^{N}\pi_j(e_j)$$

$$\text{s.t.} \sum_{i=1}^{M}h_i = \sum_{j=1}^{N}e_j$$

约束条件表达的是可耗竭的外部性。企业产生的外部性总和必须等于消费者所承受的外部性。若 λ 为该约束条件的拉格朗日乘子，则一阶条件可为：

$$\phi_i'(h_i^*) \leq \lambda，当且仅当 h_i^* > 0 (i=1,\cdots,M) 时，该式取等式 \quad (1)$$

$$-\pi_j'(e_j^*) \geq \lambda，当且仅当 e_j^* > 0 (j=1,\cdots,N) 时，该式取等式 \quad (2)$$

在上述两式中，*号表示最优。一阶条件的含义表示这个经济体的最优状态：如果 h_i^* 和 e_j^* 都为正，那么消费者的边际"所得" ϕ_i' 应当与生产者的边际"损失" $-\pi_j'$ 相等。这将意味着，根据科斯方案，在产权界定明晰的情况下，市场存在大量的生产者和消费者时，市场将会达到等式(1)所描述的最优状态。

2. 不可耗竭的外部性

如果外部性是不可耗竭的，那么市场情况会怎样呢？

假设每位消费者都承受了由生产者所产生的全部外部性 $\sum_j e_j$。帕累托最优可以描述为：

$$\underset{(e_1,\cdots,e_N)}{\operatorname{Max}} \sum_{i=1}^{M}\phi_i(\sum_{j=1}^{N}e_i) + \sum_{j=1}^{N}\pi_j(e_i)$$

对于所有的 j，帕累托最优的一阶条件为：

$$\sum_{i=1}^{M}\phi_i'(\sum_{j=1}^{N}e_i) \leq -\pi_j'(e_j)，当 e_j^* > 0 时，该式取等式 \quad (3)$$

在私人生产为经济体的主要生产形式的情况下，会产生太多的私人外部不经济性，公共产品的供给就显得太少了。如果信息是完整的，政府就会设置满足该一阶条件的机制，如式(3)，这一点与本书第 3 章对公共产品的帕累托最优配置是一样的。在竞争性和排他性消费难以运行的状况下，这类公共产品由政府提供并限制该产品不可耗竭的多边外部性是更有效率的。这部分内容我们将在下一章进行讨论。

2.3 外部性内在化

2.3.1 外部性内在化的含义

在前一节分析了外部性的正负效应，无论哪种效应存在，都无法实现资源配置的帕累托最优。因此，一般的解决方案是通过政府干预来矫正市场的外部性问题。

我们知道，产品的正负外部性存在对市场产生的问题不是供给不足就是供给过剩，其根本原因却是一致的，即：边际私人收益 MPR 与边际社会收益 MSR 不一致，或边际私人成本 MPC 与边际社会成本 MSC 不一致。由此，可以形成一个解决问题的基本思路，即通过政府的矫正措施使得两者相等，而影响的对象一般是着眼于产品的供给方，通过影响生产者的边际收益或成本，使之与社会的边际收益或成本一致来进行调整。一般地，当某种产品的边际私人收益或边际私人成本被调整到足以使个人或厂商的决策考虑其所产生的外部性，即达到与实际的边际社会收益或边际社会成本相一致时，就实现了外部性的内在化。

外部性的内在化实际上就是外部性的边际价值被定价了。对于负外部性而言，其内在化就是将边际外部成本计入边际私人成本中，从而使该厂商所供给的产品的价格能够反映全部的社会边际成本；对于正外部性而言，其内在化就是将外部边际收益能够计入厂商的边际私人成本中，从而使该厂商所供给的产品的价格能够反映全部的社会边际收益。其目的就是将市场的资源配置从不具有效率的状态转变为具有效率的状态。

当然，政府的干预是需要费用的，而这个费用主要来自政府的公共财政，所采用的措施被称为公共财政措施，这些措施大致可以分为两类：一类是矫正性的税收，另一类是矫正性的财政补贴。通常，对于负外部性的内在化使用税收，对于正外部性的内在化多运用财政补贴。

2.3.2 负外部性的内在化举例

假设某造纸厂因为存在排污问题对环境造成了污染，为此，政府决定对该造纸厂征收排污税以降低该厂的排污量，以此来消除造纸厂生产所产生的负外部性，实现厂商的负外部性内在化的目的。该造纸厂在没有被政府征税之前的产出水平为 50 万吨，对纸张市场价格的定价水平是每吨 950 元，但并不对排放的污染物进行无害化处理，而制造无污染纸张的市场价格是每吨 1 050 元。如果为了减少该造纸厂的排污所带来的环境污染，使其排污水平不再对环境造成危害，核算下来，政府需要征收矫正性税收按平均每吨纸张产出所造成的环境治理成本是 100 元，征税的结果是该造纸厂的产量将大大减少，减至 45 万吨，此时的纸张市场价格为每吨 1 050 元。那么，由此产生的问题是，政府应该征收多少税额呢？政府征税的效果将会如何呢？

通过前一节的分析，我们知道征税的目的是使得生产厂商的边际成本与社会边际成本相等；在存在负外部性的情况下，边际社会成本实际上等于边际私人成本与边际外部成本之和，即 MSC=MPC+MEC。因此，矫正性的税收 T 的大小取决于该产品的边际外部成本 MEC 的大小，即：

$$T = MEC = MSC - MPC$$

在图 2-6 中，在没有征税前，造纸厂的 MC=950 元，而边际社会成本 MSC=1 050 元，那么，在本案例中，矫正性税收水平 T 自然这样确定：

$$T = MSC - MPC = 1\ 050 - 950 = 100(元)$$

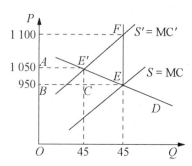

图 2-6 税收的矫正效应

同时，我们可以看到造纸厂的供给曲线 S 向左上方移动至 S'，此时，该厂的边际成本为：

$$MC' = MC + T$$

即造纸厂在征税后的边际成本 MC′等于边际社会成本 MEC，即 MC′=MEC。这样在征收矫正性税收后的供求均衡从 E 点移到 E' 点。

不难理解，纸张的供给减少后，纸张的价格上升是必然的。当政府征税时，政府的税收收入为图中的 $ABCE'$ 面积，即：

$$100\ 元/吨 \times 45\ 万吨 = 4\ 500\ 万元$$

当政府征税后，造纸厂将产量定为 45 万吨时，对社会带来的好处就是污染减少，这也可以用一定的货币形式进行计量。假如造纸厂按照 MC′=MSC 的原则进行决策，那么该厂的产量将达到 50 万吨，这种情况下能够获得的社会净效益就对应于图 2-6 中的 △FEE′ 的面积。

为减少厂商的负外部性而实施的矫正性税收所获得的税收能否达到减少污染的目的呢？这可能是很多着眼于现实的人士比较关心的问题，下面将对这一问题进行讨论。

第一种情况：假如政府只负责税收，并只将税收作为财政收入的补充，而不是将税收用于污染物的净化和环境的改善，那么厂商可能会通过增加生产进而增加收入来弥补税收带来的损失，污染会继续存在，甚至会越来越严重。因此，这就要求政府要将税收作为长期的而不是一次性的政策来执行，否则会出现厂商和政府反复博弈的尴尬局面。比如，我国在过去几十年淮河的治理过程(可以参考本章案例 2-6)中，出现部分小造纸厂并不减少产出量，而是不断地通过隐蔽的方式持续向环境排污。

第二种情况也是外部性的评估的难处。对于负外部性，无论来自供给方还是来自需求方，都难以准确估计消除外部性的实际代价是多少，所以理论上的矫正性税收的征税标准难以确定。因此，在实际操作过程中难免面临一些不利的局面，如征税后并未使厂商降低产量。

第三种情况，当政府出面对厂商排污进行统一治理时，会面临很多现实难题。比如，厂商的分布区域跨度大，就使得统一治理的操作难以执行。因此，仅仅依赖税收这一解决方案并不能很好地解决负外部性问题，还需要其他相关配套方案的推出，这无疑进一步由厂商行为的外部性衍生出新的外部性，不妨称之为外部性的外延成本。

当然，对于产生负外部性的施为者，通常会想方设法规避税收或弥补税收带来的损失，因而，可能会导致施为者与政府之间出现反复博弈的现象，这里不再赘述。因此，总的来看，将负外部性内在化于施为者，理论上简单，但实际操作起来困难重重。

2.3.3 正外部性的内在化举例

对于那些在生产或消费的过程中具有正外部性的产品，这类产品通常是供给不足的。在本节中，我们从补贴的角度来看如何将这类产品的正外部性内在化。

正如对正外部性的解释，当生产或消费某一产品会产生正外部性时，对于施为者而言，让第三方在无须支付任何费用(或成本)的条件下就可获得收益，这显然不符合经济学中理性人的假设，所以，在正外部性存在的条件下，才会有产品供给不足的遗憾。因此，要纠正这种偏差，基本的思路和负外部性一样，即使边际私人收益 MPR 等于边际社会收益 MSR。在这一思路指导下，可以通过补贴来实现：对消费者消费带有正外部性的产品时，按照这种产品的边际外部收益的大小发放财政补贴，以此将补贴产品的边际私人收益提高到边际社会收益相等的水平，实现正外部性的内在化。

承接前一节的疫苗接种的案例来说明正外部性的内在化。如图 2-7 所示，横轴表示某类疫苗的接种人数，单位为万人；纵轴表示疫苗的价格/收益/成本，单位为元。政府决定对接种疫苗者发放财政补贴，以此办法来增加更多的消费者对疫苗的需求量，从而降低传染病的传染机会，减少患病人数，以实现疫苗接种者带来的正外部性的内在化。

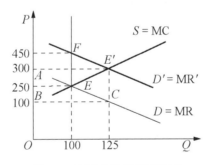

图 2-7　财政补贴的矫正效应

假设某一地区总人口是 120 万，如果政府不希望在本地区传播疾病 C，就需要为每个居民接种一支疫苗。该疫苗的市场价格是 300 元/支，生产疫苗的厂商愿意为 120 万人提供疫苗。但这个价格水平，愿意接种疫苗的人数却很少。如果疫苗的市场价格为 100 元/支，愿意接种疫苗的人数恰好是本区的全部人数。假设该疫苗的价格是 200 元/支，愿意接种疫苗的人数是 100 万人。面对消费者对疫苗接种的这种价格反应及疫苗接种带来的正外部性收入，该地区政府应该如何提高接种人数并使得社会效益最大化呢？

要提高疫苗接种人数，需要针对消费者对疫苗价格的反应，通过政府的财政补贴来激励消费者接种疫苗，使得每个接种者能够获得的边际私人收益与边际社会收益相符，即：

$$MR' = MSR = MPR + MER$$

根据上式，补贴的数额 W 应该等于该疫苗接种产生的边际外部收益 MER，等于 200 元/支，即：

$$W = MER = 200 \text{ 元}$$

随着补贴的实施，自愿接种疫苗的人数会逐渐增加并达到人数最大值 120 万人，净增 20 万人的新需求，这样生产者的产出才相应地增加。如果每一位疫苗接种者所产生的边际外部收益 MER 都为 200 元/支，那么在补贴存在的时候，每一位疫苗接种者实际购买疫苗只需要支付的价格为：

$$p = 300 \text{ 元/支} - 200 \text{ 元/支} = 100 \text{ 元/支}$$

因此，在有补贴时，该类产品的供求均衡点将从 E 点转移到 E' 点。补贴的数额对应图 2-7 中的四边形 $ABCE'$ 的面积，为：

$$200 \text{ 元/人} \times 120 \text{ 万人} = 24\,000 \text{ 万元}$$

本例中并没提及补贴给谁，实际上，补贴可以给每个消费者，也可以给疫苗接种者。

如果政府将补贴额全部支付给疫苗生产商，就可以促使厂商提供更多的疫苗数量，否则厂商就没有提高产量的动力，但前提是厂商必须承诺：在扩大生产量后疫苗向接种者销售的疫苗价格不能高于 100 元/支，这样就能实现该产品的外部性内在化。

如果政府将 24 000 万元的补贴分别支付给每一位疫苗接种者，那么，疫苗接种者就会有一种接种疫苗获得政府奖励的消费体验。为什么这么说呢？因为该疫苗的产出量只有在价格为 300 元/支时，厂商才愿意提供满足本地区接种的需求量(厂商利益最大化的需求)；而在 E' 点供求均衡时，根据市场交易价格本该每人每支需要支付 300 元，实际上每位疫苗接种者在支付了 300 元后，又从政府那里领取 200 元，这显然就是一种消费奖励的体验。与补贴支付给厂商的效果相同，实现了将疫苗接种的正外部性内在化。

就本例而言，正外部性的矫正同样是为了实现资源配置的最优或社会收益最大化的帕累托最优，但是，问题的关键点却是如何确定这种具有正外部性的产品的边际外部收益具体是多少。如果这个问题解决了，那么显而易见的是，内在化的实现并不难。除此之外，还有一个可能存在的问题是补贴给哪一方更有利于实现内在化呢？哪一种的运作成本更低呢？这也是在政策实施前需要解决的问题。

如今，通过财政补贴将正外部性内在化的例子很多。比如，对在自家庭院内部及周边植树的家庭，给予每棵树或每个家庭一定的补贴，如从政府半价购置树苗。再如，在教育领域，政府提供助学金和奖学金，能够鼓励更多的人更努力地学习。可见，为了实现正外部性的内在化，政府实施补贴的形式是多种多样的。

2.4 外部性内在化的理论分析及其策略选择

前面我们对外部性进行了较直观的分析，本节对外部性影响从理论和当前的主要策略方面做简单介绍。

2.4.1 外部性内在化的理论分析

假设在一个交换经济中有两名消费者 1 和 2，消费两种商品 x_1 和 x_2。当一名消费者消费任意一种商品时，都会对另一个消费者产生外部性。假设在这个交换经济中两种商品的总数量都是给定的（X^1 和 X^2），且有 $x_{11}+x_{21}=X^1$、$x_{12}+x_{22}=X^2$。定义如下变量：U^i 是消费者 i 的效用；x_{ik} 是消费者 i 消费商品 k 的数量；x_{ikj} 是消费者 i 消费商品 k 时对消费者 j 产生的影响（$i,j,k=1,2$）。为了方便且不失一般性，令 $x_{11}=x_{112}$，$x_{12}=x_{122}$，$x_{21}=x_{211}$，$x_{22}=x_{221}$。

现在，要使消费者 1 达到帕累托最优，条件为：在消费者 2 的效用保持在某一特定水平 $\overline{U}^2$ 时最大化其自身效用。构建拉格朗日函数：

$$\wedge = U^1(x_{11},x_{12},x_{211},x_{221}) + \lambda_1[U^2(x_{21},x_{22},x_{112},x_{122}) - \overline{U}^2] + \lambda_2[x_{11}-x_{112}] + \lambda_3[x_{12}-x_{122}] + \lambda_4[x_{21}-x_{211}] + \lambda_5[x_{22}-x_{221}] + \lambda_6[X^1-x_{11}-x_{21}] + \lambda_7[X^2-x_{12}-x_{22}]$$

内部最大化的一阶条件为：

$$\partial\wedge/\partial x_{11} = (\partial U^1/\partial x_{11}) + \lambda_2 - \lambda_6 = 0$$
$$\partial\wedge/\partial x_{12} = (\partial U^1/\partial x_{12}) + \lambda_3 - \lambda_7 = 0$$
$$\partial\wedge/\partial x_{211} = (\partial U^1/\partial x_{211}) - \lambda_4 = 0$$
$$\partial\wedge/\partial x_{221} = (\partial U^1/\partial x_{221}) - \lambda_5 = 0$$
$$\partial\wedge/\partial x_{21} = \lambda_1(\partial U^2/\partial x_{21}) + \lambda_4 - \lambda_6 = 0$$
$$\partial\wedge/\partial x_{22} = \lambda_1(\partial U^2/\partial x_{22}) + \lambda_5 - \lambda_7 = 0$$
$$\partial\wedge/\partial x_{112} = \lambda_1(\partial U^2/\partial x_{11}) - \lambda_2 = 0$$
$$\partial\wedge/\partial x_{122} = \lambda_1(\partial U^2/\partial x_{122}) - \lambda_3 = 0$$
$$\partial\wedge/\partial \lambda_i = 0 (i=1,\cdots,7)$$

任一配置机制（包括市场机制）想要达到帕累托最优，都必须满足上述条件。但是，市场机制可以满足这些条件吗？如果不存在外部效应，那么拉格朗日乘子 λ_2 和 λ_5 就不存在。我们可以得到一般条件：两种商品的边际替代率对这两名消费者是相同的。那么，在竞争条件下，两名消费者都将关注两种商品间的价格比，并理性地使之与两商品间的边际替代率相等。因此，通过该价格比，两名消费者间的边际替代率应当相等。当存在外部性时，消费者的行为还是一样，但帕累托最优条件不一样。实际上，帕累托最优条件中的"价格"会从 λ_2 和 λ_5 到都不存在，所以无法讨论市场机制与帕累托之间是否存在自动均衡，这种情况即为市场失灵。

2.4.2 策略选择

在市场失灵的情况下，为了实现帕累托最优，理论界通常主张由政府承担改进的责任，以实施各类相关的政策。

1. 科斯方案

前文介绍的科斯的产权理论中已经提及在产权界定清晰的前提下，可以凭借市场机制来解决市场失灵问题。也就是说，如果将产权界定清楚的话，就不会存在市场失灵的情况。如图 2-8 所示，假设消费者 1 拥有消费产品 R 的产权，消费者 2 如果想消费产品 R，就得说服消费者 1 减少其消费量。在边际上，消费者 2 提供给消费者 1 与 MD_2 相等的量是消费者 1 减少一单位的消费量，只要 MD_2 大于消费者 1 消费产品 R 所获得净收益(MB_1-MC_R)，那么消费者 1 就愿意减少其消费量，从而形成消费者 1 将其消费量从消费量 R_0 减少到 R_S 的激励机制，直至消费者 2 的消费量达到 $MD_2(MB_1-MC_R)$（即 $MB_1=MD_2+MC_R$）。至此，在没有国家干预的情况下，通过消费者彼此间讨价还价，双方就可以实现帕累托最优。

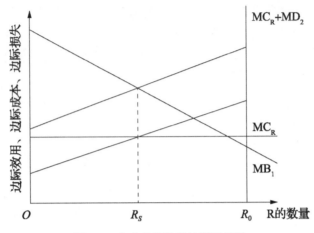

图 2-8　存在外部性的帕累托最优

2. 庇古税和庇古补贴

通过政府干预来实现帕累托最优配置，一种建议是征收庇古税(后文有专门阐述)，主要针对负外部性；另一种是通过庇古补贴，主要针对正外部性。

如果征收庇古税，参见图 2-8，可以假设消费者 1 被一次性征收与 MD_2 相等的税，那么，结果是消费者 1 的私人边际成本变成了 MD_2+MC_R，从而使得消费者 1 减少消费产品 R 直至达到 R_S 点，即 $MB_1=MD_2+MC_R$（注意：这里的税指的是一次性的总税额）。如果税收被扭曲，无论多征收还是少征收，都将无法达到最优。因为征税，资源从消费者 1 身上转移到政府手里。

与资源从消费者 1 身上转移到政府手里不同，如果消费者 1 因减少消费产品 R 而获得补贴，以一次性总付给的形式且补贴额度为 MD_2，就会使消费者 1 的机会成本提高到 MD_2+MC_R，从而使消费者 1 主动减少消费，就可以达到社会最优水平。当然，要达到这个最优状态，资源配置需要改变。

3. 责任法

除此之外，外部性的问题也可以从法律的角度，通过出台相关的责任法来解决。例如，如果认为消费者 1 应当对消费者 2 的消费损失负责任，那么，可以通过增加消费者 1 的消费成本来保障社会最优的消费量来解决这个问题。

4. 评析

在上述三类解决方案中，目的是达到帕累托最优配置，但如果资源配置发生了变化，配置机制相对于所需的帕累托最优配置的独立性就丧失了，这样，目标和实现目标的方法之间的区别就不再重要了；除了科斯方案以清晰界定产权划清收支再回归市场的方法外，其余都是在政府的干预下才能运行的，因此，相比较而言，科斯方案更加受关注。

尽管科斯方案的优点最容易理解，但操作起来却会受到一些挑战，考虑到交换经济中非竞争性消费(在第 3 章中专述)所带来的外部性的一种极端形式，阿罗(Arrow, 1997)认为当存在不确定性时，该方案的最优性就不存在了。阿罗的观点可以通过下面的论证来说明。

假设：

(1) 在交换经济中有两种商品：公共产品 G 和私人产品 x；
(2) 有两个消费者：消费者 1 和消费者 2；
(3) 将公共产品转化为私人产品是不需要成本的，反之亦然；
(4) 设该经济体中的财富总量为 w，满足：$x_1+x_2+G=w$；

实现帕累托最优配置的条件是：两个消费者对这两种产品的边际替代率(MRS)之和等于其边际转换率(MRT，等于 1)，即

$$\text{MRS}^1_{Gx_1} + \text{MRS}^2_{Gx_2} = 1$$

其中，x_i 是消费者 i 对私人产品的消费，MRS^i 是消费者 i 的边际替代率，$i=1,2$。

下面用科斯方案为该经济体寻找一种帕累托最优的解决方案。

假定在两名消费者的偏好中进行排序，公共产品和私人产品是正常品，那么，如果对公共产品的生产未能达成一致，每个消费者就都不得不把他们的初始禀赋当作私人产品来消费，从而使效用下降，即：

$$U^i(x_i, G) \geqslant U^i(w_i, 0)$$

在没有政府干预的情况下，两位消费者可以自由选择他们喜欢的任意配置，如果两位消费者未能达成一致意见，那么，公共产品的产出就为零。他们只能将其初始禀赋当作私人产品来消费。

如果消费者 1 对消费者 2 报价，那么，后者可以选择接受或拒绝。如果情况确定，则消费者效用函数可知。对于消费者 1，他的最优策略就是最大化其效用，面临的约束条件为：

$$\begin{cases} x_1 + x_2 + g = w \\ U^2(x_2, G) \geqslant U^2(w_2, 0) \end{cases}$$

因此，就可以得到一个帕累托最优。

那么，在情况不确定时，结果会怎样呢？为简单起见，假定不确定性是由于缺乏对效用函数的了解而产生的。例如，消费者 1 知道消费者 2 有两种效用函数 U^2_a、U^2_b 的概率分别是 π_a、π_b，并且满足 $\pi_a + \pi_b = 1$。现在，对于消费者 1 来说，可以有以下三种报价方式。

报价 1：消费者 1 出价 $A^* = (x_1^*, x_2^*, G)$，以使 $U^1(x_1, G)$ 最大化，其约束条件为：

$$x_1 + x_2 + G = 2;\ U^2_a(x_2, G) \geqslant U^2_a(w_2, 0);\ U^2_b(x_2, G) \geqslant U^2_b(w_2, 0)$$

报价 2：消费者 1 出价 $A^a = (x_1^a, x_2^a, G)$，以使 $U^1(x_1, G)$ 最大化，其约束条件为：

$$x_1 + x_2 + G = 2;\ U^2_a(x_2, G) \geqslant U^2_a(w_2, 0)$$

报价 3：消费者 1 出价 $A^b = (x_1^b, x_2^b, G)$，以使 $U^1(x_1, G)$ 最大化，其约束条件为：

$$x_1 + x_2 + G = 2;\ U^2_b(x_2, G) \geqslant U^2_b(w_2, 0)$$

如果只有报价 1，一定会被消费者 2 接受。但是，由于消费者 2 的效用函数要么是 U^2_a，要么是 U^2_b，而不可能同时是这两个，所以报价 1 不是最优的。因此，就存在一个额外的约束使得福利减少。报价 2 被拒绝的概率为 π_a，报价 3 被拒绝的概率为 π_b。可见，科斯方案不能保证帕累托最优的实现。

2.5 外部性理论的运用

2.5.1 庇古税

庇古税原理在治污方面的运用非常普遍,即政府要求污染的施为者支付一定的费用,即污染者付费原则(polluter pays principle)。这个原则指的是向环境排放污染物的施为者,必须直接或间接地支付等价于治理污染所需的相应成本的费用,以使得污染施为者的行为造成的负外部性内在化,从而使污染施为者主动采取措施控制污染物的排放,起到预防或解决污染问题的作用。

污染者付费原则就是运用庇古税,使污染施为者的边际私人成本加上污染费后达到或接近边际社会成本,从而达到抑制污染施为者过度向环境排放更多污染物的目的。

国际上,污染者付费原则最早在发达国家开始实施。1957 年,瑞典开始对全国境内生产天然气、石油及进口煤炭等开征一般能源税;1990 年开征相当于能源价格 25%的能源增值税;1991 年,为减少二氧化碳、二氧化硫的排放量,开始对天然气、煤炭、石油等燃料开征碳税和硫税。这一做法的效果是显著的,与 1990 年相比,1992 年瑞典的硫化物排放量减少了 16%,1995 年二氧化碳的排放量减少了 15%。20 世纪 70 年代,美国也开始征收硫税,即根据主要能源产品使用燃料的二氧化硫的排放量合计征税;1991 年,开始征收损害臭氧层的化学品税,以减少破坏臭氧层的氟利昂的排放量。

1972 年,经济合作与发展组织(简称经合组织,OECD)提出,"污染者应当承担由政府决定的控制污染措施的费用,以保证环境处于可接受的状态"。其中控制污染措施的费用包括排除污染、治理污染源、赔偿受害人损失的费用;此后,经合组织的成员国普遍推行了征收环境税的政策。[①]

我国在 1979 年推出的《中华人民共和国环境保护法(试行)》规定了"谁污染,谁治理"原则;在 1989 年推出的《中华人民共和国环境保护法》中进一步规定,"排放污染物超过国家或地方规定的污染物排放标准的企事业单位,依照国家规定缴纳超标准排污费,并负责治理",以排除环境污染造成的危害,同时赔偿因污染受害的群体。为进一步规范企业的排污行为,保护生态环境,建立健康文明的生态环境,我国又陆续出台一些相关的政策措施和规定,以补充和完善早期法制的不足。1996 年,《国务院关于环境保护若干问题的决定》明确提出了"污染者付费、利用者补偿、开发者保护、破坏者恢复"的二十字方针;2003 年,《排污费征收使用管理条例》规定污染物排放者应当依法缴纳排污费,明确了排污者的缴费责任。2011 年 12 月,国家财政部同意适时开征环境税,并于 2013 年 12 月将环境税方案上报国务院。至此,我国有关环境的相关立法和政策制定基本形成了较为完整的体系。

如果说通过征收庇古税使污染带来的社会成本转化为厂商的成本是一种惩罚机制,那么外部性内在化的转化也可以通过发放补贴等鼓励方式,让厂商通过改进生产工艺或生产技术或增加厂商专门对所排放的污染物进行净化的设备装置的投入,同样可以实现该目标,这就是常见的补贴政策。

[①] 彭丁带. 控制国外污染转移与污染者自负原则的确立[J]. 求索,2007,(12):83-85.

补贴类的矫正性措施已经在很多国家运用。美、英、法等发达国家用很优惠的价格供应居民在自家庭院种植所需的植被，以此来鼓励居民改善自然环境。我国对有突出贡献的、从事不同专业领域的专家学者发放的特殊津贴，也属于一种矫正型补贴，以资鼓励各个学科领域的发明和创新，并补偿其产生的正外部性。

2.5.2 产权

产权，是一系列权利的统称，主要包括财产占有权和财产所有权。财产占有权是指对财产的实际拥有和支配的权利，并由此进一步衍生出财产的使用权、经营权和处置权。财产所有权指的是财产占有权的法律体现。

产权的界定就是通过立法的形式，规定财产所有权归属于确定的社会成员或机构，是划分社会成员及机构之间的财产权利的规则。拥有财产所有权的社会成员或机构，就拥有财产的占有权以及其派生出来的权利。

正如科斯所说，外部性之所以存在是因为产权的界定不清晰，所以，一旦产权的界定清晰了，外部性问题就能通过市场机制来自发地解决，从而不需要用政府的税收来遏制负外部性，也不需要用补贴补偿正外部性，产销双方就能够自发地将外部性问题内在化了。由科斯定理可知，环境污染的问题根源是因为污染物的排放权没有界定清晰。

在这一思路的影响下产生了"排污权"这一概念：国家通过法律法规，界定厂商有限的污染物排放权，并规定污染物排放权可以在市场上自由交易，严禁没有污染物排放权的厂商排放污染物。所谓排污权交易，指的是为减少生产过程产生的废水、废气、固体废物的排放量，国家通过立法界定污染物排放权，规定污染物排放权的分配与交易规则；厂商通过政府分配或向政府购买的方式，无偿或有偿地获得污染物排放权；厂商之间通过市场交易的方式买卖污染物排放权。

欧美国家较早地建立了该类立法和市场。比如，在美国，1975—1979年，国家环保局先后将污染物排放权交易用于大气及河流污染源的治理，规定：在未达标区新增污染源的企业，必须从有污染源的企业手中购买"排放消减信用"；在该区，只要全部企业的排污总量不超过政策限制，就可以在减少某些污染物排放量的同时，增加另一些污染物的排放量。1980年，联邦德国也建立了排污收费的制度，发放污染源排污许可证；到2002年，德国还建立了碳排放交易制度(关于碳排放的问题，可以参阅本章案例)。英国于2003年允许企业之间在特定的交易市场自由地买卖排污权指标，并为企业建立了相应的账户。

我国关于污染物排放权法律法规的制定与实施相对滞后。1991年，我国环保总局在上海、太原、包头、柳州等16个城市试点发放排污许可证，即排污交易权。"十一五"期间，先后有江苏、浙江、天津、湖南、湖北等10个省市，包括自治区和直辖市被列为国家排污权试点，其后，又有广东、山东、辽宁、黑龙江等10多个省份被列入试行行列。

案例

碳 排 放

1. 欧盟对航空公司碳排放收费

2011年12月，在德班举行的联合国气候变化峰会上，欧盟气候谈判代表梅茨格重申"将航空业纳入碳排放交易体系"的决定不可更改。这意味着，自2012年1月1日起，所有降落在欧盟机场的航班,其碳排放量都将受限。

为弥补2005年1月实施的碳排放贸易体系的不足,近年来,欧盟实施了统一碳税,征收航空"碳税"。

2. "碳排放"词义来源

人类的任何活动都有可能造成碳排放,哪怕是简单的烧火做饭,任何物体被火烧后的废气都会产生碳排放。多数科学家和政府承认,温室气体已经并将继续为地球和人类带来灾难,所以控制碳排放势在必行。

碳排放是关于温室气体排放的一个总称或简称。温室气体中最主要的气体是二氧化碳,因此用"碳"(Carbon)一词作为代表,虽然并不准确,但让民众最快了解的方法就是简单地将"碳排放"理解为"二氧化碳排放"。多数科学家和政府承认温室气体已经并将继续为地球和人类带来灾难,所以"(控制)碳排放""碳中和"这样的术语就成为容易被大多数人所理解、接受,并采取行动的文化基础。

3. 碳排放的影响

一个一般性的共识:全球变暖的主要原因是人类在近一个世纪以来大量使用矿物燃料(如煤、石油等),排放出大量的二氧化碳等多种温室气体。这些温室气体对来自太阳辐射的可见光具有高度的透过性,而对地球反射出来的长波辐射具有高度的吸收性,导致全球气候变暖,也就是我们常说的"温室效应"。全球变暖会使全球降水量重新分配、冰川和冻土消融、海平面上升等,由此产生的影响是很难预测的,不仅危害自然生态系统的平衡,而且直接威胁人类的食物供应和居住环境。

4. 碳排放国际条约

1) 国际公约《京都议定书》

针对全球气候变暖,国际社会于1992年制定了《联合国气候变化框架公约》(以下简称《公约》),并于1997年12月在日本京都召开的《公约》第三次缔约方大会上达成了《京都议定书》(以下简称《议定书》)。《议定书》(含30多个附件)要求:国家(包括发达国家和经济转型国家)在2008—2012年间,使温室气体的平均排放量比1990年削减5.2%以上,减少碳排放成为缔约国家社会经济发展和生产经营活动的重要目标之一。在占发达国家碳排放总量的55%以上的缔约发达国家批准后,《议定书》于2005年2月16日正式生效。这标志着国际社会进入了一个实质性减排温室气体的阶段,人类发展史上首次具有了一个国际法律框架,来限制人类活动对地球系统的碳循环和气候变化的干扰。

《议定书》生效是各国在政治、经济、能源、环境等方面利益相互妥协的结果。各国在温室气体减排方面虽然具有共同的责任,但也有区别,加上各国资源禀赋和经济发展水平差异较大,在履行碳减排义务时付出的代价必然不同,所以在减排的国际谈判中各国考虑各自的国家利益,使得谈判过程成为各个国家或利益集团在政治、经济、资源、环境等方面博弈的一个复杂过程。

占发达国家温室气体排放约40%的美国和澳大利亚没有批准《议定书》,并且《议定书》最终文本是在谈判过程中对一些国家的减排义务做了较大让步的情况下达成的妥协方案,被执行的意义不大且效果也不显著。

2) 国际碳排放交易

全球碳交易市场年均交易额已达 300 亿美元，预计将来会大幅增加。在欧洲，企业可以通过买卖二氧化碳排放量信用配额来实现排放达标的目标。碳排放已经成为一种市场化的交易。在伦敦金融城，有不少专门从事碳排放交易的公司。

英国、美国的芝加哥气候交易所是全球碳排放交易的两大中心。参与碳排放交易的政治家和商人现在都将目光投向了亚洲，投向了中国。根据《议定书》的约定，发达国家有已经核准的 2008—2012 年间温室气体排放量上限；至 2012 年，温室气体平均排放量必须比 1990 年的水平低 5.2%。同时规定，协议国家(现有 169 个国家)承诺在一定时期内实现一定的碳排放减排目标，再将各国自己的减排目标分配给国内不同的企业；当某国不能按期实现碳减排目标时，可以从拥有超额配额(或排放许可证)的国家(主要是发展中国家)购买一定数量的配额(或排放许可证)以完成自己的减排目标。

也有观点认为，可以通过积极参与项目获得巨大的经济收益，据估计，中国可以提供全球 CDM(Clean Development Mechamism，清洁发展机制)所需项目的一半以上，因此，中国的碳交易市场也有望成为世界最大的市场之一。

3) 碳排放脱钩

碳排放脱钩是经济增长与温室气体排放之间关系不断弱化乃至消失的理想化过程。这意味着在实现经济增长的基础上，将逐渐降低能源消费量。

5. 中国积极应对碳排放措施[1][2]

在中国，每年的能源消费总量都发布在《中华人民共和国国民经济和社会发展统计公报》中。当前，碳排放的主要减排对象是 CO_2。

中国目前主要有三个技术方向和选择：一是采取化石能源的替代技术，主要包括可再生能源技术、清洁能源替代技术、新能源技术(不包括核能)；二是提高能效，即通过减少能耗实现削减 CO_2 排放；三是碳埋存及生物碳汇技术。在政策上，税收等财政金融政策正大力支持技术改造，加速进程，优化资源配置，以降低全社会的减排成本。

1) 能源结构调整

能源结构调整对减排的影响是从长期着眼，但困难较大，并且见效慢。当前，虽然采用低碳或无碳的替代能源技术还有很长一段路要走，但通过能源替代技术改变能源结构正缓慢进行，所以当前的减排作用有限。

有研究得出结论：如果将煤的使用比重降低 1%，代之以天然气，可以使 CO_2 排放量减少 0.74%，然而，需要为此承担的代价是 GDP 下降 0.64%、居民福利降低 0.60%，以及各部门生产成本会普遍提高，其中电力部门平均成本提高 0.60%，受影响最大；如果"气代煤"的比例提高到 5%，CO_2 排放量会减少 4.9%，而 GDP 会下降 2.0%，居民福利会降低 2.0%，电力部门平均成本提高 2.4%。从物质的直接成本核算看，能源结构调整的后果是需要付出一定的经济代价。虽然我们一直在进行源结构调整，但这是一个缓慢的过程，到 2018 年，我国的能源结构已经有所改变，如图 2A-1 所示。

---

[1] 曹广喜，刘禹乔，周洋。长三角地区制造业碳排放脱钩研究[J]. 阅江学刊，2015-2.

[2] 中国碳排放交易网：http://www.tanpaifang.com/tanguihua/2014/0216/29041.html.

图 2A-1　2018 年我国能源结构图

2) 实施清洁生产

根据预测，即使采取较积极的能源政策，包括提高可再生能源和油气等清洁能源的比例，中国煤炭消费到 2020 年仍占比 60%。而碳埋存和相关碳汇技术因成本等问题难以推广。因此，当前，采取清洁生产等技术来提高能效被认为是最可行也是最有效的技术，特别是煤炭的清洁利用技术在未来 15 年中将扮演十分重要的角色，不仅能够减少能源利用和减少排放，实现提高效益，还能通过技术转移发挥更大潜力，因此成为最优选择。

另外，在农业方面，提高化肥利用率也在推广中。在保证作物产量的前提下，减少化肥消耗量，就是减少化肥生产过程中的 CO_2 排放量，从而保护环境。

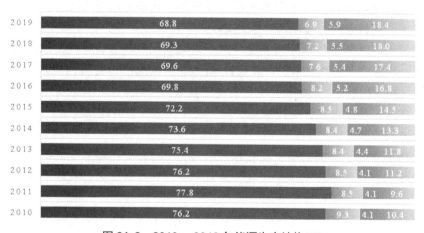

图 2A-2　2010—2019 年能源生产结构(%)

数据来源：根据国家统计局数据

3) 利用生态系统

增加陆地生态系统碳吸收有助于减轻中国潜在的减排压力。

在林业，造林、林地恢复、丰产林管理、采伐管理、森林防火和病虫害控制等不仅可增加森林固碳量，还可减少碳排放。有人对中国实施的林业六大重点工程的固碳潜力进行初步估计：100 年内约 200 亿吨。

而据刘毅团队研究，2010—2016 年，我国陆地生态系统年均吸收 11.1 亿吨碳，吸收了同时期人为碳排放的 45%，到 2020 年单位国内生产总值 CO_2 排放比 2005 年下降 40%～45%。

4) 征收碳税的影响

采用征收碳税和能源结构调整的政策对整个经济的影响被认为是负面的。如果采用征收碳税实现 5%或 10%的减排目标，需要分别征收每吨碳 90.71 元和 192.9 元的碳税。征收碳税直接使各部门的生产成本增加，要实现上述同样的目标，电力部门成本分别增加 5.78%和 12.07%，钢铁部门成本分别增加 0.91%和 1.94%，邮电运输业成本分别增加 0.128%和 0.263%。例如，"气代煤"1%，征收碳税 82.1 元/吨碳，可以实现 5%的总减排目标，而居民福利下降 0.78%，GDP 下降 1.51%。参见图 2A-3。

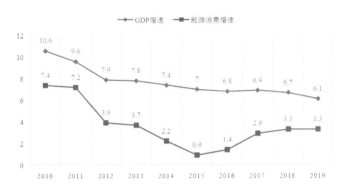

图 2A-3　2010—2019 年 GDP 增速和能源消费增速(%)

数据来源：国家统计局

5) 消费行为的影响

消费行为对节能与减排的作用同样突出，经过研究，居民生活用能具有巨大的节约空间。有数据显示，1999—2002 年，中国每年全部能源消费量的大约 26%、二氧化碳排放量的 30%是由居民生活行为及满足这些行为需求的经济活动造成的。在基本不降低生活水平的前提下，以 2002 年的统计数据为例，仅住房、汽车、摩托车和家用电器这四项就可以节约能源 2176.3 万吨标准煤，占居民生活行为用能的 11.0%，相当于每年减少 1628.8 吨的 CO_2 排放量。

6) 中国的规划与承诺

"十二五"规划期间，中国承诺到 2020 年将每单位 GDP 的碳排放量较 2005 年削减 40%～45%，允许排放量增长，但增速放慢。

国家发改委建议从 2016 年起对全国温室气体排放量设置一个绝对上限值，该做法将使排放量目标独立于经济增长。发改委预计中国温室气体排放将在 2025 年达到峰值，比之前预测的要早五年。而若设立绝对上限值，即便中国经济增速超出预期也将必须控制碳排放量。

另外，《可持续发展经济导刊》从"学习强国"学习平台上整理了习近平总书记 2020 年关于可持续发展的部分重点论述："……《巴黎协定》代表了全球绿色低碳转换型的方向，中国将提高国家的贡献力度，采取更加有力的政策和措施，CO_2 碳排放力争于 2030 年前达到峰值，努力争取 2060 年前实现碳中和，为实现对气候变化《巴黎协定》确定的目标做出更大努力和贡献。"

复习思考题

1. 什么是外部性？外部性的影响有哪几种类型？

2. 当产品具有正外部性时，厂商对生产该类产品的供给决策与社会需求之间的关系是怎样的？请解释原因。有哪些策略或政策可以解决这种情况？

3. 在本章，造纸厂的案例表明存在负外部性时，厂商生产不能达到帕累托最优，那么，如何才能实现帕累托最优呢？

4. 对于我国当前雾霾的状况，你认为产生雾霾的原因有哪些？可以从哪些方面采取措施进行治理？

扫一扫，观看"公共品外部性解析"微课视频。

第 3 章　公共产品

公共产品是公共经济学的基石，而公共产品理论是公共经济学的核心内容。由于公共产品无法按照市场经济运行规则由市场主体自发自愿地提供，因而为政府或公共部门干预市场提供了契机，由此看来，市场失灵和政府干预相伴而生。正如迈克尔·泰勒(Michael Tyler)所说，如果没有国家，人们不能卓有成效地相互协作，实现他们的公共利益，尤其不能为自己提供某些特定的公共产品。

作为公共经济学理论核心的公共产品理论，需要我们对公共产品本身有正确的认识，在此基础上，进一步认识公共产品的供求关系，研究公共产品的提供机制、条件和方式，以及政府参与消费的原则及界限等，为政府干预经济提供理论支持。

3.1　公共产品的界定

3.1.1　私人产品

根据福利经济学的界定，私人产品是排他的、具有很强竞争性的物品或服务，在完全竞争市场上可以自由实现帕累托最优。

那么，私人产品具有怎样的特征呢？

私人产品的首要特征是它的可分割性(divisibility)。如果一件商品不具有可分割性，那么私人拥有和消费的实现不可能存在。以 T 恤为例，只有被分割成为一个个单件 T 恤，消费者才能购买、单独消费并为其提供特定效用，而该消费者以外的人无法获得 T 恤的这种效用。正是由于私人产品具有可分割性，才使得私人产品的消费具有竞争性和排他性。

就私人产品的竞争性而言，对于任意给定的私人产品产出量，随着消费者数量的增加而增加，以满足额外增加的消费者的需求。但产品或服务的竞争性也意味着每个消费者的利益无法在不受损害的条件下得到满足。如前述的 T 恤，当该消费者将一件 T 恤购买后，它只能为这个消费者或其家庭享用，其他人或家庭不可能同时享用这件 T 恤提供的效用。

假如这件 T 恤是母亲为儿子们购买的，尽管一个家庭的几位兄弟都能够获得该 T 恤的效用，但是，在他们消费的过程中，存在获得效用时间上的先后顺序的现象，简言之，效用获得具有次第性。这可以说是私人产品的第三个特征。

再就私人产品的排他性来说，事实上，在消费的过程中，私人产品所具有的竞争性和效用获取的次第性又导致该产品拥有排他性的特征。同样是这件T恤，对于这个家庭以外的成员而言，显然是被排除在消费范围之外的。他们若想消费这种T恤，通常要支付同样的价格到市场去购买，这是竞争性所决定的。类似地，兄弟几人的先后次序的消费过程也同样具有排他性，也就是说，不可能两个人同时穿这一件T恤，因而导致不能穿上该T恤的其余兄弟必须付出等待的时间代价，只不过不是以货币的形式进行支付的而已。而这一点则是由效用获取的次第性所决定的。

简言之，私人产品的可分割性使得产品的生产和消费变得更加简单，而消费的竞争性、效应获取的次第性和排他性意味着消费者的消费成本支付更直接、更明确。而这一点恰恰是公共产品的难点。

萨缪尔森对纯私人产品用函数进行如下表示：

$$X=\sum X_i \, (i=1,2,\ldots,n)$$

其中，X——某一商品的总量；

X_i——消费者拥有或消费的商品数量。

某一商品的总量等于每个消费者所拥有或消费该商品数量的总和。之所以可以简单求和，原因在于私人产品的竞争性和可分割性，所以，这个函数也意味着私人产品在消费者之间是可分割且可独享的。从效用的获得成本看，消费函数表述的是消费者人数增加，导致私人产品的边际成本大于零。

3.1.2 公共产品

公共产品是相对于私人产品而言的。在市场经济条件下，不是所有的产品都能按照市场规则由私人企业自愿提供，但是这类产品却是一定区域内消费者必需的消费品，如国防。因而现实中，这种由政府或公共部门所生产和提供的，用于满足全体社会成员共同需求的产品和服务，被称为公共产品(Public Goods)。

公共产品概念最早是林达尔(E. R. Lindahl)在其博士论文《公平税收》中提出的，后来由萨缪尔森(Samuelson)及其他学者对其加以发展。

从产品的分割性角度看，范立安(H. R. Varian)认为公共产品是"对所有涉及的消费者都必须供应同样数量的物品"。在这一点上，不可分割性的本质也可以理解为公共产品难以单独供给。

而对公共产品的界定影响较大的则是萨缪尔森，1954年，他认为，"每个人对某种物品的消费都不会导致其他人对该物品消费的减少"；后来，他进一步指出，"每个人对某种物品的消费都不会导致其他人对该物品消费的减少"，即任意公共产品的效应是所有消费该公共产品的消费者个人效用的总和。萨缪尔森的非竞争性界定和对不可分割性的补充，在他的《经济学》第18版中得以完善，明确给出了公共产品的概念，即"公共产品是指能将效用扩展于他人的成本为零，并且无法排除他人参与共享的一种商品"。[①]基于此，萨缪尔森将纯公共产品用如下函数进行描述：

$$X=X_i (i=1,2,\ldots,n)$$

---

① 范立安. 微观经济学：现代观点[M]. 7版. 上海：格致出版社，2009.

即某一商品的总量 X 等于每个消费者所拥有或消费该商品的数量 X_i。原因在于每个消费者都可以享用纯公共产品，任何消费者都无法排除其他消费者从该产品中获得收益和效用。

不过，斯蒂格利茨(Joseph Eugene Stiglitz)则从影响供给方的成本角度对公共产品进行了界定："公共产品是这样一类物品，在增加一个人对它的分享时，并不导致成本的增长，而要排除任何人对它的分享却要花费巨大的成本。"显然，在消费这种公共产品时，排他没有意义，因为该公共产品不具有竞争性。

从供给方看，对于由非私人供给的俱乐部产品，布坎南做如下定义"任何集团或社团因为任何原因通过集团组织提供的商品或服务，都将被定义为公共产品。"

3.1.3 公共产品的识别

1. 公共产品的特征

与私人产品相对立的公共产品，所有的特征也同样与私人产品的特征相对立。

(1) 非竞争性(non-rivalness)。这一特点指的是在消费过程中，当某消费者获得某种公共产品的效用时，他人同样可以获得；同时，该消费者不会因更多人来共享而导致任何数量或质量的减少，即他获得的效用不变。每个获得该效用的消费者之间不存在利益冲突。因此，增加消费人数时，公共产品的边际成本为零。

(2) 非排他性(non-exclusion)。这一特点指的是如果要将某个人或某些人排除在公共产品的受益范围之外，在技术上没有办法办到或技术上可行但因成本高昂而不值得去办，这类产品或服务就是公共产品的非排他性。显然，非排他性的原因就是公共产品的不可分割性。以灯塔为例，作为夜间海上航行的指明灯，当灯塔点亮时，光亮在其覆盖的海域内，对于途经这片海域的船只，无论缴费与否，都能获得灯塔的指引效用。而对于灯塔的所有者，通常无法将没有交费的船只排除在外，要么因为他没有可行的技术支撑，要么面对必须支付的高昂排除费用而不得已选择放弃。

基于此，可以将非排他性剥离出三层含义：一是任何人不可能不让别人消费它，即使有些人有心独占对它的消费，却存在技术上不可行，或技术上可行但因成本高昂而不值得去独占；二是任何人都不得不消费它，虽然有部分人不情愿但也无法加以拒绝；三是任何人都可消费相同的数量。

一般而言，公共产品是私人不愿意或无法部分生产或无法全部生产的产品，所以，必须由政府提供或政府参与提供的产品和服务。

从历史的发展长河来看，某些公共产品的非排他性或非竞争性并不能永远保有这种特征。随着技术的发展，公共产品的可分割可能成为现实，并且市场运作成本足够低的话，将意味着公共产品可能转化为具有竞争性和排他性的非公共产品。

2. 识别公共产品的方法

在判断一种产品或服务是否属于公共产品之前，需要对非竞争性和非排他性之间的关系做个分析。

一般地，对于纯公共产品，非竞争性和非排他性必须同时存在，两者缺一不可。然而，对于许多产品，却存在非竞争性和非排他性不同时存在的现象。比如，对某座桥梁，从桥上通过是非竞争性的，但是却可以通过收取过桥费来实现该产品的排他性消费。如果在上下班高峰或某些节日期间没有收费站点，那么任何人都可以通过该桥梁，显然此时该桥梁不再具有排他性，但如果此时桥梁上存在拥挤，那么通过该桥就有竞争性了。"十一"黄金周的第一天，等待通过深圳大桥的汽车驾驶员说："昨天半夜我们等待过桥，现在(第二天中午)还在等待过桥。"

可见，一个产品或服务的非竞争性和非排他性可以彼此分离，也可以同时存在，因此，就形成了不同的公共产品类型。

对公共产品特征的分析，自然形成判断一种产品或服务是否是公共产品的一般方法：

第一步，看该种产品或服务的效用是否具有不可分割性。如果具有不可分割性，则需要继续第二步的分析，即看该种产品或服务的消费是否具有非竞争性。第三步，看该产品和服务的受益在技术上是否具有非排他性。至此，如果该类产品或服务具有非竞争性和非排他性，则必为纯粹的公共产品。

与纯公共产品相对，如果一种产品或服务既具有效用的可分割性，又在消费方面具有竞争性和在受益方面具有排他性，那么这种产品或服务必为纯粹的私人产品或服务。

如果一种产品或服务同时具有效用的不可分割性和消费的非竞争性，但在技术上能够排他消费，那么排他的成本高低是决定该产品或服务是否能够成为公共产品的重要因素。如果排他的成本较低，则该产品或服务属于"拥挤型的公共产品或服务"。那么，政府可以通过公共财政给予补贴，激励私人向市场增加这类产品或服务的供给。

如果一种产品或服务同时具有效用的非可分割性和消费的非竞争性，但在消费上具有竞争性，则这种产品或服务属于公共资源。

对于纯公共产品，它属于社会公共需要领域，通常应由政府通过公共财政来提供，市场机制在这个领域中一般是失灵的。相反地，对于纯私人产品，通常是由市场来满足供需，从而实现均衡的。

至此，本书将所有的公共性质的产品和服务统称为公共产品。

3.1.4 公共产品的分类

对公共产品的分类，有多种方法。

第一种分类法，也是被普遍采用的分类法，是根据竞争性和排他性为指标进行的。这种分类法简单而直观，如表3-1所示。

在表3-1中，除却私人产品，其余三类皆可划为公共产品之列。现按照该表的分类介绍这三类公共产品。

表3-1 产品分类法

	私人产品	公共资源	俱乐部产品	纯公共产品
排他性	有	无	有	无
竞争性	有	有	无	无

第一类：纯公共产品。

纯公共产品的识别最简单直接，即这类公共产品既具有消费的非竞争性，又具有受益的非排他性，两者缺一不可。这一概念是由马斯格雷夫(Musgrave)提出的，他将严格满足这两个条件的产品称为纯公共产品。人们普遍认为，国防就是这类公共产品的典型。另外，公平的收入分配、有效率的政府和制度、货币的稳定、生态维护等，也具有类似的特征。

不过，樊勇明、杜莉等(2007)将公共产品非竞争性的边际成本为零分解成两个可度量的"零"指标：一个是生产的边际成本为零；另一个是消费过程中的边际拥挤成本为零。

在生产方面，增加消费者不需要追加资源的投入。这显然与微观经济学中的私人企业的增产导致的边际成本增加不同。例如，某一海域的灯塔的供给，即使增加船只，供给方无须在这片海域增加额外的灯塔数量，所以供给方的边际成本为零。在消费方面，增加消费者后既不会增加现有消费者的额外成本，也不会影响其他消费者的满意度，不会产生拥挤成本。

消费过程中的边际拥挤成本为零，指的是每个消费者的消费都不影响其他消费者的消费数量和质量。这种产品不但是共同消费，而且不存在消费过程中的拥挤现象。

这样，依据樊勇明等人的观点，只有符合非排他性和非竞争性的两个边际成本为零的指标，才能称得上是纯公共产品。如果在阐述公共产品的非竞争性时，只考虑其边际生产成本为零，而忽略边际拥挤成本的话，则有失偏颇。的确，消费者增加带给供给方的生产成本为零并不足以说明其边际社会成本为零。比如，深圳"十一"期间的虎门大桥的过桥拥挤问题，对于供给方来说，只要不到必须拓宽桥梁的程度，增加一个消费者并不会增加它的生产成本；但是，从消费者的情况来看，显然不存在拥挤成本为零的情况，因为消费者一般是不喜欢拥挤的，缓慢或等待的时间都是消费者需要承担的拥挤成本。可见，当消费者的增加人数达到一定数量时，拥挤成本就会凸显出来，从而增加消费者消费成本。

因此，萨缪尔森的公共产品的函数表达只适合对纯公共产品的描述。

第二类：俱乐部产品。

俱乐部产品的特点是，在消费上具有非竞争性，但供给方可以轻易地做到排他。在公路和电影院之类的产品消费时，将每次消费这些产品的消费者的人数确定下来，就可以实现排他。比如，在电影院，当消费者超过一定数目时就会发生拥挤现象，从而破坏了非竞争性特征。有趣的地方也正是此处，人们认为"公共产品是这样一类物品，在增加一个人对它的分享时，并不导致成本的增长，而要排除任何人对它的分享却要花费巨大成本"[①]。因此，对于该类公共产品，可以通过限制消费者的数目来实现排他。

第三类：公共资源。

公共资源的特点是，在消费上具有竞争性，但是却无法有效地排他。对于这类产品，不付费者不能被排除在消费之外，像公共渔场、牧地就是典型的公共资源。

与纯公共产品一样，公共资源的总量既定，具有向任何人开放的非排他性。但这却含有一种潜在的危险，在公共资源的消费过程中，消费者会出现不合作问题，每人只按照自己的理性行事，表现为集体的非理性消费。

而公共资源的竞争性消费则意味着消费者的增加将产生负外部效应。另外，对公共资源的消费超过了一定的限度后，就出现"拥挤"问题。对于负外部效应，指的是增加消费者后引致消费者本身不需要承担其行为的成本，但"拥挤"问题本身对消费者来说也是其要承担的行为成本。

一般地，公共资源的非排他性消费的结果：一是导致公共资源的供给不足；二是导致

---

① [美]鲍德威·威迪逊. 公共部门经济学[M]. 北京：中国人民大学出版社，2000：67.

公共资源被破坏；三是导致未来只有劣等公共资源的供给。

按照这两类指标的分类法，还可以加上第四、五类。

第四类：混合品。

依据排他性和竞争性作为指标的图表分类法显然是将产品的分类绝对化了。因此，在上述三类之外，还有混合品的存在。这类产品通常指的是具有较大范围的正外部效应的私人产品；或者是同时具有公共产品性质和私人产品性质的产品①。这些产品的非竞争性和非排他性都不完全，如教育、卫生、科技等是典型的代表。以教育为例，个人接受教育，首先受益的是个人，因为它可以使一个人拥有更多的知识，变得更有能力，未来可以找到更好的工作，获得更高的就职机会，收益更多。在个人消费教育产品的过程中，它具有典型的竞争性，如个人出资个人受益，所以在这个意义上，教育具有私人产品的两大特征。但教育在给个人带来较高收益的同时，也会产生很大的正外部效应，这是指个体将相当大的一部分利益通过受教育者外溢给了社会，使其他人受益，如受教育者能够提高社会的劳动生产率，使一个家庭或家族的文化素质得以提升，进而引起其他个人、家庭、家族的效仿，从而使整个民族的文化素质都逐步提升。可见，从教育的正外部效应看，教育又具有非竞争性和非排他性特征。所以说，教育是一种在个体消费过程中，在短期内具有私人产品的竞争性和排他性，而在长期内却又具有公共产品的非竞争性和非排他性。再如，体育锻炼也同样如此，短期内是个体消费者的私人产品消费，从长期看则可产生具有公共产品的消费特征。

当然，对于混合品的外部性存在，个人对混合品的提供一般是只考虑私人受益的大小，并且受到个人实际财力和能力的约束，个人对这种产品的供给多处于供给不足的状况，扩展至整个社会，这种产品的供给更显得过少。

至此，从供给的角度看，混合品和纯公共产品的区别很明显：混合品具有部分私人产品的性质，在短期内，可以为私人提供较为充分的激励，促进个人消费增加，同时可以像私人产品那样增加供给，消费者及其消费量都能同步增加；但从长期看，不仅私人自我供给数量不足，而且更重要的是社会供给无法全部由私人供给获得满足。而对于纯公共产品来说，根本不存在供给激励问题。

第五类：公共中间品②。

如果说前四类的划分依据主要是从消费者对产品的消费角度，那么，公共中间品则是从供给方的生产的角度。对于厂商来说，这些产品只有厂商是它们的"消费者"。

第二种分类法，与第一种相似，只是将产品大致地分为三类：第一类是私人产品；第二类是混合品(包含第一种分类法中的第二、第三、第四、第五类)，也有学者将之称为准公共产品；第三类是纯公共产品。

第三种分类法，是根据公共产品的地区范围进行的分类。根据这种分类法，可以将公共产品分为全球性公共产品、全国性公共产品和地方性公共产品③。

全球性公共产品，是指在全球范围内所有国家与其他社会组织、所有居民共同享用的

---

① 刘宇飞. 当代西方财政学[M]. 北京：北京大学出版社，2000：100.

② Herderson. A Note on the Economics of Public Intermediate Inputs. Economica[J]. Vol. 41, No. 163 (Aug., 1974), pp. 322-327.

③ 黄恒学. 公共经济学[M]. 北京，北京大学出版社，2002：65.

公共产品，如大气、公海等。20世纪90年代以来，全球性公共产品在国际社会中备受关注。对于保护地球的臭氧层、南极上空出现空洞的问题，科学家认为是由于人类的生产和消费活动中过多地使用氯氟烃化学物质所导致的。臭氧层被破坏会导致地球生态圈层的紫外线射入过多，导致地球上的物种和人类受到侵害(如变异速度加快、人类的皮肤癌变等)。这种全球范围内的"消费"的非排他性和非竞争性的特征使之成为典型的纯公共产品，如公海的污染、核安全等类似问题。显然，引起全球共同关注的问题更多的是在产品毁坏后出现负外部效应时才会引起人们对纯公共产品被破坏的重视。

全国性公共产品，是指一国范围内所有社会组织、全体居民可以享用的公共产品。全国性公共产品一般是由中央政府提供，如国防、社会秩序、法律等。这些公共产品，在全体居民享用时，对于本国以外范围内的国家和居民具有竞争性和排他性；而地方性公共产品是指仅限于某一区域内社会组织和居民享用的公共产品，对该区域之外的社会组织和居民具有消费的竞争性和排他性。

每一种分类法都不是将公共产品进行绝对化划分，因为每一种公共产品一般兼具上述某几种类型的特征，如公海作为全球性公共产品还具有典型的公共资源特征。因此，公共产品的划分本身只能做相对的分类，因为边际成本和边际拥挤成本是否为零也是相对的，在一定的条件下，比如随着经济、技术的发展和管理手段的变通，都有可能将原来的纯公共产品变成非纯公共产品：原来没有拥挤现象的公共产品出现了拥挤，原来不能排他的非竞争性消费变成可竞争性消费。这种情况在当今时代比较常见，很多大桥的消费就存在上述现象。比如，深圳的虎门大桥，在建成之初，通过大桥的消费者不存在拥挤现象，但到2017年"十一黄金周"却出现了消费者需要等待13个小时才能通过大桥现象，成了"史上最长的大桥，一天都走不完"。显然，在初始阶段，该区域的居民人数和所购买汽车的数量都相对较低，对通过桥梁的消费需求不大，但随着经济的发展、深圳人口的增加、购买汽车的数量逐年上升，再加上黄金周的突发性需求暴增，故而现今虎门大桥不再有纯公共产品的特征了。

3.2 公共产品的供给分析

3.2.1 公共产品的供给方式

从经济社会生活中可以发现，公共产品的供给方式主要有以下三种。

1. 政府供给

政府供给公共产品是经济生活中常见的经济现象。政府通过公民或公民代表的集体选择程序，以强制征税为主要手段筹集资金，安排财政支出，向市场供给公共产品。这种供给机制比较适合纯公共产品，因为纯公共产品具有完全的消费非排他性。从需求方看，消费者作为理性的"经济人"，具有隐瞒真实需求偏好的可能，期望成为"免费搭车者"，不愿向市场提供有效信息；从供给方看，排他不可能，同时向谁收费、如何收费、收多少费皆成难题，市场将无法有效地获取信息，导致市场不能保证公共产品的帕累托有效供给。如果厂商按照高于边际成本的水平定价，同样导致供给量不足，降低消费者的福利水平。

总之，纯公共产品的供给存在"市场失灵"，由政府供给是最有效的。

2. 私人部门供给

公共产品的消费虽然存在"免费搭车"的现象，但并不意味着私人部门完全无法提供。私人部门如果能够在短期内排除他人免费享用，通过市场机制，根据市场需求，在能够确保盈利的前提下，便可以向市场提供这类公共产品，如当前教育行业出现各类私人办学机构发展得风生水起，部分公路的建设和收费也由私人部门承接。

以科斯1974年对英国历史上灯塔的供给状况研究为例，1615—1645年间，灯塔完全由私人组织行业工会海港管理部门来收费，他们从国防处取得经营权，因为发现有利可图，工会也开始投资经营管理，出租给私人。到1820年，共46座灯塔，其中22家由私人经营，24家由工会经营。期间，由于3家灯塔管理委员会都是靠征收高税收来维持生存的，导致船主一致反对，最后英国议会于1836年将灯塔收回由工会管理。科斯的研究表明：公共产品不一定非要由政府提供，也可以由私人部门提供；但如果政府完全放任这类市场导致问题出现，那么政府的适度干预就是必要的。

3. 自愿供给

当今社会，有些公共产品可以由个人、单位自愿供给，以社会捐赠或公益彩票等形式无偿或部分无偿地筹集资金，直接或间接地用于教育、体育、帮扶济贫等公益事业。事实上，人在不受强迫的情况下，仍会合作。而这部分群体会在奉献中得到满足。因此，在这类公共产品的供给中，"搭便车"并不是必然的，"强制乘车"已非必要。

下面将就公共产品的私人供给进行理论分析。

3.2.2 公共产品的私人供给

私人市场如何提供公共产品，取决于很多因素，如排他的可能性、公共产品中获得效用的人数等。当存在正外部性时，一般情况是，公共产品的供给是不足的。但在某些情况下，市场也可以做得很好。这需要分不同的情况进行分析。

1. 公共产品无排他性，参与者较少

如果一个社区只有两个家庭，该社区的排水系统将会非常糟糕。良好的排水系统是公共产品，对每个家庭来说，排除家庭产生的污水能给每个人带来好处。设 G_1 和 G_2 是两个家庭的排水量，两个家庭所消费的私人产品的数量是 X_1 和 X_2，那么，效用函数可以表达为 $U(G_1+G_2, X)$。对于每个家庭来说，其排水量是由该家庭初始拥有的资源状况 W 所决定的，设为 W_1 和 W_2。

假设：$W_i = G_i + x_i$，$i=1,2$

以每个家庭可利用的排水量为基准，那么每个家庭都会追求效用最大化，这将满足以下条件：

$$U_G^i / U_X^i = 1, \quad i=1,2$$

由上式得，每个家庭的反应函数分别为 $G_1=G_1(G_2)$ 和 $G_2=G_2(G_1)$。根据每个家庭的反应函数可求得该排水系统的均衡量，即 S，如图3-1所示。对于这个均衡量，只有当两个家庭的社会无差异曲线相切于 S 点时，该点才是帕累托最优。而两个家庭到无差异曲线可参见图3-2。在图3-2中，CC 线是契约线。

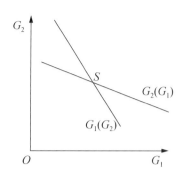
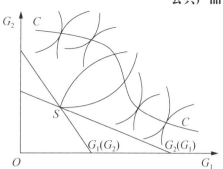

图 3-1 公共产品的自愿供给　　　　图 3-2 公共产品的最优供给

在契约线上的每一点都表明家庭的效用水平高于 S 点所对应的两个家庭的效用水平，这可能使得两个家庭会在 CC 线上应该居于哪个位置而博弈起来，从而尽可能争取自家的效应更大。虽然从排水量最优的角度来看 S 点是最优的，但是如果这些排水系统由私人提供，那么一般就会存在公共产品供给不足的问题。

能否用转变对供给方的要求来解决公共产品供给不足的问题呢？在人口众多的发展中国家，出现实行控制人口的政策，如中国的计划生育政策，这意味着什么呢？在资源有限的事实面前，这类国家就会出现这样的境况：与控制人口的家庭相比，那些没有控制人口的家庭将获益更多，因为孩子的数量越多，家庭的劳动力就越多。从家庭自身利益的角度看，整个社会就会呈现出竞相生孩子的现象，只为争取更多的额外利益，但这只会导致有限资源下的需求进一步紧张，从而形成恶性循环。而如果每个家庭都愿意一起合作，在控制人口出生方面达成共识并一同执行，那么社会的整体供求紧张状况就会改善，并且可因此而进一步受益，比如孩子可以上学，提高素质，增多未来的就业机会，而不是像先辈那样单靠简单劳作的工作解决生计问题等。这个例子至少表明，有了合作，公共产品的生产数量就会增加。

上述例子让我们看到：家庭之间的博弈，类似于囚徒困境。那么，不妨以囚徒困境为例来分析合作是否能够带来更多的利益。

假设有两个人 A、B 在思考是否要生产一种公共产品。该公共产品一旦生产，每个人能获得¥9 的收益，它的生产成本为¥11，显然，它的提供会使得两人都受益。如果两人合作，计策略为 C；如果两人不合作，计策略为 NC。假设两人在做选择前不存在(或不允许)交流或预先串谋，以表 3-2 的数据看两人的收益情况。

表 3-2　净收益矩阵

		B	
		C	NC
A	C	¥3.5，¥3.5	¥-2，¥9
	NC	¥9，¥-2	¥0，¥0

在净收益矩阵中，含有两个收益值的每个单元格中，左边为 A 的，右边为 B 的。这四净收益对应于 A、B 两人的不同合作方式下各自可能的净收益情况如下。

第一种情况是两人合作，那么，两人将平摊生产成本，每人都会得到¥3.5(9-11/2)的净收益。

第二种情况是一人愿意合作另一人不愿意合作，结果就会出现合作者的净收益是¥-2，而不合作者的净收益是¥9。对于合作者来说，虽然能从该公共产品被生产出来后获得¥9的收益，但是他需要独自承担¥11的生产成本，所以，他的净收益是¥-2；而不合作者因无须承担生产成本而获得¥9的净收益。

第三种情况是双方都不愿意合作。在这种情况下，因为两人都不愿意付出成本，就没有公共产品的供给，两人也就无法获得其产生的净收益。

这三种合作方式的收益情况表明：在不合作的情况下，每个人的最优策略都是不合作。因为如果 A 选择不合作，对于 B 来说，合作就意味着 B 要损失¥2，从而不合作实质上会成为他的最优策略选择；而如果 A 选择合作，那么对于 B 来说，自然是不合作的收益最大，所以他一定会选择不合作的策略，因为这远比他选择合作的收益还要大，即：¥9>¥3.5。因此，无论 A 选择合作还是不合作，B 的最佳策略选择都是不合作。反过来，对于 A 也会作出类似的判断和策略选择，即无论 B 选择合作还是不合作，A 的最佳策略选择都是不合作。这样对该公共产品的供给情况的最终结局就是：A、B 博弈的结果是第三种情况，即双方不合作，公共产品供给为零，两人的净收益也为零。

这个囚徒困境的例子表明，在没有事先交流的情况下，合作无法实现，因为每人都会只从自身利益出发追求利益最大化，所以只会选择对自己最优的策略，即不合作。那么这个博弈的分析过程本身也表明，第二种情况是一种不稳定的情况，在博弈中一定会被踢出局。

与第二种情况的不可能维持或个人利益极大化不可能实现类似的情景就是第三种情况，这种情况在理性经济人面前也无法自发实现，因而，考虑到双方对排污的现实需要，他们必须转换思路，落实第一种情况，即双方选择合作。当然合作是有条件的，以防止对方利用投机或欺骗等手段而出现第二种情况，确保非合作策略不再是占优策略，从而确保双方的合作可持续。阿克塞尔罗德(Axelrod,1981)[①]证明了这一点，对双方的这个博弈过程作了基于两种情况的分析：如果预期博弈会持续下去，那么非合作策略不会是占优策略；如果存在惩罚机制的话，可以解决纯粹的非合作策略的问题。对于后者，雷德纳(Redner)和斯梅尔(Smale，1980)[②]讨论了会促使合作达成的其他方法。

当然，A、B 双方的合作绝非自愿，尽管合作双方采取了某种促进合作的方法或附带惩罚机制以防止对方投机或欺骗，但都需要一个强有力的外部力量来确保双方合作顺利进行，那就是政府或法律的强制力。

2. 非排他性，参与者较多

如果说囚徒困境是因为公共产品的收益不足以弥补生产成本而引致供给不足的，参与者较少，那么，当公共产品的收益远远超过它的生产成本时，又会引致更多人的参与，如同在私人产品生产过程中一样，这将会导致该产品的供给出现完全竞争的结果。

---

① Axelrod R. The Emergence of Cooperation Among Egoists[J]. American political Science Review, 1981, 75(2): 306-318.

② Radner, R. Smale, J. Collusive Behavior in Non-cooperative Epsilon Equilibria of Oligopolies with Long but Finite Lives [J]. Journal of Economic Theory, 1980: 136-154.

不幸的是，在公共产品的生产过程中，即使参与者人数增加，也不会带来高效率的结果。如果有大量的参与者参与其中，那么每个人都可以独立于他人作出决定。那么，沿用上述排水系统的例子，个人效用最大化的一阶条件就从 $U_G^i/U_X^i=1$ 演变成 $U_G^i/U_X^i \leq 1$。当参与者认为排水的成本大于他从中获得的收益时，上述情况就会发生；当有人不投入任何资源用于排水时，则取等号。

假设这种排水系统涉及 J 人，$J<N$，则还会出现以下这种情况：

$$\sum_{i=1}^{N} U_G^i/U_X^i \geq J$$

无论 J 取多少，公共产品都存在着严重的生产不足，因为没有单个人能够支付得起公共产品的生产成本。因此，像空军这种具有自然垄断属性的公共产品，尽管其所带来的收益远远大于其生产成本，但并不是每个私人都能够去生产。在这种情况下，就存在公共产品严重供给不足及出现负外部性的问题，如军备竞赛就要被控制在最优水平之下。

3. 存在排他性的可能，参与者较多

在这种情况下，正如奥克兰(Oakland，1974)及其他人所指出的那样，想要在私人部门获得有效的公共产品数量仍然是可能的。但在机制设计上存在两个问题：一是假设排他性是无成本的，从而假设对公共产品的需求将不会有隐瞒，显然，现实中不可能成立；二是在上述情况下达到的均衡不是帕累托最优的话，结果会怎么样呢？

假设每个企业都生产一单位的公共产品，并且生产该产品的企业数量很多；假设公共产品生产的规模经济水平很低，从而有大量的私人生产者；假设一家企业服务于 n 个消费者，并且每个消费者支付的价格为 p，那么企业的总收入即为 pn；假设企业的总成本是 c，那么既无利润也无亏损的定价水平是：

$$p=c/n$$

而单位产品的定价会随着消费者数量的变化而反方向变化。

如果消费者对于该产品的需求函数不同，那么在由 c/n 确定的最低可能价格下，企业会生产足够的产品以满足最低需求的消费者，那么对公共产品需求较高的消费者需要支付更高的价格。如果所有消费者的需求都是确定的，那么在价格为 $c/(n-1)$ 时，企业将生产足够多的产品来满足次低需求的消费者，依此类推。这样，有最高需求的消费者则需要支付的价格水平 c，并消费所有的商品，对他来说，他的边际社会收益等于价格 c，即 MRS=c。因此有：

$$\sum \text{MRS} > c$$

这明显违反了帕累托最优，也显示了私人提供公共产品存在的问题。

在排他性存在时，该类产品其实不再是纯公共产品。这类产品将会在后文继续探讨。

3.3 公共产品的需求分析

3.3.1 公共产品的消费特征

由于公共产品的消费具有非竞争性和非排他性的特征，所以，公共产品一般由公共部门提供。

就公共产品消费的非竞争性而言，由于增加一个消费者的边际消费成本为零，那么，按市场有效配置资源的要求，不需要向新增的消费者收费。在这种情况下，消费者可能会无休止地增加。就公共产品消费的非排他性的特征对消费者来说，无论付费与否，无论是原来的消费者还是新增的消费者，都可以消费产品，这意味着原来的消费者与新增的消费者处于不公平境地：如果是付费消费，原来的消费者并没有因为付费而比新增的消费者获益更多；如果是不付费消费，新增的消费并没有因为不付费而获益减少。对于后者，消费者都希望自己是这部分群体，可以不用承担成本而坐享其成，这种现象学界称为"免费搭车"。

在"免费搭车"好处的驱使下，理性的消费者将不愿在市场上通过购买来显示自己的偏好，进而随着市场偏好显示机制消失，市场无法获得提供这种产品的需求拉动。

虽然增加一个消费者的边际生产成本为零，但是厂商不能从新增的消费者中获得更多的收益，而产品的提供是有代价的，因而在决策是否生产该公共产品之初，厂商就会排斥这类产品的生产，不愿意为市场提供这种产品，这类市场的产品供给必然不足。于是，这类产品的供求关系必然失衡。当然，也会有例外的情况发生，比如，即使生产者愿意提供这种产品，提供的数量却极其有限，根本无法满足社会经济发展的需要。

显然，在公共产品市场，供求失衡是常态。使公共产品充分有效地供给以满足社会公众的需求并非易事，若要实现该市场供求均衡，需要实现供给成本由受益者共同分担。每个受益者承担份额加总后的总额至少要与既定数量的公共产品的总成本相等，公共产品才会被生产并提供。只是，不仅成本均摊的过程本身存在难度，而且每个受益者的受益程度的衡量也同样存在困难。所以，按市场机制提供公共产品，公共产品很难达到帕累托最优的供给水平。

像公共资源这类公共产品的消费，还会出现"免费消费者"。这种现象最早是大卫·休谟(David Hume,1740)提出的。由于"免费搭车"的出现，不可避免地，所有社会成员都可能成为"免费搭车者"，最终导致没有一个能获得公共产品的好处，结局如同"三个和尚没水喝"。

对于部分公共产品，解决"免费搭车"的问题可以从以下两个方面入手。

对排他成本低的公共产品：一是实名制，如果大家知道谁为公共产品付费了，那么"免费搭车者"就会受到社会压力，如舆论压力或名誉受损等；二是小集团范围供给，排他的成本较小也较易操作，比如"免费搭车者"较易被发现并给予惩罚。①这类公共产品的排他成本显然较低，不适合规模巨大且排他成本巨大的纯公共产品。

对规模巨大且排他成本巨大的纯公共产品，解决的办法是"强制乘车"。政府使用强制力使人们为公共产品买单，即通过普遍征税来补偿提供公共产品的成本，而不需担心消费者"搭便车"，从而可以更有效率地实现这类公共产品的市场均衡。当然，政府为向市场提供公共产品而强制的、间接的收费方式也可能产生另外的问题：因为政府无法得知每个人的真实偏好，将没有购买意愿的消费者强制列入征税的范围内，所以存在一定范围或程度的不公平。

---

① 张金艳. 公共经济学[M]. 北京：人民大学出版社，2012：20-21.

3.3.2 纯公共产品的需求分析

1. 基本概念

(1) 社会边际成本

社会边际成本(Marginal Social Cost，MSC)指的是每增加一个单位某种公共产品的生产量所需要增加的资源消耗的价值。社会边际成本一般是通过补偿机制来确定的，对增加一单位的耗资价值多用货币进行衡量。社会边际成本会随着数量的增加而倾向于增加。

(2) 社会边际收益

消费者的支付意愿是与其消费公共产品所获得边际效用相一致的，所有消费者的支付意愿的总和就是公共产品的边际效用的总和,这就是社会边际收益(Marginal Social Benefits，MSB)。

2. 纯公共产品的需求分析：垂直相加

对纯公共产品的需求来说，所有消费者只能同时消费同样数量的该种公共产品。这一点显然与私人产品的消费迥异。作为纯公共产品的消费者，没有能力调整他们的消费量，从而不会出现该种物品的每人的消费量的差异，可以说，消费者无法将其购买量调整到该种公共产品的价格恰好等于其边际效益的水平。事实上，由于收益的非排他性因素，纯公共产品是不能定价的。

虽然单个消费者对某一纯公共产品的需求价格取决于该消费者的收入及其对该纯公共产品的偏好，而且随着需求该纯公共产品的供给增加，消费者的支付意愿会下降，这一点与私人产品的供求关系类似，但是，纯公共产品一旦生产出来，对任何消费者的消费量都等于纯公共产品的全部数量；不同的是，每个消费者从纯公共产品中获得的效用不同，愿意为其支付的价格如税收也不同。可以肯定的是，对某一纯公共产品的社会需求总量等于单个消费者对该公共产品的消费量，该纯公共产品的社会需求价格等于全部消费者愿意为其支付的价格(消费者之间价格有差异)。

一般来说，如果某个人为增加一单位公共产品的消费愿意支付的金额超过了它的边际成本，购买这一单位的产品是符合效率要求的；否则就不会购买。因此，对公共产品的有效供给，要求每个人对最后一单位的边际评价之和等于边际成本。值得一提的是，随着消费的增加，消费者对公共产品的价格支付意愿会随之下降，对于这一点，无论公共产品还是私人产品都是相同的，消费者对其消费量和价格之间的反应是一致的。对此，可以参见图3-3来展示这一结果。

假设灯塔是一个纯公共产品，在某一海域内的灯塔当前数量是4座，当前有A、B两位消费者，D_A、D_B为他们的需求曲线；当他们中有人认为需要增加1座灯塔以增加导航的安全性，供给方有增加灯塔的可能。如果，每座灯塔的建设和维持成本是250元，A、B两位消费者分别愿意为每座灯塔支付的价格是150元和100元，此时，对建设灯塔的供给方，一座灯塔的社会边际成本是250元，灯塔的边际效益是：150+100 = 250(元)。但对新增的灯塔，如果A、B的支付意愿分别100元和0元，那么，新增灯塔的社会边际成本仍然是250元，灯塔的边际效益是：100+0 = 100(元)。

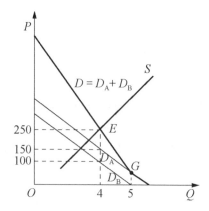

图 3-3 纯公共产品的社会需求曲线

图中，P——灯塔的消费价格；Q——消费者对灯塔的需求量；D_A、D_B——消费者 A、B 的需求曲线，D——灯塔的社会需求曲线。

如果与公共产品的边际成本 MC 相一致的供给曲线为 S，则 D 与 S 的交点 E 决定了公共产品的均衡供求水平：$Q_E=4$（座），此时，均衡价格：$P_E=250$（元）。在 E 点，公共产品的产量(灯塔的供给量)是任何消费者都必须接受的消费量，公共产品的均衡价格 P_E 是所有成员为供给量为 4 座的灯塔所愿意支付的价格总和，即：

$$P_E=P_A+P_B=150+100=250(元)$$

由此，一般地，公共产品的价格可以表示为：

$$P=\sum P_i, \quad (i=1,2,\dots,n)$$

其中 n 为消费者的数量。值得注意的是，在本案例中对于灯塔供给方来说因为边际收益 MR 小于边际成本 MC，即 250<500，所以供方不会新增灯塔。也因此，我们看到，在需求曲线上，因为只有 A 有支付愿意，B 没有支付意愿，所以在 G 点出现了需求拐点，在供给量为 5 座灯塔时，需求曲线 $D=D_A$。

当社会边际成本等于社会边际收益时，实现了公共产品的帕累托最优，所以，实现公共产品帕累托最优的条件可以表述为：

$$MSB=\sum P_i=\sum MR=MSC$$

通常，公共产品的价格是税收，所以，关于公共产品的有效供求的分析大多以个人缴纳的税收来负担公共产品的生产成本。

3.4 公共产品的均衡分析

对公共产品均衡分析的目的是研究公共产品的最优供给，在众多的均衡分析模型中，常见的是庇古均衡、萨缪尔森局部均衡、一般均衡和林达尔均衡。

3.4.1 庇古均衡

英国经济学家庇古首先提出了资源如何在私人产品和公共产品之间进行最优配置的问题。在研究税收规范原则时，从基数效用论出发，他认为每个人在消费公共产品时都可以得到一定的正效用;同时,由于每个人都必须为生产这种公共产品而纳税,故而又会产生税收的负效用,庇古认为这是个人放弃消费私人产品的机会成本。基于此,他认为,对于每个消费者而言,公共产品的最优供给取决于公共产品消费的边际效用等于税收的边际负效用。

假设:G_i——消费者 i 得到的公共产品;T_i——消费者 i 支付该公共产品的赋税;M_i——消费者 i 消费的消费品;U_i——消费者 i 得到的效用;NU_i——消费者 i 的净效用;X_i——消费者 i 消费的私人品;P_i——私人品的价格。同时假设政府没有运作成本,这意味着 $G_i=T_i$。

根据庇古的界定,有:

$$U_i/G_i>0, U_i/T_i>0$$
$$\text{Max } NU_i = U_i(G_i) - U_i(T_i)$$
$$\text{s.t. } G_i + X_iP_i = M_i$$

根据拉格朗日函数,上式可以表示为:

$$L = U_i(G_i) - U_i(T_i) - \lambda(M_i - G_i - X_iP_i)$$

一阶条件为:

$$L/G_i = U_i/G_i - \lambda = 0$$
$$L/T_i = -U_i/T_i - \lambda = 0$$

由一阶条件可得:$U_i/G_i = -U_i/T_i$

需要指出的是,虽然根据庇古均衡找到了消费者个人在自己的预算约束内对公共产品与私人产品之间进行最佳配置的均衡点,但该均衡存在如下问题:一是现实中并不存在将这些消费者个人的最佳配置结果进行加总的机制;二是庇古采用的基数效用分析法不能明确地揭示个人的偏好强度,从而使加总变得困难。

虽然庇古均衡存在理论上的缺陷,但却给后人留下了几个有价值的思考空间:不同的消费者对公共产品和私人产品的偏好如何加总?如何确定一个集体的总偏好?在一个社会中,边际效用与边际负效应该如何在不同的社会成员之间进行分配?正是对这些问题的思考促进了公共产品理论的进一步发展。

图3-4中,N 表示 MU 减去 MU'后的边际净效用。N 与横轴交于 A 点,是公共产品的最优供给量,此时 $|AC|=|AC'|$,表示 N 的边际净效用为零,即在 A 点,由于消费者的社会边际正效用与社会边际负效用相互抵消,此时,作为纳税人的消费者停止纳税。

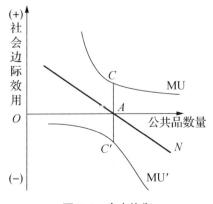

图 3-4 庇古均衡

3.4.2 萨缪尔森局部均衡

局部均衡是指，在其他条件不变的情况下，单个商品的供求与价格之间的均衡状态。一般来说，在消费方，随着商品消费数量的增加，消费者的边际效用递减，商品需求曲线向右下方倾斜；在生产方，随着商品产量的增加，生产者的边际成本递增，商品的供给曲线向右上方倾斜。商品的需求曲线和供给曲线交点即为商品的均衡点，均衡点对应的商品的产量和价格叫作均衡产量和均衡价格。

局部均衡分析包括私人产品的局部均衡和公共产品的局部均衡两种。在进行公共产品的局部均衡分析之前，先引入私人产品的局部均衡分析，这样便于做对比分析。

在私人产品市场，消费者面对的是同一价格水平，社会对该产品的总需求为既定价格水平下不同消费者的需求总和。如图 3-5 所示，D_A 与 D_B 分别表示消费者 A、B 的需求曲线，两者的曲线差异可能源自两人的收入水平的差异，也可能源自两人对私人产品的偏好的差异。如果该产品的供给曲线已定，那么其均衡价格为 P_0，其均衡产量为 Q_0，其中 OQ_A、OQ_B 为 A、B 的消费量。

在了解私人产品的局部均衡后，再看公共产品的均衡问题。

参照图 3-6，在公共产品的需求分析部分已经指出，纯公共产品的社会需求是消费者的需求之和，不过，萨缪尔森将这种垂直加总形成的纯公共产品的需求曲线 D 称为"虚假的需求曲线"，他认为，在现实生活中，消费者并不会表示他对一定量的公共产品愿意出多少价格(税)。尽管如此，但其对于问题的分析仍然有益。

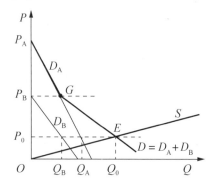

图 3-5　私人产品的局部均衡

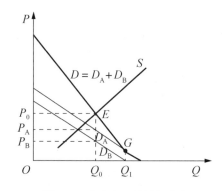

图 3-6　公共产品的局部均衡

根据公共产品的定义，价格(税收)是收入的函数；而消费者的支付意愿一般与其收入是紧密相关的。

现假定不存在"免费搭车"的问题。当公共产品的供给确定后，总需求曲线 D 与供给线 S 相交于 E 点所对应的价格和产量就是公共产品的均衡价格和均衡产量，均衡产量恒为 Q_0，均衡价格是 $P_0=T$，其中 $P_0=P_A+P_B$。对于拐点 G 的存在，表明不同的消费者对公共产品的消费量意愿和支付意愿存在差异。

如果供给曲线 S 同时也是产量增量的边际成本，那么关于私人产品和公共产品的有效定价的原则将分别如下。

私人产品：$P_A=P_B=P=MC$；

公共产品：$P_A+P_B=P=MC$

尽管私人产品和公共产品的价格形成机制不同，但定价的基本原则是一致的，即价格等于边际成本。这就是公共产品的有效定价原则。虽然消费者个人对公共产品的支配量是一样的，但是评价却是不同的，从而公共产品不能由市场来定价。正是因为公共产品的价格形成机制不同于私人产品，所以公共产品很难由私人部门利用市场机制来配置。由此可以得出：政府在生产公共产品时，宜采取差别税收原则。

3.4.3 一般均衡

公共产品的一般均衡分析指的是，当市场上同时存在公共产品和私人产品时，分析公共产品和私人产品之间的资源配置问题①。

一般均衡分析从以效率为基准的最优配置为起点，得出在两种产品、两位消费者的情况下公共产品最优供给的一般均衡条件：消费者的边际替代率之和等于生产者的边际转换率，帕累托最优状态将为由消费者边际替代率之和所构成的社会福利无差异曲线与由生产者边际替代率所构成的生产可能性边界的切点。

参见图 3-7，假设：

X_A、X_B——消费者 A、B 对私人产品 X 的需求量；

G_A、G_B——A、B 对公共产品 G 的需求量；

A 曲线——消费者 A 对私人产品 X 和公共产品 G 的无差异曲线；

B 曲线——消费者 B 对私人产品 X 和公共产品 G 的无差异曲线；

F 曲线——在资源一定的条件下，私人产品 X 和公共产品 G 的生产可能性曲线。

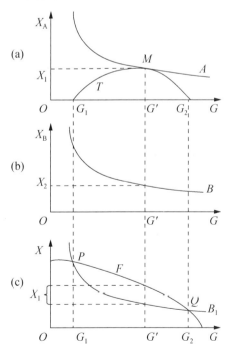

图 3-7　公共产品的一般均衡分析

---

① 李延均. 公共经济学[M]. 上海：立信会计出版社，2012.

则消费者 A、B 对 X、G 的一般均衡分析是：

先分析消费者 B 对私人产品 X 和公共产品 G 的无差异曲线上的效用最大点具备的条件。假定消费者 B 对私人产品 X 和公共产品 G 的无差异曲线既定，现将图 3-7(b)中的 B 曲线下移到图 3-7(c)中到 B_1 曲线处，如 B_1 曲线与 F 曲线相交于 P、Q 两点，这两点相对于横轴的坐标为 G_1、G_2。由于公共产品的不可分割性，对任意消费者来说，所消费的公共产品的数量就是其总供给量。因此，消费者 B 可能消费的公共产品的数量就在 G_1、G_2 之间，表示消费者 B 可能消费的公共产品数量的区间。

在图 3-7(c)中，私人产品 X 和公共产品 G 的生产可能性曲线 F 与消费者 B 的无差异曲线 B_1 之间的差额，表示的是图 3-7(a)中的消费者 A 的消费可能曲线 T。在图 3-7(a)中，消费者 A 的消费可能性曲线 T 与无差异曲线的切点 M，表示的是消费者 A 对私人产品 X 和公共产品 G 消费的效用最大化时的最优组合(G_1, X_1)。经过 M 的切线的斜率是消费者 A 消费 X 和 G 两种产品的边际替代率(Marginal Rate of Substitution，简称 MRS)，即 MRS_A。同理，在图 3-7(c)中，在 B_1 曲线上，经过某点的切线为消费者 B 消费 X 和 G 两种产品的边际替代率，即 MRS_B。在 F 曲线上，经过某点的切线的斜率则是生产 X 和 G 两种产品的边际转换率(Marginal Rate of Transformation，MRT)。

消费者 A、B 的私人产品 X 和公共产品 G 的边际替代率之和等于公共产品 G 对私人产品 X 的边际转换率，即 $MRS_A+MRS_B=MRT$。在一般均衡下，所有消费者对 X、G 的边际替代率之和等于公共产品 G 对私人产品 X 的边际转换率。

以此类推，当有 n 个消费者时，公共产品和私人产品资源配置的帕累托最优条件为：

$$MRS_1+MRS_2+\ldots+MRS_n=MRT(X, G)$$

3.4.4 林达尔均衡

L.约翰森(Johnson)后来对林达尔(Lindahl)率先提出的公共产品以实证解释给予了更加清晰的理论表述：个人对公共产品的供给水平及它们之间的成本分配进行讨价还价，其讨价还价的均衡若能满足边际成本等于价格的效率条件，那么这一均衡就是帕累托最优状态。

假设共有 A、B 两个消费者，其中 A 承担公共产品 G 的成本份额的比重为 h，B 承担公共产品 G 的成本份额的比重则为 $1-h$。在图 3-8 中，横轴为公共产品 G 的数量，纵轴为消费者承担的公共产品 G 的成本份额。O_A、O_B 为原点，曲线 A、B 对应消费者 A、B 的需求曲线。

若消费者 A 的承担份额为 h_1，愿意消费的公共产品数量为 G_1，则相应地，消费者 B 分别为 $1-h_1$ 和 G_2，此时，由于 A 与 B 愿意消费的公共产品数量不等，即 $G_1 \neq G_2$，因而无法确定该公共产品的供给量。而且，在公共产品市场，消费者 A、B 的地位是平等的，因而双方将不断讨价还价，直至消费者 A 愿意承担的公共产品成本份额比重和消费者 B 愿意承担的份额比重 $1-h_1$ 能够对应两者消费的公共产品数量都是 G^* 时，才会停止，这时才能确定公共产品的供给数量，才能实现林达尔均衡，即图 3-8 中的 E 点，也称为公共产品消费的帕累托最优点。

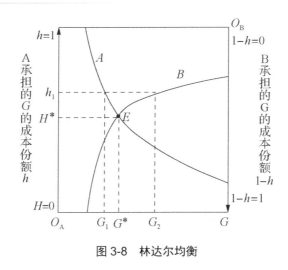

图 3-8　林达尔均衡

3.5 公共产品的社会效应分析

沿袭前文对公共产品分类法的非绝对性的解释，使用生产的边际成本和消费的边际拥挤成本的变动情况对公共产品的社会效应进行分析。

3.5.1 纯公共产品

在增加消费者的情况下，纯公共产品一般是边际生产成本和边际拥挤成本(Marginal Congestion Cost)都为零的产品。为了达到消费者主权所决定的社会资源最优配置的条件，公共产品的定价也应同样遵循单位价格的平均收益等于边际成本这一原则。

假设有一座大桥，目前处于纯公共产品状态。图 3-9 中，横轴表示大桥每日平均通车量；DD 为需求曲线，其向下倾斜的含义表示价格降低会带来需求增加；Q_3 表示在边际生产成本一直为零的日均通过量的极大值，而超过这个值即出现边际生产成本不为零的情况；Q_2 表示拥挤线，即当大桥的日均通过量低于这个值时，边际拥挤成本为零。在图 3-9 中，需求曲线 DD 与 Q_2 不相交，表明当前大桥没有出现拥挤现象，此时，边际成本 MC=0，即 MC 与横轴重合。由于边际成本 MC=0，那么按照 MC=MR 原则，价格 P=0，这时大桥的最佳日均通过量是 B 点的日均通过量。然而，此时因为大桥的定价为 0，因而大桥这种纯公共产品不但不能带来利润，还要承担全部的成本付出。

因此，对于纯公共产品而言，任何私人厂商在亏本的情况下都不会向市场提供这类公共产品。

当然，如果技术上可以进行排他性消费，即可以收费的话，那么当厂商的边际收益曲线 MR=MC=0，厂商的收费定价为 P 时，相交于横轴的 Q_1 点，即大桥的日均通过量为 Q_1。

但这样的结果是什么呢？由于收费，大桥的日均通过量由 B 处降低到 Q_1 处，消费者的剩余从△AOB 减少到△APG，即消费者剩余减少了四边形 $OPGQ_1$，此时的社会福利净损失达到△GQ_1B。显然，这种公共产品的供给一般应由政府通过征税的方式筹集资金作为建造的直接固定成本，然后向社会提供。

2017 年，深圳虎门大桥的汽车日常通过量是 20 万辆，国庆期间的汽车日通过量是 70

万辆。

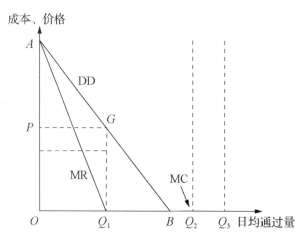

图 3-9 不拥挤的桥梁

3.5.2 俱乐部产品

有些产品的边际生产成本为零，但随着消费者人数的增加，会出现拥挤现象，即边际拥挤成本不为零，如大桥、游泳池这类公共产品。对这类公共产品，詹姆斯·布坎南首先证明排他性是可能的，并且至少在一定点之后，竞争性产品也可以消费，这类产品被称之为俱乐部产品。布坎南以游泳俱乐部为例，不支付俱乐部费用的任何人都可能被排除在游泳池的使用之外，可以忽视交易费用。给定泳池的大小，俱乐部每个额外成员的加入都会降低其他人使用泳池的平均成本费用。不过每个新成员也将为其他成员负担拥挤费用，这些费用最初可能非常低，但是随着人员的增加、噪声及碰撞的可能性都会上升。

下面我们将延续大桥的分析方法，对这类俱乐部产品的最佳规模及其社会福利效应进行分析。

1. 最佳规模

假设通过大桥的所有消费者有相同的偏好和收入，大桥的成本是 C，消费者人数用 N 表示。现在从老成员角度看新成员加入时的边际成本和边际收益。当成本 C 分给越来越多的人时，边际收益连续下降，可以用一条曲线表示，如图 3-10 中的 MR 曲线，收益从第一个成员到第二个成员变成 $C/2$，对前两个成员来说，第三个成员的加入使得他们收益增加 ($C/2-C/3$)，如此依次计算下去，MC 则是老成员为了避免新成员加入俱乐部造成的拥挤而愿意承担的付款额。那么，当边际成本和边际收益相等时，即 MC=MR，俱乐部的最佳规模(大小)将是 N^*，于是有：

$$MR = C/N - C/(N-1) = MC$$

会员的费用将是 C/N^*，即图中的 E 点对应的俱乐部成员数量。

在这个例子中，边际生产成本等于零，因此与横轴重合。随着俱乐部规模的增加，边际收益也越来越接近于零，但不会真实地等于零，所以这意味着俱乐部的规模可以无限扩张，最佳规模也将是无限的。只要俱乐部能够排除没有支付费用的人，它就不是纯公共产品。但毕竟排他是需要支付成本的，那么，俱乐部将如何定价呢？既然俱乐部产品具有操作排他性的可能，因此定价相对比较容易，即按照 MR=MC 原则，此时俱乐部定价为 P。

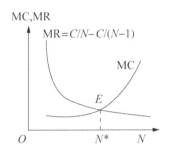

图 3-10　俱乐部产品的最佳规模

2. 俱乐部产品的社会净效益

如果公共产品是按照市场原则，由市场上的厂商提供，情况会怎样呢？假定厂商通过收费的方式来弥补提供公共产品的成本。由于收费本身也发生相应的成本，故而收费标准应能够恰好弥补单位公共产品的生产和单位收费成本。如图 3-11 所示，收费标准应定为 OP，原因很简单：俱乐部产品的使用在未达到饱和状态之前，消费具有非竞争性，因此，增加消费不仅不会再增加产品的成本，反而在增加消费时能更大限度地、充分地发挥公共产品的作用，为社会带来更多的收益。但是，由于要收取标准为 OP 的费用，消费者的消费量将会由 Q_1 减少到 Q_0，而消费者的损失最大，为梯形 $OPGQ_1$，同时，收费造成的效率损失为 $\triangle GQ_0Q_1$。这里，收费的效率损失指的是由收费引起的消费量的减少。因此，整个社会从该产品的生产和消费中获得的净效益减少到 $\triangle APG$。

显然，按照一般的边际收益等于边际成本的定价原则，消费者的数量既没有达到按照效率原则决定的价格为零时的日均通过量 Q_1，也没有达到边际生产成本为零时的日均通过量的临界值 Q_U。虽然供给方的边际生产成本仍然为零，但是，如果不收费一定会出现过度消费的状况。

由于边际拥挤成本的存在，当消费者人数增加到 Q_C 时，开始出现边际拥挤成本不为零的情况，并且随着消费者人数的增加，MC 逐渐变大。在图 3-11 中，假设当消费者人数达到 Q_C 时，出现拥挤，并且 DD 与 MC 相交于 E 点。如果不收费，即当价格为零，日均通过量为 Q_1，$\triangle EQ_1B$ 代表消费者获得的效用不足以补偿他的消费带来的成本而引起的社会福利的净损失。那么，如果短期内供给不增加，同时为了避免出现过度消费和严重拥挤，可能会采取收费措施，那么收费的定价应在 P^*，此时的日均通过量达 Q^*。拥挤成本当然由消费者自己承担，所以它不应由供给方承担，自然也不应由供给方来收费，而应由公共部门按照边际拥挤成本收费。鉴于边际拥挤费用计量的困难及收费目的是限制过度消费，所以收取的价格应以能保证不出现过度拥挤为准。

对于俱乐部产品，如果按照 MR=MC 的定价原则来对消费者进行征收费用的话，消费者剩余损失高达 PGQ_1P^* 对应的部分，而如果由政府收费只为避免过度消费该公共产品的话，消费者剩余的净损失相对较少，即为 PP^*Q^*E 对应的梯形部分；相应地，对于社会福利净损益情况，两者也出现较大差异，即前者为 $\triangle GQ_0Q_1$，后者为 $\triangle EQQ_1$。

另外，对于俱乐部产品，收费和不收费及如何收费产生的社会福利效应有显著差异。参考图 3-12，对此进行比较。

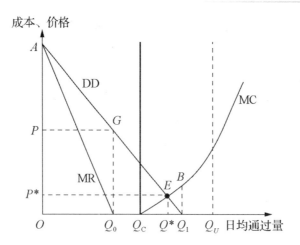

图 3-11 拥挤大桥的均衡和社会福利效用分析

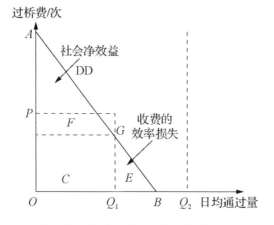

图 3-12 桥梁收费与免费的效率比较

在公共产品为政府供给的情况下,按照边际收益等于边际成本的原则,消费者将把他的消费量扩大到边际收益为零时为止,即消费者选择的消费量为 Q_1,这时消费者从该产品消费中所获得的消费效益为△AOB。假定这座大桥的建造成本为 C,政府通过税收方式来筹措资金,在课税过程中还会发生征纳成本 D 和税收的效率损失 E,收取过桥费为 F,这样公共产品供给市场后产生的社会净效应是:

$$G_1 = \triangle AOB - C - D - E$$

如果该大桥由市场某厂家提供,那么厂商需要通过收费的方式弥补造桥的成本,当然厂商的收费标准与政府不同,厂商会按照单位收费价格恰好能够弥补单位造桥成本和单位收费成本来收费。这样,整个社会从大桥的生产和消费中给社会带来的社会福利净效用为

$$G_2 = \triangle AOB - C - F - E$$

对私人征收费用和公共部分征收费用的差异进行研究可以发现,俱乐部产品的收费方式,还受征纳成本、税收的效率损失与收费成本、收费的效率损失的影响,这些都属于社会福利净效用的扣减部分。这里,征纳成本依次取决于税务机关的管理水平、税收制度的复杂程度与征收的难度;税收的效率损失则主要取决于税收制度的合理与否;收费成本即收费的难易程度;收费的效率损失就由收费的难易程度、收费管理的困难度、收费的标准

决定,并与之成正比关系,又由产品的需求弹性决定,需求弹性越大,收费的效率损失越大。

因此,在税收成本和税收效率损失既定的情况下,这类产品的供给方式主要受收费管理的难易程度和产品的需求弹性大小决定:当收费管理难度大且需求弹性大时,宜由公共部门提供;反之,可由市场上的厂商提供。

3.5.3 公共资源

公共资源是指自然生成或自然存在的资源,是人类生存、发展和享受的自然物质与条件,这些资源的所有权由全体社会成员共同享有,是人类社会、经济发展的共同基础条件,如全球性的公共资源有空气、水、森林、湿地、海洋等,还有全国性的道路、航线、无线电频率等公共基础设施。

公共产品中对公共资源的分析,更多的是在经济学中将之作为"公共地悲剧"的对象进行分析的。在公共经济学中专门对之进行分析的则相对较少。其实,公共地悲剧的根源主要在于产权的界定问题,即公共产权的等价私有化。

假设某一行业的生产函数为

$$x = x(L, F)$$

式中:x——该行业的产出;

L——雇用的劳动;

F——某些固定生产要素的数量,并且 F 可免费取得。

假设一片牧地属于一个生产者,并且该生产者意识到要对这块地进行保养,对于生产者来说,对这块地要素的投入只有劳动;在竞争性的劳动市场,劳动的价格是 w。在市场上,生产者是一个完全竞争者,故而他的产品的价格是给定的市场价 p,有:

$$MC = w dL/dx = w/MPL$$

式中,MPL——劳动的边际产品。在均衡的条件下有 $p=MC$。

如图 3-13 所示,在均衡状态下,四边形 $abcd$ 对应的利润,用来维持未定价的生产要素。最优的生产供给水平位于 X_0 处。

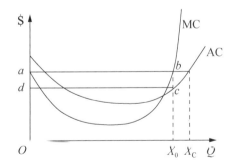

图 3-13 未定价要素的均衡

与上例不同,假设这块牧地不再单独归一个生产者所有,而是对所有人开放,那么生产者们就不会在意土地的保养问题,图 3-13 中四边形 $abcd$ 对应的收益不会再用于保养土地,而是视为利润。而竞争均衡时,即无利润时的生产供给水平则位于 X_C 处,在这一点,由于土地没有保养将趋于退化，从而演化成"公共地悲剧"。

显而易见，一块牧地因为没有清晰界定产权而导致"公共地悲剧"，那么，解决悲剧的方案也呼之欲出：要么将土地委托给一个生产者，要么对那些竞争的生产者征税。对于后者，征税额为四边形 abcd，促使生产者们将生产水平减少到 X_0 处，并用所征收的税额保养土地。不过从实际的操作性和费用等方面看，前者更有吸引力。

3.5.4 混合产品

本书将既具有私人产品特征又具有利益外溢性特征的产品称为混合产品。这类产品的竞争性和排他性消费的特征不彻底，非竞争性和非排他性也不完全，如教育、卫生事业。

在市场机制下，利益的外溢会带来效率损失。如图 3-14 所示，增加一条消费者的边际效应曲线 DD′，该曲线与社会边际收益 DD 之间的差距表示该产品的边际外部收益，供给曲线(边际成本线)为 SS。该产品符合效率准则的产出水平为 DD 线和 SS 线的交点 E_0 所决定的 Q_0。

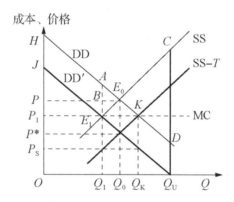

图 3-14 市场机制下的利益外溢

假定 P_1E_1 为产品的边际成本线，并且 $MC=P_1$，并保持不变。在市场机制下，消费者按照本人获得的利益决定其消费量，此时其边际效益等于产品的价格，产出水平为 DD′和 SS 的交点 E_1 所决定的 Q_1。这对消费者来说，在给定的价格条件下，他将以最小的代价实现最大的效应，他的净收益为 $\triangle JP_1E_1$，相应地，社会净收益为梯形 AE_1P_1H，这样，社会和个人的净收益之差就是该公共产品的外溢效应。但在此消费水平还存在无谓的社会净损失，即 $\triangle AE_1K$。

如果按照社会效益等于社会边际成本的原则，消费者的最佳消费量应在 Q_0 处，此时社会从消费该产品中获得的社会净收益是 $\triangle HP_1K$，与市场机制下消费者的消费量产生的无谓社会净损失将转变为社会净收益的一部分，也可以说比私人决策下的社会净效益增加了 $\triangle AE_1K$，这就是市场提供具有外部效益类产品所产生的效率损失，差异产生的原因在于市场上产品价格仅仅反映产品的内部效益。因此，当一种公共产品具有外部效益的特征时，按照市场机制确定定价，因为不能反映产品的内部效益，所引导的资源配置也显得相对不足。如在 Q_1 处，因为定价不够高而供给不足，因消费不足而产生无谓的社会净损失。

针对市场机制的无谓损失，如果采用公共部门提供的方式，情况可能恰好相反，资源将由于消费者的过度消费而出现极大的浪费。对于这类外部性显著的产品，如何引导消费者合理消费呢？

根据最佳产量上的产品的外部效益，如果对消费者进行购买补贴，可以鼓励消费者增加消费量，从而可以扩大社会净收益。如果对每单位产品向消费者补贴 P_1P_S，那么消费者的消费量就可以达到 K 点所对应的最佳消费量 Q_K，此时，消费者个人的边际效用曲线 DD' 与 DD 重合。在 Q_K 的消费水平上，消费者的边际收益等于产品的价格，边际社会效益等于边际社会成本，其边际成本中 P_S 部分由消费者自己支付，补贴部分(补贴额 $S = P_1P_S \times Q_K$)则由政府补贴支付，这样，社会净效益比市场机制配置下的社会净效益增加 $\triangle AKE_1$。

为了实现经济效率，政府可以直接提供这类公共产品，如教育，以较低的价格鼓励人们增加消费，从而达到有效率的消费量。由于某些公民因此而直接受益，所以应向他们收取一定的费用，此时向受益人收取的价格应定为 P_0。如果完全免费供应，达到 Q_U 的消费水平，其结果必将导致过度消费，产生效率损失 $\triangle CDE_0$。

在当代，对教育的直接投资在几乎所有国家都有政府的参与，但政府一般只提供基本的义务教育。有理由认为：公民达到基本的文化程度对社会的意义重大，而教育程度越高，则更多地体现为直接受教育的公民的个人收益。因此，对于更高等的教育，则不纳入义务教育的范围，这正是基于这种经济效率准则的运用和实践。例如，我国的义务教育只到九年，而高等教育没有推行义务教育模式。

3.6　公共产品的其他非政府供给

一般地，公共产品按照市场机制供给会产生配置效率低下或供给不足等情况，因而由政府供给成为一种普遍现象。但是，这并不意味着所有的公共产品都要由政府提供，在当今社会，大部分的公共产品是由非政府机构供给的，尤其在发达国家。比如，早期科斯研究的英国灯塔的供给是由港务管理局负责的，英政府从来没有经营过；美国国防必需的武器(原子弹、核潜艇、航天飞机等)几乎全部由私人部门生产，白宫不经营兵工厂。尽管灯塔和国防一般被视为纯公共产品的研究对象，但在这两个国家却成了例外。对于那些具有自然垄断性、会产生拥挤性的产品，有的国家由私人部门供给，有的则由政府供给，不一而足。

当然，对于这些由私人部门提供的公共产品，在经营上需要政府的授权或参与，通常采取的方式主要有如下两种。

3.6.1　授予经营权

例如，电话、水电、燃气、电视台、广播电台、报纸、书籍等，许多公共领域的产品供给是由私人公司经营的，这些私人单位只有被授予经营权才能获得供给这类公共产品的资格。对于被授予经营权的经营者，只拥有经营权，并且必须接受政府的监管。他们一般根据国家的法律进行申请和获得授权，如在美国，如果要获得开办电台的经营权，未来的经营方首先作为申请者，必须到联邦通讯委员会申请，委员会对经营方的身份、籍贯、资金、技术、台位、功率、频率、工作时间段等诸多方面的审核，通过者将获得经营执照，并要求提供的产品必须严格遵守相关的法律规定，不得未经授权擅自改变主要的经营范围和相关的内容等。另外，对于经营权的转让，必须获得联邦通讯委员会的许可才有效。

3.6.2 经济资助

对于私营公司提供的诸多惠民的公共产品，政府通常给予经济资助，途径和方法非常多，如补助津贴、优惠贷款、减免税收、直接投资。美国联邦公共交通协会(American Society of Traffic and Transportation，APTA)对州和地方政府都有一定补贴，1994 年补贴 8.02 亿美元，1995 年补贴 7.1 亿美元。

案例 3-1

你认为教育是什么样的公共产品？[①]

1. 中国近年的教育概况

根据《2000 年中国教育绿皮书》[②]，在 1991 年，世界公共教育经费投入占 GNP 的比重平均为 5.1%，其中发达国家为 5.3%，发展中国家为 4.1%，撒哈拉以南的非洲国家为 4.6%，印度为 3.5%，最不发达国家为 3.3%。我国公共教育经费投入占 GNP 的比重不仅低于世界平均水平，而且低于发展中国家的平均水平。

2012 年国家财政性教育经费支出 21 984.63 亿元，占国内生产总值 4%以上。[③]中央预算内投资用于教育的比重达到 7%左右，地方财政也要相应安排，确保实现这一目标。1993 年，中国共产党第十四次全国代表大会确定了 20 世纪 90 年代我国改革和建设的主要任务，明确提出"必须把教育摆在优先发展的战略地位，努力提高全民族的思想道德和科学文化水平，这是实现我国现代化的根本大计"，并制定了《中国教育改革和发展纲要》(以下简称《纲要》)。《纲要》明文提出了国家财政性教育经费支出占国内生产总值(GDP)的比例 2000 年达到 4%，这一目标是根据我国基本国情制定的，是政府对教育投资的庄严承诺，也是社会发展对政府教育投资的最低要求。但为了达到这一目标，我国花了整整 20 年。

到了 2017 年，国家财政性教育经费支出占 GDP 比例为 4.22%，至此已连续六年保持在 4%以上。

从区域分布来看，有观点认为，我国教育资源存在资源配置不均衡的现象，表现在如下几个方面。

(1) 城乡之间、区域之间严重失衡。在教育投资领域，地方政府各自为政，因为我国教育管理体制是地方政府作为基础教育的投资主体，一般的模式是"县办高中、乡(镇)办初中、村办小学"。城乡和不同地区之间的教育公共服务水平差距与我国城乡之间、东中西部地区之间经济发展水平差距悬殊成正比，而且地方政府出于自身利益的需要，在市场化过程中形成了比较严密的利益团体，不会主动推进教育服务的均等化进程。[④]尽管中央先后对中西部地区实行了转移支付，但真正用于教育尤其是用于农村基础教育的数额极少，地

---

① 百度文库. "政府失灵"是教育公共产品供给不足的根本原因——基于公共选择理论视野下的分析[EB/OL]. https://wenku.baidu.com/view/fe4e70f86294dd88d0d26bb4.html.

② 2000 年中国教育绿皮书[M]. 北京：教育科学出版社，2000：51-53.

③ 搜狐网. 我国财政性教育经费支出占 GDP 比例首次实现 4%[EB/OL].(2012-03-05)[2020-11-20]. http://news.sohu.com/20120305/n336688434.shtml.

④ 袁振国. 缩小差距——中国教育政策的重大命题[J]. 北京师范大学学报，2005(3).

区之间教育差距悬殊的格局并没有从根本上改变。

(2) 各级政府机构之间没有明确的权责划分,不同层级政府之间在教育投资上相互推诿。实行"分级办学,分级管理"以后,政府管理教育的重心下移,管理的层级增多,不同层级政府之间权责界定变得日益困难和模糊。不同层级政府之间对教育的权责不明确、权责不对称,导致对教育投资的责任无法落实到位,这也是我国长期以来教育公共产品供给失范的表现。在没有明确的投资任务和投资指向的情况下,政府缺乏扩大对教育的投资规模的动机。

(3) 缺乏强有力的外部监督和约束体制。长期以来,我国教育管理体制的一个重要问题就是缺乏一个强有力的监督和约束体制。在公共选择理论看来,政府与个人一样在无外部监督和约束的情况下也会见机行事,其目的是扩大政府自身的利益。政府提供教育的公平与否、是否有效率基本上靠政府自身的道德约束,所设的教育督导机构属于政府内部的自我监控,本质上与个体的道德约束没有什么不同;所以政府在公共教育资源的配置上多根据自身的偏好来行事,而较少顾及公共利益,这就使政府难免成为自身利益和少数利益团体的维护者。例如,重点校政策、精英取向的教育政策成了不同时期政府行为偏好的一种反应,并出现大面积择校和对高额择校费等现象。

2. 学者的探讨

不同学者对教育产品属性的见解也不同。

(1) 以教育服务提供方式为认定标准,厉以宁教授从教育的供给者和教育经费的负担方式来确认教育的产品属性,他认为我国现行的教育产品有五种类型:①具有纯公共产品性质的教育服务;②基本具有公共产品性质的教育服务;③具有准公共产品性质的教育服务;④具有纯私人产品性质的教育服务;⑤基本具有纯私人产品性质的教育服务。

(2) 从教育产品的消费特征出发来界定产品的属性,袁连生博士认为教育是准公共产品。从教育直接消费效用来看,教育具有竞争性和排他性。增加一个学生,会降低原有学生得到的教育服务水平,如平均受教师关注的程度会降低,平均校舍面积、图书、仪器等教育资源会减少。在技术上,学校完全有能力将教育的消费者(如不付费者)排除在学校或教室之外。

(3) 以教育产品的外部性为认定标准,对教育产品属性的认定有两种观点。一是教育是公共产品,但可以转化为私人产品。在《社会转型与教育的重新定位》一文中,劳凯声教授关于教育的产品属性作了如下的论述(以教育的外部性为依据):"教育事业作为公益性事业,其目的不是谋求利益、获得利润"。二是教育从整体上是准公共产品,但不同层次和类型的教育属性是有差异的。王善迈教授认为:"因为教育具有巨大的外部效益,一个人接受了教育,不仅受教育者可以获得经济的、非经济的效益,同时社会也可以获得巨大的经济与非经济效益",从维护社会"公平"的角度看,教育是不可"排除"的公共产品,因此,从整体上说,教育是一种具有止外部效应的准公共产品。

(4) 基于选择标准的不同,教育具有介于纯公共产品与私人产品之间的混合品属性。教育(即使是基础教育)既可以作为公共产品,又可以作为私人产品,也可以作为准公共产品。

(5) 义务教育的产品属性具有强烈的公共产品特征。张学敏博士指出,义务教育是国家以法律保障对学龄儿童实施的一种具有普及、平等、强迫、无偿、最低限度和世俗性等多方面特征的教育制度,作为制度安排的义务教育,具有强烈的公共产品特征。但这一制度安排与义务教育阶段的教育本身是有区别的。前者——作为制度——表现为纯粹的公共性，任何个人或集团都不可能被特殊对待，都只能作为社会成员之一与其他所有成员共同地、等量地享有这份权利，承担同样的义务。后者——作为某一阶段的教育——除了具有前者的纯粹属性，同时还具有很强的私人产品属性。即便是免费的义务教育，由于地区之间的教育发展水平、校际之间差异的客观存在，义务教育也具有竞争性，所以很难将义务教育视为纯粹的公共产品。因此，张学敏博士认为义务教育是一种融合产品。就制度而言，它具有公共产品要素；而就义务教育阶段的教育而言，它又具有私人产品要素。

案例 3-2

公共资源的"悲剧"：世界八大公害事件

八大公害事件是指在世界范围内由于环境污染而造成的八次较大的轰动世界的公害事件。[①]

1. 马斯河谷

比利时马斯河谷工业区处于马斯峡谷的列日镇和于伊镇之间狭窄的河谷中，两侧山高约 90 米。该地区集聚许多重型工厂，包括三个炼油厂、三个金属冶炼厂、四个玻璃厂和三个炼锌厂，还有炼焦、炼钢、电力、炼锌、硫酸、化肥等工厂，还有石灰窑炉，全部处于狭窄的盆地中。

由于特殊的地理位置，马斯河谷上空出现了很强的逆温层：气流上升越高，气温越低。当气候反常时，低层空气温度就会比高层空气温度还低，发生"气温的逆转"现象，这种逆转的大气层叫作"逆转层"。逆转层会抑制烟雾的升腾，使大气中烟尘积存不散，在逆转层下积蓄起来，无法对流交换，造成大气污染现象。

1930 年 12 月 1 日至 5 日，时值隆冬，大雾笼罩了整个比利时大地。该工业区发生气温逆转，大雾像一层厚厚的棉被覆盖在整个工业区的上空，工厂排出的有害气体在近地层积累，无法扩散，二氧化硫的浓度也高得惊人，在 3 日这一天，浓雾达到最大程度。此后，在这个人烟稠密的工业区内有几千名居民生起病来。病人的症状表现为胸痛、咳嗽、呼吸困难等。一星期内，有 60 多人相继死亡，其中以之前就患有心脏病和肺病的人死亡率最高。尸体解剖结果证实：刺激性化学物质损害呼吸道内壁是致死的原因，其他组织与器官没有毒物效应。同一时期，许多家畜也有了类似病症，死亡数目也不在少数。

据费克特博士推测，事件发生期间，大气中的二氧化硫浓度每立方米高达 25～100 毫克(相当于每立方米 2500～10 000 微克)，除此之外，空气中还含有有害的氟化物。事件发生时，工厂排出的有害气体在近地表层积累，空气中存在的氧化氮和金属氧化物微粒等污染物会加速二氧化硫向三氧化硫转化，加剧对人体的刺激作用。专家们在事后进行分析认为，此次污染事件源于几种有害气体与煤烟、粉尘同时对人体产生的毒害，其中二氧化硫气体和三氧化硫烟雾的混合物是致害的主要物质，而具有生理惰性的烟雾，通过把刺激性气体带进肺部深处，也起了一定的致病作用。

在马斯河谷烟雾事件中，地形和气候扮演了重要角色。从地形上看，该地区是一狭窄的盆地；气候反常出现的持续逆温和大雾，使得工业排放的污染物在河谷地区的大气中积

---

① 洛杉矶光化学烟雾事件. 百度百科. 2013/04/03.

累到有毒级的浓度。该地区过去有过类似的气候反常变化,但持续时间都很短,后果不严重。如1911年的发病情况与这次相似,但没有造成人员死亡。讽刺的是,马斯河谷事件发生后的第二年有人指出:"如果这一现象在伦敦发生,伦敦公务局可能要对3200人的突然死亡负责。"这话不幸言中(参见事件四)。

这次事件曾轰动一时,马斯河谷烟雾事件是20世纪最早记录下的大气污染惨案,然而类似烟雾污染的悲剧日后在世界很多地方仍在继续,这不能不令人深思。

2. 多诺拉

美国宾夕法尼亚州多诺拉镇处于河谷,1948年10月的最后一个星期大部分地区受反气旋和逆温控制(类似于马斯河谷),加上26—30日持续有雾,使大气污染物在近地层积累。二氧化硫及其氧化作用的产物与大气中尘粒结合是致害因素,发病者5911人,占全镇人口的43%。发病症状是眼睛痛、喉痛、干咳、流鼻涕、呕吐、腹泻、头痛、肢体酸乏,并直接导致17人死亡。

3. 洛杉矶光化学烟雾

20世纪50年代初期,发生在美国洛杉矶的光化学烟雾事件是世界有名的公害事件之一。光化学烟雾是大量碳氢化合物在阳光作用下,与空气中其他成分起化学作用而产生的。据统计:当时全市250多万辆汽车每天消耗汽油约1600万升,向大气排放大量碳氢化合物、氮氧化物、一氧化碳。这是第三座位于盆地中的城市,尽管临海,但汽车排出的废气在日光作用下,却形成了以臭氧为主的光化学烟雾。这种烟雾中含有氧化氮、乙醛、臭氧和其他氧化剂,在市区滞留,久久不散。

1952年12月,死于这次光化学烟雾事件的洛杉矶市民中,65岁以上的老人达400多人。1955年9月,由于大气污染和高温,65岁以上的老人两天之内死亡400余人,还有许多人出现眼睛痛、呼吸困难、头痛等症状。而洛杉矶的"烟雾"问题一直持续到20世纪70年代,洛杉矶还被"誉为"美国的"烟雾城"。

4. 伦敦烟雾

1952年12月4日至9日,伦敦空气中的污染物浓度持续上升,许多人出现胸闷、窒息等不适感,发病率和死亡率急剧增加。5—8日,英国几乎全境被浓雾覆盖,四天中死亡人数较常年同期约多4000人,45岁以上人数的死亡占比最高,约为平时的3倍;1岁以下死亡人数,约为平时的2倍。在大雾持续的五天时间里,据英国官方的统计,丧生者达5 000多人,事件发生的一周中因支气管炎死亡的人数是事件前一周因同类病因死亡人数的93倍,在大雾过去后的两个月内又有8 000多人相继死亡。

大雾集聚也与伦敦的地理环境和生产活动有关,伦敦上空受高压系统控制,大量工厂生产和居民燃煤取暖排出的废气难以扩散,积聚在城市上空,黑暗的迷雾笼罩着伦敦城,马路上几乎没有车,就连行人在人行道也得小心翼翼地摸索着前进。大街上的电灯在烟雾中若明若暗,犹如黑暗中的点点星光。这种情景一直持续至12月10日,强劲的西风才将笼罩在伦敦上空的恐怖烟雾吹散。

5. 四日市

1955年以来,日本四日市石油冶炼和工业燃油产生的废气,开始不断严重污染城市空气,导致重金属微粒与二氧化硫形成硫酸烟雾。当地居民于1961年开始大量发作哮喘病,1967年一些患者因不堪忍受而自杀。1972年该市共确诊哮喘病患者达817人,死亡10

多人。

6. 米糠油

生产米糠油的工艺中，会使用多氯联苯作脱臭的热载体，1968年3月日本北九州市爱知县一带，由于生产管理不善，导致多氯联苯混入米糠油，消费者食用后中毒，患病者超过1400人，至七八月份患病者超过5000人，其中16人死亡，实际受害者约13 000人。

7. 水俣病

1953—1956年，在日本熊本县水俣市，有人食用水俣湾的鱼后中毒，1972年日本环境厅公布：水俣湾和新县阿贺野川下游有汞中毒者283人，其中60人死亡。

据调查发现：此次中毒事件是由于消费者食用含甲基汞的工业废水污染水体的鱼所致的。在该地区，从1949年起，水俣镇的日本氮肥公司开始制造氯乙烯和醋酸乙烯，在制造过程中使用含汞(Hg)的催化剂，而大量的汞随着工厂未经处理的废水被排放到了水俣湾。从1954年开始，水俣湾就出现一种病因不明的怪病，当地人称之为"水俣病"，患病的猫和人的症状是步态不稳、抽搐、手足变形、身体弯弓、神智失常、痛苦高叫，直至死亡。经过近十年的分析，科学家才确认："水俣病"的起因是工厂排放的废水中的汞。汞被水生生物(如鱼虾)食用后在其体内被转化成甲基汞，这种物质通过鱼虾再次进入人体和动物体内，对脑部和身体的其他部位造成损害，毒性极大，会引发脑萎缩、小脑平衡系统被破坏等疾病。

8. 骨痛病

日本富山县神通川流域，1963年至1979年3月共有患者130人是镉中毒，其中81人死亡。镉中毒会引起肾脏障碍，逐渐导致软骨症，诱发妇女出现妊娠和哺乳期内钙不足，或内分泌失调，或出现营养性钙不足，使妇女浑身剧痛，故而叫痛痛病，也叫骨痛病，重者全身多处骨折，在痛苦中死亡。而从更早些的数据发现，从1931年到1968年，神通川平原地区就有被确诊患此病的人数达258人，其中死亡128人，至1977年12月又死亡79人。而重金属的来源则是该地区的工厂排放的污染物。19世纪80年代，日本富山县平原神通川上游的神冈矿山是从事铅、锌矿的开采，精炼及硫酸生产的大型矿山企业的工业重地。然而在采矿过程及堆积的矿渣中，含有镉等重金属的废水却直接地、长期地流入周围的环境中，导致当地的水田土壤、河流底泥中产生了镉等重金属的沉淀堆积，两岸居民利用河水灌溉农田，使得稻米和饮用水中含镉，再通过稻米和饮水进入人体导致人中毒。

复习思考题

1. 一般对公共品的界定是从什么角度界定的？按此角度，可以将公共品分为哪几类？

2. 公共品的外部性存在使得公共品很难实现帕累托最优供求状况，请谈谈为什么需要政府的存在？

3. 对于教育的公共品性质，你认为它应该属于哪一类？请结合自己的实践或经历谈谈你的观点。

扫一扫，观看"公共选择理论的前世今生"微课视频。

第4章 公共选择

4.1 公共选择理论概述

公共选择理论兴起于20世纪50年代，是一个融合了经济学和政治学的理论体系。依据经济学中进行市场交易的双方都能从交易中获得利益的基本假设出发，该理论深入分析了政府决策与公众选择之间的关系。其独特之处在于将经济学的知识应用于政治学领域，这种跨学科的理论产生对政治学和经济学领域的研究具有重要意义。

4.1.1 公共选择理论产生的背景

首先，公共选择理论产生的重要背景之一是凯恩斯主义指导下国家干预的加强与失误。1929—1933年发生的席卷整个资本主义世界的经济大萧条，使得人们认识到自由的市场竞争机制不足以持续稳定地促进经济发展，在凯恩斯主义的指导下，人们开始意识到政府需要经过行政干预来调节经济。然而，国家干预经济后又会引发各种经济问题，促使人们重新反思国家干预经济失败的原因。传统经济理论的分析或者忽视政府的经济活动，或者类似福利经济学的分析方法，将国家干预的失误排除在研究之外。而公共选择理论的产生着力于分析政府政治决策的过程，用实证和规范分析的方法将政治市场塑造成交易市场，形成政府决策与公众选择之间关系的研究理论。

其次，政府经济理论的缺乏也促进了公共选择理论的产生。传统经济理论往往认为作为政策制定者的国家和政府是经济体系的外生变量，国家和政府是以实现公共利益最大化作为目的的客体，与个体或团体利益最大化为前提的市场经济交易客体之间有着严格的区分。此外，先前的公共财政理论虽然研究了公共经济活动，但并没有对政治决策过程进行研究，这就容易让人产生是因为经济理论出了问题，而非政治决策过程的失策而导致公共经济活动不经济的错觉。传统经济理论由于存在对公共决策过程研究的缺失，使得公共选择理论有了发展的空间。

再次，公共选择理论的产生也受到了福利经济学的影响。一方面，社会福利函数的研究聚焦于将个人偏好加总求和成为社会偏好，谋求社会福利最大化的问题。由于对个人偏好加总的分析需求，促使人们对不同的投票规则以及不同投票规则下所产生的公众选择结果有了进一步探讨的必要;另一方面,20世纪四五十年代的研究诠释了公共产品在外部性存在的环境中如何实现资源最优配置,研究了资源的非市场配置问题,这也促使人们聚焦于公共选择理论,关注于资源配置的非市场决策过程。①

4.1.2 公共选择理论的形成过程

1. 起源阶段

公共选择理论起源于20世纪50年代,代表性人物是邓肯·布莱克(Ducan Black),他被誉为"公共选择理论的开创者",其代表作是1948年发表的《论集体决策理论》一文和1958年出版的《委员会与选举理论》一书。在《论集体决策理论》一文中,布莱克认为在投票人的偏好都是单峰值的情况下,使用简单多数规则肯定会得出唯一的均衡解,这个均衡解和中间投票人的第一偏好正好相符,即中间投票人偏好的议案或公共物品会被通过,这为公共选择理论奠定了基础。在《委员会与选举理论》一书中,布莱克首次提出委员会决策问题,并系统而全面地分析了委员会投票选举问题,证明了在各个选民偏好是单峰偏好的情况下,投票的结果不会产生阿罗悖论的现象。个人的偏好加总得到确定且唯一的社会偏好,而得出的社会偏好正好是个人偏好位于所有选民偏好峰值中点上的选民,比他偏好高的选民数量和比他偏好低的选民数量正好相等,这就是著名的中间投票人模式,形成了投票选举理论的基本理论框架。书籍出版以后,公共选择研究方法成为政治学研究的一种新方法,公共选择理论由此产生。

2. 发展阶段

公共选择理论在20世纪60年代得到逐步发展,主要代表人物是詹姆斯·布坎南(James M. Buchanan)和戈登·塔洛克(Gordon Tullock)。1957年,布坎南将弗吉尼亚大学的杰斐逊中心作为研究政治经济学的基地,注重研究规则和制度对经济发展的影响;1962年,布坎南和塔洛克出版了《同意的计算》一书,书中指出多数票决策规则并不是多数人都同意而得出的决策规则,而是多数人作出让全体都能接受的决策,因此,这个规则在本质上是以全体达成一致为最终目的的;1969年,布坎南和塔洛克等人在弗吉尼亚科技学院正式组建了公共选择理论研究中心,公共选择理论得到进一步发展。

3. 影响深化阶段

公共选择理论在20世纪70年代不断发展丰富,仍然以布坎南为代表,并以在弗吉尼亚创立的公共选择研究中心为学术交流平台。该平台的运行宗旨明确为:"……把40年来人们用以检查市场经济的缺陷和不足的方法,完全不变地用来研究国家和公共经济的一切部门……"(出自布坎南与R.托尼逊合著的《公共选择理论》)该平台吸引了众多公共选择理论研究者集聚于此。在此期间,《公共选择》杂志使公共选择理论得到深入发展,其影响力从美国逐步扩展到欧洲和日本等其他国家。②

4. 迅猛发展阶段

公共选择理论在20世纪80—90年代在以布坎南为代表的学者们的共同努力下取得了

---

① 黄恒学. 公共经济学[M]. 北京:北京大学出版社,2002.
② [美]丹尼斯·缪勒. 公共选择理论[M]. 中国社会科学出版社,1990.

迅猛发展。1983年，布坎南的研究团队将公共选择理论研究中心整体搬迁至梅森大学，成为公共选择理论研究的大本营；1986年，布坎南凭借其在公共选择理论研究方面的突出贡献获得了诺贝尔经济学奖，公共选择理论在学术界的地位得到迅速提升，成为学者解释市场失灵、政府经济决策不可或缺的理论基础。

4.1.3 公共选择理论的前提

1. "经济人"假设

在经济市场的行为分析中，一直以行为人都是"理性人"作为假设前提，即每个参与人都是以实现自身效用最大化为目标。公共选择理论认为在政治市场中也适用经济人假设，即所有参与公共选择的人员与市场经济中的行为人一样，会通过分析成本-收益来做出对自己最有利的选择。政治市场中有三种形式的经济人：投票者经济人、选民代表经济人、政治家或政府部门经济人。

1) 投票者经济人

投票者经济人的选择行为可以从四个方面进行分析。一是目标：投票者个人追求的目标或者投票人所在或所代表的团体利益，投票者的自利性使得他总是会选择有利于自己或所在团体的方案，当个人目标与集体目标出现冲突时，投票人会优先满足自己的利益；二是候选方案的数量：当候选方案较多时，选择的余地就越多，而且更多人的利益能够得到满足，如果候选方案少，那么就会牺牲一部分人的利益；三是选举规则和程序：选举规则的不同导致选举结果的不同，选举程序有直接选举和间接选举的形式，不同的程序也会使选举结果截然不同；四是约束选举人的外部条件：包括个体约束和集体约束，个人约束是指个人偏好和税收支付能力，集体约束是指可以达到国家经济状况和民众对纳税的承受能力。

2) 选民代表经济人

在大多数民主国家都是采取间接民主制，即选民通过选出代表来代替其表达意愿，选民代表也是追求利益最大化的经济人，因此，他们在进行决策时会在多大程度上代表选民的意愿是一个值得研究的问题。一般代表与选民之间有以下几种形式的利益约束：一是代表的权力和责任是分离的，这个代表可能是由上级部门挑选的，他在进行决策时只是履行名义上的代表职能，甚至可能只是按照上级领导的指示办事，那么他可能就只会考虑自身利益的最大化，对与自身利益无关的事情不会太关心；二是现有的制度对代表人有一定的制约，要求代表所作出的决策要更能满足他所代表的那部分人的利益，不然他将会受到惩罚；三是代表与选民之间的利益关系是密切相关的，二者共同承担成本，分享利益，此时代表可能会在追求自身利益最大化时也要将如何实现部分人的意愿所带来的损失考虑在内。因此，要使代表人能更多地代表选民意愿，就要建立相应的利益激励及责任惩罚机制，对代表的经济人本性进行约束。

3) 政治家或政府部门经济人

传统的政治理论中，政治家及政府官员所处理的事务都被认为是代表公共利益的，他们几乎没有考虑自身的利益，因此，如果出现决策失误，他们也不用为此负责。当把经济人的假设用于政治市场中时，人们便开始研究官员的利己行为。根据官员权力大小可以分为两类：一是处于国家权力顶层的政治家，他们拥有较大的权力，甚至代表着一个国家的形象，然而，他们的目标仍然是自身利益最大化；二是处于中层和基层的官员，他们在追求自身利益最大化的同时还要受到上层领导的制约和监督，因此这类政治家或政府官员可能会通过合法或非法的渠道去实现自身利益，如权力寻租就是常见的非法渠道。总之，不论身居何职的政治家或政府官员，他们的动机都是追求自身利益最大化。[①]将"经济人"假设应用于政治领域，实现了经济学和政治学理论的自然融合。

2. 政治学的"交易"性质

政治学和经济学从交易的角度看并没有本质区别，经济学是生产者和消费者之间通过货币和物品进行交易的，政治学是选民与政府之间进行交易，公共选择理论认为政治市场是人们追求自身利益而形成的一种交易机构，交易对象是公共产品。在政治市场内，交易者有自己的价值观和偏好，同时也追求效用的最大化。

3. 政治规则完善论

为了保证政治市场的交易人在不受他人阻碍的情况下追求自身利益的同时也不阻碍他人追求利益，就必须制定合理的政治规则，使得政治市场的经济人能够顺利完成交易。而政治规则制定的内在要求在于：①参与政治交易的人花费的"成本"至少等于取得的"收益"；②要保证有一个良好的政治运行环境；③规则本身必须有意义，有实际操作性，不能假大空。

4.1.4 公共选择理论的主流学派

1. 弗吉尼亚学派

弗吉尼亚学派的代表人物是布坎南和塔洛克，该学派是公共选择理论中的主导学派，也是饱受争议的一派。弗吉尼亚学派坚持将公共选择理论与伦理学相区分，他们不赞同新古典经济学及传统的政治学，对凯恩斯主义、福利经济学及公共财政学等提出挑战，使得该学派介于西方经济学和政治学两者之间的独特位置。该学派的方法论强调个人主义与立宪经济学，这是该学派区别于其他学派的最主要的内容。弗吉尼亚学派主要研究利益集团、寻租、立法、司法、行政和联邦官员制度，研究结果显示，政府在政治市场中多数是失灵的。弗吉尼亚学派并不赞同将没有经过修改的私人市场理论直接应用于政治市场，政治市场上的决策者也不是一定可以把未来的不确定性变成等值的确定性，决策者也是会犯错误的，因此，政府不一定会比私人市场处理得更好，政府失灵在政治市场中是一种普遍现象。[②]

2. 芝加哥学派

芝加哥学派的主要成员有：加里·贝克尔(Gary S. Becker)、理查·艾伦·波斯纳(Richard Alan Posner)、乔治·斯蒂格勒(George J. Stigler)、萨姆·佩尔兹曼(Sam Peltzman)和威廉·兰德斯(William M. Landes)。芝加哥学派是公共选择理论中比较年轻的学派，具有较浓的自由

---

① 黄恒学. 公共经济学[M]. 北京：北京大学出版社，2002.

② 许霄云. 公共选择理论[M]. 北京：北京大学出版社，2009.

主义色彩。该学派从价格理论和实证分析的角度分析政府，提出政府就是追求自身利益最大化的个人在社会范围内对财富进行再分配的观点。芝加哥学派的独特之处在于把"经济人"作为预期财富最大化者，将分析私人市场交易的方法运用到政治市场的分析中，将政府比作市场，在市场中进行货币和权力的交换。学派中的大部分人觉得市场是有效率的，包括市场价格是合理的、交易满足所有交易者的利益、政策都是最优的等观点。芝加哥学派在公共选择理论方面有很多观点与弗吉尼亚学派之间存在很大的分歧，诸如投票人具有完全信息、可以通过有效率的立法约束官员的执政行为，以及接受法律制度高于经济之上是有效率的等观点。

3. 罗彻斯特学派

罗彻斯特学派的代表人物有：赖客(W.H.Riker)、奥德斯霍克(P.C.Ordeshook)、布拉蒙斯(S.J.Brams)、希里奇(M.J.Hinich)、艾拉逊(P.H.Aranson)等，其中赖克是该学派的主要代表人物，因运用博弈论批判唐斯(A.Downs)的《民主的经济理论》一书而被人熟知。该学派的显著特征是用数理方法研究政治学及坚持把实证的政治理论与伦理学分开，与同样主张将公共选择理论与伦理学相区分的弗吉尼亚学派存有方法论上的明显差异。该学派主张用实证的方法来研究选举、政党策略、投票程序控制、政党联盟形成等问题，学派多数成员都反对传统的政治学而偏好制度主义，尤其热衷于利用空间投票模型就公共选择问题展开分析，而针对规范性问题的探讨较少。此外，罗彻斯特学派的部分成员对布坎南的宪法改革有较明显的质疑，例如，谢泼斯尔(K.A.Shepsle)在1982年发表的《宪法改革有助于解决政府预算问题吗？》一文中表达了其相关观点。[39]

除上述三个主要公共选择理论学派以外，印第安纳学派在该领域的研究也十分突出。该学派的主要代表人物是文森特·奥斯特洛姆(Vincent A.Ostrom)和埃利诺·奥斯特洛姆(Elinor Ostrom)夫妇。埃利诺·奥斯特洛姆通过大量实证研究构建了一整套详尽的公共选择与制度分析理论和方法，在公共事务研究领域，特别是警察服务、公共池塘资源的自主治理问题方面有突出的理论贡献。她在1990年出版的《治理公共事务》一书中指出，当前，解决公共事务问题单纯以政府或以市场作为唯一解决途径是有问题的，同时以公共池塘物品作为研究对象，提出通过多中心自治组织管理公共物品的新途径是一种更灵活、更高效的公共管理模式，但她认为这也并不是唯一和最优的途径。[①]该学派理论具有跨学科性，理论的内涵、实质及影响超出了经济学背景所涉及的领域，研究的重点是个人利益与社会文化之间、政府强制与自愿合作之间紧张而有趣的协调。该学派赞同公共选择的理性人假设，但承认个人在经济利益之外还追寻其他利益。[②]凭借在公共事务管理领域的突出成就，埃利诺·奥斯特洛姆获得了美国赛德曼政治经济学奖，并于2009年获得了诺贝尔经济学奖。

---

① 百度百科. 奥斯特洛姆. https://mr.baidu.com/gza0jpz.

② Lionel Orchard, Hugh Stretton. Public Choice[J]. Cambridge Journal of Economics, 1997, 3(21): 410-420.

4.2 投票理论

4.2.1 偏好显示与公共选择

1. 投票与偏好显示

西方国家最常用的民主决策方式就是集体投票,即通过投票选举的方式作决定。通过投票实现个人偏好向社会偏好的转变,是民主决策中最有效且最直接的手段。然而,要使投票能够有效地运行,就必须保证投票参与人能真实反映自己的偏好,因此,对个人偏好的研究成为投票结果是否有效的关键所在。个人投票并不一定真实反映个人偏好,投票与个人偏好之间所产生的偏差主要可归纳为以下几个方面。

(1) 隐瞒偏好:如果一个人要为他所作出的决策或者选择承担相应的成本,那么他可能会刻意隐瞒或者弱化显示自己的偏好。

(2) 策略性投票:投票参与人有时为了投票结果更有利于自己,会选择一些策略性的投票方式,如投票交易就存在不真实反映个人偏好的可能。

(3) 无意参与投票:当投票人觉得自己手中的一票投或不投并不会对投票结果产生任何影响,即使投票的成本不高,但是投票所获得的收益微乎其微,权衡投票成本与收益之后,投票人的积极性会大幅降低,从而不能充分显示个人偏好。

(4) 偏好强度差异:在个人都充分显示自己偏好的情况下,如果个人或集团的偏好显示强度存在差异,投票结果往往会偏向于偏好显示强的利益集团而牺牲大多数个人的利益。[①]

2. 个人选择与公共选择

公共选择是一种与私人选择相对应的集体选择,是公共选择理论的研究对象。所谓公共选择,是人们在民主政治体制下,依据投票方式确定公共产品的需求、产量和供给,进而把私人选择转变成集体选择的过程或机制,是对资源配置的非市场决策。私人选择是在市场中个人遵循效用最大化的原则,作出理性的决策,无约束地采取经济行为的过程。因此,在政治市场上作出的公共选择及在经济市场上作出的私人选择构成了个人的全部选择。虽然两种选择的参与人都是理性的,由于所处的环境和制度存在差异,因此两者之间不能简单地视为等同。私人选择与公共选择之间的差异主要在于以下几个方面。

(1) 选择的场所和方式不同。私人选择是消费者依据自己的偏好及收入在经济市场中确定个人需要的私人物品量的资源分配过程。而公共选择属于政治选择的范围,在政治市场中,选民按照相应的政治程序确定出公共产品的数量,实现资源在公共产品间的配置。

(2) 选择的结果具有不同指向性。在私人选择中,消费者通过支出一定的费用来获得自己想要的物品,支付的费用正好用来弥补生产者所花费的费用,生产者通过出卖这些物品获得利润,因此,消费者的行为直接影响生产者的行为,使得私人选择直接影响个人效用。然而在公共选择中,公共产品的提供数量和消费数量与由投票人交税来弥补的生产费

---

① 韩康. 公共经济学[M]. 北京:经济科学出版社,2006.

用之间并不直接对应，个人作出的选择与最终结果不存在直接联系。

（3）选择所遵循的原则不同。在经济市场中，消费者作出的私人选择是遵从自愿交换原则的，当消费者愿意购买的数量与生产者愿意提供的数量相等时交易达成。在政治市场中，并不是个体间的自愿交易，而是多方主体的博弈过程，因为投票人在表达自己的意见时，多数情况下必须遵循少数服从多数的原则，故最终的公共产品数量、缴纳的税收可能并不是他们所愿意接受的数额，可见公共选择具有强制性。

（4）市场竞争性质不同。在经济市场中，需求方是居民或者消费者，供给方是厂商，在竞争和市场机制作用下，厂商会逐渐增加产量，满足消费者的需求，以达到个人利益和社会利益的最大化。在公共选择中同样存在竞争，然而与经济市场中的竞争有着本质区别。采用民主选举方式的国家，候选人会在竞选期间采取各种方式尽可能地服务好投票人，然而这种行为通常只存在于短期内。[①]

4.2.2 直接民主制下的投票选择

直接民主制是指在进行集体决策时，所有利益相关的人员直接参与投票决策的制度。全民公决制度是很多国家进行重大决策时所采用的制度形式。比如，许多欧洲国家通过全民公决决定是否加入欧盟。直接民主制是最原始的，也是最能反映全民意愿的集体决策形式，但是直接民主制在推行时还是存在范围限制的。

1. 全体一致规则

全体一致规则也称一致同意规则，是指一种集体行动的方案只有在所有参与者都同意的情况下，或者没有任何一个人反对的情况下，才能得以实施的一种决策方法。在公共产品提供量的决策中之所以要实行全体一致规则，是因为这项议案的实施一方面会给投票人带来一定的利益，另一方面会因为缴纳税费等给投票人带来一定的成本，为了保证公平，照顾到所有人的利益，采取全体一致同意的规则是最好的。全体一致同意规则实施的流程一般是：由一个主要负责整理每一轮投票信息的主持人，根据相应的规则对信息进行处理，对照处理结果修改原先的议案，然后将修改后的议案用于下一轮投票，直至所有人都同意。

全体一致规则具有以下特点。

（1）在该规则下，所有人的权利和利益都得到了保障。实行全体一致规则时，任何人都能充分表达自己的意愿，没有人能够将自己的意愿强加给别人；任何人都不会被强制接受决策结果，因为结果就是在所有人都赞同的情况下得出的。

（2）实现了帕累托最优。在全体一致的规则下，在不改变别人利益的情况下，使其中某个人或某些人的利益得到增加，因此这种方案是最好的，是处于帕累托最优状态的。

（3）能够使参与人有存在感，提高参与的积极性。任何一个方案或者决策都是经过所有参与者的同意才实行的，所以在全体一致规则下，所有人都能在这次投票中发挥自己的作用，他所投的每一票都会对结果产生重大而直接的影响，因此，参与人会更积极主动参与其中，并真实地表达个人意愿。

（4）流程太多，时间成本过高。由于方案必须是所有人赞成方能采用，这往往需要经过多轮调整与意见征询，最终使所有人都满意，如果参与的人数较多，完成整个流程可能

[①] 黄恒学. 公共经济学[M]. 北京：北京大学出版社，2002.

需要耗费大量时间,导致时间成本过高。

由于在全体一致同意规则下的投票过程耗费的时间过长,并且在人数很多的情况下也不太可能出现对一个方案或者观点能够实现所有人都赞同的局面,所以在现实中很少用到全体一致同意规则。然而,在参与人数较少的情况下还是可以使用全体一致同意规则的。

2. 多数同意规则

多数同意规则就是在全体一致规则的基础上做一定的修改,有时也称为过半数规则,是指一项关于公共产品的决策中,当参与的投票者中有一半或者一半以上的人都表示赞成某方案,那么这个方案就可以付诸实施。在具体运行多数同意规则时往往分为以下几种情况:第一种是只有一个议案要决定,那么通过多数同意规则就能得出确定的结果;第二种是在两个议案中选择一个,也可以通过多数同意规则从中选出一个;第三种就是有多个可选择的议案,这时通常是先两两进行选择,然后过半数同意的再进入下一轮的选择,直到最后只有一个议案,但是这种情况下就有可能出现循环投票。①

多数同意规则的主要特点如下。

(1) 少数人的利益可能会受损。由于在此规则下,少部分人的意见将会被否决,最后的决策只代表了大部分人的意愿,少数人无法获得他们预期的利益,因此对小部分人存在一定程度的不公平。

(2) 促使投票交易现象的产生。既然最终结果取决于大部分人,那么小部分人知道自己的投票不起作用,自己并不会从中获得收益,因此他们有一定的动机与大部分人进行交易,于是也跟着大部分人一起作出同样的选择,这样两者都能从中获益。

(3) 少数人参与的积极性降低。由于是多数同意规则,那么少数人在没有投票前就知道自己的选择可以被忽略,因此少数人就会不重视这次投票。例如,一些村民在选举村委会干部的时候就会觉得自己的一票并不会起作用,因此就会弃权或者随便选择,就出现如提名完全没有备选资格的人员等乱象。

多数同意规则相对于一致同意规则而言更具有操作性,因此多数国家的选举都采用该规则,即"少数服从多数"原则。我国的各级地方党委常委会就是通过差额票决制度选举干部的,即候选人数多于应选人数,按照得票数高低决定当选的干部和落选干部,"差额"是在"多数"中选"少数",遵循择优和精选的原则,而"票决"是"少数"服从"多数",是民主思想的体现。美国总统的选举是间接选举,民众一人一票选出选举人,如果某个总统竞选人在某个州获得民众的多数票后,那个州的全部选举人的票就都属于这个总统竞选人,被称为"赢者通吃"。

3. 投票悖论

前面多数同意规则中提到在该规则下有多种选择情况,有时可能并不能得出唯一的结果,这主要取决于投票程序的先后顺序,因此就产生了"投票悖论"。投票悖论由18世纪的法国思想家孔多塞提出,又称为循环大多数,指在集体投票时不同的投票次序会使投票结果不同,大多数备选方案在循环过程中都会有成为最优方案被选出的可能,一直不断循环,也称为"孔多塞悖论"。②下面的案例说明了由于投票程序不同所导致的投票悖论现象。

---

① 黄恒学. 公共经济学[M]. 北京: 北京大学出版社, 2002.

② 百度百科. 投票悖论. https://mr.baidu.com/gpegob9.

假设有属于同一类型的三个厂商想合并成为一个大公司，大公司的总经理准备从三个厂商的厂长中选择。三位厂长老刘、老康、老黄都同意下列三种可以选择的方式：职工普选(A)、上级主管部门任命(B)、按各自拥有的资金额决定权力分配(C)。现在要做的是让三个厂长从三种可行的方案中选择一个成为最终方案。由于刘厂长的优势是职工数量多，康厂长与上级领导的关系处理得好，黄厂长资金雄厚，因此三个人对这三种可选方案的偏好排序不同：

刘厂长：A＞B＞C(A 优于 B，B 优于 C)

康厂长：B＞C＞A(B 优先 C，C 优于 A)

黄厂长：C＞A＞B(C 优于 A，A 优于 B)

现在从 A、B、C 三个方案中先随机选两个，按多数同意规则，只要三个人中有两个或两个以上的人赞同某个方案，那该方案就被选中。然后将选中的方案和剩下的第三个方案比较，仍按照多数同意规则得出最终方案。在执行的过程中就会出现一个有趣的现象，如果先比较 A、B，老刘和老黄相对来说更偏好 A，则 A 当选。然后将比较 A 与 C，老康和老黄更喜欢 C，最终方案 C 被选中。如果先比较 A 和 C，最终当选的方案不是 C 而是 B；如果先比较 B 和 C，最终结果又变成了 A。可以从图 4-1 中看选择的过程。

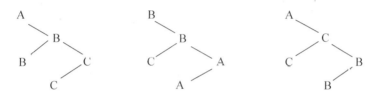

图 4-1 投票悖论

因此从上述的例子中可以看出，没有一个是三方都赞同的观点，这样就产生了所谓的投票悖论，由于投票比较的先后顺序不同，导致最终不能出现唯一的均衡结果。①

4．阿罗不可能定理

为了解释上述出现的投票悖论现象，诺贝尔经济学奖得主阿罗在《社会选择与个人价值》一书中提出了"阿罗不可能定理"。阿罗认为并不存在一种能把不同人的偏好加在一起，满足某个选择机制所有特征的方法，也不存在一种投票制度能让投票人总是投他们真正偏好的选票。如果想要获得一种接近理想的投票结果，那么必须得满足以下特征。

(1) 传递性。如果在规则中加入 A 优于 B、B 优于 C 的要求，那么 A 就一定会优于 C，这样就可以避免出现循环投票的现象。

(2) 非独裁选择。如果将所有的决定权都交给一个独裁者，只要独裁者有确定的偏好，那么就不会出现循环投票，但是有意义的投票结果必须保证不能仅仅反映一个人的偏好。

(3) 独立于无关备选方案。在进行选择时，必须保证备选的方案与结果有密切联系，例如，就游泳馆和羽毛球场的场地进行选择时，结果就不应该取决于是否有第三个备选方案，如图书馆的场地选择。

(4) 不受限范围。无论是怎样的偏好集，也不论作出选择的备选方案范围是什么，都

---

① 张向达，赵建国，吕丹. 公共经济学[M]. 北京：中国商业出版社，2008：120.

不影响机制发挥其作用。①

这四个特征要同时满足是比较困难的，阿罗就指出不存在可以满足所有特征的理想的规则，这一定理被称为阿罗不可能定理。

阿罗不可能定理对票选制度的打击就像能量守恒定律对永动机的打击一样，具有根本性和彻底性，因此，阿罗不可能定理从产生后就被西方学术界上百篇论文的攻击，萨缪尔森、李特尔试图用与福利经济学毫无关联的论点来反驳阿罗不可能定理，但是后来又被肯普、黄有光和帕克斯用建立在给定个人次序情况下的不可能性结果进行再反驳。不可否认的是阿罗不可能定理经受住了这些猛烈的批评和反驳②，足以证明其相关理论的稳固性。

此外，阿马蒂亚·森(Amartya Sen)对阿罗不可能定理中的几个公理进行了更为细致的分析。1970 年，他在所著的《帕累托自由的不可能性定理》一书中，将非独裁性修改为：对一组状态进行选择时，社会偏好应该表达出至少两个人的偏好，称为"最低限度自由主义"。之后阿马蒂亚·森又进一步论证，根据非独裁性的修改将会出现没有任何一个社会选择规则能既满足这一条件，又遵循帕累托最优原则的状态，因此又得出"森的帕累托自由悖论"。综上所述，阿罗不可能定理虽然存在不足，但是迄今为止还没有人对该定理提出更完美的改善意见，所以该定理对目前投票规则的制定具有十分重要的意义。

5. 单峰定理和中间投票人定理

1) 单峰定理

阿罗不可能定理表明任何公共选择的投票方式都不可能完全解决投票悖论的问题，因为不可能存在同时满足上述四个特征的投票方式。现在将偏好曲线中比所有邻近点都高的点定义为"峰"，当投票人偏离他最中意的选择时，不管向哪个方向偏离，其效用都是降低的，则投票人的偏好就是单峰的；当投票人偏离中意的选择时，效用是先减少再增加的，则偏好是双峰的，重复出现这种现象，就称偏好是多峰的。许多学者研究表明，在偏好单峰性的前提下，有可能满足上述四个特征，即如果对个人偏好形式进行限制，就能避免出现偏好的多峰性，解决了投票悖论的问题。因此，邓肯·布莱克(Ducan Black)提出了单峰定理：在投票者偏好是单峰的且投票者数量是奇数的情况下，多数同意规则将会满足传递性。

投票程序决定投票结果实际上就是限制范围来使偏好具有单峰性。比如前面选举厂长的 A、B、C 三个方案中，先将偏好限制在 A 与 B 之间，比较后，A 比 B 好，具有单峰性；再将偏好限制在 A 与 C 之间，比较后，A 比 C 好；最后将偏好限制在 B 与 C 之间，比较后，C 比 B 好，因此最终的结果具有传递性，偏好的排列顺序是 A>C>B。

单峰定理的意义在于它给出了从个人偏好推导出集体偏好条件的不同表达方式，在一定程度上降低了产生投票悖论的可能性，因为在大多数情况下，个人的偏好结构都呈现单峰型。例如，A 代表低收入预算，B 代表中等收入预算，C 代表高收入预算，从而出现 C>A>B 的个人排序可能性很小，因为大多数人都不认为会出现高额预算比低额预算好、低额预算又比中等预算好的情况。

2) 中间投票人定理

在单峰定理的前提下，可以推导出中间投票人定理，即当个人偏好满足单峰性且采取

---

① [美]斯蒂格利茨. 公共部门经济学[M]. 3 版. 北京：中国人民大学出版社，2005：147。

② 张向达，赵建军，吕丹. 公共经济学[M]. 北京：中国商业出版社，2008：120.

简单多数同意规则时，最终的投票结果将会是中间投票者赞同的方案。单峰定理假定每一个投票人都不会觉得中间状态太差，即投票者只会走一个极端，不可能同时又走另一个极端，这就暗示着大多数选票会出现在中间的位置上。当全部投票人都根据自己的偏好进行排列时，位于中间位置的那个投票人最偏好的结果正好是所有投票人最偏好结果的中间状态，最终获胜的方案与其偏好相符，这个投票人就称为中间投票人。

唐斯在《民主的经济理论》一文中正式提出"中间投票人定理"：在多数同意规则下，个人偏好满足单峰性，那么符合中间投票人所代表的意愿方案最终将会当选。因为选择这样的政策会使整体的福利损失最小化。该定理还表明，任何政党或者政治家，如果想提高自己成功当选的可能性，最好的办法是使自己的竞选方案与中间投票人的意愿相符，即尽量保持中庸。从社会的角度看，中间投票人相当于中产阶级或者中间阶级。如果一个社会中中产阶级的比例较大，那么社会的整体政治环境就会比较稳定，从而出现极端政策方案的可能性较低。因此，民主条件下的社会稳定与中产阶级之间有一定的关联性。[①]

4.2.3 代议民主制下的投票选择

代议民主制是一种间接民主形式，也可以看成多层次的直接民主，即公民通过选举代表组成代议机关行使国家权力的制度。代议民主制的产生和发展反映了社会分工日益专门化和国家事务日益复杂化的客观需要。在现代社会中，无论哪一个统治阶级，只要实行民主政治，都普遍采取代议民主制的形式，只是在具体操作方式上略有不同。资本主义国家的代议机构是国家的立法机关，其拥有独立行使立法权，并与其他两权即行政权和司法权相互制约与平衡。在代议机构的设置上，有的国家选择实行两院制，有的国家则实行一院制。由于不同国家存在历史背景、文化传统、经济社会发展阶段等方面的差异，造成不同国家政体有所不同，其代议机关在国家政权组织体系中的地位和作用也不尽相同：美国、俄罗斯、埃及等国家实行总统共和制，其中美国是典型的三权分立制国家；法国是典型的半总统制共和制；德国、印度、意大利、以色列等国家实行议会共和制；瑞士实行委员会制；英国、日本、丹麦、西班牙、泰国等国家实行君主立宪制。代议民主制的形式不同，国家元首、议会、政府的关系和权力分配也不同，但一般情况下都实行三权分立和权力制衡。中国的人民代表大会制度也属于代议民主制，人民选举代表组成人民代表大会统一行使国家权力。[②]

代议民主制的投票过程可分成两部分，代表选举阶段可以视为直接民主形式，代表作为代理人进行投票的阶段也可视为直接民主形式，整体看两阶段就形成了间接民主。因此，在直接民主制中的一些投票规则同样适用于代议民主制，在此主要介绍在代议民主制下一些主要参与人的经济行为。

1. 投票人

投票人是根据自己的期望效用，选择出他认为能实现期望效用的政府或者政策方。很

---

① 孙开. 公共经济学[[M]. 武汉：武汉大学出版社，2015.

② 百度百科，https://baike.baidu.com/item/%E4%BB%A3%E8%AE%AE%E5%88%B6/1087059?fromtitle= %E4%BB%A3%E8%AE%AE%E5%88%B6%E6%B0%91%E4%B8%BB&fromid=423100.

多因素会影响投票人的选择，投票人用选票间接购买"产品"，最终候选人代表投票人的意愿，帮投票人实现效用。

投票人也是理性人，他们的目的是追求自身效用的最大化，因此总是会通过对所投的项目做成本收益分析，从而倾向于选择使自己利益最大的决策。比如，如果投票人偏好的项目被选中，他会获得收益 R，项目获胜的概率为 P，完成投票过程付出的成本是 C，则当 $PR-C>0$ 时，投票人就会有动力去投这个项目。然而，并不是所有投票人都能从投票活动中获得收益，一个公共决策不可能同时实现既提高社会总福利，又能够对社会资源进行再分配的目标，因此，就会存在投票人的偏好没有得到真正表达的问题。正如在本章第二节初始对投票与个人偏好之间存在偏差的原因分析中提到的，一方面，投票人可能会刻意隐瞒偏好，如果投票人要对自己选择的结果承担一定比例的费用时，他就有可能隐瞒或者低报自己的偏好，从而使成本降低、收益增加，这就会产生策略性投票的现象，即投票人为了使自己的投票选择获得通过的概率大一点，就会联合几个人一起投同样的票选内容，这样就掩盖了个人的真实偏好；另一方面，投票人在投票时还会出现"理性的无知"：投票人要追求理性，就要对投票的过程做到详细了解，这就需要耗费很多的时间和精力，部分人会因此而选择放弃了解；或者也可能会出现这样的现象，即投票人觉得自己的一票对结果的影响不大，不论是投还是不投都无关紧要，所以就会选择弃权，这就是所谓的"投票冷漠症"。

2. 政治家

代议民主制是由投票人选出代表，然后由代表代替投票人进行投票决策的，这个代表就是这里的政治家。这里的政治家并不是一种职业，而是对这些代表人的评价或称呼。政治家也是从投票人中挑选出来的，之所以有人愿意担任，是因为他可能会因此获得一定收益，如有一定的权利或者可以获得一定的资金回报等。

唐斯认为一个政治家如果仅仅以赢得选举为目标去制定政策，而不是让制定惠及公众的政策付诸实施，那么这样的政治家被称为纯粹的政治家。一个纯粹的政治家就类似于企业家，企业家追求利润，政治家争取当选；企业家制订生产计划生产产品，政治家制定政策进行立法；企业家并不是因为产品本身而生产产品，政治家不是为了政策本身而制定政策等，可以通过对企业家的认识去理解政治家的行为。

除了上面定义的纯粹的政治家之外，政治家还有其他类型，有些政治家更多的是追求权力、地位、金钱和名誉，最大化地满足自己的欲望。当然这种类型的政治家还是占比较少的，更多的政治家是介于二者之间，既会力争获得更多的选票，也会关注公众利益，注意自己的声誉。当然也并不是所有人都愿意出任政治家的。

3. 利益集团

利益集团是指通过增加支出为其成员谋求更多福利的活动集团。他们通过各种方式控制政府官员及投票人以获得更多有利于其成员的提案。集团通常采用的手段包括：一方面让集团成员投反对票来对政治家构成威胁；另一方面如果政治家支持对集团有利的议案或者反对对集团不利的议案，那么给予政治家相应的竞选资金。

利益集团在公共选择中具有不容小觑的作用：利益集团的活动会影响负担税收的水平和税收分布；改变政府财政补贴的去向；改变政府支出项目的设置，势力较大的利益集团甚至能直接影响公共选择的结果。这种行为在美国受到了政府法律的大力支持。例如，美国的竞选活动中，公司、工会、利益集团和其他团体通过组成政治行动委员的方式对国会候选人和政党进行捐款，这一规定无疑使得利益集团直接或者间接地影响各级选举。[①]

利益集团有很多，但不是每个利益集团都能对公共选择的行为影响，它们的力量还是有限的。公共选择理论对利益集团做了一定的研究，发现利益集团对选举活动产生的影响程度取决于这个利益集团在候选人或者政府官员心目中的重要程度，这也决定着利益集团能从中获得多少收益。利益集团从政府那获得收益，就必然是以牺牲其他人利益为代价的，而政府拨付给利益集团的资金来源可能是增加其他成员的税收份额，也可能是减少对其他成员有利的支出。因此，对利益集团行为的研究是参与人行为中一个重要的组成部分。[②]

4.3 寻租理论和腐败治理

寻租理论最早起源于公共选择学派的研究，之后芝加哥学派和国际贸易学派对其进行了扩展和深化，寻租理论中的"租"并不是指房租或地租，更多的属于"经济租"。因此，有必要区分寻利和寻租这两个不同的概念，寻利是正常市场机制中的表现，是通过竞争的方式降低成本，从而达到增加社会经济利益或者社会福利的目的；而寻租是追求现有的社会经济利益，通过政府干预的方式利用行政和法律影响生产要素在不同产业之间的自由流动，并从中获取利益，这样不仅没有增加社会福利，反而导致社会经济资源的浪费。此外，与寻租相近似的还有"腐败"一词，两者既相似又存在区别，本节将针对寻租与腐败展开详细介绍。

4.3.1 寻租理论

1. 寻租的产生

寻租是指政府官员通过主动创租、被动创租及无意创租的方式，在经济活动中产生高额租金，经济人利用各种政治的、经济的、合法的或非法的手段与政府官员合谋，凭借垄断特权获得直接的非生产性利润的一种活动。对于寻租现象产生的原因，现代西方的经济学理论有多种看法，最具代表性的是公共选择学派的公共权力失控根源论和新制度学派的制度缺陷论。

公共选择学派赞同市场机制存在缺陷，但是他们对解决市场机制问题采取政府干预经济活动的方式持悲观态度，学派中的大多数人持反对政府干预的态度。问题的关键在于公共选择学派与支持政府干预的学者间在公共权力的使用上持有不同观点。力量和控制权是权力的象征，公共选择学派认为政治权力控制了公共选择的结果，权力应该是参与选择的所有人公有的，然而，在代议制民主体制下，政治权力出现了权力的所有权与使用权分离，全体公众并没有直接运用他们所拥有的权力。正如在现代股份制企业制度中出现的委托代理问题，如果没有相应的激励机制和约束机制，将出现公共政治权力的滥用和权力商品化

[①] 黄恒学. 公共经济学[M]. 北京：北京大学出版社，2002：133.

[②] 孙开. 公共经济学[M]. 武汉：武汉大学出版社，2015.

的现象。这是公共选择学派关于寻租产生原因的看法。正是由于公共权力的滥用，促使寻租活动的产生，公共权力进入社会经济领域，代替市场机制进行资源配置，得出的结果必然是无效率的，其后果是造成资源的浪费、阻碍经济的发展，只有少数个人或利益集团才能从中获益。

新制度经济学派从另一个角度解释了寻租的原因。其代表人物诺斯认为国家权力存在两面性，若政府表现积极则有利于经济发展，若政府表现消极便会阻碍经济发展。因此就有了著名的"诺斯悖论"：因为国家权力的存在，经济才得以增长，但国家权力又会造成人为经济衰退。诺斯认为国家权力两重性的特点引发寻租者的兴趣，给少数人或利益集团谋取利益创造了机会，所以要想消除国家对经济的消极影响，必须进行制度创新，形成制度创新的理论。诺斯的制度创新理论可以概括为：要不断界定和明晰产权，制定创新的激励机制，以减弱寻租和"搭便车"的动力，降低交易费用，实现有效率的经济组织形式以促使经济逐渐增长。因此，新制度经济学派认为可以通过持续的制度创新，逐步完善国家管理体制，从而减少或阻止寻租行为。①

2．寻租行为的内容

寻租行为大多与政府相关，政府在不同环境下采取差异化的措施或政策，可能会产生不同的寻租行为。寻租有合法和非法之分，通过行贿或走私方式的寻租就是非法的。以下是寻租的几种主要行为。

1) 经济管制方面

当政府对市场加以干预后，政府的地位越来越重要，权力的扩大就容易滋生寻租行为。政府的每一个政策都涉及利益分配，政策如果偏向于其中一方，那么对立方的利益将会受损。例如，生产者和消费者的利益就是对立的，如果政府采取行政管制的形式实施价格上限、价格下限及数量管制，价格下限对生产者是有利的，价格上限对消费者是有利的，因此利益双方为了使自身能够获利，可能会向政府或者政治家贿赂、拉关系、游说等，使政府制定有利于自身的政策或者采取价格管制。政府人员或者政治家面对利益争取方给出的诱惑，如果没有严格的法治约束，便会产生寻租行为。当然这种情况更多地出现在政治家这一环节，当他们接受了贿赂便会向有利于行贿者一方给予政策倾斜。

2) 关税制定方面

由于每个国家拥有的资源数量、种类及生产力都不尽相同，为了使资源得到更充分的利用，各国都会根据自己的绝对优势制定相应的进出口政策，如制定相关关税政策来控制进出口。如果某种商品的关税制定得较高，就有利于保护提供该商品的本国生产者或者生产行业。进出口配额政策也具有同样的政策效果，如果有利可图，一些公司或者生产商就会与政府的外贸部门合谋进而产生寻租行为，促使政府提高进口关税并控制进口数量。例如，我国为扶持国产汽车工业的发展，政府对进口汽车设定较高的关税，这一方面有利于保护我国汽车行业的发展，并为生产商带来超额利润，另一方面则牺牲了消费者的利益，消费者需要为购买进口汽车支付高昂的关税税费。超额利润的存在就给寻租创造了条件，各类行业都想得到政府政策上的扶持，获得更多的利润，通过各种方法转移部分超额利润与政府官员并游说政府制定倾向性的扶持政策，政府部门若接受企业或行业的诱惑，一旦

---

① 张向达，赵建国，吕丹．公共经济学[M]．北京：中国商业出版社，2008．

双方达成一致，寻租行为便会产生。

3) 政府订货方面

根据公共物品的非竞争性和非排他性的特征，公共物品只能由政府或者具有政府管理职能的部门提供，私人无法提供公共物品。但是，政府本身并没有能力和技术提供所有的公共产品，因此需要委托企业提供这些物品。通常，政府会通过招标或者采购完成订货工作，但最终还是表现为政府提供公共物品。典型的例子是美国的军用产品生产及各国政府组织修建的大型工程建设项目(如铁路和高速公路修建等)。然而，各参与招标企业为了得到政府部门的订单将会展开激烈竞争，这就为那些寻求政府订货的人创造了租金。经济学家曾对实际承包工程项目进行过调查，发现政治家从企业获得竞选所需的费用和企业获得的承包额成正比，部分负责验收的政府官员为了寻求租金，会采取高估成本和降低工程质量的方式，这些便是寻租的来源。[1]

3. 寻租的后果

寻租活动可以采取合法的形式，也可以采取非法的形式。合法的寻租活动，如企业向政府争取优惠待遇，尤其是处于新兴行业、高科技行业、环保行业的企业在自身发展中需要政府给予政策优惠以发展壮大，个别地区向中央申请特殊优惠政策，新兴行业向政府寻求贸易保护等，这些寻租活动会给得到租金的一方带来好处，同时在一定程度上也促进经济的发展。[2]然而，非法寻租活动却对社会经济发展尤为不利，容易促使社会长期处于紊乱、低效甚至停滞的状态，成为经济发展和社会进步的绊脚石，其主要的危害如下。

1) 导致资源浪费

第一，寻租是一种非生产性活动，将本该用于生产活动中的资源用在了其他地方，最终并没有增加产品和新的社会财富，只是将已有的社会财富转入了私人的口袋，导致资源的配置无效率，是一种无效损失；第二，在进出口中，限制进口或者制定较高的关税，进口商品价格的上升使得部分消费者的需求得不到满足，从而造成直接的福利损失。

2) 导致收入分配不公

在一项寻租活动中，最终受损的是消费者和寻租失败者。消费者损失的是部分消费者剩余，因为寻租使得垄断产生，使消费者花费更高的价格换取更少的商品；寻租失败者则为此付出了一定的经济资源，同时没有从中获得任何回报，反而使得受租方获得了收益；对于寻租成功者，他们获得了超额利润和垄断权，最终收入分配偏向于寻租者，造成不公平竞争，未成功寻租的生产者的生产积极性被打压，此外寻租成功者获得了巨额收益后可能还会进一步扩大寻租的规模，导致不公平竞争加深，收入分配趋于更不合理的状态。当然，在寻租中受益的除了寻租成功者，还有政府官员和专业性极强的职业人士，这种收入再分配的不公平现象就像"大鱼吃小鱼"，受损方总是相对弱势的群体。

3) 破坏制度，阻碍创新

寻租对政治体制造成的影响是不可忽略的。一般而言，寻租与政府使用公共权力相联系，寻租不仅使资源配置不合理，而且给政治生活带来了严重的负效应。首先，它破坏了

---

[1] 黄恒学. 公共经济学[M]. 北京：北京大学出版社，2002：147.

[2] 百度百科. 寻租. https://baike.baidu.com.

政治制度，政府拥有权力，而这个权力的行使应该是代表所有公众的，是公共权力。寻租的产生导致公共权力的非公共利用，这将成为一个国家政治发展的障碍，所形成的腐败更是政府发展道路的绊脚石。其次，破坏了企业的制度，政府利用行政权力对企业进行干预，造成不平等的竞争环境，针对企业的激励机制将无法形成，导致企业运行缺乏效率，长此以往，人们对制度的发展将失去信心，最后阻碍企业创新。寻租使创新活动承担高额成本，这样会使资源向现有的或寻租部门转移，或者寻租活动已经产生了垄断市场，使得创新或新兴企业的准入门槛提高，不利于市场公平竞争。

4.3.2 腐败治理

1. 腐败的定义

腐败普遍存在于各个国家及社会发展的各个阶段，国内外学者从不同的角度对腐败做出了不同的定义。国内学者认为，腐败主要是党和国家各级部门及工作人员利用所拥有的各种权力进行不符合正当职责的活动，一般指谋私活动；从经济学角度看，腐败就是一种寻租活动，就是指少数人利用合法或者非法的手段谋取经济租金的政治经济活动。[①]国外学者的观点则认为，腐败行为与贿赂有关，即通过不正当的方式动用权力来谋取个人利益，这里所指的个人利益并不一定是金钱[②]。

综合国内外学者对腐败的定义可以看出，不同腐败定义的共同点是用公共权力来谋取个人私利，而主要的区别在于定义的角度不同。在发达国家中一般是以以钱谋权的腐败为主，发展中国家却是以以公共权力谋取金钱的腐败为主。本书认为腐败是指公职人员利用自己所拥有的公共权力，为实现个人的利益，从而进行权力和金钱之间交易的行为。

2. 寻租与腐败的关系

腐败可分为三个层次：首先是政治腐败，即拥有公共权力的人员利用权力做非法的事情；其次是经济腐败，即进行权力和金钱的交易；最后是作风腐败，即利用拥有的政治权力谋取私人的娱乐活动。因此，腐败与寻租的共同特点是经济人利用公共权力进行主动创租和寻租。只有在受贿官员与行贿者达成"合谋"的时候，才会有租金的产生，寻租行为才会出现，腐败也由此产生。腐败和寻租的行为主体都是手握公共权力的人，并且行为一般都是非法的，这是两者的相同之处，可以称之为"寻租性腐败"。

相对而言，寻租与腐败之间的区别也是非常明显的。一方面，寻租和腐败的实施主体在性质上存在不同。任何人都可以发生寻租行为，只要双方达成一致，寻租就成立；而腐败一般是拥有权力的人利用自己的权力得以实施腐败行为。例如，没有公共权力的人的寻租行为就不属于腐败，所有合法的寻租(如游说)也不属于腐败，腐败是针对掌权者而言的，寻租行为没有主体限制。另一方面，寻租和腐败所造成的后果不同。寻租活动不一定是资源浪费，合法的寻租可能会产生一定的积极效果。例如，对设计作品采取实施专利保护制度，设计者对政府进行游说，使其设计的作品在一定时期内处于垄断地位，这样的寻租并没有浪费社会资源，而是激励创新的有效途径。如果不加以限制，那么设计专利就会被大

---

① 金维新. 反腐败论析[M]. 上海：上海人民出版社，1996.
② 王沪宁. 反腐败：中国的实验[M]. 海口：三环出版社，1990.

规模模仿,阻碍科技进步,甚至使社会福利下降。而腐败的后果必定是造成社会资源的浪费,产生不公平的现象。此外,腐败产生的诱惑因素有很多,租金是其中之一,还有职位、女色及房产等,而寻租的诱惑只有租金。因此腐败和寻租的关系如图4-2所示:

图 4-2　腐败与寻租的关系

因此,腐败和寻租之间不能直接划等号,它们之间只是存在一个交集。腐败会带来负面的影响,而寻租还是有促进经济发展的可能性的。因此,在治理时要注意区分是寻租还是腐败,亦或是寻租性腐败,对症下药才能收到好的治理效果。如果只用寻租理论作为反腐败的武器,那么反腐的效果不会很明显,因此至少没有在政治腐败和作风腐败方面采取有效措施。①

3. 公共选择理论中的腐败治理

1) 腐败的原因

公共选择理论的前提假设是"经济人",即所有个人都是追求自身利益最大化的,公职人员也一样是以个体利益为根本出发点的,因此,客观上就存在公职人员抵制利益集团的诱惑失败的可能性,从而导致腐败现象。

公共选择理论是将政府的政治决策过程类比于看作市场交换过程,提出"政治市场"的概念。因此,与经济市场一样,政治市场也有供给方和需求方,需求方是纳税人和选民,供给方是政府官员。选民和政治家在做决策时都会先做成本-收益分析,只有收益大于付出的成本时才会选择该方案。例如,选民如果要执行腐败监督权,就要承担反腐败的成本,然而反腐败成功后的经济效益是公众一起分享的,即"搭便车"现象,所以集体中的个人都希望别人去做这件事,自己坐等收益,此时公众的监督就不能产生成效。再考虑政府的成本-收益分析,如果发生腐败行为,将会面临这些成本:道德成本,因为做了违法的事会有一定的心理负担;惩罚成本,如果被发现,会面临罚款、开除公职等处罚;博弈成本,掩饰自己的腐败行为需要一定的人力和物力。只要腐败的预期成本低于预期收益,那么腐败就是有利的。如果一个国家对国家公职人员的监督机制不健全,腐败被查处的概率小,处罚力度也不大,腐败所付出的道德成本不高,就会促使公职人员更倾向于产生腐败行为。

2) 治理措施

腐败和反腐败始终是政治生活中经久不衰的话题,如今腐败问题俨然成为一个全球性的问题,我国也存在较为严重的腐败现象。近年来我国的反腐力度不断加大,党和政府对坚决惩治腐败和防止腐败的工作高度重视。反腐治理措施主要包括以下几个方面。

(1) 教育拒绝腐败,将腐败遏制在摇篮里。对党员干部的思想政治教育工作不断深入,教育内容重实质而非形式主义,充分发挥典型教育作用,利用身边发生的人和事教育党员干部要警钟长鸣,时刻保持清醒的头脑,杜绝腐败思想。广大党员需要做好带头作用,树

---

① 李春根,廖清成. 公共经济学[M]. 华中科技大学出版社,2017.

立正确的世界观、人生观、权力观和利益观，摒弃以权谋私的不良价值取向，教育党员干部做严于律己的人，只有这样才能从源头根治腐败。

(2) 加强监督，拓宽监督渠道。一方面，要将群众监督法制化、规范化、普及化。例如，通过立法确立公民监督机构的设立，明确举报人员的权力和义务及在举报过程中的保密性。另一方面，要保证公民参与监督活动的权益，如科学地设定举报电话、信箱以及相关措施。对于打击报复举报人员的行为追究刑事责任等，确保监督人有监督的积极性。此外，除了专门的监督机构，还要加强党外监督以及社会监督，使权力监督实现民主性和广泛性。

(3) 做到政务公开，使政府工作透明化。政府工作公开能够防止公职人员在行使权力时的"暗箱"操作，降低权钱交易的可能性。比如，我国的各级干部，特别是高级干部的财产收入如果做到完全公开，官员的腐败现象将会减少。因此，公开是最好的监督方式，政府也要主动接受监督，并且将公众监督及政府接受监督的过程也公开化，使得监督人感受到自己在监督过程中的作用，避免"合乎理性的无知"现象的出现。这样也能增加政府腐败的成本，降低政府选择腐败的可能性。

案例 4-1

资本主义国家的"花式"腐败[①]

在西方资本主义国家，最普遍的腐败现象是官商旋转门，实质是通过资本谋取权力，即国家权力被资本控制。然而，这些国家的官员并不反对这种现象，反而非常积极地捍卫这种资本主义制度，因为这本来就是一场资本和权力的游戏。这样的现象在美国尤为严重，其他资本主义国家表现得也较明显。在资本主义国家，官商勾结并不是什么需要遮掩的事情，甚至认为这种现象只是一种政治行为，没必要进行管制。资本主义国家的主要腐败形式如下。

1. 旋转门

旋转门就是个人在公共部门和私人部门之间进行角色的双向转换。部分公职人员作出的决策有利于某些利益集团，然而在他们任职期间并不会接受利益集团给的好处。当他们离职卸任后，就会凭借在职期间对利益集团的恩惠去私营部门谋求高职。美国内布拉斯加州就有 16 名前议员在连任或者离职后做大型公司的游说人员并且享受高薪。烟草和医疗保险等特殊利益集团就在其中，这种腐败现象在美国颇为普遍。

2. 金钱游说

这种现象在资本主义国家并不足为奇，最初的游说是指民众用各种各样的方法向国会议员表达自己的意见，从而使国会的立法更加客观公正。然而，由于利益集团和大量资金的加入，使得游说在资本主义国家改变了它原有的面貌。一方面，利益集团利用高薪聘请的说客对国会议员进行游说，这些说客拥有广泛的政治人脉，使得国会所颁布的法律具有政治倾向。另一方面，说客除了利用人脉关系外，可能还会传达片面信息或扭曲事实，可能还会更进一步地实施贿赂。

[①] 脏资？腐资！一不小心刨到了"资姓丑事"的"腐根"！[EB/OL]. (2017-06-11)[2020-11-20]. https://www.ddvip.com/weixin/ 20170611A05FHY00.html.

3. 政治献金

政治献金是指政党组织或候选人个人从本国公民及团体那里接受的政治捐款。资本主义国家会定期举行竞选，竞选通常需要大量的资金支持。政党和候选人的日常政治活动，仅靠政党或候选人自身拥有的财富是很难满足的，还需要通过各种方式向社会募集资金。因此，政治献金就为经济实力雄厚的个人或集团用金钱干涉政治运作提供了便利的条件，从而出现了"金权政治"。纵观资本主义国家近年来发生的腐败案件，以政治献金为诱饵实现权钱交易是资本主义社会腐败的主要形式。

近期的典型案例是发生在2016年12月12日美国宾夕法尼亚州费城的前联邦众议员查卡·法塔贪腐案。陪审团最终判定，法塔将政府补助金和慈善资金挪用于个人竞选活动和开支，共涉及贪污、受贿、洗钱、伪造记录、欺诈等22项罪名，最终被判10年有期徒刑。这是近年来美国国会议员因为贪腐而受到的最严厉的司法处罚。事实上，利益集团是资本主义民主滋生在腐败温床上最庞大也是最难处理的角色。利益集团向竞选者提供巨额竞选资金的腐败行为，已经演变为资本主义国家政治过程中合法的行为，而且还常常把自己的私利掺杂到公共政策的制定中，以公众福祉或国家利益为借口，试图掩盖其违法腐败的行为。

对于美国而言，比处理经济腐败更棘手的是处理政治腐败。据统计，美国有200多家偏好于政治活动的公司在影响美国政策制定上用了共计58亿美元，从中获得的经济回报共计4.4万亿美元，巨额的经济回报为这些政治活动公司注入了不竭的动力。制度性"寻租"的现象是美国众所周知的"秘密"，许多美国人对于改变这种现象是心有余而力不足的。不仅如此，还要在这种制度下看着少数人左右政治，使社会财富再分配越来越不公平，1%的有钱人拥有美国40%的财富，导致穷人和富人之间的收入悬殊越来越大。

案例分析：

资本主义国家的寻租往往是一些利益集团或者政治家为了使政府作出对自己有利的决策，就会在政府作出决策之前用大量的金钱或者物品作为"租金"，政府正好在此期间进行寻租，双方交易形成一致，产生寻租行为。从案例中可见，资本主义国家所鼓吹的美好大多流于表面，深入了解便不难发现腐败和寻租现象是十分严重的，而且公众面对这种情况也只能是无可奈何。利益集团利用大量的资金进行寻租，对国会议员进行游说，国会议员与利益集团达成一致，议员接受了利益集团所给的好处，就会牺牲公众的利益去满足利益集团的需求。最终的结果是利益集团和国会议员均受益，而公民成为利益的受损方。

从案例中不难看出，资本主义国家寻租现象之所以严重，是因为利益集团用金钱游说国会议员，间接干预政治活动，使得最终的决策更有利于自身，而民众的意愿依然得不到真实地表达。旋转门中，公职人员与利益集团进行勾结，公职人员在职期间为利益集团谋福利，但并不直接接受利益集团给出的现金回报，而是在其离职后通过利益集团为其在私人集团内谋求高薪职位，使寻租行为披上"合法"的外衣；金钱游说是一种更直接的寻租方式，利益集团用大量的"租金"收买政府官员，政府官员收到好处后不断地满足利益集团的利益要求，按照利益集团的意愿制定政策，双方以此实现"双赢"；政治献金也是资本主义国家近年来比较普遍的寻租方式，资本主义国家的竞选活动较为频繁，因此寻租的机会也较多，竞选人为了能够当选会用金钱贿赂投票人或者内部人员，或者有些经济实力雄厚的人为了让某个与自己交情甚好的候选人当选，通过钱财收买投票人。

寻租性腐败在资本主义国家是公开的秘密，民众只能默默接受，利益集团雄厚的实力和庞大的规模正是在这一轮又一轮的竞选活动中不断发展壮大的。正是资本主义国家提倡的民主制度使得利益集团更加猖狂地活动着，这种寻租腐败涉及官员竞选、政治决策制定及教育医疗等各行各业，他们往往高举"为民众的利益和社会福利"的旗号掩盖自身的寻租腐败行为。

案例 4-2

中国政府反腐，任重而道远

十八届三中全会以后，以习近平总书记为代表的党中央审视国内反腐形势，以强烈的责任感和使命感提出了全面从严治党和反腐倡廉的新要求。习近平主席在中央纪律检查委员会二次会议上指出，"我们中大部分的党员干部都是好的，但是有些地方或人员腐败的现象还是严重的，一些重大的违法违纪案件的影响极其恶劣，反腐形势严峻，务必对反腐倡廉常抓不动摇，要坚定有腐必反、有贪必肃的决心"。从近年来的反腐查处可以看出这次反腐斗争的力度、影响、效果和评价都是前所未有的。

党的十八大以来，不论是什么人，居多高的职位，只要违反了党纪国法，必然对其进行严肃追究并给予严厉的惩罚。因此部分高级官员由于严重违法违纪落马，很多省部级高官相继被调查。反腐斗争已经持续多年，在反贪斗争中，贪官形形色色的真实嘴脸都相继暴露。他们在职期间的"高明"形象与被查处后的落魄形态形成鲜明对比。

成都工业投资集团有限公司原董事长戴晓明，在 1977 年到 2000 年的仕途都很平顺，但他给自己定的目标是成为副市级领导，由于 2006 年和 2007 年的两次晋升都没能成功，这个目标最终落空。由于政治目标没能实现，戴晓明觉得委屈和绝望，便开始用金钱来填补自己内心的渴求，以权谋财让自己走上了一条不归路。他利用职权之便给找他帮忙的人走后门、谋福利，随后收取他人送的现金、购物卡，接受他人替付的房租共计 1 479.21 万元人民币，构成贪污受贿罪以及滥用职权罪，被判处无期徒刑，剥夺政治权利终身。①

北京门头沟副区长闫永喜在 2006 年至 2008 年间与同伙一起三次虚报拆迁补偿款，还伪造了拆迁补偿合同，贪污国家钱款共计 580 万元。在 2003 年到 2007 年间，闫永喜利用职权为公司或其他个人提供业务帮助，从中收取好处费 556 万元人民币及三套房产。2006 年，闫永喜擅自以镇政府的名义挪用 3 000 万元公款于朋友用于公司经营。2012 年闫永喜因贪污受贿及挪用公款被判处无期徒刑，受到了法律的严惩。②

西安市雁塔区丈八街道东滩社区原主任于凡在 30 多岁时担任村主任，在职 10 年期间，他把社区的各项事务都处理得很好。后来，房地产行业大热，于凡对自己手中握有的决策权力动起了歪心思，以土地开发权为由向开发商要高价，谁给的价钱高就把开发权给谁，共收到 5 000 万元收买费，然后大肆挥霍用于投资和生活娱乐。此外，于凡还让开发商贿赂

---

① 贪官腐败"画像"之一：政治愿望落空后，他们变了[EB/OL]. (2016-09-26)[2020-11-20]. http://fanfu.people.com.cn/n1/2016/0926/ c64371-28739455.html.

② http://news.youth.cn/gn/201102/t20110228_1494180.html.

社区的党委书记和两委会的干部，通过赠送干股、帮忙偿还债款及直接付现金等方式，试图让所有的相关干部都与自己同流合污，以防止自己被查处。最终，他还是因为单笔受贿5 000万元，累计涉案总额1.2亿元被开除党籍，并被定为贪污受贿罪。①

一件件腐败案件促人深省，给国家各级领导干部敲响警钟。习近平总书记在党的十九次全国代表大会上对过去五年反腐工作做了总结，认为目前反腐败斗争的压倒性态势已经形成，后期仍然要继续巩固反腐工作形势，坚持无禁区、全覆盖、零容忍，坚决同严峻的腐败形式做斗争，严格查处行贿受贿，遏制党内利益集团的形成。更重要的是要健全监督体系，党内党外监督相结合，党员要以身作则，提高自我净化能力，加大巡查整治力度，坚决同腐败斗争到底。

案例分析：

公共选择理论的前提假设是"经济人"，即每个参与人都是理性的个人，他们都有追求自身利益最大化的诉求。政府官员也一样，他们也会对自己要做的决策进行成本-收益分析，由于我国之前的反腐工作存在监管机制不健全、惩罚力度不够大、查处范围不够广，导致一些公职人员错误地认为腐败的预期收益是大于腐败成本的，腐败案件层出不穷，我国反腐形势日益严峻。党的十八大以来，以习近平同志为核心的党中央的铁腕反腐使得反腐形势出现转机，中国社会呈现出新的发展态势，国外媒体对此争相进行报道。纵观五年的反腐工作，的确颇有成效。

腐败是指公职人员利用自己拥有的政治权力，以权谋私，进行权钱交易，以满足自身的私欲。上述案例中，戴晓明因为自己的政治仕途遭遇挫折，没能实现自己的政治理想而一蹶不振，动起了贪污受贿的歪心思，利用自己手中的职权进行金钱交易，最终只能在牢狱中度过余生，与当初斗志昂扬地决心成为副市级领导的进取状态形成天壤之别；闫永喜的腐败行为呈现多样化的特点，他不仅利用公职为他人提供帮助以收取现金报酬外，还索要房产，此外他还挪用国家钱财用于私人用途，甚至虚报拆迁补偿款，贪污国家资金，最终被监督部门发现并处以重罚；于凡一个村干部，精明的头脑专用于贪污之处，并且数额巨大，利用自己手中的实权与开发商进行寻租，收取开发商的贿赂金，还试图诱导其他干部一起腐败，以降低自己被查处的风险，变换方式收取贪污钱款，但最终还是受到法律制裁。从上述三个公职人员的贪污经历来看，我国官员的腐败形式以利用职权为他人提供便利，并收取他人钱财，或者虚报用款、夸大开支等方式占用国家钱财为主。

一件件触目惊心的案例时刻警醒着我们的党员及国家公职干部需要长期保持清醒的头脑，时刻牢记保持廉洁的作风，严格自律。虽然目前我国的反腐斗争取得了阶段性的成果，但是仍不能松懈。习近平总书记在十九大报告中指出我们仍要清醒地看到严峻复杂的腐败斗争形势，现在只是腐败减少了，但并不是消失了，现在的反腐败机制完善程度还不够，思想教育还不彻底，反腐这条路还得坚定不移地走下去。

---

① 西安东滩社区原主任于凡贪腐金额上亿元[EB/OL]. (2015-10-28)[2020-11-20] http://politics.people.com.cn/n/2015/1028/c70731-27749481.html.

复习思考题

1. 公共选择理论的主要前提有哪些？
2. 公共选择理论的主要学派及其主要观点是什么？
3. 投票悖论的主要内容是什么？
4. 简要阐述中间投票人定理的内容。
5. 简要分析参与公共选择过程的投票人、政治家及利益集团的行为特点。
6. 寻租与腐败之间的异同是什么？

扫一扫，观看"政府规制失灵与政府规制改革路径"微课视频。

第 5 章 政府规制

5.1 政府规制概述

5.1.1 政府规制的含义

政府规制(Governmental Regulation)，其原意是政府的管理，或者法规条例的制约，但在公共经济学领域，不同的经济学者对这个学术名词有不同的看法和见解，因此政府规制也是一个具有争议性的概念。

美国经济学家、诺贝尔奖获得者乔治·施蒂格勒(George Joseph Stigler)在其著作《产业组织和政府管制》中提出，"作为一种规则，规制通常是产业自己争取来的，规制是产业所需要的并为其利益所设计和主要操作的"。[①]他认为政府规制并不是政府为应对公共需要所作出的一种反应，而是行业中具有相对较强影响力的一部分企业为获取更多的自身利益而利用政府权力的一种行为。美国学者丹尼尔·F.史普博(Daniel F. Spulber)则指出，政府规制是政府机构制定并执行的直接干预市场机制或者间接改变企业及消费者供需决策的一般规则或特殊行为[②]。日本著名产业经济学家植草益则认为，一般意义上的规制，是指根据一定的规则对构成特定经济行为的经济主体的活动进行限制和约束的行为，是政府等规制机构依照一定的规则对企业等微观经济主体的活动进行规制的行为。

从以上三位学者对于政府规制的解释可以看出，虽然他们对于政府规制的认识存在着或多或少的差异性，但是他们拥有一个共识——政府规制是政府对于经济的干预行为。其中，政府等行政机关往往通过立法或其他形式被授予管制权，通常被称为管制者，即政府规制的主体。而政府规制的客体，即被规制者，则是以企业为主的各种微观经济主体。综合以上观点，本书对"政府规制"一词作出如下定义：所谓政府规制，就是政府等规制机构根据一定的法律法规对企业等微观经济主体的活动进行限制和约束的行为。

---

① [美]施蒂格勒. 产业组织和政府管制[M]. 上海：上海三联书店、上海人民出版社，1996：210.
② [美]丹尼尔·F. 史普博. 管理与市场[M]. 上海：上海三联书店、上海人民出版社，1999：45.

5.1.2 政府规制的分类

从政府规制的方式和程度来看,一般将其划分为直接规制和间接规制。直接规制是指由行政管理部门等规制机构直接对微观经济主体实施干预,它又可分为经济性规制和社会性规制;间接规制一般是指司法机关所制定的反垄断政策,通常是为了防止市场中的不公平竞争、不公平交易及垄断行为的发生。

1. 经济性规制

所谓经济性规制,是指政府等行政机关通过行业的进入和退出、产品或服务的价格、数量及质量等方面的限制性规定,对微观经济主体的决策所实施的各种强制性约束。一般来说,经济性规制所针对的行业要么与自然垄断有关,要么与信息不对称有关,但主要是针对自然垄断行业而言的。

经济学中通常把存在较强规模经济效应、范围经济效应和资源稀缺性,同时比较容易使提供某类物品和服务的企业形成垄断企业或极少数寡头垄断企业的行业称为自然垄断行业,最具有代表性的自然垄断行业包括自来水、天然气、电力和通信等行业。这些行业由于具备上面提到的三种性质,其经营者一般都具有相当大的市场垄断力量,如果政府部门不通过有关经济政策对其进行相关的规制和约束,它们就会利用其垄断力量通过抬高定价来获取更高利润,使得消费者受损,从而严重扰乱社会经济秩序。因此,经济规制对于自然垄断行业来说是不可或缺的。

在自然垄断行业中,企业和消费者之间通常还存在着信息不对称问题,而在另外一些行业,比如银行、证券和保险等由较多企业构成的竞争性而非垄断性的行业中也存在着严重的信息不对称问题。在该类型的行业中,由于企业通常是信息的发出者和操纵者,一方面,消费者通常会因为信息掌握得不全面或被错误信息误导而做出非理性的经济决策;另一方面,一旦这些企业在激烈的竞争中倒闭破产,消费者的资产安全就难以获得保障,这势必会对社会经济造成非常严重的负外部性。因此,对金融等存在信息不对称且又竞争性较强的行业进行经济规制也是非常有必要的。

2. 社会性规制

所谓社会性规制,是指以保障社会公众的安全、健康、卫生,或者环境保护、防止灾害为目的,以及确保公众的教育、文化、福利等方面的权利,对产品和服务的质量制定一定标准,禁止或限制特定行为的规制。[①] 一般来说,社会性规制并不是针对某些特定行业,而是面向全社会所有微观经济体所制定出的针对外部性和有害物品的规制政策,因此它具备涉及面广的特征。

5.1.3 政府规制的主要形式

政府规制的形式一般来说主要包括以下五种。

---

① 植草益. 微观规制经济学[M]. 北京:中国发展出版社,1992:22.

1. 进入规制与退出规制

进入规制是指政府等行政机关对企业等微观经济主体进入某些特定的部门或行业进行相应的准入限制，严格控制该部门或行业获得执业权的企业数量，从而达到防止过度竞争的目的。例如，政府对某些自然垄断行业实施进入限制，由于这些部门或行业通常都具有比较明显的规模经济效应和范围经济效应，因而一家或少数几家企业经营可以减少大量建设和运营成本，相比由众多企业竞争具有更高的生产效率。

退出规制是指政府部门规定某些企业不能或在一定时期内不能退出特定服务领域的规制政策。退出规制一般多用于电力、煤气、自来水等关系国计民生的基础性行业，主要是为了保障公共产品和服务的稳定供应，一般是通过给予行业内企业生产经营补贴或与其签订长期生产经营合同的方式实现退出规制的。

2. 数量规制与质量规制

数量规制一般是指政府对市场上特定产品的数量进行限制，主要包括两个方面：一方面是对烟草和烈性酒等有害物品的生产和供应进行数量性规制；另一方面是为保护国内暂不具备竞争能力的新兴产业发展，调节国内市场供求而对进口商品数量进行规制。

质量规制主要是指通过建立食品和药品的质量标准以维护食品、药品安全，通过环境保护法的实施为保障社会公众的正当权益而建立的有关产品和服务的规制体系。该规制用于确保企业所提供的产品或服务安全有效且质量达标，如未达到标准，则不允许企业提供相应的产品和服务，并根据所造成的危害追究相应的责任，以此来维护社会公共福利。

3. 价格规制

价格规制是政府规制中比较具有代表性的规制形式。一般认为它是政府机关为了协调企业和消费者之间的矛盾，在充分维护双方正当权益的基础上对产品和服务的价格体系、价格水平和价格核定方法所实施的政策性规制。最初价格规制主要针对垄断行业，之后随着社会经济的多样化又延伸出了以下五个方面。

(1) 为维持大宗商品价格相对稳定而对保护行业进行的价格规制。
(2) 为稳定金融秩序和规避金融危机而对金融等行业进行的价格规制。
(3) 为维持正常社会经济生活秩序而对通货膨胀采取价格规制。
(4) 为打击价格欺诈等损害消费者权益的行为而对不正当价格的行为进行的价格规制。
(5) 为防止事业单位出现乱收费现象而对事业单位收费进行的价格规制。

4. 资源与环境规制

在市场经济发展中，资源浪费、环境污染和生态破坏等现象具有较大的负外部性，并且通常只依靠市场自身是无法实现自我调节的，因此很多时候需要通过政府规制来解决。因此政府会控制消耗特定资源的企业数量、规定资源开发使用的标准及依据环境保护方面的法律法规对企业排放废水废气所造成的环境污染问题进行限制，这些都属于政府对资源与环境问题的规制。由于近年来国家大力倡导可持续发展和生态文明建设，资源与环境规制正在成为政府规制中越来越重要的组成部分。

5. 提供信息与服务规制

信息与服务稀缺是政府规制的一个常见原因，政府为了改善这一状况常采用的方法就是向企业或消费者提供信息和服务，这就是提供信息与服务规制。在科技高速发展的今天，政府作为社会信息的强势方，有能力也有义务为企业和大众提供信息与公共服务，从而给社会以正确的引导。

5.2 政府规制相关理论

5.2.1 政府规制的理论依据

1. 政府规制的公共利益理论

20 世纪 70 年代之前，政府规制在经济学中备受推崇，其中最具代表性的理论便是公共利益理论。该理论认为政府规制主要是政府为了保护社会公共利益对存在着自然垄断、人为垄断及外部性等较易出现市场失灵现象的行业采取的一种直接干预，是对市场失灵的回应。公共利益理论认为，政府规制的目的是通过提高资源配置效率以最大化社会福利，使得规制的政策规则符合帕累托最优的原则。总而言之，在公共利益理论中，政府规制是从公共利益出发，制定和实施公共政策的过程。

按照公共利益理论，政府进行规制主要是基于以下三个方面的原因。

1) 自然垄断与政府规制

关于自然垄断，前面已有粗略介绍，它是指由于自身存在资源稀缺性、规模经济效应和范围经济效应，容易被一个或者几个卖家垄断的行业性质。如果没有任何外部约束来规制自然垄断行业的企业，这些企业便会成为市场价格的制定者，而它们为了获取更多的利润，将会通过制定高昂的垄断价格而迫使社会公众成为该垄断价格的承受者，这毫无疑问会严重扭曲社会分配效率，减少社会福利，损害公共利益。

此外，自然垄断产业通常还具有投资数额大、资产专用性强和投资回收周期长的特点。如果不采取政府规制，大量企业在利益的驱使下会轻率盲目地涌入自然垄断产业，引发过度竞争和重复投资的问题。这势必也会造成产能过剩和社会资源的极大浪费，严重损害社会福利。因此，政府为了防止这种非理性竞争，更好地维护公共利益，有必要对自然垄断行业进行有效的政府规制。

2) 人为垄断和政府规制

在社会经济发展过程中，除了自然垄断外，通常还存在着人为垄断。大多数人为垄断源于若干家企业组成的垄断组织或者源于企业的掠夺性定价行为，这些人为垄断行为很可能会产生高于竞争均衡水平的价格，这必然会严重破坏正常的资源配置，进而损害社会公共利益，政府必须要对这种情况进行合理的规制。一般来说，政府会对各种可能破坏正常市场经济秩序的人为垄断行为进行直接行政干预或间接政策规范，在证明厂商之间的合谋是非法行为之后对其进行处罚和规范，进而促进产业开放和市场竞争，达到维护社会公共利益的目的。

3) 外部性与政府规制

所谓外部性，就是指企业或个人等微观经济主体的经济行为对于外部所造成的影响，具体来说就是某个经济主体生产和消费商品及服务的行为不以市场为媒介，而对整个经济体系中其他经济主体的生产经营产生附加影响的现象。通常根据外部性产生影响的性质好坏将其区分为正外部性和负外部性：一方面如果产生了积极的影响，使得社会效益大于个体或企业收益，即正外部性；另一方面如果产生了消极的影响，使得社会成本大于个体或企业所付出的成本，即负外部性。由于经济环境中外部性影响的存在，社会成本不仅仅包括经济主体属于其自身的私人成本，还包括私人的经济行为对外部产生影响而形成的外部成本；社会收益也不仅仅包括经济主体在市场上得到的私人收益，还包括私人经济行为对外部产生影响而形成的外部收益。因此，外部性，特别是负外部性会使市场机制失效进而导致市场失灵，此时就需要政府规制的介入。因此政府部门的干预可以使参与产生负外部效应的交易行为主体承担相应的社会成本，从而达到抑制负外部性的作用，进而增加社会福利、维护社会公共利益。政府部门大多数是通过社会性规制规范具有负外部性经济行为的，如环境规制、安全规制等。

2. 政府规制的部门利益理论

1971年，著名经济学家施蒂格勒(George Joseph Stigler)率先提出了在政府规制经济学领域影响深远的部门利益理论。不同于公共利益理论，施蒂格勒认为，很多时候政府规制并不是为了实现公共利益，而是为了实现某一利益集团的特殊利益。根据部门利益理论的观点，政府规制机构权限界定得模糊不清及监督机制的缺乏，使得规制者有着相当大的自主裁定权，而这就为利益集团针对政府规制机构的游说活动提供了较大的运作空间。同时，政府规制者在制定规制政策时对于不同的利益集团往往有着不同的权重，一般来说在缺乏严格监督机制时，他们往往会把其他社会成员的福利转移到与其自身利益联系更为紧密的利益集团中，以换取更多的经济和政治方面的支持[①]。随着相关理论研究的进一步深入，政府规制俘虏理论和公共选择理论作为部门利益理论的拓展延伸也逐渐被公共经济学界重视起来。

1) 政府规制俘虏理论

政府规制俘虏理论认为：由于规制机构存在着自主权和一定范围的随意性，规制机构很可能会被受规制的企业所俘虏，使规制政策发生偏离，损害公众利益。通常来说，政府规制者被企业等受规制者俘虏表现在两个方面：一是在规制的立法环节，相关的规制法案是为了满足受规制者的要求而制定的，以此保护其在某一市场领域的利益；二是在规制的实施环节，受规制者可以通过向政府规制的职能部门提供虚假的信息诱导政府作出有利于自身发展的规制制度。根据政府规制俘虏理论，一方面政府规制的制定者会被产业所俘虏，使得政府规制政策为满足产业发展需要而产生；另一方面政府规制的执行者也会被产业所俘虏，使得政府规制政策为满足产业发展需要而执行，这就是政府规制俘虏理论。

2) 公共选择理论

在公共选择理论中，政府规制政策的形成过程本质上是一个市场交易过程，即在这一过程中，规制政策的制定和施行者(如立法者和执行者)、规制政策的需求者(如消费者等社

---

① [美]施蒂格勒. 产业组织和政府管制[M]. 上海：上海三联书店、上海人民出版社，1996：210-241.

会公众)和被规制者(如供应产品和服务的企业或特殊利益集团)经过深入谈判最终达成各方都愿意接受的交易结果。表面上看最终结果应该是令各方都满意的最优结果,但实际上供应产品和服务的企业或特殊利益集团往往会在这一谈判过程中占据上风,因为它们在政府规制中存在巨大的经济动力,使得它们会比一般的公民或政府机构更多地对规制决策施加影响[①]。因此,在公共选择理论中,政府规制作为一种商品,其实是具备不同条件和背景的各方利益集团博弈的结果。

综合上面的观点,可以看出在部门利益理论中,政府规制并不是为了保护公共利益,而是"特殊利益集团"寻租的结果,是"特殊利益集团"为其利益服务而设计和实施的一种制度。但需要指出的是,政府规制的部门利益理论隐含着一个重要的前提,那就是"特殊利益集团"对于规制政策的制定和执行具有产生直接影响的能力,但在实际经济生活中却往往并非如此:首先,"特殊利益集团"不可能完全控制或监督规制立法者和执行者的活动;其次规制的立法者和执行者通常也会具备较强的追求自身理想观念的意识,很难被特殊利益集团所束缚;再次,司法机关和社会公众的监督作用也会严格限制"特殊利益集团"对政府规制的干预。由于政府规制部门利益理论具有一定的局限性,它也受到了很多理论与实践的考验,但无论如何,它都让人们充分意识到政府科学民主地制定和实施规制政策的重要性。

5.2.2 政府规制的成本—收益分析理论

通常认为,政府规制是政府为争取尽可能多的利益而进行的一种社会经济决策行为,但是政府规制在制定和实施的同时也会产生直接成本和间接成本,因此,要判定一项政府规制政策能否行之有效地制定并得以实施,就需要通过对规制收益和规制成本进行测算和比较,因此掌握政府规制的成本—收益分析理论非常重要。而掌握政府规制的成本—收益理论的前提就是要对制定规制政策所产生的成本和收益有准确的认识。

1. 政府规制的成本

关于政府规制的成本,著名经济学家乔治·施蒂格勒(George Joseph Stigler)认为主要可以分为服从成本和实施成本两大类。服从成本指的是特定利益集团为使政府规制的制定机构和执行机构服从它的意愿所付出的费用;实施成本指的是一项规制政策从制定到实施所需要社会公众来承担的成本。这种区分是分别站在特殊利益团体和社会公众的角度进行区分的。

就政府规制成本的内容而言,还可细分为以下四类。

1) 政府规制的制定成本和运作成本

一般认为,政府规制的制定成本主要包括规制政策制定前的信息搜集和整理成本、分析成本及规制政策的制定费用。一项规制的出台,首先要对相关的信息进行搜集和整理,这是制定政策的前提;其次要对规制的内容进行制定,并对其可能带来的收益和成本进行分析;最后规制政策的通过也需要经过一系列复杂且高成本的审议程序,如规制的调查听证、规制的制定与颁布及现行规制的修正建议等,这些均构成政府规制的制定成本。而政

---

① 王俊豪. 英国政府管制体制改革研究[M]. 上海:上海三联书店,1998:36-45.

府规制的运作成本一般包含两个方面：一是包含文件处理成本和行政裁决成本在内的制定、执行某项规制制度所花费的事中成本；二是以规制机构人员的工资薪酬、规制机构办公设备费用为主的保障规制机构正常运转发挥职能功效的成本。

2) 政府规制的效率成本

政府规制的实施往往将直接影响经济效率，从而产生相关的费用。所谓效率成本，指的是某项规则政策偏离其预期轨迹所造成的经济效率的损失，这会给生产者剩余和消费者剩余带来较大的净损失。通常与效率成本联系紧密的还有转移成本和反腐败成本。前者指的是由于政策规制实施导致社会财富在不同社会成员之间重新分配所造成的成本；后者指的是政府机构为了防止和查处特殊利益集团寻租行为而付出的费用。上面这些成本都需要由社会成员共同承担，是社会公众利益的损失。

3) 政府规制的机会成本

政府规制的机会成本主要是指隐形成本，它的测算比较困难，因为它发生的范围非常大，并不仅仅局限于被规制者本身。对于这个成本的测度一般是通过对各项规制政策效果的比较来实现的。

4) 政府规制的劝说成本

"特殊利益集团"为了使政府规制的政策对其更具有偏向性而对政府进行各种目的的贿赂行为，从而产生的费用便是政府规制的劝说成本。

2. 政府规制的收益

政府规制的收益指的是政府规制政策实施后带给微观经济主体乃至全体社会成员利益的增加量。按照这一定义，政府规制的收益可区分为社会收益和私人收益。社会收益指的是规制实施后给社会福利带来的增量，比如实行价格规制后抑制了垄断价格，维护了消费者的利益；又如进行食品安全管制优化了食品安全环境，保障了社会公众的身体健康，提高了社会福利水平。私人收益指的是规制实施后给被规制企业带来的利润增量，虽然通常情况下政府规制会减少企业的垄断利润，但其他的规制制度是可能给企业带来利润增量的，比如政府对石油天然气等能源行业实行进入规制，成功进入该行业的企业便可以获得充分的垄断收益。

事实上，政府规制收益是难以通过计算测量出来的。一般来说，政府规制的收益水平是通过对比规制施行前和规制实施后的社会福利水平差异得出来的，但这一方法得出的收益水平还是较模糊的。我国衡量政府规制收益采用最多的方法是在实施政府规制后，将消费者支出的减少数量和生产者因效率提高而增加收益的数量进行对比来计量收益大小。

3. 政府规制的成本—收益分析理论

通常对政府规制的成本收益分析有两种方法，一种是一般均衡分析，另一种是局部均衡分析。其中，局部均衡主要针对的是经济系统中没有显著溢出到非目标部门或领域，因此在成本研究中可以被忽略的子系统。若规制政策产生了较明显的溢出效应，即其经济效应显著溢出到了非目标的部门或领域，就需要考虑采用一般均衡分析方法。以美国经济学家哈兹拉和康普的研究结果为例，1990年，美国政府为了维护空气和水不受污染，制定了相关的环境保护法案，对国内36个生产部门中的13个生产部门提出了生产标准限制，但是作为该法案的结果，美国经济中全部的36个生产部门都出现了部门生产率下降、生产成本增加的现象，对于这种情况就需要采用一般均衡分析方法对 36 个生产部门进行相对全面的分析研究才可以得出真实的分析结果，而不能只局限于 13 个提出生产标准限制的生产部门采用局部均衡分析方法。当然，如果针对上述法案，对于经济中的保险等与之溢出效应影响不大的行业的研究，则采用局部均衡分析方法更加合适，得出的结果也更加准确。

在对政府规制进行成本收益分析时还需要特别注意的是：一方面，政府规制政策的成本和收益都具有较强的时间效应。按照规制政策效果实现的普遍规律，在一个规制政策实施的整个周期中，规制的成本会经历一个前期增加、后期减少的过程，而收益则恰恰相反，会出现前期收益效果不明显而后期收益逐步产生并增大的过程。因此，适当折旧率的选择（根据实际变化情况确定平均贴现率水平）对于正确的政府规制的成本收益分析至关重要；另一方面，在对成本和收益统计的实践过程中高估成本和收益的现象经常会发生。因为对于政府部门而言，它们往往想通过规制的收益最大化来体现自身的绩效以获取更高的政绩，而企业等被规制者则更倾向于高估规制成本以换取更小的规制力度，因此在进行成本收益分析时也需要注意排除这方面的干扰因素[①]。

5.3　政府规制改革理论与实践

5.3.1　政府规制失灵

20 世纪 70 年代，在公共经济学领域逐渐兴起了一股新的理论思潮——政府规制改革理论，并且很多国家将这一理论付诸实践，而这一理论和实践产生的根源便是政府规制失灵的现象。

第二次世界大战之后，西方各国为了减少市场失灵对社会经济带来的恶劣影响纷纷采用立法、行政等政策手段对微观层面的经济主体进行规制，这些政府规制手段在实施之初取得了非常好的效果，在一定程度上有效地规范了市场经济秩序，营造了良好的社会经济发展环境。但随着经济的发展，政府规制的一些缺陷和不良影响也随之显现，这就是政府规制失灵现象。

所谓政府规制失灵，指的是政府规制的实施没有起到维护社会公共利益、促进社会经济发展的作用或者它的实施引发了新的市场失灵或负面效应，从而导致了社会公共利益的损失。引起政府规制失灵的原因比较多，主要分为以下几种。

1. 寻租行为

在现有研究中，学者普遍认为寻租行为是造成政府规制失灵的重要原因。一方面，政府规制的制定者和执行者们会利用手中的权力帮助增加某些行业或企业的利益，从而诱使这些规制的受益者向其"进贡"，实现人为创租；另一方面，政府规制的制定者和执行者也可以故意提出加大对某些行业或企业的规制力度，或制定出对其具有利益损害性质的规制政策作为威胁，迫使这些受规制约束的行业或企业割舍一部分利益给规制者分享，实现

[①] 石涛. 政府规制的"成本—效益分析"：作用、内涵及其规制效应评估[J]. 上海行政学院学报，2010(1)：67-76.

人为抽租。

寻租行为对政府规制的制定和实行及社会经济的发展有着极大的消极影响，它会造成社会资源在非生产领域的浪费，妨碍科学正确的政府规制的实现，进而导致政府规制的失灵。

2. 信息不对称

信息不对称理论是由 2001 年诺贝尔经济学奖得主、美国经济学家乔治·阿克尔洛夫(George A. Akerlof)、约瑟夫·史蒂格利茨(Joseph Eugene Stiglitz)和迈克尔·斯彭斯(Michael Spence)共同提出的。该理论认为：在社会经济活动中，各个发生交易的经济主体之间关于信息了解的程度是不同的，具备更多市场信息的经济主体相比具备较少市场信息的经济主体而言往往处于信息优势地位。同样，对于政府而言也是如此。因为具备必要的信息是政府规制达到预期目标的前提条件，但实际上，政府的规制活动往往受到严重的信息束缚。很多受规制的经济主体往往会向政府规制机构提供其特地准备的具有一定导向性的信息材料，或者对规制机构限制甚至隐瞒可能会带来不利影响的规制信息材料。简而言之，就是信息不对称会限制政府规制的实施效率，造成政府规制失灵。

3. 效率扭曲效应

一方面，政府规制在实施过程中，规制机构和被规制者均会产生交易成本，这可能会导致规制的成本高收益低；另一方面，不恰当的政府规制存在压制技术创新，破坏公正的社会经济竞争秩序，造成严重的资源无效率配置的弊端。比如，政府对电力、通信等自然垄断行业进行市场准入规制，这样的政策虽然有利于充分发挥获得执业权企业的规模经济效应，使该行业具备更高的生产效率，但从另一方面来讲，在一定程度上也破坏了公平竞争的原则。当政府规制用于支持和扶持某些行业的发展，一旦出现效率扭曲，便会造成产能过剩或者企业过度投资等现象，从而造成新的市场失灵。

4. 利益集团的影响

按照政府规制中部门利益理论的观点，政府规制的目的实际上是满足某些特定利益集团对规制的需求，进而获得更多的经济或政治支持。在这种情况下，特定利益集团可以采取威逼或者利诱的方式促使政府制定和实施能使其获取更多垄断利益的规制政策，这些规制政策毫无疑问是不利于维护正常社会经济发展的。特殊利益集团一旦引发政府规制失灵，将破坏正常的社会经济秩序。

政府规制失灵所造成的危害也是复杂而多样的。

(1) 政府规制失灵会造成社会资源的浪费。一方面，对规制实施方而言，政府规制的制定和实施本身是需要成本的，如果消耗过多的成本却没有达到预期的规制目的，反而引发新的负效应，就是一种政府资源的浪费；另一方面，对受规制方而言，政府规制失灵所引发的负效应会造成对社会生产秩序的扰乱，造成不必要的社会资源的浪费。

(2) 政府规制失灵会降低生产效率，妨碍市场机制的有效运作。政府规制的目的是维护正常的市场经济发展秩序，充分保护社会公共利益，如果政府规制不具备行之有效的特征，引发市场垄断、技术垄断、过度投资或生产过剩等，都会严重阻碍社会资源的有效配置和社会生产方式的更新，不利于社会经济的正常发展。

(3) 政府规制失灵有损政府形象，伤害社会公信力。为了能够更好地调配社会资源，实现社会公共利益的最大化,人民群众授予政府公共权力,委托其行使公共权力。但失灵的规制政策不但不能有效规范好社会经济秩序、维护好社会公共福利,反而对社会利益产生新威胁,这无疑会损害民众与政府之间的信任关系,使社会公众失去对政府的信任,增大之后政府规制的施行难度,严重的甚至会影响政府执政的根基。

5.3.2　政府规制改革的路径

由于政府规制失灵现象与日俱增并带来巨大的危害性,人们开始呼吁改革政府规制体系,以美国为首的西方资本主义发达国家在 20 世纪 70 年代掀起了一场声势浩大的规制改革运动,这次改革的主题便是要求放松政府规制。这场放松规制的运动既顺应了西方新自由主义思想的思潮,也与以中国为代表的东方社会主义国家放松计划经济规制,引进市场机制的对内改革、对外开放运动遥相呼应。虽然规制改革运动也受到了一些利益集团的反对,但实践证明,政府规制改革有效地减少了政府规制失灵的发生,产生了显著且积极的效果。从目前来看,政府规制改革的路径以推崇激励性规制为主,同时也呈现出放松经济性规制和加强社会性规制的趋势。以下主要围这三种主要政府规制改革路径展开详细介绍。

1. 推崇激励性规制

推崇激励性规制是一种为纠正规制系统所存在的问题而采取的相对温和的改革手段。它的内涵就是在原有的规制体系下,为了让生产效率和配置效率相协调,针对原有规制中可能会阻碍企业减少成本、提高效率的弊端,给被规制企业在加强技术革新、削减成本、提高质量、改善服务等方面更多的激励,克服由于信息不对称带来的道德风险和寻租等问题,促进企业或行业内部的效率化,诱导其逐步接近社会福利最大化的路线。与传统的规制方式相比,推崇激励性规制不但在管理上更加简单,而且更能体现效率的要求,因而成为政府规制改革的主体。推崇激励性规制理论主要包含以下三个方面的内容。

1) 特许投标规制理论

特许投标规制理论强调的是将竞争机制引入政府规制,即通过竞价拍卖的形式,在以一定的质量要求为前提条件下将某产业或某领域的特许经营权"出售"给可以最低价格提供产品或服务的企业,并将这种特许经营权作为对企业低成本、高效率经营的一种奖励。通常在这种形式下,投标阶段各企业之间会发生较激烈的竞争,为了获取特许经营权,它们会努力压低自己的报价使得最后的价格接近平均价格,因此最终获得特许经营权的企业也只能得到正常利润,这就成功地杜绝了垄断价格的出现。另外,这种特许经营权的获取并非一劳永逸,一般设有规定期限,在潜在的竞争压力下,已获得特许经营权的企业为确保在下一阶段不失去这一特权,只能竭尽所能地降低成本,改善质量,提高生产效率,提供更好的产品和服务,这样便成功实现了帕累托改进的目标。由此可见,特许投标规制是一种比较有效的激励性规制,它在西方欧美发达国家的规制改革中得到了比较广泛的应用。例如,20 世纪 80 年代,英国地方政府为了减少公共卫生环境服务所带来的巨额开支采用了特许投标制,该制度实行之后,维护公共卫生环境的成本平均降低了 20%左右,每年成功节省政府开支 13 亿英镑,同时还保持了原先的服务水准[①]。

当然,特许投标规制也存在一些弊端。一方面,在拍卖中投标企业之间存在着妥协和

---

① Stephen J. Bailey. Public Sector Economics: Theory Policy and Practice[J]. Macmillan: Macmillan Press LTD , 1995: 369.

合谋的可能性，在利益的驱动下，它们可能会通过妥协抬高价格，之后再进行利益瓜分；另一方面，在一些生产技术比较复杂、技术和需求不确定性较大的行业，规制者和企业签订的特许经营合同很难做到面面俱到，这就会导致出现逆向选择和道德风险的问题。因此，在一些投资规模比较庞大、行业信息难以掌控周全的行业(如电力)中，实际上是很难采取特许投标规制的。

2) 价格上限规制理论

价格上限规制就是给特定行业或企业的产品及服务设定一个不允许其超过上限的规制方法。该理论最早是由英国学者理查尔德(Stephen Littlechild)在《对英国 BT 私有化后利润的规制》报告中提出来的，通过这一理论就可以找出一个既能抑制垄断价格、降低生产成本，又能激励企业内部提高生产效率的方法。价格上限模型通常采用 RPI-X 模型表示，其中 RPI 为通货膨胀率(零售价格指数)，X 则是由规制者制定的一定时期内行业生产率增长的百分比，使用 RPI-X 模型便可以得到允许涨价的幅度。假设某年的通货膨胀率 RPI=6%，行业生产率增长的百分比 X 固定为 2%，那么企业该年提高价格的最高幅度便为 RPI-X=4%，如果得出的 RPI-X 的值为负数，则企业必须调低价格，其幅度也就是所求 RPI-X 的绝对值。价格上限规制具有比较强的适用性，既可以针对单一的产品或服务，也可以用于多种产品或服务的价格规制。该规制之所以既能降低生产成本又能提高企业内部生产效率，主要是因为在企业生产率增量中，规制者制定的 X 归消费者所有，超过 X 的部分为企业等被规制者所保留。这就意味着企业生产率的实际增量超过规制者预先设定的 X 的部分越大，企业的利润也就越高。因此，在这一机制下，企业等被规制者会努力提高生产效率，降低生产成本，以期给自己营造出更高的合法收益价格区间。自从价格上限规制理论提出以来，其在能源、通信等垄断行业中得到了较为广泛的应用并取得了良好的效果。但是价格上限理论并不是完美的，它也存在着对于不确定条件下的价格权重难以估计以及对合同的动态问题处理得不够完善等缺陷。

3) 区域间比较竞争理论

区域间比较竞争理论是由美国经济学家雪理佛(A.Shleifer)在 1985 年率先提出的。该理论的主要内容是以其他区域中与本区域受规制垄断企业生产条件和面临需求相似的垄断企业的成本作为参照，对本区域垄断厂商产品服务的价格和质量水平作出合理的规制，进而刺激本区域垄断企业提高内部生产经营效率、降低企业运行成本、改善产品服务质量[①]。区域间比较竞争理论提供了在信息不对称的情况下，受规制企业真实的成本信息作为合理的参考依据，为规制者制定出促进企业竞争、提升生产效率的规制提供了相对充分的理论依据，因此该理论具有广泛的实用性，唯一的缺陷是该理论同样无法克服区域间企业合谋的问题。

2. 放松经济性规制

所谓放松经济性规制，指的是政府放松乃至取消某些特定行业的准入限制，减少特定产品或服务价格、数量等方面直接或间接的行政、法律约束。它的主要内容是在市场机制起主导作用的产业，完全或部分取消对规制行业的进入、投资、价格、数量等方面的经济性规制条款，促进企业之间的竞争，并通过竞争带动技术创新，促使企业提供更好、更丰

---

① A.Shleifer. A Theory of Yardstick Competition[J]. Rand Journal of Economics, 1985, 16(3): 319-327.

富的产品和服务，最大限度地增加社会福利。一般来说，放松规制针对的主要对象是经济性规制，社会性规制很少在放松的范围中，因为社会性规制一般以维护社会公众的健康与安全、保护自然环境为目的，对于这方面的放松必须要谨慎对待。

放松经济性规制在20世纪70年代之后逐渐成为市场经济国家微观经济的政策取向，它的目的是克服政府规制的无效率，提高企业或产业的效率和灵活性，进而避免政府规制失灵等现象的出现。虽然世界各国在政府管制体制改革的时间、内容等方面存在着较大的差异，但是其围绕的核心都是放松政府经济规制，实行开放与竞争相结合的经济规制政策，一方面有规划地开放自然垄断等产业市场，允许国内外新企业新资本进入；另一方面充分发挥市场竞争力对经济效率的刺激作用，达到促进社会经济稳定健康发展的目的。

3. 加强社会性规制

与放松经济性规制相对应的是社会性规制的加强，即在关乎产品和服务质量、消费者安全与健康、环境保护等与社会公共利益息息相关领域的社会性规制非但不能放松，反而需要加强。通常，随着经济发展水平的提升，社会公共福利水平也随之提升，对上述几个领域的政府规制需求会不断增加。根据环境库兹涅茨曲线理论，在经济发展的前期和中期，环境污染的现实和潜在危害会随着经济活动量的增加而增加，生态保护与经济发展之间的矛盾日益尖锐和严重，这就要求政府在相应的经济发展阶段对环境污染问题收紧相应规制，防止其影响到社会的正常发展和民众的身心健康。同样地，在社会经济发展过程中，在市场竞争中获得更多利润，一些不良商家通过生产粗制滥造的产品或提供不达标的服务以降低生产成本，这必然会侵犯到消费者的合法权益，严重的甚至会威胁到消费者的人身健康、损害社会公共利益。由于市场机制自身很难解决这些问题，这就要求政府发挥市场监管职能，在品质上从严管治，以维护社会公平竞争的良好秩序，克服政府失灵，维护好生产者和消费者之间的供求环境以及社会大众的生存环境，为社会经济的健康发展提供制度保障。

5.3.3 各国政府规制改革实践

1. 美国规制改革实践

美国的规制改革运动主要发生在20世纪80年代初到20世纪90年代末，在这20年的时间里，美国政府进行了一场颇具转型意义的规制改革运动，历史上将这场改革称为新政府管理运动。通常，经济学家将这场运动按照改革侧重点的不同划分为两个阶段：第一阶段是20世纪80年代，在这一时期中，美国的政府规制改革主要是调整联邦和州以及地方的规制关系，在较大程度上放松了联邦政府对州以及地方的规制力度，使各州及地方具有了较大的自主规制权；第二阶段是在20世纪90年代，在这一时期，美国政府规制改革的核心是放松内部规制，建立具有更高管理效率以及更少成本的新型政府规制体系。美国规制改革运动的纲领性文件——《戈尔报告》，便是在这一阶段由政府绩效评审委员会主席戈尔提出的。该文件指出，美国政府规制中的繁文缛节及复杂的规则扼杀了规制机构的创造性，浪费了大量的社会资源，阻碍了规制正常作用的发挥，导致美国政府的绩效不佳。同时，美国政府还认为，要想摆脱当前规制绩效不佳的困境就要建立一种新型政府规制机构，它不是针对规制过程负责，而是针对规制结果负责，具有管理更高效、成本更低廉的新规制体系。具体来说，新政府管理运动时期的政府规制改革主要包含以下四个方面。

1) 放松对州及地方的规制

在 20 世纪 30 年代初罗斯福为应对经济危机实施新政之后，美国联邦政府就不断加强了对各州及地方政府的规制。这些旨在加强对地方管控的规制政策导致各州及地方政府严重依附于联邦政府，既抑制了各州及地方政府的自主性、积极性和创造性，又极大地增加了联邦的财政压力。针对这一问题，联邦政府从 20 世纪 80 年代便开始实施适度分权，放松对各州及地方规制的改革。

这次改革中对各州及地方政府规制的放松主要是通过两种方式来实现的。其一，按照成本—收益分析的结果对规制进行审查，将导致负收益及低收益的规制政策废除；其二，通过项目整合给予具体项目的实施者——州及地方政府更多的项目资金使用自主权，这样既提高了地方政府的自主管理能力，又降低了运行成本，减轻了联邦政府的财政负担。根据美国行政管理和预算局的统计，由于这些规制政策的实行，美国政府在 1982 年一年就节约各项管理成本 60~80 亿美元，同时也使各州及地方雇员免除了 1 180 万工时的公文汇报工作，极大地提升了机构运作效率，节约了大量社会成本。

2) 放松经济性规制，减少政府的经济性职能

自罗斯福新政以来，美国政府不断加强对企业等经济主体的规制，到了 20 世纪 70 年代，这些过度的规制政策已经严重限制了工商业的正常活动，阻碍了美国经济的发展。为应对这一问题，美国总统里根于 1981 年提出了改革工商业规制的指导思想：对规制的成本和收益尽可能地进行定量分析，并以增加全社会的最大净收益作为制定相应规制的基本原则；非特殊情况下禁止政府对企业等微观经济主体的设立与经营等正常经济行为进行规制。不久之后，美国政府也通过立法和行政等手段将这些思想付诸实践，并成功地营造了良好的企业经营环境。不过，美国对工商业规制的放松，特别是对银行等金融行业的放松也导致了较为严重的金融投机现象，加大了爆发金融危机的风险。这充分说明，对经济性规制放松的力度是要合理把握的，不然可能会引发更严重的社会经济问题。

3) 精简政府内部规制，完善政府运行机制

美国非常注重规章制度对于机构权力的限制，一定程度上成功规范了权力的不当行使，但也使得美国政府内部机构和工作人员受到了非常烦琐的规制限制。随着社会经济的持续发展，社会公众对政府的回应能力和办事效率提出了更高的要求，这使得传统政府运行机制的弊端逐渐显现出来。于是，在新政府管理运行的 20 年间，美国政府通过改革政府运作体制、简化行政程序和改变照章办事的人事制度，成功建立起了健全的政府管理运行机制。

4) 严格规制通过流程，定期清理过期规章

20 世纪 80 年代，美国为了严格规范政府规制的制定和施行，成立了规制的审批机构——行政管理和预算局，由其专门负责监管规制的制定与修订。之后，美国政府又通过行政令废除了大量不再适应社会发展需求的过期规章制度，并要求对新制定的规章制度进行严格的审查，避免不当规制的出现和施行。在联邦政府的引导下，各地方政府也积极开展简化和放松规制的运动，美国加利福尼亚州的维塞利亚县甚至出台规定：每签署一个新的规章就必须取消两个旧的规章。总的来看，美国政府的这些改革规制措施成功地提升了政府机构的运作效率，有效地迎合了社会经济发展的新要求。

2. 日本规制改革实践

自 20 世纪 80 年代初，日本政府为了适应社会经济的发展开展了一系列的规制改革计

划，在 21 世纪到来之前实施的比较具有代表性的政策措施有：1984—1986 年组建临时行政改革推进审议会、1991 年召开行政改革审议会、1998 年制定和推进《促进规制放松三年计划》。其中最为成功且影响最为深远的是 1998 年的《促进规制放松三年计划》。该计划的主要内容分为以下四点。

(1) 全力营造公平自由的市场竞争环境。具体措施包括：进一步强化公平交易的审查体制，严格执行垄断禁止法，严厉打击联合价格和串通价格等违法行为，确保市场竞争的公正秩序；对虚假宣传等误导或妨碍消费者做出正确选择的不正当营销行为进行严格督查与整治，充分维护消费者的合法权益；对放松和缓和规制后的状况进行调查，并针对发现的问题做出及时的调整。

(2) 对居民规制的严肃处理。《促进规制放松三年计划》中明确提出，所有与居民规制相关的问题，都要交由专门的机构进行细致的讨论和严格的审查；而对于影响公平竞争的民间习惯，则要及时进行纠正。

(3) 鼓励地方公共团体积极出谋划策，充分参与到规制改革的运动中。这一点主要体现在规制的制定和实施两个方面。在规制制定方面，日本政府呼吁各地方政府和公共团体积极地为制定规制放松计划建言献策，在放松计划的重要制定机构"行政改革会议"13 位委员中，除一名政府官员外，其他委员均来自大学、企业和新闻媒体等民间公共团体。另一方面，在政府规制的实施上，也不断放宽了地方的自治权力，并要求地方政府和公共团体积极参与到缓和规制的推行中来。这一既集思广益又有助于规制放松改革的措施，取得了非常好的效果。

(4) 加强对行政规制制定和施行的司法监督。为了推进行政体制模式向事后检查型转变，日本政府制定了非常细致的规则以加强对规制执行的监督，同时政府也采取相应的措施促进司法机关对规制进行事后调查和建议。

进入 21 世纪以来，日本也一直延续着 20 世纪的规制改革计划，从未放缓过政府规制改革的进程。2001 年，小泉内阁成立"综合规制改革会议"以调整政府规制政策，更好地推进规制审查、通过和修改等事务；2004 年，为了更好地促进官营企业向民间资本开放的规制调整，又成立了新的"规制改革与民间开放推进会议"来代替已经到期的原"综合规制改革会议"；2007 年，新上任的安倍晋三又在内阁府新设置了"规制改革会议"，并赋予了其更加具体的权责：随时接受总理大臣的咨询、综合审议官营产业向民间资本开放所遇到的规制问题、调查和处理市场开放问题的投诉及调整行政主管部门的权限等。

日本的放松改革规制计划主要是针对竞争关系政策中存在的一些不足进行改善，同时也对政府内部规制的制定、施行和事后检查进行更严格周密的规范。这些政策成功地协调了社会竞争关系，打击了市场垄断行为，维护了消费者的利益，同时也使政府规制的制定和实施更加科学民主，有效地促进了日本社会经济的发展。与美国新政府管理运动侧重放松经济性规制不同的是，日本在放松经济性规制的同时，也极其注重社会性规制的收紧。总体来说，日本的政府规制改革呈现出改革方向由"规制缓和"走向"规制改革"，改革重点由"经济性规制领域"扩展到"社会性规制领域"的趋势。

3. 我国规制改革实践

1) 我国政府规制改革的历程

由于我国在政治、经济、文化等方面与美国、日本等发达国家有着很大的不同，因此我国政府规制的发展和改革的历程与之相比也有着较大的差异。

在改革开放之前，我国实行的是经济和社会规制都非常严格的计划经济体制。在这一经济体制下，企业的建立、生产、经营等一切经济活动都由政府实行直接而全面的严格规制。在这一时期里，政府规制的目标是使国民经济有计划地按照比例发展，因此规制的手段主要是强有力的行政命令。计划经济体制和严格、直接的规制手段在中华人民共和国成立之初，尚处于经济基础薄弱、百废待兴的时期，有力、有效地调动和配置了国内资源，推动了我国经济的起步。然而，随着我国经济体量的逐步发展壮大，这一固化的计划经济体制逐渐限制了经济的进一步发展。于是在改革开放之后，随着市场经济体制改革的深入，市场这一"看不见的手"逐渐取代了严格的行政规制，对资源进行着更有效、更合理的配置。纵观我国改革开放的整个过程，其改革的实质是对内对外经济性规制的放松，即一方面对内建立国内市场经济体系；另一方面对外开放市场，吸引国外投资。

在加入世界贸易组织(WTO)之后，我国政府规制的改革不仅仅需要适应国内市场经济发展的需求，还需要符合世界贸易组织的相关规定，这对政府规制的改革又提出了新要求。因此，在这一时期的改革主要是要与WTO规则改革审批制度的内容协调一致。在这一新局势和新的发展要求下，我国政府规制的改革取向不仅仅是放松经济性规制，同时还要加强对整个经济规制体制的重新架构和整合，具体体现在撤销和废除了大量不符合新时期社会经济发展的项目审批规则，力图达到规制过程公开、规制手续迅速、规制内容简明、规制方法合理的新要求，最终实现与国际贸易规制基本准则的接轨。

同时，随着社会经济的发展及社会意识的不断进步，我国也在加强必要的社会性政府规制。较为典型的要属我国以政府为主导的生态文明建设，秉承"绿水青山就是金山银山"的可持续发展理念，对于可能造成环境污染的产业采取严格的准入规制，已造成严重环境污染的产业采取严格整改甚至直接关停的措施，充分维护好人民群众的良好生活环境。自党的十八大以来，党和国家高度重视生态文明建设，制定和修改了有关生态文明建设的十余部法律法案，使环保从顶层设计到立法执法都成了各部门联动协调的工作重点。这一时期，政府对环境领域的规制有了进一步收紧，一是把生态文明建设的工作重心转移到环境质量的改善和提升上，而不再像过去采取单一且过度强调总量控制的方式。为了实现这一转变，国家机关相继提出了"气十条""水十条""土十条"等具体的环保法规，对大气、水源、土壤的污染保护采取全方位的严格把控；二是转变了过去地方干部的单一经济指标考核模式，将绿色政绩作为官员考核的重要指标，扭转了地方官员"生态环境为经济发展让路"的错误观念，从根本上强调了对生态文明建设的重视；三是强化了环境污染的惩治力度和追责制度。一方面，新环保法中明确指出对于企业有关环境污染的违法行为实行按日计罚，不设上限并责令限产停产，情节严重的可以将其查封扣押，对相关责任人问责甚至入刑；另一方面，国家专门成立了中央环保督查小组，并于2015年印发了《党政领导干部生态环境损害责任追究办法(试行)》，提出了对官员损害生态环境的责任要"党政同责"并"终身追究"。党和国家在推进环境保护规制建设这方面的一系列措施有力地促进了生态文明建设，很大程度上解决了环境守法难、执法成本高及地方保护主义等环境治理的现实难题，同时也逐渐形成了一个由政府、企业、公众三者联合组成的，彼此之间实现良性互动的生态环保多元共治新体系[①]。

在党的十九大会议上,习近平总书记对于新时期的生态文明建设又提出了更加具体全面的构想,报告明确提出生态文明建设要"构建政府为主导、企业为主体、社会组织和公众共同参与的环境治理体系";要"完成生态保护红线、永久基本农田、城镇开发边界三条控制线划定工作";要"开展创建节约型机关、绿色家庭、绿色学校、绿色社区和绿色出行等行动";要"设立国有自然资源资产管理和自然生态监管机构";要"建立以国家公园为主体的自然保护地体系并坚决制止和惩处破坏生态环境行为";要"牢固树立社会主义生态文明观,推动形成人与自然和谐发展现代化建设新格局"。国家之所以一再强调政府在生态文明建设中的主导作用主要是因为生态环境保护具有较强的外部性,在较大程度上需要发挥政府规制的作用,需要政府通过直接或间接的行政手段和制度规范来引导民众的行为。

除此之外,由于"三鹿奶粉""苏丹红""地沟油""假羊肉""镉大米"等一系列食品药品安全问题造成了较为恶劣的社会影响,严重危害了社会公众的安全与健康,政府也对涉及消费者身体健康的相应行业实行严格的质量监管和行业规制,充分维护消费者权益。根据习近平总书记在十八大上所做出的"改革和完善食品药品安全监管体制机制"的指示,全国人大于2015年通过了新修订的《食品安全法》,完善了食品安全方面的法律规制并确立了"预防为主、风险管理、全程控制和社会共治"的基本原则,做到质量为本,安全第一,严防、严管、严控食品安全风险。党的十九大报告中对食品安全规制的热度余温不减,报告明确提出要"实施食品安全战略,让人民吃得放心"。推进环境保护和食品安全等方面的社会性规制也是新时期我国强化必要的政府规制的重要体现。

2) 我国政府规制改革的主要方式

(1) 围绕企业改革进行的规制改革。改革开放以来,国务院有关部门为了减轻企业的经营负担和促进企业发展,先后多次对涉及增加企业负担的各种规制性文件进行整改,并对相关的政策法规进行调整。此外,政府为了给企业营造包容宽松和公平竞争的市场环境,实施了一系列的规制措施:一方面,相关机构制定了加强市场监管、减少政府干预和鼓励社会监督等多方面的规范市场秩序的措施,将各种所有制经济公平参与市场竞争的承诺践行到底;另一方面,修改和完善了《反垄断法》,限制了违规者的生存空间,改革并强化了规制执行机构的权责和独立性,使其能够科学公正地执行法律赋予的使命。这些政府规制措施有力地维护和促进了我国各大中小企业的发展。

(2) 围绕促进三农工作进行的规制改革。我国政府先后多次对增加农民负担,不利于农村和农业发展的各级部门规章进行清理调整,增加了许多维护农民利益的有效政策。例如,推行减少甚至免除农业税,取消除烟草以外的农业生产税,对种粮农民给予直接补贴、良种补贴和农机具购置补贴的"两减免,三补贴"政策;运用经济性或社会性规制手段控制农资价格上涨的幅度,打击制售假冒伪劣农业生产资料等严重损害农民利益的行为;完善农村融资机制,建立稳定增长的支农资金渠道,进一步放宽农业和农村基础设施建设的投资领域,采取补助、贴息、税收等措施积极引导社会资本进入农业和农村基础设施建设

---

① 刘佳,潘秋杏. 合力大环保问"一把手"要绿绩[N/OL]. (2017-10-12)[2020-11-20]. http://www.infzm.com/content/129817/,2017.

上来，最终通过多种规制手段构建出产权明晰、功能完善、监管有力、效果显著的农村金融体系。

(3) 审批制度改革。这是我国规制改革的主要途径。在加入WTO前夕，我国政府根据世贸规则对法律法规进行了全面清理，对不符合WTO规定的近2 000条法律法规进行了全面的审查，并结合实际情况分别作出了废止和修改的决定。[①]之后，我国为了适应新时期社会经济的快速发展，对于审批制度改革作出了更进一步深化改革：一是在原先的基础上对行政审批项目再进行削减，使审批事项过多过滥的状况取得较为显著的改观；二是督促各部门、各地方在相关审批规制调整或取消后，结合自身实际情况积极探索新的管理手段和管理方式，从而推进政府职能的进一步转变，做到能够通过市场机制解决问题，通过采取拍卖、招标等市场性的运作手段来解决问题，需要由强制性标准和统一的管理规范取代个案审批以解决问题，同时要制定并组织相应的标准和规范；三是逐步建立和完善好行政审批过程中受理、实施、监督等各个环节的规章制度，健全责任追究制度和内部监督机制，加强对行政审批行为的监督制约，规范行政审批权力的运行；四是保持各级行政审批机构之间的上下衔接，同时强化各部门之间的联系，加强各部门对本系统内行政审批制度改革的指导与协调，做到能够结合不同情况对审批项目进行分类处理，并研究制定相应的措施和办法，形成部门改革与地方政府改革良性互动的新格局。

(4) 围绕供给侧结构性改革所进行的规制改革。供给侧结构性改革要求用改革的办法推进经济结构调整，减少低端或无效的供给，扩大中高端和有效的供给，增强供给结构对需求变化的适用性，提高全要素生产率，使供给结构能够更灵活地适应需求结构变化。根据这些要求，我国的政府规制也作出了相应的改革：一是放松和调整人口政策性规制，实施三胎生育政策，为我国之后的经济转型和长远发展奠定劳动人口供给基础；二是推进城乡土地制度改革，释放生产要素和公共产品的供给活力，进而促进经济的转型和发展；三是加快金融体制改革，在维持金融体系稳定和安全的前提下，有步骤、有规划地进一步解除金融抑制，充分发挥金融作为要素市场重要组成部分的作用，促进社会主义市场经济的繁荣稳定；四是全面落实创新驱动战略，通过直接或间接的规制手段，引导和激励创新技术在生产中的应用，减少生产成本，提高生产效率，提升发展质量和效益，改变过去经济发展单纯依靠要素驱动和投资驱动的老套路，充分重视起创新对经济发展的驱动作用；五是深化放权改革，正确处理中央和地方各级政府的关系，进一步放松对地方各级政府的规制，合理地给予地方各级政府结合自身实际情况发挥自主性和创造性的权力，更有效地促进供给质量的提升；六是构建社会普遍服务体系，增进社会供给的质量和效益，健全教育、医疗、住房、养老等社会公共服务和保障体系，进一步缩小区域发展、城乡发展的不平衡性，充分维护社会公平。

(5) 围绕精简政府内部规制进行的规制改革。与西方资本主义国家一样，我国也存在着政府内部规制条款繁多、行政管理流程复杂的现象，从而导致政府机关回应时间长和处理效率低并加重政府机构运行成本的问题。因此，近年来我国政府也一直致力于精简政府运作体制和行政程序，例如，改革开放以来，中国已先后8次进行国务院政府机构改革，力图降低行政成本，提高行政效率，国务院组成部门已由1982年的100个削减至2018年

---

① 杜建刚. 中国政府规制改革的方式和途径[J]. 江海学刊, 2002, (1)：76-78.

的 26 个。此外，为提高政务服务信息化水平而推出的"一网通办"，为打造服务型政府，通过"一窗受理、集成服务、一次办结"的"最多跑一次"改革都旨在切实提高政府办事效率。

3) 我国政府规制改革的发展趋势

对政府规制进行改革，是完善社会主义市场经济体制，建设服务型政府的必然要求。但由于我国传统行政垄断式的规制模式形式僵化、缺少制约和缺乏有效的监督等问题较为严重，规制改革的发展也经历了不少阻碍。然而社会经济发展的客观需求对政府规制不断提出新要求，破旧立新刻不容缓。我国的政府规制改革近 40 年来在遭遇重重阻碍下依然取得了突出的成就。总体而言，我国政府规制改革呈现出以下几种趋势。

(1) 从消极规制到积极规制。

在过去，我国政府规制存在一个较大的缺陷就是在社会经济问题发生并产生了不良影响之后才采取相应的措施，这是一种消极而被动的规制态度，缺乏一种未雨绸缪的前瞻意识和积极改进的能动意识。由于这种消极规制的存在，在过去的一段时间里我国食品安全、环境和自然资源管理问题时有发生。为了扭转这种消极规制的现状，我国政府规制改革在充分考虑并掌握我国实际行政管理情况的基础上积极加快了与国际规制接轨的步伐，借助大数据平台对公共安全、公共医疗、公共交通、公共教育等多个社会公共服务领域进行数字化精准性的高效管理，不仅立足于管理好当下，更依靠先进的信息监控和数据分析工具对社会服务部门的管理进行对未来发展趋势的预判，使政府规制更具科学性和前瞻性。对于政府职能部门的过程管理，加强了规制执行的细则管理，保证规制执行者的独立性，同时也注重行政人员的责权明晰，制度上迫使行政人员从被动管理转为主动管理，使管理尽可能做到防患于未然，有利于公共利益的实现。

(2) 从单纯放松规制到有针对性地放松经济性规制和加强社会性规制。

改革开放之后，我国逐渐实现了由计划经济体制到市场经济体制的转变。在改革开放之初，我国规制改革的重点是对经济性规制的放松，因此对企业的建立、生产和经营取消了过去的诸多限制性规制，减少了对工商业的行政干预，也放宽了外国资本进入国内投资的门槛和限制。这些措施大大促进了我国社会主义市场经济的发展。然而，进入 21 世纪之后，规制的放松加重了社会经济危机的风险，同时社会性规制的缺乏导致公共利益受损的问题越发明显，我国政府在规制改革方面逐渐收紧了对金融等外部性较强行业的经济性规制，并丰富和加强了相当一部分社会性规制。

(3) 从暗箱规制到透明规制。

长期以来，我国政府规制的制定都存在暗箱操作的问题，这就造成了很多时候规制制定者和受规制者是利益共同体，规制往往为某些利益集团或垄断性行业服务，社会公众的利益难以得到保障。近年来，随着政府政务公开制度、决策咨询制度和听证制度的实行和推广，逐渐实现了规制制定和施行的民主、公开与公正，透明式管理制度的实施推动了暗箱规制向透明规制的改进。

(4) 从直接规制到激励性规制。

在过去，我国政府通常较多地采用行政等手段对微观经济体实行直接的规制，但这样的规制方式会严重扼杀被规制者的自主性和积极性。随着政府规制改革先进理念的引入，激励性规制等手段逐渐受到重视并被广泛地应用到管理实践中，特许投标、价格上限等激励性规制手段逐渐受到重视，被广泛用于给予企业外部竞争和内部效率的刺激，如鼓励民间资本和外国资本进入垄断性行业有效地促进了企业提高生产和经营效率。激励性规制与简单粗暴的直接行政规制相比更能有效地推动企业的创新和发展，通过激励性规制方法对传统的直接行政规制进行改良也可以更好地执行市场经济条件下的政府管理职能。

在当前的经济发展形势下，要有鉴别地吸取和借鉴西方发达国家的发展经验并总结历史教训，同时结合我国实际国情，不断优化和规范政府规制方式、改善规制质量、与时俱进地转变规制重点，只有这样才能提高政府工作效率和公共服务水平，增进公共利益，使国民经济发展充满活力，最终实现中华民族的伟大复兴。

案例 5-1

发改委对日本汽车零部件垄断案的处理

2014年8月20日，我国发展和改革委员会(简称发改委)宣布了对日本日立、三叶、爱三、电装、矢崎、三菱电机、住友及古河这八家汽车零部件企业及捷太格特、NTN、精工及不二越这四家轴承企业罚款12.4亿元的决定，这创下我国反垄断史上新的处罚记录，同时也再次将社会公众的目光吸引到反垄断工作中。自2008年我国《反垄断法》实施以来，发改委陆续处理了多起液晶面板、奶粉、白酒等行业的反垄断案件。而在汽车零部件方面处理涉案企业数量如此之多，涉案金额规模如此之大的反垄断案件还实属首例。①

早在2011年，这些企业就已经被日本本国的反垄断机构列入了涉嫌垄断的"黑名单"。之后，这些企业为减轻受到的处罚甚至还向反垄断法律体系较完备、执法较严格、惩处力度较大的美国、欧盟等国家或地区的反垄断机构自首。而直到2014年3月，我国才开始对前面提到的涉嫌垄断行为的12家企业开展反垄断调查。这主要是由于我国反垄断法规还不够完备，对垄断行为的界定还不够清晰，对垄断行为的打击力度还不够大，才会造成这样的行动滞后。

我国《反垄断法》有关于域外管辖的规定，即境外企业的行为如果对我国国内市场产生了带有限制性和排除性的垄断影响，我国反垄断机构便有权力对其展开调查并针对其垄断行为依据《反垄断法》作出相应的处罚。根据这一规定，发改委反垄断调查人员于2014年3月到大型汽车零部件厂商日立(中国)进行反垄断突袭调查。调查人员向日立(中国)宣读并解释我国反垄断法的有关规定，意识到其垄断罪责难以逃避的日立公司于4月2日主动向发改委自首，坦白了该公司与其他汽车零部件企业达成垄断协议的事实并提供了相关证据。随后，不二越等企业纷纷闻风自首。

经发改委查实，这八家日本汽车零部件生产企业在2001年至2011年的11年间为了以最有利的价格得到汽车零部件订单，在日本进行数次多边秘密会议，互相协商统一汽车零部件价格，制定订单报价协议并实施。而通过对捷太格特、NTN、精工及不二越这四家日本轴承生产企业的调查发现，从2001年至2011年，这些企业在日本多次组织召开亚洲研究会，商讨统一价格上涨幅度的决定。2004年到2011年间，这四家企业为获取更大的竞争优势和利润，多次在上海举行会议，秘密协商轴承价格的上涨幅度。截至2013年年底，这些汽车零部件和轴承企业仍然依靠其秘密协商的垄断价格在我国市场上获取非法利润。

---

① 发展改革委谈汽车零部件反垄断案调查. http://www.gov.cn/xinwen/2014-08/20/content_2737582.htm.

在美国、日本、欧盟等对垄断行为规制较为严格的国家或地区，直接参与垄断价格协商的企业工作人员和高管要负刑事责任，但我国由于《反垄断法》推行的时间还不长，相关条款还不够完备，对于垄断行为尚无刑事处罚的明确规定，因此，作为反垄断执法机关，发改委这次只针对这些涉嫌垄断行为的日资企业做出行政处罚的决定。这也暴露出我国政府规制在法律条款的制定方面存在不完备和反垄断力度不够大的问题。

依照我国《反垄断法》的规定及这些企业垄断定价行为对我国市场产生的严重危害和影响，发改委责令垄断企业停止违法行为，没收其违法所得，并根据其上一年度的销售所得做出了总额为12.4亿元罚款的处罚决定。

市场经济的优越性在于其可以通过竞争机制调动企业等微观经济主体的积极性，可以说，竞争机制就是市场经济的动力源泉，但是在市场竞争中处于有利地位的大企业也会使得行业中生产与资本集中，进而导致垄断行为的出现，而垄断对于竞争却有着极大的排斥和限制作用，会严重扰乱市场秩序。

根据政府规制相关理论，虽然汽车零部件行业并不属于自然垄断性行业，但由于外企利用我国反垄断法制建设不完善，反垄断管制经验还不完善的软肋，凭借其在核心技术、营销制度、管理模式等方面所具有的先发优势，使用多种较为隐蔽的垄断策略制定垄断价格，形成垄断联盟。在本案例中，日立和捷太格特等企业的做法明显属于人为垄断行为，他们通过组成一定的垄断组织关系，并凭借其在技术生产上的优势制定了高于竞争均衡水平的价格以获取更高的非法垄断利润。这些不法行为排斥和限制了市场竞争，以不正当的方式干预了我国汽车零部件和轴承的价格，扰乱了市场秩序，直接损害了下游汽车制造商的合法权益和我国消费者的利益，严重违反了我国《反垄断法》的规定。对于企业的人为垄断行为，必须通过政府规制手段对其加以严厉制裁以保障经济市场的良好有序运行。

因此，我国政府要打击市场垄断行为，实现促进市场公平竞争、维护社会公共利益的目标就需要做到：①密切关注市场发展状态，与时俱进地修订《反垄断法》等相关政府规制政策，预防破坏市场竞争的企业垄断行为的出现；②对具有涉嫌垄断行为的企业采取果断的行政措施，追究相关责任企业和责任人的民事、刑事责任，以儆效尤；③吸取美国、西欧等资本主义国家的先进反垄断经验，完善反垄断法律体系；④强化规制机构的监督机制，防止规制机构被垄断企业"俘获"于未然。

案例 5-2

从三鹿奶粉事件看政府规制的必要性

2008年9月11日，甘肃省发现59名婴儿同时患有肾结石病症，部分患儿病情严重，已发展为肾功能不全，其中一名婴儿甚至因病死亡，而这些婴儿无一例外都食用了三鹿奶粉。结合当时多省已出现类似的事件，国家卫生部宣布对三鹿奶粉展开调查。随后，三鹿集团承认其公司出产的部分批次产品受到三聚氰胺污染的事实。① 三聚氰胺是一种工业原料，在乳制品中添加三聚氰胺可以提高蛋白质的检测值，但是该物质对于人体却有着巨大的危害，如果长期摄入三聚氰胺将会导致人体泌尿系统发生结石甚至引发癌变。经官方调查认定，"三鹿问题奶粉"是奶农张玉军等不法分子为提高产品的检测质量在原奶收购中

---

① 三鹿奶粉事件. https://baike.so.com/doc/5381224-5617536.html.

故意添加三聚氰胺导致的,而三鹿集团则存在产品质检把控不达标、隐瞒婴儿患病情况、不及时上报案情等问题。针对三鹿奶粉事件,国家在事件发生后迅速启动了突发公共卫生事件应急机制,成立了三鹿奶粉事件专案组和处置领导小组,彻查各类奶制品,将问题奶粉下架并销毁,同时筛查和诊疗患儿,随后废止了对食品行业免检的《产品免于质量监督检查管理办法》,通过了《乳品质量安全监督管理条例》,加强对乳制品等食品行业的质量安全监管。2009年1月22日,石家庄市中级人民法院一审宣判,三鹿集团原董事长田文华、原副总经理王玉良、杭志奇三人因生产销售伪劣产品罪被依法分别判处无期徒刑、有期徒刑15年、有期徒刑8年;涉嫌制造含三聚氰胺牛奶的奶农张玉军、高俊杰及耿金平三人因以危险方法危害公共安全罪等罪名被判处死刑。之后人民法院也依法追究了相关单位及人员的刑事责任,对一大批政府官员做出了行政问责和警告处分。为了进一步强化食品安全领域的监管,2009年2月28日,国家颁布了更严格的《食品安全法》取代之前的《食品卫生法》。

三鹿奶粉事件的有关责任人虽然得到了应有的惩罚,但是该事件给社会公众带来的严重创伤并给食品安全领域带来的巨大消费阴影却是难以抹去的。据统计,三鹿奶粉事件导致29万多个婴儿患病,30个婴儿死亡,给社会公众的身体健康和生命安全造成了严重的危害。同时,该事件也导致我国乳制品行业的民众信心指数大大降低,使得该行业遭受重创,大大阻碍了乳制品行业的正常发展。

安全问题是论及食品行业时不可回避且至关重要的问题。民以食为天,食品安全直接关系到人民群众的身体健康和生命安全,也直接影响着社会稳定和经济发展。在改革开放之前,由于生产力水平的限制,我国食品供应种类较为单一,维护食品质量安全工作相对来说比较容易。而改革开放之后,随着人民生活水平的不断提高,食品种类至今已经发展为28个大类、525个分类,具体品种数之不尽,消费量更是大大增加。但伴随着食品供应种类和供应数量扩大所带来的问题是安全保障的后继乏力,这也直接导致诸如本文提到的三鹿奶粉等食品安全问题频发。而对于食品安全问题,政府的规制就是应对的重要办法。

食品行业是典型的需要政府进行严厉社会性规制的领域,该行业与社会大众的健康息息相关,然而要实现对该行业的严格社会性规制是存在较大困难的,主要是由于该领域中存在较大的信息不对称和道德风险问题。就信息不对称而言,食品作为一种特殊的商品,在市场交易中,食品生产者和食品消费者关于食品质量信息的掌握程度是不对等的。食品的生产者由于参与了食品的整个生产过程,对于食品的质量信息的掌握是较完备的,而食品的消费者只能在购买并亲自食用之后才能了解到如口感、味道等食品安全的部分信息,而食品各种营养元素是否达标及是否含有抗生素、激素等对身体有害的成分等关键的安全信息即使在食用之后也难以察觉。例如,在本案例中,问题奶粉的生产者三鹿集团是知道奶粉生产过程中有添加三聚氰胺等对人体有害的物质的,而消费者在食用时却难以察觉,直到出现相关病症并由政府部门调查之后,才能证明其添加三聚氰胺的事实,这就是由于该食品行业信息不对称及管理部门监管不力造成的。而关于道德风险问题,由于食品生产企业的逐利性及食品存在着只有通过食用后才有可能了解其真实品质的后验性,食品的生产者可能会为了获得更高的利益而增加或是放任不安全因素的影响,这种食品生产者为了获得一己之利而做出损害消费者权益的行为就是道德风险问题。本案例中,在奶源中加入少量的三聚氰胺就可以使牛奶的蛋白质含量符合检验标准,而这种方法所耗费的成本与升级奶源和设备所需要的投入成本比较起来几乎可以忽略不计。在利益的驱使下，不法分子便铤而走险弃消费者的身体健康与生命安全于不顾，生产出含有三聚氰胺的问题奶粉。

食品行业的特殊性也就要求政府必须加强对食品质量安全的规制力度，不断强化必要的社会规制，防止不法分子的行为损害到消费者的权益，确保人民群众的身体健康和生命安全。要实现这一目标，从加强社会规制的角度，就需要有关部门努力做到：①完善食品安全的法律制度建设，强化食品安全标准体系；②加强食品准入市场审查制度，进一步完善市场准入规制；③强化食品安全信息的公开透明，减少或避免信息不对称情况的出现。

复习思考题

1. 政府规制主要存在哪些具体形式？
2. 哪些因素会引发政府规制失灵？
3. 激励性规制主要包含哪些内容？
4. 简要分析美国、日本和我国政府规制改革的主要内容及特点。
5. 结合十九大报告谈谈当前我国政府规制改革的主要方向和路径有哪些。

扫一扫,观看"税制结构的设计"微课视频。

第 6 章　税收原理和制度

6.1　税收:公共收入的重要形式

6.1.1　公共收入及其原则

公共收入是指政府为履行其职能而取得的所有社会资源的总和。公共收入的基本问题,就是如何把政府生产或提供的公共品的成本恰当地分配给社会成员。为此,经济学家提出了不少可供依循的原则。在这些原则中,受益原则和支付能力原则最为重要。

1. 受益原则

受益原则是指政府所提供的公共品的成本分配,要与社会成员从政府所提供的公共品中所获得的效益相联系。比如,受益较多的人要比受益较少的人负担更多的税收,受益广泛的人要比受益狭窄的人负担更多的税收。

受益原则的理论基础是交换说,也称利益说或代价说,它出现于资本主义发展初期,是在国家契约主义的基础上逐渐形成的。交换说由重农学派首先提倡,在亚当·斯密以后成为英国传统学派的主张,主要代表人物是英国的栖聂和法国的巴斯德。该学说以自由主义的国家观为基础,认为国家和个人是各自独立平等的实体,鉴于国家的活动会使公民受益,公民则应当向国家提供费用。国家征税和公民纳税是一种权利和义务的相互交换,这样税收也就称谓为政府所提供公共产品和服务的价格。公民根据其自身偏好对政府所提供的公共产品做出评价,并根据个人的边际效用来付款;政府则根据所提供公共产品的成本和个人的边际效用来征收赋税。由于受益原则认为税收是一种市场交易关系,遵循市场分配原则和规则的公平性,因此它在收入分配上是中性的。受益税作为一种交换关系或市场交易过程,很好地实现了受益与代价的对等,不仅可以有效确定政府提供公共产品和服务的合理规模,而且可以改进个人的福利水平,实现有效的资源配置,这就是受益原则强大生命力的原因所在。

事实上,如果所有的社会成员都依据其从政府所生产或提供的公共物品或服务中获得的边际效益的大小做出相应的缴纳,那么,林达尔均衡就会形成,同时也就不存在"搭便车"的问题。

然而，我们所不能忽视的是受益原则有一个很重要的缺陷：它很难准确地确认各自的受益程度。众所周知，公共产品具有三大特性，这就是非竞争性、非排他性和效用的不可分割性。在公共产品领域，无论消费者是否付款都不影响其受益，消费者不以购买来表达自己的偏好而是以投票来表达偏好。从个人主义观点出发，消费者为维护自身利益，总要歪曲或降低个人对公共产品的边际效用，从而降低个人税负。如果偏好歪曲，表达过多，那么受益原则就无法实现受益与代价的对等，从而具有了非中性的收入分配效应，同时对资源的有效配置也会产生不良影响。正是这个原因，世界各国在税制选择中都很少使用受益原则。

2. 支付能力原则

支付能力原则是指政府所提供的物品或服务的成本费用的分配，要与社会成员的支付能力相联系。例如，支付能力较强的人，应当比支付能力较弱的人负担更多的税收。按照这个原则，政府对纳税人所确定的税负，与社会成员所获得的边际效益大小无关，而应根据纳税人的纳税能力来确定。能力大者多纳税，能力小者少纳税，能力相同者负担相同的税收，能力不同者负担不同的税收。

如何来判定两个经济主体的支付能力相同还是不同，理论界有以下两种截然不同的观点。一是所谓的"主观说"。这种观点认为应该根据纳税人承受税收负担后主观心理所感受的痛苦(即纳税后减少的效用量，又被称之为"牺牲")来判定其支付能力的大小，具体又分为以下三个原则。

(1) 绝对均等牺牲原则。该原则主张纳税人纳税后所减少的效用的绝对量应该人人相等，实际是主张等额纳税。

(2) 比例均等牺牲原则。该原则主张纳税人纳税后所减少的效用量与纳税前效用量应该人人相等，这实际是主张等比纳税。

(3) 等量边际牺牲原则。该原则主张每人因纳税而减少的边际效用量应该相等，由于边际效用递减，所以这一原则实际是主张高收入者要把收入的较大份额交给政府，而低收入者把收入的较小份额交与政府或者干脆不交。但由于效用是一种主观心理感受，在实践中难以判断纳税人纳税前后效用水平的高低变化，所以主观说的实际意义不大，不过不能因此而否认其理论意义。在实际经济生活中通常采用三种税率形式，即定额税率、比例税率和累进税率，事实上都是以主观说作为理论基础的。

二是所谓的"客观说"，其与主观说的思路截然不同，主张通过客观标准来判定经济主体的支付能力相同还是不同，具体又分为三个标准，即所得、消费和财产。用这三个客观的标准来衡量经济主体的支付能力通常被认为各有得失，因而三者不能相互替代，只能通过相互协调、相互配合来全面反映经济主体的支付能力。

支付能力原则的主要优点在于，如果它能够得到成功地贯彻，那么，政府所提供物品或服务的成本费用的分配可以使社会成员的境况达到一种相对公平的状态。例如，政府的许多税收可以改变国民收入的分配状况，使其向收入分配公平的目标转变。

然而，支付能力原则也存在一定的问题。以主观说和客观说来判定经济主体的支付能力并以此作为财政公平原则的主要衡量标准，其最大的局限就是把财政收入负担的分配和财政支出利益的获取割裂开来，就收入负担论收入负担。而事实上，财政收支是一个连续的过程，政府筹集收入的目的是应对财政支出，而财政支出的目的则是向社会提供公共产品。因此，将收入和支出联系起来考察，单纯以支付能力准则作为财政分配所应遵循的公平原则的判定标准，只能实现相对公平，即支付能力相同则收入负担相同，支付能力不同则收入负担不同。这并未考虑到纳税人从政府提供的公共产品或服务中得到利益的大小，可能导致获取利益大者少交税而获取利益小者多交税的情况出现，因而也不能算是真正意义上的公平。

6.1.2 税收概述

1. 税收的概念

税收是国家(政府)公共财政最主要的收入形式和来源。税收的本质是国家为满足社会公共需要，凭借公共权力，按照法律所规定的标准和程序，参与国民收入分配，强制性取得财政收入所形成的一种特殊分配关系。它体现了一定社会制度下国家与纳税人在征收、纳税的利益分配上的一种特定分配关系。马克思指出："赋税是政府机关的经济基础，而不是其他任何东西，国家存在的经济体现就是捐税。"恩格斯指出："为了维持这种公共权力，就需要公民缴纳费用——捐税。"① 19 世纪美国法官霍尔姆斯说："税收是我们为文明社会付出的代价。"② 这些都说明了税收对于国家经济生活和社会文明的重要作用。

有关税收概念的界定，部分权威经济类工具书有以下表述。

英国的《新大英百科全书》给税收下了如下定义："在现代经济中，税收是国家公共收入最重要的来源。税收是强制的和固定的征收；它通常被认为是对政府公共收入的捐献，用以满足政府开支的需要，而并不表明是为了某一特定的目的。税收是无偿的，它不必通过交换来取得。这一点与政府的其他收入大不相同，如出售公共财产或发行公债等。税收总是为了全体纳税人的福利而征收的，每一个纳税人在不受任何利益支配的情况下承担了纳税义务。"

美国的《现代经济学词典》给税收下的定义是："税收的作用在于为了应付政府开支的需要而筹集的稳定的财政资金。税收具有强制性，它可以直接向居民或公司征收。"

《美国经济学词典》给税收下的定义是："税收是居民个人、公共机构和团体向政府强制转让的货币(偶尔也采取实物或服务的形式)。它的征收对象是财产、收入或资本收益，也可以来自附加价格或大宗的畅销货。"

日本的《现代经济学辞典》对税收的定义亦有较详细的表述："税收是国家或地方公共团体为筹集满足社会公共需要的资金，而按照法律的规定，以货币的形式对私人的一种强制性课征。因此，税收与其他公共收入形式相比，具有以下几个特征：①税收是依据政治权力进行的，它具有强制的、权力课征的性质；②税收是一种不存在直接返还性的特殊课征；③税收以取得公共收入为主要目的，以调节经济为次要目的；④税收的负担应与国民的承受能力相适应；⑤税收一般以货币形式课征。"

《大日本百科事典》对税收下的定义是："税收又称税或税金，它是国家或地方自治团体为了维持其经费开支的需要而运用权力对国民的强制性征收。税收的这一强制性特点使之同公共事业收入、捐款等区别开来。尽管税收也是公共收入的一种形式，但它并不像

---

① 马克思恩格斯全集[M]. 北京：人民出版社，1958.

② 王玮. 税收学原理[M]. 清华大学出版社，2016.

手续费那样具有直接的交换关系，它是无偿的。尽管当税收收入转化为公共支出以后又返还给国民，但是每一个纳税人受益的大小与其纳税额并不成比例。"[①]

2. 税收的特征[②]

1) 税收具有强制性

税收的强制性是指税收是国家以社会管理者的身份，凭借政治权力，通过颁布法律或政令来进行强制征收的。负有纳税义务的社会集团和成员，都必须遵守国家强制性的税收法令，在国家税法规定的限度内依法纳税，否则就要受到法律的制裁，这是税收具有法律地位的体现。税收的强制性特征体现在两个方面：一方面，税收分配关系的建立具有强制性，即税收征收完全是凭借国家拥有的政治权力所进行的；另一方面，税收的征收过程具有强制性，即如果出现了税务违法行为，国家可以依法进行处罚。

2) 税收具有无偿性

税收的无偿性是指通过征税，社会集团和社会成员的一部分收入转归国家所有，国家不向纳税人支付任何报酬或代价。税收这种无偿性是与国家凭借政治权力进行收入分配的本质相联系的。无偿性体现在两个方面：一方面，政府获得税收收入后无须向纳税人直接支付任何报酬；另一方面，政府征得的税收收入不再直接返还给纳税人。税收无偿性是税收的本质体现，它反映的是一种社会产品所有权和支配权的单方面转移关系，而不是等价交换关系。税收的无偿性是区分税收收入和其他财政收入形式的重要特征。

3) 税收具有固定性

税收的固定性是指税收是按照国家法令规定的标准征收的，即纳税人、课税对象、税目、税率、计价办法和期限等，都是税收法令预先规定了的，有一个比较稳定的试用期间，是一种固定的连续收入。对于税收预先规定的标准，征税和纳税双方都必须共同遵守，非经国家法令修订或调整，征纳双方都不得违背或改变这个固定的比例或数额及其他制度规定。

税收的三个基本特性也可以概括为.税收权威，"三性"特征是税收本身所固有的特征，是客观存在的不以人的意志为转移的。无偿性是税收的本质和体现，是"三性"的核心，是由财政支出的无偿性决定的。强制性是无偿性的必然要求，是实现无偿性、固定性的保证。固定性是强制性的必然结果。税收的"三性"特征相互依存，缺一不可，是区别于非税的重要依据。由此可以归纳出税收这一经济范畴的比较全面而确切的简短定义：税收是政府为实现其职能的需要，凭借其政治权力，并按照特定的标准，强制、无偿地取得公共收入的一种形式。

3. 税收职能[③]

税收职能是指税收所具有的满足国家需要的能力。它以税收的内在功能为基础，以国家行使职能的需要为转移，是税收内在功能与国家行使职能需要的有机统一。税收的职能主要分为以下三类。

---

① 高培勇. 公共经济学[M]. 北京：中国人民大学出版社，2013.

② 陈共. 财政学[M]. 北京：中国人民大学出版社，2015.

③ 陈共. 财政学[M]. 北京：中国人民大学出版社，2015.

1) 财政职能

财政职能亦称"收入手段职能"。国家为了实现其职能，需要大量的财政资金。税收作为国家依照法律规定参与剩余产品分配的活动，承担起筹集财政收入的重要任务。税收自产生之日起，就具备了筹集财政收入的职能，这也是税收最基本的职能。

2) 经济职能

经济职能亦称"调节手段职能"。国家为了执行其管理社会和干预经济的职能，除需要筹集必要的财政资金作为其物质基础外，还需要通过制定一系列正确的经济政策，以及体现并执行诸政策的各种有效手段，才能得以实现。税收作为国家强制参与社会产品分配的主要形式，在筹集财政收入的同时，也改变了各阶级、阶层、社会成员及各经济组织的经济利益。物质利益的多寡，诱导着他们的社会经济行为。因此，国家有目的地利用税收体现其有关的社会经济政策，通过对各种经济组织和社会成员的经济利益的调节，使他们的微观经济行为尽可能符合国家预期的社会经济发展方向，以有助于社会经济的顺利发展，从而使税收成为国家调节社会经济活动的重要经济杠杆。税收自产生之日起，就存在着调节社会经济杠杆的功能。但它的实现，却受到一定社会形态下国家政治经济状况及国家任务的影响。社会主义市场经济体制下国家宏观调控体系的建立，对实现税收调节社会经济生活的职能，既提出了强烈要求，也提供了可能的条件。税收的经济职能基本上涵盖了对资源的有效配置、公平收入分配和经济稳定与发展等范围。

3) 监督职能

税收政策体现着国家的意志，因此所有纳税人都必须遵守相关税收制度。通过相关的法律作为准绳，来约束纳税人的经济行为，使之符合国家的政治要求，税收也因此成为国家监督社会经济活动的强有力工具。税收监督社会经济活动的广泛性与深入性，是随着商品经济发展和国家干预社会经济生活程度而不断发展的。一般而言，商品经济越发达、经济生活越复杂，国家干预或调节社会经济生活的必要性就越强烈，税收监督也就越广泛且深入。通过税收来筹集财政收入是税收的一项基本职能，也是实现调节社会经济生活和监督社会经济生活两项职能的基础条件。随着市场经济的发展，税收调节社会经济生活和监督社会经济生活的职能，也变得越来越重要。

4. 税收要素[①]

税制要素，即税收制度的基本要素，包括向谁征税、对什么征税、征多少税和如何征税等基本内容。税制要素一般包括纳税人、征税对象、税率、纳税环节、纳税期限、减税免税和违章处理等。其中纳税人、征税对象和税率是税制的三个基本要素。

1) 纳税人

纳税人即纳税主体，是享有相应权利并按税法的规定直接负有纳税义务的单位和个人。税法规定的直接负有纳税义务的人，可以是自然人(个人)，也可以是法人。与纳税人概念相关的还有负税人和扣缴义务人。负税人，是税款的实际负担者。有些税种，税款虽然由纳税人交纳，但纳税人可通过各种方式将税款转嫁给别人负担，在这种情况下纳税人不同于负税人。扣缴义务人，是税法规定的，在其经营活动中负有代扣税款，并向国库交纳税款义务的单位和个人。

---

① 陈共. 财政学[M]. 北京：中国人民大学出版社，2015.

2) 征税对象

征税对象又称课税对象、征税客体,是指对什么事物或什么活动征税,即征税的标的物。不同的税种有不同的征税对象,它是一个税种区别于另一个税种的主要标志。在现代社会,国家的课税对象主要包括所得、商品和财产三类。

与课税对象相关的概念包括税目、计税依据、税源、税基。税目,是课税对象的具体项目或课税对象的具体划分。它规定了一个税种的征税范围,反映了征税的广度。税目的划分,可以使纳税人更透彻地了解税收制度,也可以使国家灵活地运用税收调节经济。计税依据是计算应纳税额的依据,基本上可以分为两类:一是计税金额,这是采用从价计征方法时计算应纳税额的依据;二是计税数量,这是采用从量计征方法时计算应纳税额的依据。税源,是指税款的最终来源。具体到每一税种,征税对象与税源可能不一致。税源是指税收收入的源泉,通常有两种理解,一种是指某种税的征税对象总量及其分布状况,与征税对象是同一客体;另一种是指税收收入的经济内容。各种税不论课税对象是什么,从税收收入来源看,总是国民收入分配过程中形成的纳税人的各种收入。税基(课税基础),是某一税种的课税依据。税基包括对其本身的选择和税基大小的选择两方面。税基是计税的依据之一,在税率不变的情况下,扩大税基会增加税额,缩小税基会减少税额。课税对象、税源、税基三者有时候一致,有时候不一致。例如,商品税,课税对象是商品,税基是销售收入,税源也是销售收入;财产税,课税对象是财产,税源和税基是财产带来的收入;所得税,课税对象和税源、税基均为纳税人所得。

3) 税率

税率是指国家征税的比率,也就是税额与课税对象之比。税率是国家税收制度的核心,它反映征税的深度,体现国家的税收政策。税率一般可划分为定额税率、比例税率和累进税率。

比例税率是税率的一种形式,即对同一课税对象,不论其数额大小,统一按一个比例征税,同一课税对象的不同纳税人税负相同。在具体运用上,又分为行业比例税率、产品比例税率和地区差别比例税率几类。比例税率具有鼓励生产、计算简便、便于征管的优点,一般应用于商品课税。其缺点是有悖于量能纳税原则①,并且具有累退性质。

定额税率亦称固定税额,它是按课税对象的一定计量单位直接规定的一个固定的税额,而不规定征收比例的一种税率形式。它具有计算便利、从量计征、不受价格影响的优点。其缺点是税负不尽合理,只适用于特殊税种,如我国的资源税、车船牌照税等。

累进税率是按课税对象的大小,划分若干个等级,每个等级由低到高规定相应的税率,课税对象数额越大税率越高,数额越小税率越低。累进税率因计算方法不同,分为全额累进税率和超额累进税率两种,但实际中一般采用超额累进税率。累进税率符合量能纳税原则,税负较为合理,但计算比较复杂,一般适用于所得税。

全额累进税率指按课税对象的绝对额划分若干级距,每个级距规定的税率随课税对象的增大而提高,纳税人全部课税对象按与之相适应的级距的税率计算纳税的税率制度。"全"

---

① 量能纳税原则认为税收的征纳不应以形式上实现依法征税、满足财政需要为目的,而应在实质上实现税收负担在全体纳税人之间的公平分配,使所有的纳税人按照其实质纳税能力负担其应缴纳的税收额度。

字的含义就是全部课税对象按一个达到级距的相应税率征税。全额累进税率的特点是：①计算简便，在按照课税对象数额的大小确定税率后，实际上等于按比例税率计税；②累进急剧，即全部课税对象都适用相应的最高税率；③累进的名义税率与实际税率一致；④在课税对象级距的分界点附近，税负不合理，会出现税收增加额超过课税对象增加额的不合理现象。目前，全额累进税率一般已不采用。

超额累进税率指按课税对象的绝对额划分若干级距，每个级距规定的税率随课税对象的增大而提高，同时也将纳税人的课税对象按相应级距划分若干段，分段适用相应税率征税的税率制度。"超"字的含义就是全部课税对象分段适用若干个相适应的税率征税。超额累进税率的特点是计算较复杂，在实际工作中多采用速算扣除数法代替分段计税法。同时，超额累进税率的"累进"一般较缓和，即累进是渐进式的，而不是跳跃式的。累进的名义税率与实际税率不一致，实际税率低于名义税率，在累进级距的分界点附近不会出现税款增加额大于课税对象增加额的不合理现象。

应当指出，定额税率、比例税率、累进税率都是税法中采用的实际税率。从经济分析的角度考察税率，税率又可以分为名义税率、实际税率、边际税率、平均税率等。名义税率，是指税法规定的税率，即税率表规定的税率，纳税人实际纳税时适用的税率。实际税率，则是指纳税人在一定时期内，扣除税收减免后，实际缴纳的税额占其计税依据的比例。名义税率与实际税率会有一些偏离。边际税率，是指在征税对象的一定数量水平上，征税对象的增加导致所纳税额的增量与征税对象的增量之间的比例。平均税率，则是指全部税额与征税对象总量之比。

事实上，并非所有税种的边际税率都随着征税对象边际数额的增加而提高。根据边际税率在征税对象数额增加时的不同情况，可将税收依次划分为比例税、累进税、累退税。在比例税制情况下，边际税率和平均税率相等；在累进税制情况下，边际税率高于平均税率。边际税率的高低会对经济产生不同的影响。边际税率越高，纳税人增加的可支配的收入就越少，虽然税收收入的作用增强，但却会产生某种程度的替代效应。例如，当工作的边际收入减少时，人们就会以闲暇去替代部分工作时间，从而妨碍人们努力工作。因此，累进税率中的边际税率要适度。我国目前实行的个人所得税工薪收入的最高边际税率是45%，这从世界各国特别是发展中国家来看都是处在较高水平的。我国香港的个税税率是2%~15%，新加坡是2%~28%，加拿大是17%~29%，日本是10%~37%，美国是15%~39%。

4) 减税免税

减税免税是指税法对某些纳税人或征税对象给予鼓励和照顾的一种特殊规定。税收制度的减税免税要素包括以下要素：减税和免税、起征点、免征额。

减税，是指对应纳税额少征一部分税款；免税，是指对应纳税额全部免征。一般，减税、免税都具有定期减免的性质，税法规定有具体的减免条件和期限，到期就应当恢复征税。起征点，是征税对象达到征税数额开始征税的界限。征税对象的数额未达到起征点时不征税；而一旦征税对象的数额达到或超过起征点时，则要就其全部的数额征税，而不是仅对其超过起征点的部分征税。它是一种对低收入者的照顾。免征额，是税法规定的课税对象全部数额中免予征税的数额，是对所有纳税人的照顾。当课税对象小于起征点和免征额时，都不予征税；当课税对象大于起征点和免征额时，起征点制度要对课税对象的全部数额征税，免征额制度仅对课税对象超过免征额部分征税。

5) 纳税环节

纳税环节一般是指在商品流转过程中，按照税法规定应当缴纳税款的环节。纳税环节是商品在流通过程中缴纳税款的重要环节。任何税种都要确定纳税环节，有的比较明确、固定，有的则需要在许多流转环节中选择确定。确定纳税环节，是流转课税的一个重要问题。它关系到税制结构和税种的布局，关系到税款能否及时足额入库，关系到地区间税收收入的分配，同时关系到企业的经济核算和是否便利纳税人缴纳税款等问题，如流转税在生产和流通环节纳税、所得税在分配环节纳税等。

6) 纳税期限

纳税期限是指税法规定的纳税人发生纳税义务后，向国家缴纳税款的期限。纳税期限是负有纳税义务的纳税人向国家缴纳税款的最后时间限制。它是税收强制性和固定性特征在时间上的体现。任何纳税人都必须如期纳税，否则就是违反税法，将会受到法律的相关制裁。纳税期限的确定要根据课税对象和国民经济各部门生产经营的不同特点来决定。例如，流转课税，当纳税人取得货款后就应将税款缴入国库，但为了简化手续，同时便于纳税人经营管理和缴纳税款(降低税收征收成本和纳税成本)，可以根据情况将纳税期限确定为1 天、3 天、5 天、10 天、15 天或 1 个月。

7) 违法违章处理

违法违章处理是税务机关对纳税人违反税法的行为采取的处罚性措施。违章处理是税收强制性在税收制度中的体现，纳税人必须按期足额缴纳税款，凡有拖欠税款、逾期不缴税、偷税逃税等违反税法行为的，都应受到制裁(包括法律制裁和行政制裁等)。违章行为包括以下内容。违反税收征收管理制度，包括：未办理税务登记、注册登记和使用税务登记证；未按规定办理纳税申报；未按规定建立、使用和保存账务、票证；未按规定提供纳税资料，拒绝接受税务机关监督检查等行为。欠税，即纳税人因故超过税务机关核定的纳税期限，少缴或未缴的违章行为。偷税，即纳税人使用欺骗、隐瞒等手段逃避纳税的违法行为。抗税，即纳税人公然拒绝履行国家税法规定的纳税义务的违法行为。对违章行为的处理包括征收滞纳金、处以税务罚款、税收保全措施、追究刑事责任等。

8) 纳税地点

纳税地点是指纳税人应当缴纳税款的地点。一般来说，纳税地点和纳税义务发生地是一致的，即纳税人(包括代征、代扣代缴义务人)申报缴纳税款的地点。规定纳税人申报纳税的地点，既有利于税务机关实施税源征管，防止税收流失，又便利纳税人缴纳税款。通常，纳税的具体地点有：就地纳税、口岸纳税、集中纳税、营业行为所在地纳税、汇总缴库等形式。

6.1.3　税收是政府取得公共收入的最佳形式[①]

政府可以通过多种形式取得履行其职能所需要的公共收入，但税收是最有效或最佳的形式。例如，政府可以通过直接增发货币来取得公共收入。政府拥有货币发行权，它完全可以视财政需要而印发相应数量的货币。但是，凭空增发票子会造成无度的通货膨胀，极不利于经济的稳定发展，在物价因此而飞涨的情况下，还可能诱发社会动乱。因此，不到

---

① 高培勇. 公共经济学[M]. 北京：中国人民大学出版社，2013.

万不得已是不能靠印发货币来取得公共收入的。

政府也可以通过举借公债来取得公共收入。政府可以以债务人的身份，依据有借有还的信用原则，向国内外发行政府债券来取得相应公共收入。但是，举债取得的收入终究是要偿还的，而且除偿还本金，还要加付利息。因此，以举债形式取得公共收入是以支付一定的代价为条件的。

政府还可以通过收费的形式来取得公共收入。它可以像一个商业性企业那样，对公共场所或公共设施的使用者或享用者按照特定标准收取相应的费用，以所收费用来满足政府用款的需要。但是，政府收费总要依据"受益原则"，向公共场所或公共设施的使用者或享用者取得，未使用者或不使用者是无须交费的。这就决定了政府以收费形式取得的资金数额不可能较大，显然是无法抵付政府支出需要的。

相比之下，政府通过课征税收的办法取得的公共收入，实质上是人民将自己所实现的收入的一部分无偿地转移给政府支配。这样做的好处是：一来不会凭空扩大社会购买力，引起无度的通货膨胀；二来政府不负任何偿还责任，也不必为此付出任何代价，不会给政府带来额外负担；三来税收是强制征收的，政府一般可以制定法律向其管辖范围的任何人或任何行为课征任何数额的税款，故可为政府支出提供充足的资金来源。正因如此，在各种可供选择的公共收入形式中，税收为最佳形式。在现代经济社会中，税收是公共收入的主要支柱。

6.2 税 收 原 则

本节首先介绍税收原则的发展历程，着重介绍历史上有代表性的学者、学派的课税原则主张，然后详细考察现代财政理论中评判税制的两大原则——公平原则和效率原则。

6.2.1 税收原则的演变

从历史上看，首先比较明确提出课税原则的是英国重商主义前期的财政学家托马斯·霍布斯(Thomas Hobbes, 1588—1679)、英国重商主义后期的经济学家威廉·配第(William Petty, 1623—1687)、詹姆斯·斯图亚特(James Steuart, 1712—1780)、德国后官房学派(即新官房学派)代表经济学家攸士第(Johann Heinrich Gottlobe von Justi, 1705—1771)等。其中，又以配第和攸士第的课税原则较为具体。

1. 威廉·配第的课税原则

配第作为古典政治经济学的奠基人和财政理论的先驱，不仅在国家财政支出方面进行了深入研究，而且在国家财政收入理论上也有建树。他结合17世纪中叶英国等西欧国家的财政税收实际，在其《赋税论》(1662)、《政治算术》(1690)等著作中，阐述了关于税收制度建设的理论，提出征税必须遵循一定的原则。

配第十分重视国家财税制度对经济的影响。他在《赋税论》等著作中，比较深刻地分析了税收与国民财富、税收与国家经济实力之间的关系，并指出："总的说来，要知道一种赋税是有益还是有害，必须彻底了解人民的税收和就业状况。"正因为他特别注重税收与经济的关系，因此，他认为当时英国税收制度的紊乱且复杂，税收负担过重且极不公平，阻碍了经济发展，应当按一定的原则来规范税制。

针对当时英国税收制度的种种弊端，配第指出："这些税收并不是依据一种公平而无所偏袒的标准来课征的，而是由听凭某些政党或是派系的一时掌权来决定的。不仅如此，这些赋税的征收手续既不简便，费用也不节省，它是包给捐税承包人征收的，而捐税承包人又不确切知道怎样做才算合理，就把收税的权利层层转包下去，以致到了最后，贫民所被课征的金额，竟达到国王实际拿到的2倍。"因此，配第的一般课税原则可概括为：公平、便利、节省。所谓公平，是指纳税人的能力不同，税收负担也就应当不同，而且要适当。所谓便利，是指征收的手续、程序、方法要简便，符合纳税人的习俗和具备的条件。所谓节省，是指征税过程中的耗费尽可能地减少，也就是要尽量节约征收费用。

2. 攸士第的税收原则

攸士第的著作颇丰，关于财政学的就有《国家经济学》(1755)、《赋税及捐税研究》(1762)和《财政体系论》(1776)等。攸士第在其财政学代表作《国家经济学》中指出："所有国家的终极目的都是增进国民的福利……臣民并非为君主而存在。"攸士第的这种国家观具有典型官房学派的特色，即确立和加强专制王权的财政基础，把国家置于经济与社会之上。因此，攸士第的财政学是站在官房学派的国家观立场上的，研究如何管理国家财产、如何适当征收赋税及如何加强赋税管理与经营，从而维护和提高君主与臣民公共福利的科学。攸士第认为，国家征税时，必须注意不得妨碍纳税人的经济活动，而且，只有在实属必要的场合，国家才能征税。因此，他除了承认国库原则是课税的最高原则，还提出了如下六大原则：

(1) 促进自发纳税的课税方法；
(2) 不得侵犯臣民的合理自由和增加对产业的压迫；
(3) 平等课税；
(4) 具有明确的法律依据，征收迅速，其间没有不正之处；
(5) 挑选征收费用最低的货物课税；
(6) 纳税手续简便，税金分期缴纳，时间安排得当。

攸士第的前两个课税原则，强调了纳税人的生活必需品与基本财产是不可侵犯的，站在赋税利益说的立场上，说明了赋税的依据与负担的分配原理。攸士第的后四个原则，可以归纳为平等原则、确实原则、费用最小原则及便利原则。这四个原则与后来的亚当·斯密的原则相一致，但区别在于，攸士第是站在征税的立场上，而斯密则是站在被征税的立场上。

3. 斯密的课税原则

西方财税学界认为，首先明确化、系统化提出课税原则的是古典政治经济学派的创始人亚当·斯密(Adam Smith, 1723—1790)。斯密处于英国已摆脱重商主义的束缚，面临自由发展生产力的产业革命的前夜。他在所著《国民财富的性质和原因的研究》(简称《国富论》)一书中，综合了自由主义经济学说和财政学说，把经济的自由主义视为处于产业革命前夜的英国经济发展的动力，极力主张自由放任和自由竞争，政府应减少干预或不干预经济。①

---

① 亚当·斯密. 国民财富的性质和原因的研究[M]. 北京：商务印书馆，1997.

斯密的这种思想通过所谓的"廉价政府""夜警国家"表现出来。他认为，国家财政特别是国家支出，对经济的扩大再生产具有副作用，而通过国家权力向经济发展的动力——民间资本征税，会相应地削弱经济发展的能力。因此，他主张限制公共部门的规模；在限定国家职能的范围内，制定出最低限度的预算规模，并制定向公共部门提供资财、服务内容与向公共部门提供的资源比例。斯密从这种经济自由主义立场出发，提出了平等、确实、便利、最少征收费用四大课税原则。

1) 平等原则

平等原则(The Principle of Equality)是指国民应依其在国家的保护下所得收入的多少为比例，向国家缴纳租税。斯密这样写道："一国国民，都须在可能范围内，按照各自能力的比例，即按照各自在国家的保护下享得的收入的比例，缴纳国赋，维持政府。""所谓赋税的平等或不平等，就看对于这种原则是尊重还是忽视。"因此，斯密的平等原则实质上包含三层意思：①取消免税特权，不管是贵族还是僧侣，都要依法纳税；②税收保持"中立"，不能因征税而改变财富分配的原有比例，从而使经济不受影响；③按负担能力的一定比例纳税。

2) 确实原则

确实原则(The Principle of Certainty) 是指国民所纳税目与条例应该是确实的，而且纳税的时间、地点、手续、数额等，都要明确规定，使纳税人明了。斯密指出："各国民应当完纳的赋税，必须是明确的，不得随意变更。完纳的日期、完纳的方法、完纳的数额，都应当让一切纳税者及其他人了解得十分清楚明白。如果不然，每个纳税人，就多少不免为税吏的权力所左右……赋税如不确定，哪怕是不专横、不腐化的税吏，也会由此变得专横与腐化……"可以看出，斯密所强调的确实原则，实质是说明课税要以法律为准绳，其目的在于：①税制的明确，能使纳税人知道应缴哪些税、应缴多少税、应如何缴税；②税制的确实，也可以防止税吏贪赃枉法。

3) 便利原则

便利原则(The Principle of Convenience)是指政府对国民征税的时间、地点、方法等，应尽量使国民感到方便。斯密认为："各种赋税完纳的日期及完纳的方法，都须予纳税者以最大便利。"根据他的阐述，便利原则可以理解为：就时间而言，应在纳税人收入丰裕的时候征收，这样，国家既可以及时取得税收，纳税人又不会感到纳税困难；就方法而言，应求简便易行，不使纳税人感到手续繁杂；就地点而言，税务机关应设在交通便利的场所，使纳税人纳税方便；就形式而言，应尽量采用货币而非实物，以避免纳税人因运输实物而产生额外负担。

4) 最少征收费用原则

最少征收费用原则(The Principle of Minimum Cost)亦称征收经济原则，是指在征收任何一种税款的过程中，国家或政府所收到的税款与纳税人所缴纳的税款之间的差额越小越好，也可以理解成将税务部门征税时所耗用的费用减少到最低程度。斯密指出，"一切赋税的征收，须设法使人民所付出的，尽可能等于国家所收入的"。如果人民所付出的，多于国家所收入的，这种税制及征收管理方面必然存在着许多问题，其中包括：①税吏过多，薪俸开支必然过大，受贿也多；②征税可能抑制了人民的劳动积极性，阻碍了某些产业的发展；③对逃税的惩罚，即没收逃税者的资本，使他们破产，从而使他们丧失由使用资本所获的利益，造成社会的损失；④税吏频繁的稽查，常使纳税人遭受不必要的麻烦、困扰与压迫，分散经营精力，影响生产活动。

从斯密的上述四大原则来看，他提出了按比例纳税思想、税制效率思想，并初步认识到税收与收入再分配的关系、税收与经济活动的关系。总之，斯密的课税原则是从生产力的扩大以资本为基础的立场出发，阐明如何使赋税的负担和征收合理化的问题。

4. 瓦格纳的课税原则

继斯密之后，英国、法国和德国等国家的经济学家如西斯蒙第(Sismondi)、穆勒(Mill)、萨伊(Say)、赫尔德(Held)和诺曼(Neumann)等人又相继提出了许多课税原则，试图从不同角度对斯密的课税原则予以补充。但相比之下，发展得最为完备的当属瓦格纳的课税原则。

阿道夫·瓦格纳(Adolf Wagner，1835—1917)是德国社会政策学派的代表人物。19世纪中叶，德国正处于资本主义急剧演变的过程中，与此同时，资本家、工人及支配专制主义政治机构的保守的容克地主，形成三足鼎立的复杂的社会结构。在这种特殊的政治经济历史条件下，瓦格纳打着社会政策及讲坛社会主义的旗帜，反对自由主义经济政策，承认国家对经济活动具有积极的干预作用，同时还谋求改善收入分配的不公平现象以解决社会问题。在这种思想指导下，他的代表著作《财政学》提出了社会政策的财政理论，并建立了相应的课税原则。

1) 财政政策原则

所谓财政政策原则，是指课税能充足而灵活地保证国家经费开支需要的原则，因此有人也称之为财政收入原则。该项原则又进一步包含收入充分原则和收入弹性原则。

收入充分原则是指赋税必须能够满足国家的财政需要。瓦格纳认为，收入充分原则包含两个内容：①赋税是为满足国家经费的开支；②当赋税以外的财源不能支付国家经费时，必须增加赋税。前者旨在说明筹集国家财政收入是税收的基本目标，后者在于说明赋税要随着财政需要的增加而能以适当的方法增加。收入弹性原则是指税收收入能随着经济增长而自动增加。依据这项原则，瓦格纳认为，可以把间接税作为主要税种，因为随着人口及课税商品的增长，间接税可以使税收收入不断增加。

2) 国民经济原则

所谓国民经济原则，是指国家征税不能阻碍国民经济的发展，以免危及税源，在可能的范围内，应尽量有助于资本形成，促进国民经济的发展。该项原则包含税源选择原则和税种选择原则。

税源选择原则是指要正确选择税源。瓦格纳提出，正确的税源选择应以国民所得为税源，而不能以资本所得和财产所得作为税源，否则就会侵蚀国民经济力的基础。税种选择原则主要是为了考虑税负转嫁的作用。瓦格纳提出，课税除了对国民经济有影响与作用外，还有一个赋税负担适合的问题。因此，在选择税种时，必须考虑税收负担的转嫁问题，将税负归之于应该负担税收的人，应尽量选择难以转嫁或转嫁方向明确的税种。

3) 社会公正原则

所谓社会公正原则，是指税收负担应普遍和平等地分配给各个阶级、阶层和纳税人。该项原则包含普遍原则和平等原则。

普遍原则是指课税应毫无遗漏地遍及社会上的每个人，不能因身份、地位等而有所区别。平等原则是指社会上的所有人都应当按其能力的大小纳税，能力大的多纳，能力小的少纳，无能力的(贫困者)不纳，实行累进税率。

普遍原则要求人人纳税，而平等原则又要求对有些人免税，然而这两项原则是不矛盾的。平等原则要求税制中要有最低课税限度标准、低所得者免税等规定，主要是从纳税人的经济状况或负担能力来说的，而普遍原则则要求不能从纳税人的非经济因素来袒护某类人。

4) 税务行政原则

所谓税务行政原则，是指税法的制定与实施都应当便于纳税人履行纳税义务。该项原则包含确实原则、便利原则、最少征收费用原则。这三项原则与斯密的相应原则含义相同，只不过瓦格纳的最少征收费用原则，不仅要求税务部门的稽征费用要小，而且纳税人因服从税法，履行纳税义务所发生的费用也应尽可能地小。

从上述四个原则可以看出，瓦格纳的课税原则要比斯密的课税原则完善得多。首先，与斯密的消极财政原则不同，瓦格纳的财政原则要求税收收入既要充分，又要根据收入体系、经济发展的变化而富有弹性。其次，瓦格纳首先明确提出以国民经济作为课税原则，要求政府在课税的过程中要注意保护税本，培植税源。

此外，瓦格纳在其课税原则中阐明的一些思想为以后的税收理论发展奠定了基础。例如，收入弹性原则为建立弹性税制奠定了理论基础；平等原则为建立累进税率制度奠定了理论基础；最少征税费用原则为后人发展成为税收遵从成本(Tax Compliance Cost)理论。

6.2.2 税收的公平原则

在现代财政理论中，两个最重要的税制原则是公平原则(Principle of Equity)和效率原则(Principle of Efficiency)。自古以来，公平原则一直是课税原则的首要原则，只是随着社会经济的进步和税收理论的发展，公平的含义不断深化，公平原则日趋完善。

1. 横向公平和纵向公平

公平原则可进一步区分为两个概念，即横向公平(Horizontal Equity)和纵向公平(Vertical Equity)。如果某种税同等地对待同样的人，那么，就说这种税是横向公平的。也就是说，如果在征税前，两个人具有相同的福利水平，在征税之后，他们的福利水平也应是相同的。纵向公平标准说的是税收制度如何对待福利水平不同的人。

横向公平原则是一个大多数(即使不是全部)人都可能接受的原则。然而，这项原则操作起来并不容易。为了判断税收制度是否横向公平，必须能够说出两个人的富裕程度何时是相同的，这需要对两人的福利水平进行比较，而如何对两人的福利水平进行比较是一件较为困难的事情。

为了说明这个问题，可以考虑两个序数无差异曲线图恰好相同的人。也就是说，面对着恰好相同的一组收入和价格，他们可能选择相同的一组商品。假定他们具有相同的预算线或收入，消费数量相同的所有商品。从税收角度来看，可以判断出他们的福利水平是相同的吗？事实上，无差异曲线图相同的假设并不意味着这两个人所获得的相对效用水平是在"相同的"无差异曲线上的。无差异曲线是序数关系，并不是效用的基数计算。这两个人享受同类商品的能力可能不同。如果是这样，把这两个人作为福利水平相同的人来对待的税制，有可能是横向不公平的。基于同样的道理，如果可以判断出这两个人的富裕程度是相同的,那么,在这两个人之间没有任何差别的税制可能是横向公平的。

在实践中,横向公平或不公平往往表现在许多方面,例如,所得税制考虑了这样的事实,具有相同预算线的人可能具有不同的消费能力。因此,对于医疗支出及特定的教育费用等,允许从应税所得中扣除。而且,这类扣除也考虑到某些明显的不利条件,如盲人和老年人。在税收上,所有这些允许从应税所得中的扣除,都可能被认为是旨在使所得税制更符合横向公平的措施。

当考虑到偏好不同时,事情有可能变得更加复杂。例如,某个人同其他人相比,对闲暇的偏好相对来说较强,结果,占有的闲暇比所得相对多。如果这两个人在不征税的情况下获得的福利水平相同,所得税将是横向不公平的,因为它将歧视对闲暇的偏好不强的人。同样地,国内消费税(或货物税)将歧视对课税商品的偏好相对较强的人。

上述例子并非旨在说明横向公平不是理想的目标,而只是说明这个目标难以实现。相比较而言,纵向公平问题比横向公平问题更为复杂。因为纵向公平不仅要判断两个人的富裕程度(能力)何时是相同的(横向公平),而且还必须有某种尺度被用来衡量不同人之间的福利水平。纵向公平要求回答如下三个问题:①在理论上确定谁应支付较高的税收;②在税法上如何通过选择课税方法和课税基础体现出来;③如果某些纳税人的确应当支付较高的税,究竟要高出多少。

我们借用古典经济学家穆勒提出的均等牺牲(Equality of Sacrifice)概念来阐释纵向公平。这个概念是说,如果纳税人因纳税而产生的福利损失或牺牲是均等的,则纳税人就得到了公平的对待,税收就实现了纵向公平。后来,均等牺牲概念分解成两个重要的概念:等比例牺牲(Equal Proportional Sacrifice)和等边际或最后总量牺牲(Equal Marginal or Least Aggregate Sacrifice)。这两个概念可用图 6-1 来说明。图 6-1(a)描绘的是低收入纳税人 L 的情况,图 6-1(b)描绘的是高收入纳税人 H 的情况。MU_L 和 MU_H 分别是 L 和 H 的边际收入效用曲线,假定它们是完全相同的且是递减的。征税前,L 的收入是 OB,H 的收入是 OB'。L 的收入总效用是 $OBDM$,H 的收入总效用是 $O'B'D'M'$。

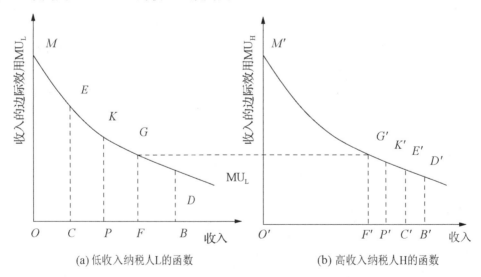

(a) 低收入纳税人L的函数   (b) 高收入纳税人H的函数

图 6-1 均等牺牲与纵向公平

如果根据等比例牺牲原则分配税负，低收入者L支付的税收为 PB，高收入者H支付的税收为 $P'B'$。这样，征税后，低收入者L的税后效用损失比例 $\left(\dfrac{PBDK}{OBDM}\right)$ 等于高收入者H的税后效用损失比例 $\left(\dfrac{P'B'D'K'}{O'B'D'M'}\right)$。如果根据等边际牺牲原则分配税负，低收入者L支付的税收为 FB，高收入者H支付的税收为 $F'B'$。由于 $FG = F'G'$，所以二者在征税后边际效用是相同的，税后收入相等，即：$OF = O'F'$。

上述分析结果的意义在于说明了均等牺牲的税收原则要求税制具有累进性。从图6-1中可以看出，在等比例牺牲的情况下，高收入者H缴纳的税收高于低收入者L缴纳的税收，即 $P'B'>PB$；在等边际牺牲的情况下，高收入者H比低收入者L缴纳的税收更多，即 $F'B'>FB$，并且 $F'B'-FB > P'B'-PB$。我们可以得到这样的结论：所得税实行累进税率是实现纵向公平的制度保证。

从现实来看，一个人是否应比另一个人缴纳更多的税，至少可以从以下三个方面来判断：①具有较高的纳税能力；②具有较高的福利水平；③从政府那里获得较多的收益。因此，在理论上形成了两大原则：受益原则——谁受益谁纳税；能力原则——能力大则多纳税，能力小则少纳税。

2. 衡量公平的标准：受益原则

要既做到横向公平，又保证纵向公平，一个关键的问题是，要弄清公平是就什么说的，即要确定以什么样的标准来衡量税收公平与否。这个问题可以按照本章开头讨论的两个公共收入原则：受益原则和支付能力原则，作为讨论线索。

受益原则，也称作利益税，也就是根据纳税人从政府所提供的公共物品或服务中获得效益的多少，判定其应纳多少税或其税负应为多大。获得效益多者多纳税，获得效益少者可少纳税，未获得效益者则不纳税。

从表面上看，这一原则有一定的合理性。既然人们在日常生活中要偿付从私人经济中所得到的商品和劳务，那么人们也应对具有公益性的政府支出，按照其获得效益的多少做出相应分摊。如果税收不是按照纳税人享受政府支出效益的多少来课征的，政府提供的公共物品或服务就成为对使用者的一种补助金。因为，如果那样的话，有些人享受这种物品或服务便是在其他人蒙受损失的情况下进行的。

但实际上，这种说法有着很大的局限性，它只能用来解释某些特定的征税范围，而不能推广到所有场合。例如，它可用来说明汽车驾驶照税、汽车消费税、汽车轮胎税等税种是根据纳税人从政府提供的公路服务中获得效益的多少来征收的，但却不能说明政府所提供的国防、教育及一般性的社会福利支出的收益和纳税情况。每个人从国防和教育支出中获得的效益很难说清，因此也很难根据每个人的收益情况确定其应纳税额的多少。至于社会福利支出，主要是由穷人和残疾人享受的，在他们的纳税能力很小甚至完全没有纳税能力的条件下，又如何根据受益原则向他们多征税呢？因此，就个别税种来说，按受益原则征税是可能的，也是必要的，但就税收总体来说，按受益原则来分摊则是做不到的。显然，这个原则只能解决税收公平的一部分问题，而不能解决有关税收公平的所有问题。

3. 横向税收公平的标准：支付能力原则

支付能力原则要求纳税人应当按照他们的支付能力纳税，或者说，他们缴纳的税收数量要与他们的支付能力成正比。纳税人支付能力的大小主要由纳税人拥有的财富决定，由于财富是由所得、支出和财产构成的，故此，能力测定标准可分为所得、支出和财富。

1) 所得标准

就所得的衡量尺度而言，最常引用的是黑格·西蒙斯的综合所得概念。综合所得包括个人的全部所得，不管其来源如何，也不管其用途如何。其定义是：当期消费加上净财富(包括物质财富和人力财富)之和。其主要组成部分是劳动所得、来自资本所有权的所得、资本利得(拥有资本的价值增值)、获得的赠予和遗产等。

一般认为，综合所得基础(允许一定的扣除如赚取所得的成本、医疗费用、受抚养者扣除等)是衡量纳税能力的最好尺度，因此所得是特别合适的税基。然而，如果个人间不具有相同的偏好，特别是对于工作或闲暇的偏好不同，那么，按综合所得基础课征的所得税一般来说不太符合横向公平标准的要求。此外，综合所得基础把具有所得相同的人看作一样的，而不去对收入来源进行区分。事实上，有些人的所得绝大部分可能来自劳动所得，而有些人的所得可能来自各种来源的非劳动所得。由于后者以闲暇时间的方式获得更多的实际所得，故这可能被认为是横向不公平的。

2) 支出标准

支出反映了个人"从社会饭锅中拿走"多少而非"放入"多少。基于这一理念，支出应被视作对个人课税的基础。

以支出作为税基具有许多理论上的优点。第一，无须计算净财富的增加，特别是应计资本利得(未实现资本利得)，这是在以所得作为税基时所遇到的问题(所得等于支出加净财富增加)。第二，由于所得税包括对利息和股息收入的征税，扭曲了个人的储蓄决策，可能降低将来的储蓄规模。不仅如此，由于对利息所得征税，所得税很可能会破坏跨时最适条件(即现在消费与将来消费间的边际替代率等于边际转换率)，而支出税则不会引起这种扭曲。在实践中，所得税的这种扭曲可以通过把利息所得排除在税基之外而得到消除。然而，这又可能削弱税制的公平性。

以支出作为税基也存在着一些缺点。其中最主要的缺陷是，在既定的年度，计算个人的总支出极其困难。要直接计算出累积性支出，代价可能相当大，而且实施起来也很困难，因为个人每年的购买数额相当庞大。即使间接计算累积性支出，也很困难，因为首先要记录所得，然后还要减去个人所有净财富的增加(支出等于所得减去净财富增加)。

3) 财富标准

取代综合所得基础的另一方法是利用个人的总财富作为公平课税的基础。个人的总财富所表明的是个人已积累起来的购买力存量。原则上，个人的财富是其将来所得流量的现值。因此，对财富征税(定期的或不定期的)相当于对个人的将来所得征税。从这个角度上说，财富税与所得税相同。

反对财富税的理由主要是，财富税的管理比较困难。因为财富税是对存量而非流量课征，而存量又必须在每次征税时(如每年)予以估价。这不仅会造成大量征收和记录个人持有的各种各样资产价值的管理成本，而且还会出现难以解决的估价问题，因为很多资产没有市场价格(尤其重要的是，很难估价人力财富，即未来劳动所得的现值)。这些问题大大超出了以财富作为课税基础的微弱优势。因此，所得通常被用来作为课税基础。

6.2.3 税收的效率原则

1. 税收效率的概念

所谓效率是成本与效益、投入与产出之间的对比关系。投入少、产出多，就意味着效率高，反之效率就低。税收效率指政府征税要有利于资源的有效配置和经济机制的有效运行，要用尽可能少的税收成本，取得符合税法规定的尽可能多的税收。

税收效率可分为经济效率、社会效率和行政效率三个方面。

1) 税收的经济效率原则

税收的经济效率原则，旨在考察税收对社会资源配置和经济机制运行的影响状况。检验税收经济效率的标准，在于税收的额外负担最小化和额外收益最大化，即税收分配必须有利于发挥税收对经济的调节作用，有利于促进经济的发展和经济效率的提高。

关于经济效率，西方经济学界对此提出了"帕累托最优"概念。帕累托最优是指资源配置达到这样的状态：已不可能再增加任何一个人的福利而不减少其他一些人的福利，也就是不可能通过改变资源配置来使一些人得到利益的同时又不使另一些人受到损失。也可以解释为：经济活动上的任何措施都应当使"得者的所得多于失者的所失"。或者从全社会来看，宏观上的所得要大于宏观上的所失。如果做到了这一点，就可以说经济活动是具有效率的。

把"帕累托最优"概念应用于税收，西方经济学家认为，税收征收活动同样存在着"得者的所得和失者的所失"的比较问题。在他们看来，税收在将社会资源从纳税人手中转移到政府部门的过程中，势必会对经济产生影响。若这种影响限于征税数额本身，乃为税收的正常影响(负担)；若除这种正常影响(负担)之外，经济活动因此受到干扰和阻碍，社会利益因此而受到削弱，便产生了税收的额外负担；若除正常影响(负担)之外，经济活动还因此而得到促进，社会利益因此而得到增加，便产生了税收的额外收益。

西方经济学家所说的税收的额外负担，指的是征税对市场经济的运行产生了不良影响，干扰了私人消费和生产的正常或最佳决策，同时相对价格和个人行为方式随之变更，说明经济处于无效率或低效率的状态。税收的额外负担越大，意味着给社会带来的消极影响越大。

在西方经济学家看来，降低税收额外负担的根本途径在于，尽可能保持税收对市场机制运行的"中性"。所谓税收中性原则，是要求税收保持中立，尽量减少对经济的干预，国家征税不要影响纳税人正常的经济决策，不要使纳税人因征税而扭曲投资行为或消费行为，从而产生税收超额负担。其具体包括两方面的含义：其一，政府征税使社会所付出的代价应以征税数额为限，除此之外，不能让纳税人或社会承受其他的经济牺牲或额外负担；其二，政府征税应当避免对市场机制运行产生不良影响，特别是不能超越市场而成为影响资源配置和经济决策的力量，应当依靠市场机制的那只"看不见的手"。后一种含义在西方经济学界占有较重要地位。

严格的税收中性实际上只是一种理论假设。在实际经济生活中，调节经济是税收分配的内在属性，税收的课征必然会对纳税人的经济能力和行为选择产生影响，这在任何情况下都是难以避免的。税收对经济的影响不可能限于征税数额本身而保持"中性"。也就是说，税收额外负担的发生通常不可避免。因此，倡导税收中性的实际意义在于：尽可能减少(并非完全避免)税收对经济的干扰作用"度"，尽量压低(并非完全取消)因征税而使纳税人或社会承受的额外负担"量"。

2) 税收的社会效率原则

税收的社会效率原则主要是要求税收分配要有利于消除和缓和社会矛盾，维护社会的安定和繁荣。

要使税收分配带来良好的社会效益，首先要求税收分配合理、公平和平等，没有税收歧视，使社会形成一个平等、和谐的气氛。

在社会主义初级阶段，我们既要反对平均主义，也要防止两极分化。因此，税收分配要有利于调节人们的收入，既要调节人们因客观差异所造成的利益分配上的悬殊，也要有效地防止和调节少数人行为能力的超时代发展所造成的过分悬殊的利益分配格局，调节某些人通过倒卖、垄断或利用特权等不正当手段所形成的收入，发挥税收对社会、经济和人们收入不平等的抑制功能和平抑效用。通过调节缩小过分悬殊的贫富差距，协调社会成员之间的关系，尤其是不同社会阶层的利益关系，强化机会平等，鼓励竞争，避免人们之间的利益冲突。

同时，在经济生活中，国家还可以通过税收分配，抑制和消除通货膨胀的影响，消除经济生活中其他各种不稳定因素，维护正常的社会经济秩序。

此外，国家还可以通过税收分配和税收优惠，建立社会福利基金，支持、促进社会福利事业的发展，为社会成员创造更多的社会福利。例如，通过开征社会保险税，筹集社会保障资金，完善社会保障制度和保障体系，解除劳动者的后顾之忧。这既有利于促进经济的发展，又有利于维护社会安定，提高税收的社会效率。

3) 税收的行政效率原则

税收的行政效率原则，旨在考察税务行政管理方面的效率状况。而检验税收行政效率的标准，在于税收成本占税收收入的比重，即是否以最小的税收成本取得了最大的税收收入，或者，税收的"名义收入"(含税收成本)与"实际收入"(扣除税收成本)的差距是否最小。

所谓税收成本，是指在税收征纳过程中所发生的各类费用支出和时间耗用。它有狭义和广义之分。狭义的税收成本亦称"税收征收费用"，专指税务机关为征税而花费的行政管理费用。其具体包括：税务机关工作人员的工资、薪金和奖金支出；税务机关办公用具和办公设备支出；税务机关在征税过程中因实施或采用各种办法、措施而支出的费用；税务机关为进行及适应税制改革而付出的费用，等等。广义的税收成本，除税务机关征税的行政管理费用外，还包括纳税人在按照税法规定纳税过程中所支付的费用，即"纳税执行费用"。其具体包括：纳税人因填写纳税申报表而雇用会计师、税务顾问或职业报税者所花费的费用；企业厂商为个人代缴税款所花费的费用；纳税人花在申报纳税方面的时间(机会成本)和交通费用；纳税人为逃税、避税所花费的时间、精力及因逃、避税未成功而受的惩罚，等等。

税收征收费用相对来说容易计算，即使有些数字不明显也可以通过估价的方式解决，故可用税收征收费用占全部税收收入的比重来衡量。而纳税执行费用则相对不易计算，特别是纳税人所花费的时间、心理方面的代价，更无法用货币来计算，因此没有精确的指标加以衡量。亦有人将其称为"税收隐蔽费用"。因此，各国政府对其税收行政效率的考察，基本上是以税收征收成本占全部税收收入的比重为主要依据的。比重越低，说明征税的成本越小，即以较小的税收成本换取了较多的税收收入；比重越高，说明税收成本越大，取得税收收入是以相当多的税收成本为代价的。

税收征收费用占税收收入的比重这一指标的作用也是多方面的。除了可以考察衡量政府税收行政是否具有效率之外，还可用于考察分析许多相关的理论和现实问题。例如，通过计算每一个税种所要花费的征收费用占该税种全部收入的百分比，可便于比较分析哪个税种的效果最佳；通过计算不同时期税收的征收费用占税收收入的百分比，可有助于反映税收效率的发展变化状况；通过计算不同国家税收征收费用占税收收入的百分比，可比较不同国家的税收征收费用及其税收行政效率的情况，等等。

降低税收成本占税收收入的比重，提高税收效率的途径大致有以下三种：一是要运用先进科学的方法管理税务，防止税务人员贪污舞弊，以节约征收费用；二是要简化税制，使纳税人易于理解掌握，并尽量给纳税人以方便，以降低纳税执行费用；三是尽可能将纳税人所花费的纳税执行费用转化为税务机关所支出的征收费用，以减少纳税人负担或费用分布的不公，进而达到压缩税收成本的目的。

6.3 税 收 制 度

6.3.1 税种分类

税种分类是对一国(地区)全部税种的分类，它是根据每个税种构成的基本要素和特征，按照一定的标准而划分成的若干类别。税种分类的意义在于进行分类后，有助于对不同类别的税种、税源、税收负担和管理权限等进行历史的比较研究和分析评价，找出相同的规律，以指导具体的税收征管工作，因此，它是研究税制结构的方法之一。

与其他国家一样，我国实行由多税种组成的复合税制。我国现行的税种比较多，名称各异，可以从不同的角度，根据不同的标准，进行多种分类。

1. 按征税对象分类

征税对象不仅决定着税种的性质，而且在很大程度上也决定了税种的名称。因此，按征税对象进行分类是最常见的一种税种分类方法。按征税对象进行分类，可将全部税种分为流转税类、所得税类、财产税类、资源税类和行为税类等。

1) 流转税类

流转税是以流转额为征税对象的税种。流转额具体包括两种：一是商品流转额，它是指商品交换的金额，对销售方来说，是销售收入额，对购买方来说，是商品的采购金额。二是非商品流转额，即各种劳务收入或者服务性业务收入的金额。由此可见，流转税类所指的征税对象非常广泛，涉及的税种也很多。但流转税类有一个基本的特点，即以商品流转额和非商品流转额为计税依据，在生产经营及销售环节征收，收入不受成本费用变化的影响，而对价格变化较为敏感。我国现行的增值税、消费税和关税等税收都属于这类税种。

2) 所得税类

所得税是以纳税人的各种应纳税所得额为征税对象的税种。对纳税人的应纳税所得额征税，便于调节国家与纳税人的利益分配关系，能使国家、企业、个人三者的利益分配关系很好地结合起来。科学合理的收益税类可以促进社会经济的健康发展，保证国家财政收入的稳步增长和调动纳税人的积极性。所得税类的特点是：征税对象不是一般收入，而是总收入减去各种成本费用及其他允许扣除项目以后的应纳税所得额，征税数额受成本、费用、利润高低的影响较大。我国现行的企业所得税、外商投资企业和外国企业所得税、个人所得税都属于这一类。

3) 财产税类

财产税是以纳税人拥有的财产数量或财产价值为征税对象的税种。对财产的征税更多地考虑到纳税人的负担能力，有利于公平税负和缓解财富分配不均的现象，有利于发展生产、限制消费和合理利用资源。这类税种的特点是：税收负担与财产价值、数量关系密切，能体现量能负担、调节财富、合理分配的原则。我国现行的房产税、城市房地产税、车船税、城镇土地使用税都属于这一类。

4) 资源税类

资源税是以自然资源和某些社会资源为征税对象的税种。资源税类的税种征收阻力相对较小，并且税源比较广泛，因而合理开征资源税，既有利于财政收入的稳定增长，也有利于合理开发利用自然资源及某些社会资源。资源税的特点是：税负高低与资源级差收益水平关系密切，征税范围的选择也比较灵活。我国现行的自然资源税、城镇土地使用税都属于这一类。

5) 行为税类

行为税也称为特定行为目的税类，它是国家为了实现某种特定的目的，以纳税人的某些特定行为为征税对象的税种。开征行为税类的主要目的在于国家根据一定时期的客观需要，限制某些特定的行为。这类税种的特点是：征税的选择性较为明显，税种较多，并有着较强的时效性，有的还具有因时因地制宜的特点。我国现行的城市维护建设税、印花税、契税、土地增值税都属于这一类。

2. 按征收管理体系分类

按照征收管理的分工体系进行分类，我国的税种可以分为工商税类、关税类和农业税类三大类。

1) 工商税类

工商税由税务机关负责征收管理。工商税是指以从事工业、商业和服务业的单位和个人为纳税人的各税种的总称，是我国现行税制的主体部分。其具体包括增值税、消费税、资源税、企业所得税、外商投资企业和外国企业所得税、个人所得税、城市维护建设税、房产税、城市房地产税、车船税、土地增值税、城镇土地使用税、印花税等税种。工商税的征收范围较广，既涉及社会再生产的各个环节，也涉及生产、流通、分配、消费的各个领域，占税收总额的比重超过90%，是筹集国家财政收入、调节宏观经济最主要的工具。

2) 关税类

关税是对进出境的货物、物品征收的税种的总称，由海关负责征收管理，主要是指进出口关税，以及对入境旅客行李物品和个人邮递物品征收的进口税，不包括由海关代征的进口环节增值税、消费税和船舶吨税(1986年以前，船舶吨税列入国家预算中的"关税"收入科目，所征税款全都上交中央金库。1986年6月，国务院决定将船舶吨税划归交通部管理，仍由海关代征。目前，船舶吨税收入已纳入中央预算外财政资金专户管理，实行收支两条线，专项用于海上干线公用航标的维护和建设。因此，国家预算内资金不反映这笔收入)。关税是中央财政收入的重要来源，也是国家调节进出口贸易的主要手段。

3) 农业税类

农业税在1995年12月31日以前由财政部门负责征收管理，从1996年1月1日起，原由财政部管理的农业税征收管理职能划归国家税务总局。但省以下有关农业税征管工作的归属由地方政府根据实际情况确定。农业税是指参与农业收入分配和调节农业生产的各税种的总称，主要是指农(牧)业税(包括农业特产税，现已取消)、耕地占用税和契税。农业税占税收总额的比重虽然不大，但其政策性较强。自2006年1月1日起，我国全面取消农业税，延续千年的农业税成为历史。

3. 按税收负担能否转嫁分类

根据税收负担能否转嫁可将税收分为直接税和间接税。凡税负不能转嫁，纳税人与负税人一致的税种为直接税；凡税负能够转嫁，纳税人与负税人不一致的税种为间接税。一般认为，所得课税和财产课税属于直接税，商品课税属于间接税。

4. 按课税标准分类

按照课税标准分类，可将税收划分为从量税和从价税。国家征税时，必须按照一定标准对课税对象的数量加以计量，即确定税基。确定税基有两种方法：一是以实物量为课税标准确定税基；二是以价格为课税标准确定税基。采用前一种方法的税种称为从量税，采用后一种方法的税种称为从价税。从量税的税额随课税对象实物量的变化而变化，不受价格影响，在商品经济不发达时期曾被普遍采用，在现代市场经济条件下，只宜对少数税种采用。我国目前的资源税、城镇土地使用税、耕地占用税、车船使用税等属于从量税。从价税的税额随课税对象的价格变化发生同向变化，收入弹性大，能适应价格引导资源配置的市场经济要求，便于贯彻税收政策和增加税收收入，因而对多数税种课税时采用。

5. 按税收与价格的关系分类

在从价税中，按照税收与计税价格的关系可将税收划分为价内税和价外税。凡税金是计税价格组成部分的，称为价内税；凡税金独立于计税价格之外的，称为价外税。价内税税收负担较为隐蔽，能适应价税合一的税收征管需要；价外税税收负担较为明显，能较好地满足价税分离的税收征管要求。我国目前的消费税属于价内税，增值税属于价外税。

6. 按税收收入的支配权限分类

按税收收入的支配权限分类，税种可以分为中央税、地方税和中央地方共享税。中央税指由中央立法、收入划归中央，并由中央管理的税种，如我国现行的关税、消费税等。地方税是指由中央统一立法或授权立法、收入划归地方，并由地方管理的税种，如我国现行的房产税、车船税、土地增值税、城镇土地使用税等税种。如果某一种税收收入支配由中央和地方按比例或按法定方式分享，便属于中央地方共享税。我国中央地方共享税由中央立法和管理，如现行的增值税、印花税、资源税等税种。

6.3.2 基于课税对象的税收制度

尽管税种的分类可采用不同的标准，但最基本的分类还是按课税对象来划分的。这是因为：一方面，税收制度的核心是课税对象，不同的税种以课税对象作为相互区别的主要标志，并以此规定税名。按课税对象分类，不仅易于区分税种，也易于被人掌握；另一方面，不同的税种因课税对象不同，作用就不同，具体的征收管理办法也不同。只有按课税对象分类，才能充分把握税收的具体作用，并据此制定体现政府政策意图的税收制度规定。因此，当前世界各国的税制基本上就是以课税对象作为分类标准的。

1. 所得税制

1) 所得税的概念

所得税是国家对法人和自然人在一定期间获取的所得额课征的税收。所得可以指总收入(总收益)，但一般是指净收益。所得额包括利润所得和其他所得两大类。利润所得是指从事生产经营活动的企业和个体经营者获取的经营收入扣除为取得这些收入所支付的各种费用及流转税税款后的余额；其他所得是指工资、劳务报酬、股息、利息、租金、转让特许权等所得。所得税是世界各国普遍开征的税种，也是许多国家的主体税种，经济发达国家的财政收入主要来自于所得税。从世界各国看，所得税主要包括企业所得税(也称公司所得税)、个人所得税和社会保险税(也称工薪税)。

2) 所得税的特点

同其他税制相比，所得税具有以下特点。

(1) 所得税是对纯所得的征税，税负比较公平，符合公平原则。所得税的课税对象是纳税人的纯收入或净所得，而非经营收入。所得税一般实行多所得多征、少所得少征的累进征税办法，符合税收的量能负担原则；同时，所得税一般规定了起征点或免征额，照顾到低收入阶层。因此，所得税是较为公平的税制。

(2) 所得税在社会资源的配置中保持中性，不伤及税本，因此符合税收的效率原则。所得税一般不存在税负转嫁问题，所得税的高低变化对生产不产生直接影响，只对不同企业、不同个人的收入水平产生调节作用；所得税一般不存在重复征税的问题，对商品的相对价格没有影响，不会影响市场资源的优化配置；所得税是对纯所得进行征税，同时还可以在征税前进行一些必要的扣除，不会触及营运资本，不伤及税本，虽然对纳税人的积累和扩大再生产有些影响，但对整个社会经济的发展影响不大。

(3) 所得税富有弹性，具有较强的聚财功能，符合税收的财政原则。所得税来源于一国的生产力资源的利用产生的剩余产品，随着资源利用效率的提高，剩余产品也会不断增长，因此，所得税会随着稳定增长。同时，国家可以根据需要，对所得税的税率、减免等进行灵活调整，以适应政府支出的增减变化。

(4) 所得税是国家对经济进行调节的有效工具，符合税收稳定经济的原则。由于所得税弹性比较大，因此，政府可以根据社会总供求关系相继调整税负水平，抑制经济波动；同时，由于所得税一般实行累进税率，当社会总需求大于总供给时，随着企业和个人收入的增长，其适用所得税税率会自动提高，进而抑制投资与消费双膨胀；反之亦然。

(5) 所得税在国际经济交往中有利于维护国家的经济权益。现代社会跨国经营和国际经济交往频繁，必然存在跨国所得。因此，对跨国所得征税是任何主权国家应有的权益，利用所得税参与纳税人跨国所得的分配，有利于维护本国的权益。

(6) 所得税计算比较复杂，征税成本较高。其主要表现为：计税依据即纯收入要经过一系列复杂的计算过程，比流转课税复杂得多；所得税累进税率的计算也要比商品税的比例或固定税率计算复杂。因此，征税成本较商品税高。

3) 所得税的主要类型

依据课税对象的不同，所得税可分为三类。第一类为分类所得税，是指将所得按某种方式分成若干类别，对不同类别的所得分别计征所得税。例如，将所得分为营业利润所得、利息所得、股息所得、工资薪金所得等，分别征收相应的所得税。这种分别对不同类别所得进行分类征收的方式的优点是：可以根据不同类别的所得确定相应的税收政策和征税方法，目前大多适用于征管技术较低的发展中国家，但同时也存在着税制比较复杂和计征比较烦琐的缺点。

第二类为综合所得税，是指将纳税人的全部所得汇总在一起，按统一规定的税率征税，如企业所得税。其优点是计征简便，比较适用累进税制，有利于公平税负；其缺点是征税时核算综合所得比较困难，进行综合扣除时也较烦琐，同时要求征管技术水平较高，因此，目前主要被发达国家采用。

第三类为分类综合所得税，是指对纳税人一定收入数量限额以下的所得采用分类所得税办法征收，当其各类所得数额之和达到一定标准时，再按综合办法计征所得税。

4) 个人所得税

(1) 个人所得税的课征范围。

各国针对个人所得税所制定的可能的课征范围是：本国居民或公民取得的来源于全世界范围的所得及外国居民取得的来源于该国疆域范围的所得。换言之，居民或公民要承担全部所得的纳税义务，非居民或非公民则承担有限纳税义务。

(2) 个人所得税的课税对象。

个人所得税的课税对象一般来说是个人所得额，但对"所得"这一概念却有着许多不同的解释。狭义上将"所得"定义为在一定期间内运用资本或劳力所获得的货币收益或报酬，而广义上将"所得"定义为在一定期间内所获得的一切经济利益，而不去衡量所得的来源和方式及所得属于货币收益还是实物收益。较为普遍的解释是，所得是指一定时期内的财富的增加额。根据这种解释，凡是能够增加一个人享用物品或服务的能力的东西，都应该视为所得。因此，无论经常所得或偶然所得，可预期所得或不可预期所得，还是已实现所得或未实现所得，都应包括在所得的范畴之内。

(3) 个人所得税的税率。

纳税人应纳税额的计算公式为：

$$应纳税额 = 应税所得 \times 适用税率$$

个人所得税税率目前大都采用累进税率，即纳税人的纳税负担随着纳税人收入等级的上升而增加。

(4) 个人所得税的课征方法。

个人所得税的课征方法主要包括从源征收法和申报清缴法两种。从源征收法是指在支付收入时代扣代缴个人所得税。申报清缴法，就是分期预缴和年终汇算相结合，由纳税人在纳税年度申报全年估算的总收入额,并按照估算额分期预缴税款。到年度终了时,再按实际收入额提交申请表,依照全年实际应纳所得税额,对税款多退少补。

5) 企业所得税

(1) 企业所得税的课征范围。

企业所得税的课征范围是,居民公司取得的来源于全世界范围的所得及非居民公司取得的来源于该国疆域范围内的所得。

(2) 企业所得税的课税对象。

企业所得税的课税对象有一个从总所得到应税所得的过程,在这方面,各国税法都有一系列具体的规定。这些规定主要涉及应当计税的所得项目和可以作为费用扣除的项目。应当计税的所得项目加总求和,即企业的总所得,从中减去可作为费用扣除的项目,即可求得应税所得。企业所得税应税所得的计算公式为:

$$应税所得=总所得-可扣除费用$$

(3) 企业所得税的适用税率。

企业所得税应纳税额的计算公式为:

$$应纳税额=应税所得×适用税率$$

对于企业所得税,各国多采用单一的比例税率。即便是实行累进税率的国家,其累进程度也较为缓和。

(4) 企业所得税的课征方法。

企业所得税的课征方法,一般采用申报缴纳方法。

6) 社会保险税

社会保险税最早由美国在1935年开征,是当代税制中最年轻的税种之一。社会保险税是作为实施社会保障制度的财政来源,以纳税人的工资和薪金所得作为课征对象的一种税种。

(1) 社会保险税的课征范围。

只要在本国有工资、薪金收入的人,都是社会保险税的纳税人;而对于不存在雇佣关系的自营人员,虽然没有确定的工资、薪金所得,也必须依照规定缴纳社会保险税。因此,社会保险税的课征范围是全体工薪者和自营人员。

(2) 社会保险税的课税对象。

社会保险税的课税对象是在职职工的工资、薪金收入额及自营人员的事业纯收益额。

(3) 社会保险税的适用税率。

社会保险税税率的高低是由各国社会保障制度的覆盖面和被保障人的受益大小决定的。大多数国家采用比例税率。

(4) 社会保险税的课征方法及管理。

社会保险税多采用从源课征法。社会保险税也是一种"专税专用"的税,所以它虽然由税务机关统一征收,但是税款入库后则是集中到负责社会保障的专门机构统一管理,专门用于各项社会保险的支付。

2. 财产税制

1) 财产税的概念

财产税是指以纳税人拥有或支配的财产为课税对象的一类税收。这里的财产是指经过劳动所创造的物质财富，包括不动财产和可动财产。需要说明的是，各国设置财产税时往往并不是把所有财产都列入征税范围，而只是选择某些特定的财产征税。从世界各国的税收实践来看，一般把土地和土地上的附着物、设施及室外的车船等都列入征税范围；对室内财产、无形动产或其他因无法查实的财产类型，一般则不予征税或不经常征税(或只在发生变动和转移时征税)。财产税是世界许多国家都普遍开征的一个税种。

各国对财产征税主要出于以下三个方面的原因：第一，调节财产所有人的收入，特别是调节因占有财产数量、质量的不同而形成的级差收入，节制财富的集中；第二，限制不必要的财产占有，提高财产使用效果，特别是促进土地资源的合理利用；第三，增加国家财政收入，加强国家对财产的监督和管理。

2) 财产税的特点

(1) 课税范围难以普及全部财产。由于财产的种类繁多，各国都难以做到对全部财产征税，即使税法中规定对所有财产都征税，但由于一些财产价值难以估算且某些财产容易转移和隐匿，因此，对全部财产征税几乎是难以实现的。因此，通常，各国都是有选择地针对特定的财产类型开征特种财产税。

(2) 税负一般难以转嫁。增加对财产的课税会直接增加财产拥有人的税收负担，因为这种税的税负难以转嫁。

(3) 在各种财产税中，各国都特别注意对土地的课税，因为土地对每一个国家来说都是最宝贵的资源，是人们生活、生产赖以立足和发展的基础。因此，各国政府都希望通过土地税的调节作用，达到其政治、经济和社会目的。

(4) 财产税在各国税收体系中不是主要税种。财产税虽然是各国政府普遍开征的税种，但其税额在税收总额中所占的比重并不大，而且实行分税制的国家一般都把财产税划归地方税种。

3) 财产税的主要类型

以课征范围为标准，可将财产税划分为一般财产税和特种财产税；以课税对象为标准，可将财产税划分为静态财产税(如一般财产税和特种财产税)和动态财产税(如遗产税和赠与税)。

3. 流转税制

1) 流转税的概念

流转税也称商品税，是对商品流转额和非商品流转额(提供个人和企业消费的商品和劳务)课征的税种的统称。商品流转额是指在商品生产和经营过程中，由于销售或购进商品而发生的货币金额，即商品销售收入额或购进商品支付的金额。非商品流转额是指非商品生产经营的各种劳务而发生的货币金额，即提供劳务取得的营业服务收入额或取得劳务支付的货币金额。古今中外，流转税在各国税收中占有十分重要的地位，并且曾经是或正是许多国家的主要税收来源。

2) 流转税的特点

同其他税类相比，流转税具有以下几个特点。

(1) 流转税收入的稳定性。

与所得税相比，流转税的税收收入较为稳定。因为流转税是只要有市场交易行为就要课税，而不受或较少受生产经营成本的影响；但所得税只有在市场交易行为发生以后有净收入才能课税，一旦亏损，就不用纳税。因此，从政府角度来看，流转税能及时保证财政收入的稳定。这也是为什么许多发展中国家(包括中国)的主体税种为流转税的主要原因。

(2) 课税对象的灵活性。

流转税的课税对象是商品和非商品的流转额，因此，在具体税制设计时，可以选择对所有商品和服务进行征税，也可以选择对部分商品和服务进行征税；可以选择对商品流通的所有环节进行征税，也可以选择其中某一个或几个环节进行征税；可以选择对商品或劳务流转总额进行征税，也可以选择对课税对象的增值额进行征税，等等。这种灵活性，有利于国家或政府通过流转税对经济进行有效调节。

(3) 税收征收的隐蔽性。

流转税属于间接税。由于税负转嫁的存在，流转税的纳税人经常与负税人分离。因此，其税负的承担者往往并不能直接感受到自己是税收的实际缴纳者，而纳税人只不过是整个税收活动的中介者而已。同时，负税人对于税负增减的感受程度，也相对弱于所得税的负税人。增加流转税所受到的反对程度相对较小。

(4) 税收负担的累退性。

流转税一般具有累退性质，较难体现税收的公平原则。流转税一般按比例税率征收，因此负税人的税负随消费的增加而下降。这样，随着个人收入的提高，相应的税负就会下降。因此，流转税征收的结果是穷人用自己较大份额的收入承担了这类税收的负担，而富人只用了其收入的较少份额。从这个意义上来说，穷人的税收负担率更高。因而，当社会对公平问题予以较多关注时，必须降低此类税收在税制结构中的地位。

(5) 税收征管的相对简便性。

流转税主要对有生产经营的企业课征，相对于个人征税而言，由于企业规模比较大，税源集中，因此征收管理比较方便。流转税的计算相对于所得税来说，较为简单方便。

3) 流转税的类型

以课征范围为标准，可分为就全部商品及某些服务课税、就全部消费品课税、选择部分消费品课税；以课税环节为标准，可分为单环节课税(任意选择一个环节课税)和多环节课税(在两个或两个以上环节课税)；以课税基础为标准，可分为按商品(服务)的销售收入总额课征、按商品流转所增加的价值额课征和按部分商品(服务)的销售额课征；以计税方式为标准，可分为从价税和从量税；以课征方法为标准，可分为生产课税法和流通课税法。

4. 消费税

可以借用美国著名经济学家保罗·萨缪尔森的一段话来说明课征消费税的意义："除了联邦的消费税之外，各州通常也对酒类和烟草加上自己的消费税(某些城市也是如此)。很多人——包括许多抽烟和喝酒的人——模糊地感觉到抽烟和喝酒是有点不正常的事，他们或多或少地认为，对这些东西征税是一箭双雕：国家得到收入，做坏事得多花钱。"①

消费税的课征范围，大体可分为有限型(主要限于一些诸如烟草制品、酒精饮料等传统的应税品目)、中间型和延伸型(除了中间型课征范围包括的应税品目，还包括更多的奢侈品)。消费税一般采用比例税率和定额税率，而且对于不同的应税品目，税率也不同。消费税的计税方式有从价和从量两种。

---

① [美]保罗·萨缪尔森. 经济学(上册)[M]. 北京：商务印书馆，1979.

5. 销售税

销售税和消费税的区别在于：其一，相对于消费税，销售税的课税对象是广泛的；其二，消费税一般无多环节课税的情况，而销售税的课税环节通常放在交易流通阶段，有的是单环节课税，有的是多环节课税；其三，消费税的平均税率较高，而销售税的平均税率较低。

销售税的课征范围涵盖企业所发生的一切销售收入额(营业收入额)。销售税的课征有产制、批发、零售三个环节。可以在这三个环节上分别同时课征销售税，也可以只选定一个环节课税。销售税实行比例税率，并从价计税。

6. 增值税

作为一种新型的流转税，增值税是以企业生产经营的增值额为课税对象所课征的税收。增值税的计税依据不是流转额，而是每个流转环节上的新增价值额，即增值额。销售税由于实行在多环节对流转额课税，"道道加税，税上加税"，因此会造成严重的税负累积效应。增值税则克服了上述缺点，因为它只对各个环节上的增值税课税，所以，虽仍是"道道加税"，但"税不重征"，可从根本上消除"税上加税"的税负累积效应。正因如此，增值税已经成为流转税制度的改革方向。增值税和销售税一样，均实行多环节课税。增值税的税率可分为基本税率、轻税率和重税率。

7. 关税

关税是对进出国境的商品货物流转额课征的一种税收。关税在性质上属于消费税。按课税商品在国境上的不同流向，关税可分为进口税和出口税。而按课征目的，关税可分为财政关税和保护关税。关税主要是作为对外贸易的一种重要政策手段而课征的。这意味着，现实的关税以保护关税为主。

6.4 税制结构的设计

税制结构是指国家为了达到政府收入、调节经济的目的，通过合理设置税种而形成的一个相互协调、相互补充的税收体系。在现代经济条件下，如何按照税收公平和税收效率两大原则解决好税种的配置和税率的选择，是税制结构设计的关键所在。

6.4.1 税种的配置

在税种的配置上，首先要贯彻税收公平和税收效率两大原则。然而，在多数情况下，对于某一税种而言，上述两个原则很难同时兼顾。比如，累进所得税，无论从横向的角度(经济地位相同，税率相同)还是纵向的角度(经济地位不同，税率不同)，都符合税收公平的原则，但由于其边际税率随收入的增加而逐步提高，进而随收入的增加，税收负担增加，因此累进所得税不符合税收效率的原则。又如，对于消费税，其采用的是单一比例税率，满足税收效率原则，但由于高收入者所纳税款占其收入的比例小于低收入者，具有强烈的累退性，因此不符合税收公平的原则。

因此，税种的配置研究的是多个税种之间如何进行相互协调和相互补充的问题，以期通过一定的协调和补充能够在总体意义上建立符合税收两大原则的税收体系。尽管各个税种之间能够形成相互协调、相互补充的态势，但总要有一种或几种税居于主导地位。居于主导地位的税种为主体税种，居于辅助地位的税种为辅助税种。因此，主体税种的选择对于税种的配置具有重要意义。

对于主体税种，经济学家一般更青睐所得税而非流转税。我们可以通过构建一个经济学模型来说明这一点。假定无论对于所得税还是对于流转税，政府的征税额都是 R^*。消费者(纳税人)只消费两种商品 x 和 y。政府对其中一种商品(如 x)征收流转税，或者对纳税人的收入征收所得税。

假定消费者在纳税前的预算线为：

$$p_x x + p_y y = m \tag{6.4.1}$$

对于消费者而言，按税率 t 对 x 商品征税，就相当于该商品的价格提高 t 元，预算线于是变为：

$$(p_x + t)x + p_y y = m \tag{6.4.2}$$

征收流转税导致商品 x 价格提高，使预算线按顺时针方向旋转。由此，商品 x 的购买量将会减少。如图 6-2 所示，新的预算线将与一条无差异曲线相切，消费者的最优消费组合得以确定。该消费组合(x^* 和 y^*)将满足：

$$(p_x + t)x^* + p_y y^* = m \tag{6.4.3}$$

此时，政府的征税额为 $R^* = tx^*$。

如果政府对消费者征收所得税，那么预算线将变为：

$$p_x x + p_y y = m - R^* \tag{6.4.4}$$

而由于 $R^* = tx^*$，预算线为：

$$p_x x + p_y y = m - tx^* \tag{6.4.5}$$

该预算线与原来的预算线具有相同的斜率，而且，该预算线必然经过点(x^*, y^*)。这是因为，将(x^*, y^*)代入包含所得税的预算线方程中，得到 $(p_x + t)x^* + p_y y^* = m$。而这正是式(6.3.3)经过整理后的形式。因此，包含所得税的预算线必然经过点(x^*, y^*)。问题在于，在包含所得税的预算线上，点(x^*, y^*)并不是消费者最高的满足程度点，它还可以同更高的无差异曲线相切，形成课征所得税后的最优消费组合。因此，相对于流转税，在所得税下，消费者的境况得到改善。

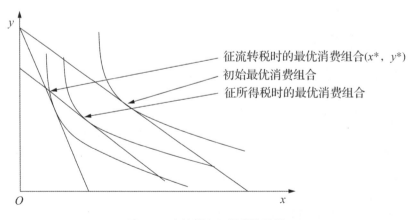

图 6-2 流转税和所得税的比较

因此，政府可以通过征税不同形式的税种，从消费者那里获得相同数量的征税额。课征所得税时消费者的境况比课征流转税时要好。从这个意义上说，所得税优于流转税。

6.4.2 税率的选择

税率的选择实际上包含两个方面的问题：其一，税率水平的选定；其二，税率形式的选定。关于税率水平如何选定，有无限课税说和有限课税说两种观点。无限课税说认为，政府即便征重税，也不会影响国民经济的健康运行。有限课税说认为，政府征税不应竭泽而渔，要把税收的额度控制在一定范围内。而对于选定什么样的税率水平，除了美国供给学派主要代表人物拉弗描述了拉弗曲线原理，其余经济学家并未给出明确的答案。

拉弗曲线说明了税收和税率的关系：在一定的限度内，税率越高，政府税收收入就越大。如图 6-3 所示，当税率由 r_1 提高到 r_2，税收收入由 OA 增加到 OB。而当税率提高超过一定的限度，就会影响到纳税人工作、储蓄和投资的积极性，从而导致税基提高的幅度大于税率提高的幅度，此时政府的税收收入不升反降。当税率由 r_3 提高到 r_4，税收收入由 OB 减少至 OA。只有当税率为 r 时，税收收入达到最大值 OC。因此，最佳税率为 r。

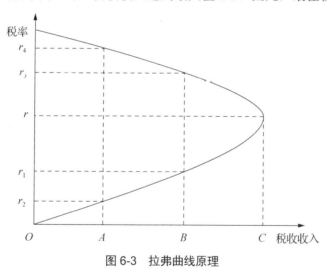

图 6-3　拉弗曲线原理

税率形式方面，政府主要在比例税率和累进税率之间进行选择。如上文所述，在税收两大原则之间，累进税率较为符合税收公平原则，而比例税率较为符合税收效率原则。由此，政府选定何种形式的税率需要视情况而定。事实上，西方经济学界往往认为，在税率形式选定问题上的最佳选择是两种税率兼而有之。

6.5　税收的转嫁与归宿

6.5.1　税收转嫁与税收归宿概述

1. 税收转嫁与税收归宿的含义

税收转嫁是指税收负担的转嫁。纳税人所缴纳的税款并不一定都由纳税人自己承担，纳税人在纳税后，可通过调整经济活动的方式，将税款转嫁给他人承担，最终承担税款的人被称为负税人,纳税人和负税人不一致,就意味着存在税收的负担转嫁。因此,所谓税收转嫁是指纳税人将缴纳的税款通过各种途径和方式转由他人负担的过程。从税收转嫁的过程来看,纳税人的税收转嫁可能一次完成,称为一次转嫁;也可能需要多次完成,称为多次转嫁或辗转转嫁。从税收转嫁的结果来看,如果纳税人把税收负担全部转嫁出去,称为全部转嫁;若只是部分转嫁出去,则称为部分转嫁。

税收归宿是指税负运动的终点,与税收转嫁存在内在的联系。税收转嫁可能发生,也可能不发生。若税收转嫁不发生,那么税收负担的归宿是纳税人自己,这就是税收的直接归宿,又称法定归宿。如果税收转嫁发生,那么,税收归宿是税收转嫁的结果,此时税收的归宿是间接归宿,又称经济归宿。从政府征税至税收归宿的全过程来看,政府向纳税人征税,是税收负担运动的起点;纳税人把缴纳的税款转由他人负担,是税收负担的转嫁;税负由负税人最终承担,不再转嫁,称为税收归宿。税收转嫁是从税收的运动过程来研究税收负担问题的,而税收归宿则是从税收的运动结果来研究的。因此,税收的转嫁与归宿,实际上是税收负担的分解、转移和归着的过程。研究这一过程的目的在于确定税收负担的归着点及其对社会经济的影响,而这一研究的核心在于税收的转嫁。

2. 税收转嫁的方式

税收负担转嫁按纳税人转移税收负担的方向,可以分为前转、后转、消转和税收资本化四种方式。

1) 前转

前转亦称"顺转",是指当征税发生时,纳税人按照商品流通的方向,通过提高商品价格的方式,将税款向前转嫁给消费者负担。这种前转可能是一次性的,也可能经过辗转的过程才能完成。例如,在生产环节对商品(如香烟)的征税,厂家可通过提高商品价格,把税款转嫁给批发商,批发商转嫁给零售商,最后零售商转嫁给消费者。在这个过程中每一个环节发生的税收转嫁有可能是全部,也可能是部分。前转是税收负担转嫁的最基本和最主要的方式。

2) 后转

后转又称"逆转",是相对于前转而言的,税收转嫁的方向与经济运动的方向相反。一般,当纳税人的税款无法向前转时,就会通过压低投入要素或商品的购进价格,将税款转移给原材料等生产要素或商品的供应商负担。比如,对某商品在零售环节征税,若提价将税负转嫁给消费者负担,商品价格的上涨会导致需求降低,商品销售量下降。因此,税负向前转嫁有一定的困难。这时,零售商只能设法压低进货价格,把税负向后转给批发商或厂商。税收的后转往往需要零售商同批发商或厂商通过谈判的方式来进行。

需要注意的是,在实际的经济活动中,税收转嫁并不一定都表现为单纯的前转或后转,有时候表现为税负一部分通过提价前转,一部分通过压低进价后转,这种情况被称为"混合转嫁"。

3) 消转

消转亦称"税收转化",是指纳税人所纳的税款,既不向前转,也不向后转,而是通过加强经营管理、改进生产技术和工艺、挖掘内部潜力等方法,增加企业利润,弥补纳税损失,自行消化税收负担。严格地说,消转不是真正意义上的税收转嫁形式,因为它没有把税收负担转嫁给他人。

4) 税收资本化

在特定的商品交易(如土地、房屋和证券等)中,买主将购入商品在以后年度所必须支付的税款,在购入商品的价格中要求卖主预先一次性扣除,从而降低商品的成交价格。这种由买主将以后年度所必须支付的税款转由卖主承担,并在商品成交价格中扣除的税收转嫁方式称为税收资本化,又称"资本还原"。

税收资本化是税收后转的一种特殊形式,它与一般商品税后转的相同点在于都是买主将其应支付的税款通过降低购入价格转由卖主负担。其不同点在于,税收后转的对象是一般消费品,而税收资本化的转嫁对象是资本性商品;税收后转是将每次商品交易发生时交纳的税款随时转嫁,而税收资本化是商品交易后发生的预期累计应缴税款预先做一次性转嫁。

6.5.2 税收转嫁的局部均衡分析[①]

现代经济学家普遍认同税负转嫁的相对说观点。认为税负转嫁能否实现,取决于多种因素,其中关键在于征税后能否引起相对价格的变动。局部均衡分析法由英国经济学家马歇尔首创。税收转嫁的局部均衡分析就是假定在其他条件不变的情况下,只考察单个课税商品市场或要素市场供求反应及价格的决定,以说明税收转嫁的方向与程度。

税收转嫁在形式上的可能性,并不一定等于转嫁的实现。在现实经济生活中,它总是要受到客观经济条件制约的。也就是说,对税收的转嫁和归宿问题的分析,必须同经济的运行状况联系起来,把税收放到特定的经济环境中去考察。为此,应当对税收的转嫁和归宿问题分别进行局部均衡和一般均衡分析。本节仅从局部均衡的角度来考察某种课税商品市场。

1. 局部均衡分析的概念

所谓局部均衡分析是相对一般均衡分析而言的。它是在其他条件不变的假定下,分析一种商品或一种生产要素的供给和需求达到均衡时的价格决定。换句话说,局部均衡分析是假定某种商品或某种生产要素的价格只取决于它本身的供求状况,即由其本身的供给和需求两种相反力量的作用取得均衡,而不受其他商品或其他生产要素的价格和供求状况的影响。

之所以要对税收的转嫁和归宿问题做这样的分析,是因为社会经济现象非常复杂,与税收有关的变量非常之多。若要在一次分析中把所有复杂的现象和所有有关的变量全部加以研究,则不仅是很困难的,也是不可能的。这需要使用"假定其他条件不变"这样的方法,将其他因素暂时存而不论,而只对其中的某一个因素进行专门的分析。

2. 供求弹性是决定税收转嫁状况的关键

将供求弹性理论引入税收转嫁和归宿问题的局部均衡分析,可以得出一个颇有意义的结论:课税商品的供求弹性是决定税收能否转嫁及转嫁多少的关键。

[①] 高培勇. 公共经济学[M]. 北京:中国人民大学出版社,2013.

1) 税收转嫁与需求弹性

所谓需求弹性即需求的价格弹性，指的是商品或生产要素的需求量(购买量)对于市场价格升降所做出的反映程度。需求价格弹性的大小要用需求量变动的百分比与价格变动的百分比之间的比值，即需求价格弹性的弹性系数值来衡量。可用公式表示为：

$$需求价格弹性的弹性系数 = \frac{需求量变动的百分比}{价格变动的百分比}$$

如果用 E_d 代表该弹性系数，P 代表价格，ΔP 代表价格的变动量，Q 代表需求量，ΔQ 代表需求的变动量，则需求弹性的公式可写成：

$$E_d = \frac{\frac{\Delta Q}{Q}}{\frac{\Delta P}{\Delta P}} = \frac{\Delta Q}{\Delta P} \times \frac{P}{Q}$$

那么，税收的转嫁同需求弹性又是怎样的关系呢？这可以分为四种情形来考察。

(1) 需求完全无弹性，即 $E_d=0$。需求完全无弹性，说明当某种商品的价格或生产要素因政府征税而提高价格时，购买者对价格的提高没有任何反应，其购买量不会因价格的提高而减少。在这种情形下，所征税收会全部向前转嫁，而落在生产要素的购买者身上。如图 6-4 所示，需求曲线 D 是一条与横轴垂直的线，表示需求完全没有弹性。D 与供给曲线 S 在 E 相交，由此决定的均衡价格数量分别为 P 和 Q。政府征税后，产品或生产要素的价格提高，其数额与所征税额 T 相同。于是，供给曲线向上移动而为 $S+T$。$S+T$ 与 D 在新的均衡点 E' 相交，由此决定税后的均衡价格 P'，但税后的均衡数量仍为 Q。税前税后的价格差额为 T，而购买量没有变化。这说明，在 $E_d=0$ 的条件下，税收完全通过提价转嫁给购买者。

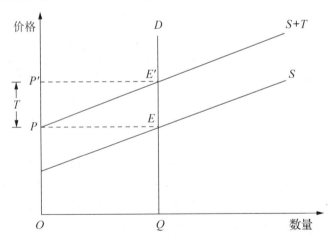

图 6-4 需求完全无弹性下的税收归宿

(2) 需求完全有弹性，即 $E_d \to \infty$。需求完全有弹性，说明当某商品或生产要素因政府征税而提高价格时，购买者对价格的反应极其强烈，其购买量会因价格的提高而减至零。在这种情况下，所征税收会全部向后转嫁或不能转嫁，而落在生产要素的提供者或生产者身上。

如图 6-5 所示，需求曲线 D 是一条与横轴平行的线，表示需求完全有弹性。D 与供给曲线 S 相交于 E 点，由此决定了均衡价格 P 均衡数量 Q。政府征税后，商品或生产要素的供给曲线向上移动为 S+T，与 D 在新的均衡点 E′相交，由此决定税后均衡价格仍为 P，但税后的均衡数量却减少至 Q′。这说明，在 $E_d \to \infty$ 的条件下，纳税人不能通过提高商品或者生产要素价格的途径把税负向前转嫁给购买者，而只能向后转嫁或通过减少生产量的办法自行消化。

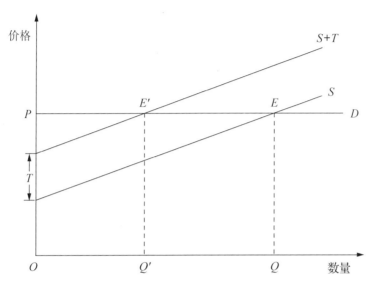

图 6-5　需求完全有弹性下的税收归宿

（3）需求富有弹性，即 $\infty > E_d > 1$。需求富有弹性，说明当某种商品或生产要素因政府征税而提高价格时，购买者因价格的提高而做出的反应较为强烈，其购买量下降的幅度会大于价格提高的幅度，从而迫使价格不得不回落或阻止价格的提高。在这种情形下，所征税收向前转嫁就很难，只能更多地向后转嫁而落在生产要素提供者或生产者身上。

如图 6-6 所示，D 为商品或生产要素的需求曲线，其较为平坦表示弹性较大。D 与供给曲线 S 相交于 E 点，由此决定了均衡价格 P 和均衡数量 Q。政府征税后，商品或生产要素的价格上升至 P′，供给曲线亦上移而变为 S+T。S+T 与 D 在新的均衡点 E′相交，由此决定了税后的均衡数量 Q′。税后税前的销售量差额为 QQ′，价格差额为 PP′，但 $\frac{QQ'}{Q} > \frac{PP'}{P}$。这表明，在 $\infty > E_d > 1$ 的条件下，销售量减少的幅度大于价格提高的幅度，所以税收难以向前转嫁，而是更多地向后转嫁。生产者的总收入因而趋于下降（$P' \times Q' < P \times Q$）。

（4）需求缺乏弹性，即 $1 > E_d > 0$。需求缺乏弹性，说明当某种商品或生产要素因政府征税而提高价格时，购买者因价格的提高而做出的反应较弱，其购买量下降的幅度会小于价格提高的幅度，因而价格提高的阻力小。在这种情形下，纳税人转嫁税负就相对容易，所征税收更多地向前转嫁而落在购买者身上。

在图 6-7 中，需求曲线 D 较为陡峭，表示需求弹性较小。D 与供给曲线 S 在 E 点相交，决定了均衡价格为 P，均衡数量为 Q。政府征税后，价格上升至 P′，供给曲线亦向上移动至 S+T，S+T 与 D 相交于新的均衡点 E′，决定了新的均衡数量为 Q′。税前税后的价格差为 PP′，销售量之差为 QQ′。但 $\frac{QQ'}{Q} < \frac{PP'}{P}$。这表明，在 $1 > E_d > 0$ 的情况下，销售量的减少幅度小于价格的提高幅度，所以税收向前转嫁容易，生产者的总收入因税收更多地向前转嫁而趋于增加($P'\times Q'>P\times Q$)。

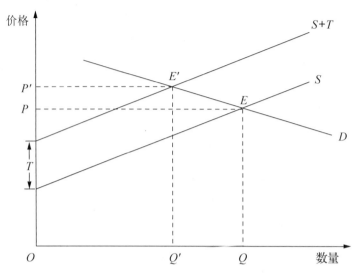

图 6-6 需求富有弹性下的税收归宿

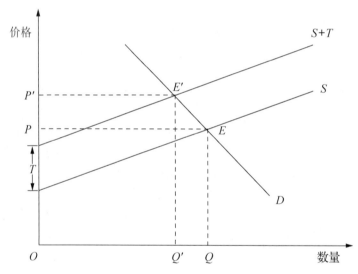

图 6-7 需求缺乏弹性下的税收归宿

2) 税收转嫁与供给弹性

所谓供给弹性即供给的价格弹性，指的是商品或生产要素的供给量对于市场价格升降所做出的反应程度。供给的价格弹性的大小，用供给量变动的百分比与价格变动的百分比之间的比值，即该弹性系数值来衡量。可用公式表示为：

$$供给价格弹性系数=\frac{供给量变动的百分比}{价格变动的百分比}$$

如果 E_s 代表弹性系数，P 代表价格，ΔP 代表价格的变动量，Q 代表供给量，ΔQ 代表供给的变动量，则供给弹性的公式可写成：

$$E_s = \frac{\frac{\Delta Q}{Q}}{\frac{\Delta P}{P}} = \frac{\Delta Q}{\Delta P} \times \frac{P}{Q}$$

税收的转嫁与供给弹性的关系，也可分为四种情形考察。

(1) 供给完全无弹性，即 $E_s = 0$。供给完全无弹性，说明当某种商品或生产要素因政府征税而价格不能相应提高时，生产者对价格的相对下降没有任何反应，其生产量不会因价格的相对下降而减少。在这种情形下，所征税收会全部向后转嫁或不能转嫁，而落在生产要素提供者或生产者身上。

如图 6-8 所示，供给曲线 S 与横轴垂直，表示供给完全没有弹性。S 与需求曲线 D 相交于 E 点，均衡价格和均衡数量分别为 P 和 Q。政府征税后，价格相对下降，其数额与所征税额相同。于是，需求曲线向下移动而为 D'。D' 在 E' 点与 S 相交，形成税后的均衡价格 P'，但税后的均衡数量仍为 Q。税前税后的价格差额为 T，而生产量没有变化。这说明，在 $E_s=0$ 的情况下，税后会完全向后转嫁或不能转嫁，而由生产要素的提供者或生产者承担。

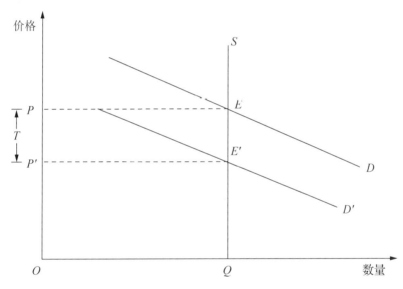

图 6-8　供给完全无弹性下的税收归宿

(2) 供给完全有弹性，即 $E_s \to \infty$。供给完全有弹性，说明当某种商品或生产要素因政府征税而价格不能相应提高时，生产者对价格下降而做出的反应极为强烈，其生产量会因价格的任何下降而减少至零。由于生产量剧减，反而驱使价格上涨。在这种情况下，所征税收会全部向前转嫁，而落在购买者身上。如图 6-9 所示，供给曲线 S 是一条与横轴平行的线，表示供给完全有弹性。S 与需求曲线 D 的相交点 E 决定了均衡价格为 P，均衡数量为 Q。政府征税后，价格上升至 P'，供给曲线向上移至 S'。S' 与 D 在新的均衡点 E' 相交，决定了税后的均衡数量从 Q 减少至 Q'。税前税后的价格差额恰好等于 E 和 E' 的垂直距离，即等于政府征税的数额 T。这说明，在 $E_s \to \infty$ 的情况下，税收会完全通过涨价的形式向前转嫁给购买者。

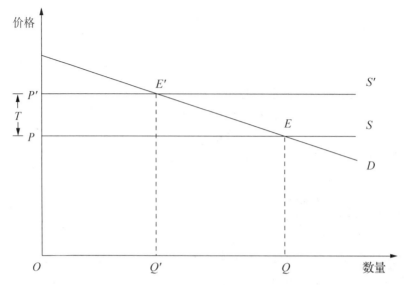

图 6-9 供给完全有弹性下的税收归宿

(3) 供给富有弹性,即 $\infty > E_s > 1$。供给富有弹性,说明当某种商品或生产要素因政府征税而价格不能相应提高时,生产者因价格下降而做出的反应强烈,其生产量下降的幅度大于价格相对下降的幅度。由于生产量减少,就要驱使价格上涨。在这种情形下,所征税收的大部分会通过价格提高向前转嫁出去,而更多地落在购买者身上。

在图 6-10 中,S 为某种商品或生产要素的供给曲线,其较为平坦表明供给弹性较大,税前 S 与需求曲线 D 在 E 点相交,由此决定了均衡价格和均衡数量水平分别为 P 和 Q。政府征税后,因价格不能相应提高而造成相对价格下降(生产者因纳税而造成利润相对减少)至 P',从而和新的需求曲线 D' 相交于 E',由此决定了税后的均衡数量为 Q'。征税前后的价格差额为 PP',产量差额为 QQ',但 $\dfrac{PP'}{P} < \dfrac{QQ'}{Q}$。这表明,在 $\infty > E_s > 1$ 的情况下,生产量减少的幅度大于价格相对下降的幅度,所以税收易于更多地向前转嫁给消费者。

(4) 供给缺乏弹性,即 $1 > E_s > 0$。供给弹性小,说明当某种商品或生产要素因政府征税而价格不能相应提高时,生产者因生产条件限制,转产困难而对价格相对下降做出的反应较弱,其生产量下降的幅度会小于价格相对下降的幅度。由于产量保持在原来水平,价格就难以提高。在这种情况下,生产者转嫁税收困难,所以税收会更多地向后转嫁或不能转嫁,而落在生产要素的提供者或生产者自己身上。

在图 6-11 中,供给曲线 S 较为陡峭,表示供给弹性较小。税前价格为 P,税后相对价格为 P',两者之间的差额为 PP',产量差额为 QQ'。但 $\dfrac{QQ'}{Q} < \dfrac{PP'}{P}$。这表明,在 $1 > E_s > 0$ 的情况下,生产量的减少幅度小于价格相对下降的幅度。所以税收不易向前转嫁,而会更多地向后转嫁或不能转嫁。

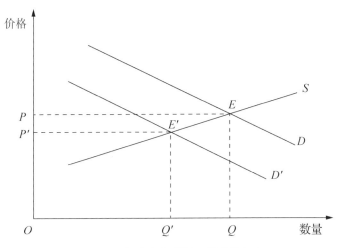

图 6-10 供给富有弹性下的税收归宿

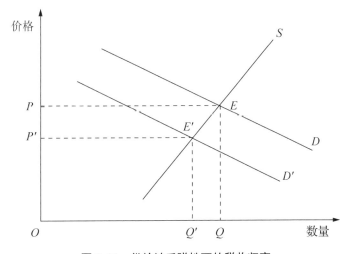

图 6-11 供给缺乏弹性下的税收归宿

3) 税收转嫁最终取决于供求弹性的力量对比

需求和供给完全有弹性或完全无弹性的情况都是理论上的假定,这在现实生活中都是较为罕见的。常见的情形是,绝大多数商品或生产要素的需求和供给富有弹性或缺乏弹性。一部分税收可通过提高价格的形式向前转嫁给商品或生产要素的购买者;另一部分则通过成本增加的形式向后转嫁给生产者或生产要素的提供者。

至于转嫁的比例怎样,则要视供求弹性的力量对比(即供给和需求弹性之间的对比)而定。如果需求弹性大于供给弹性,则向后转嫁或不能转嫁的部分较大,即税收会更多地落在生产者或生产要素提供者身上。如果需求弹性小于供给弹性,则向前转嫁的部分较大,即税收会更多地落在购买者身上。

6.5.3 商品课税归宿的局部均衡分析

将上述税收转嫁同供求弹性的关系原理,应用于商品课税归宿的局部均衡分析,不难得出有关商品课税归宿的基本结论。在此,主要以从量计征下的商品课税归宿为例来进行讨论(略去对从价计征下商品课税归宿的分析)。

先假定政府征收的商品税,如消费税,是从量计征,并以购买者(即消费者)为纳税人。因政府征收从量消费税而对课税消费品市场的均衡的影响如图 6-12 所示。D 和 S 分别为课税消费品的税前需求曲线和供给曲线。D 和 S 的交点 E 决定了税前的均衡价格和均衡数量分别为 P' 和 Q。政府对每单位消费品征收 t 额税款,这时购买者面临的价格水平由 P' 上升至 P_D。由于价格上升,需求曲线从原来的 D 向左下移动而为 D',D' 和 D 之间的垂直距离为 t。D' 和 S 在新的均衡点 E' 相交,由此决定了生产者税后面临的价格水平从 P' 下降至 P_S,均衡产量由 Q' 减少至 Q。而 t 成为购买者支付的价格 P_D 和生产者实际得到的价格 P_S 之间的差额。

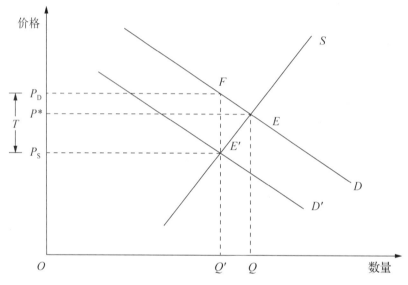

图 6-12 对消费者征收从量消费税的税收归宿

再将生产者视为消费税的纳税人,如图 6-13 所示,政府对每单位消费品征收的税额仍为 t。这时,t 就成为生产者标出的市场价格与其所保留的净价格之间的一个楔子。生产者为了保住他们的净价格 P_S,必然要提高市场售价以弥补成本,供给曲线因而从 S 上升至 S',两条曲线之间的垂直距离为 t。购买者的需求量因价格上升至 P_D 而减少至 D 和 S' 的交点 E' 所决定的 Q 点。同样出于产出和成本关系的原因,生产者所得到的净价格也从原来的 P' 下跌至 P_S。这样 t 同样成为购买者支付的价格 P_D 和生产者实际得到的价格 P_S 之间的差额。

比较图 6-12 和图 6-13 可以看出,在征税额度均为 t 的条件下,价格上升的幅度和需求减少的幅度是一样的。政府若对购买者征税,需求曲线会从 D 向左下按垂直距离 t 移动至 D'。政府若对生产者征税,供给曲线会从 S 向左上按垂直距离 t 移动至 S',两者的实际影响完全相同。为了证明这一点,可以在图 6-11 上加一条新的需求曲线 D'(即将图 6-12 中的 D' 移至图 6-13,得到图 6-14。可以发现,其结果和图 6-12 完全相同。

由图 6-14 可以直观地看出,政府征得的税收为 $P_S P_D F E'$(FEE' 为额外税收负担),这部分税收是由生产者和购买者共同负担的,大约各负担一半。之所以如此,是因为课税消费品的供给和需求弹性大体一致。

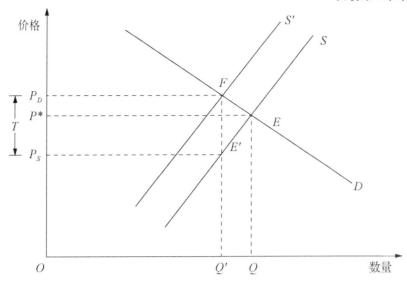

图 6-13 对消费者征收从量消费税的税收归宿

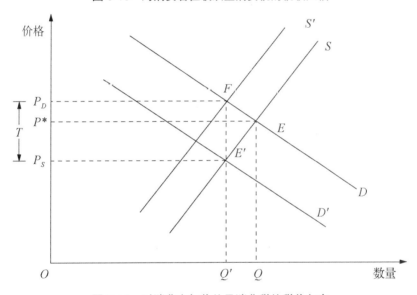

图 6-14 对消费者征收从量消费税的税收归宿

通过上述分析可以得出一个基本结论，即对商品的课税，不论是以生产者作为法定纳税人，还是以购买者作为法定纳税人，都不会改变供求弹性决定税负的分配格局。换言之，决定商品课税转嫁与归宿的关键因素是课税商品的供求弹性。

因此，对商品课税的转嫁与归宿的分析，应将注意力放在课税商品的性质及其供求弹性的力量对比上，内容如下。

(1) 如果课税商品属于生活必需品、不易替代产品、用途狭窄产品或耐用品，那么，由于人们对这类商品的需求弹性较小，消费者将在税收的转嫁中处于不利地位。政府所征税收会更多地向前转嫁，而落在购买者身上。

(2) 如果课税商品属于奢侈品、易于被替代产品、用途广泛产品或非耐用品，那么，由于人们对这类商品的需求弹性较大，消费者将在税收的转嫁中处于有利地位。政府所征税收会更多地向后转嫁或不能转嫁，而落在生产要素提供者或生产者身上。

(3) 如果课税商品属于资本密集型产品或生产周期较长的产品，那么，由于对这类产品的生产规模变动较难，其供给弹性因之较小，生产者将在税收的转嫁中处于不利地位。政府所征税收会更多地向后转嫁或不能转嫁，而落在生产要素提供者或生产者身上。

(4) 如果课税商品属于劳动密集型产品或生产周期较短的产品，那么，由于对这类产品的生产规模变动容易，其供给弹性因之较大，生产者将在税收的转嫁中处于有利地位。政府所征税收会更多地向前转嫁，而落在购买者身上。

(5) 如果课税商品的需求弹性大于供给弹性，那么，消费者将在税收的转嫁中处于有利地位。政府所征税收会更多地向后转嫁或不能转嫁，而落在生产要素提供者或生产者身上。

(6) 如果课税商品的需求弹性大于供给弹性，那么，生产者将在税收的转嫁中处于有利地位。政府所征税收会更多地向前转嫁，而落在购买者身上。

案例6-1

新中国70年税制税种改革历程①

新中国成立60年来，税制改革稳步推进。尤其是改革开放后，我国加快了税收制度建设。新中国的税收制度先后经历了5次重大改革。

1. 1950年建立新税制

1950年1月30日，中央人民政府政务院通令公布《关于统一全国税政的决定》和《全国税政实施要则》，规定全国一共设立14种税收，即货物税、工商业税、盐税、关税、薪给报酬所得税、存款利息所得税、印花税、遗产税、交易税、屠宰税、房产税、地产税、特种消费行为税和使用牌照税，同时将《货物税暂行条例》和《工商业税暂行条例》公布施行。此后，政务院陆续公布了《印花税暂行条例》《屠宰税暂行条例》《利息所得税暂行条例》《特种消费行为税暂行条例》和《中华人民共和国海关进出口税则》。盐税实行统一盐税税额办法，但是没有制定完整、统一的法规。除了上述税种以外的其他税种，由省、市或者大行政区根据习惯拟定办法，报经大行政区或者中央批准以后征收(当时主要有农业税、牧业税和契税，其中牧业税始终没有全国统一立法)。

在执行中，税制做了一些调整。例如，增加契税、船舶吨税和文化娱乐税为全国性税种，公布了《契税暂行条例》(从20世纪50年代中期以后基本停征)和《船舶吨税暂行办法》；将房产税和地产税合并为城市房地产税，公布了《城市房地产税暂行条例》；将特种消费行为税改为文化娱乐税，公布了《文化娱乐税条例》，部分税目并入工商业税；将使用牌照税确定为车船使用牌照税，公布了《车船使用牌照税暂行条例》；试行商品流通税；将交易税确定为牲畜交易税，但是没有全国统一立法；薪给报酬所得税和遗产税始终没有开征。

总的来说，从1950年到1957年，中国根据当时的政治、经济状况，在清理旧税制的基础上，建立了一套以多种税、多次征为特征的复合税制。这套新税制的建立和实施，对

---

① 凤凰网财经. http://finance.ifeng.com/opinion/jjsh/20090927/1287758.shtml；http://www.chinatax.gov.cn/chinatax/n8r50219/n810744/c101448/c101451/index.html.

于保障财政收入,稳定经济,保证革命战争的胜利,实现国家财政经济状况的根本好转,促进国民经济的恢复和发展,配合国家对于农业、手工业和资本主义工商业的社会主义改造,建立、巩固和发展社会主义经济制度,发挥了重要作用。

2. 1958年、1973年简化税制

1958年税制改革的主要内容是将货物税、商品流通税、印花税和工商业税中的营业税部分简并为工商统一税。同年9月11日,第一届全国人民代表大会常务委员会第一百零一次会议原则通过《中华人民共和国工商统一税条例(草案)》,9月13日由国务院公布试行。至此,中国的税制一共设立14种税收,即工商统一税、盐税、关税、工商所得税、利息所得税(1959年停征)、城市房地产税、契税、车船使用牌照税、船舶吨税、屠宰税、牲畜交易税、文化娱乐税(1966年停征)、农业税(1958年由全国人民代表大会常务委员会立法)和牧业税。

1962年,为了配合加强集贸市场管理,开征了集市交易税,1966年以后各地基本停征。1973年,将国营企业和集体企业缴纳的工商统一税及其附加、城市房地产税、车船使用牌照税、盐税和屠宰税合并为工商税(盐税暂时按照原来的办法征收)。1972年3月30日,国务院批转财政部报送的《关于扩大改革工商税制试点的报告》,附发《中华人民共和国工商税条例(草案)》,1972年扩大试点,1973年全面试行。至此,中国的税制一共设立13种税收,即工商税、工商统一税(工商税开征以后此税基本停征)、关税、工商所得税、城市房地产税、契税、车船使用牌照税、船舶吨税、屠宰税、牲畜交易税、集市交易税、农业税和牧业税。

总的来看,从1958年到1978年的20年间,由于"左"的指导思想的作用和苏联经济理论、财税制度的某些影响,中国的税制建设受到了极大的干扰。税制几经变革,走的都是一条片面简化的路子。同时,税务机构被大量撤并,大批税务人员被迫下放、改行。导致税种越来越少,税制越来越简单,从而大大地缩小了税收在经济领域中的活动范围和税收在社会政治、经济生活中的影响,严重地妨碍了税收职能作用的发挥。

3. 国营企业"利改税"和全面改革税收制度

1983年,国务院决定在全国试行国营企业"利改税",即将新中国成立以后实行了30多年的国营企业向国家上缴利润的制度改为缴纳企业所得税的制度,并取得了初步的成功。经全国人民代表大会及其常务委员会的批准,1984年9月18日,国务院批转财政部报送的《关于国营企业推行利改税第二步改革的报告》和《国营企业第二步利改税试行办法》,发布《中华人民共和国产品税条例(草案)》《中华人民共和国增值税条例(草案)》《中华人民共和国营业税条例(草案)》《中华人民共和国盐税条例(草案)》《中华人民共和国资源税条例(草案)》《中华人民共和国国营企业所得税条例(草案)》6个税收条例(草案)和《国营企业调节税征收办法》,均自同年10月1日起施行。此后,国务院陆续发布关于征收集体企业所得税、私营企业所得税、城乡个体工商业户所得税、个人收入调节税、国营企业奖金税(1984年发布,1985年修订发布)、集体企业奖金税、事业单位奖金税、国营企业工资调节税、房产税、城镇土地使用税、耕地占用税、车船使用税、印花税、城市维护建设税、固定资产投资方向调节税(其前身为1983年开征的建筑税)和筵席税的行政法规,并决定开征特别消费税。1991年,全国人民代表大会将中外合资企业所得税法与外国企业所得税法合并为外商投资企业和外国企业所得税法。

到1993年年底,中国的税制一共设立37种税收,即产品税、增值税、盐税、特别消费税、烧油特别税、营业税、工商统一税、关税、国营企业所得税、国营企业调节税、集体企业所得税、私营企业所得税、外商投资企业和外国企业所得税、个人所得税、城乡个体工商业户所得税、个人收入调节税、国营企业奖金税、集体企业奖金税、事业单位奖金税、国营企业工资调节税、房产税、城市房地产税、城镇土地使用税、耕地占用税、契税、资源税、车船使用税、车船使用牌照税、印花税、城市维护建设税、固定资产投资方向调节税、屠宰税、筵席税、牲畜交易税、集市交易税、农业税和牧业税。

从1978年到1993年,随着经济的发展和改革的深入,中国对税制改革进行了全面的探索,改革逐步深入,取得了很大的进展,初步建成了一套内外有别的、以货物和劳务税、所得税为主体,财产税和其他税收相配合的新的税制体系,大体适应了中国经济体制改革起步阶段的经济状况,税收的职能作用得以全面加强,税收收入持续稳定增长,宏观调控作用明显增强,对于贯彻国家的经济政策,调节生产、分配和消费,起到了积极的作用。

4. 1994年税制改革

1994年税制改革的主要内容是:第一,全面改革货物和劳务税制,实行以比较规范的增值税为主体,消费税、营业税并行,内外统一的货物和劳务税制。第二,改革企业所得税制,将过去对国营企业、集体企业和私营企业分别征收的多种企业所得税合并为统一的企业所得税。第三,改革个人所得税制,将过去对外国人征收的个人所得税、对中国人征收的个人收入调节税和城乡个体工商业户所得税合并为统一的个人所得税。第四,大幅度调整其他税收,如扩大资源税的征收范围,开征土地增值税,取消盐税、烧油特别税、集市交易税等12个税种,并将屠宰税、筵席税的管理权下放到省级地方政府,新设了遗产税、证券交易税(这两种税后来没有立法开征)。

1993年10月31日,全国人民代表大会常务委员会公布《关于修改〈中华人民共和国个人所得税法〉的决定》。12月13日,国务院发布《中华人民共和国增值税暂行条例》《中华人民共和国消费税暂行条例》《中华人民共和国营业税暂行条例》《中华人民共和国企业所得税暂行条例》和《中华人民共和国土地增值税暂行条例》。12月25日,国务院批转国家税务总局报送的《工商税制改革实施方案》,发布《中华人民共和国资源税暂行条例》。12月29日,全国人民代表大会常务委员会公布《关于外商投资企业和外国企业适用增值税、消费税、营业税等税收暂行条例的决定》。1994年1月23日,国务院发出《关于取消集市交易税、牲畜交易税、烧油特别税、奖金税、工资调节税和将屠宰税、筵席税下放给地方管理的通知》。

至此,中国的税制一共设立25种税收,即增值税、消费税、营业税、关税、企业所得税、外商投资企业和外国企业所得税、个人所得税、土地增值税、房产税、城市房地产税、遗产税、城镇土地使用税、耕地占用税、契税、资源税、车船使用税、车船使用牌照税、印花税、证券交易税、城市维护建设税、固定资产投资方向调节税、屠宰税、筵席税、农业税和牧业税。

此后到2000年期间,全国人民代表大会常务委员会修改了个人所得税法;国务院陆续改革了农业特产农业税制度,修改了契税暂行条例,发布了车辆购置税暂行条例,并从2000年开始进行农村税费改革的试点,暂停征收固定资产方向调节税。

1994年税制改革是新中国成立以来规模最大、范围最广泛、内容最深刻的一次税制改革,改革的方案是在中国改革开放以后税制改革的基础上,经过多年的理论研究和实践探索,积极借鉴外国税制建设的成功经验,结合中国的国情制定的,推行以后从总体上看取得了很大的成功。经过这次税制改革和后来的逐步完善,到20世纪末,中国初步建立了适应社会主义市场经济体制需要的税收制度,对于保证财政收入,加强宏观调控,深化改革,扩大开放,促进经济与社会的发展,起到了重要的作用。

5. 1995—2013年税制税种改革

自1995年至2013年,为了适应建立完善的社会主义市场经济体制的需要,中国继续完善税制,分步实施了下列重大改革,基本实现了税制的城乡统一、内外统一。

改革农业税制:2000年,中共中央、国务院发出了《关于进行农村税费改革试点工作的通知》,此后农村税费改革逐步推进。2005年,全国人民代表大会常务委员会决定自2006年起取消农业税。自2005年至2006年,国务院先后取消了牧业税、屠宰税,对过去征收农业特产农业税的烟叶产品改征烟叶税,公布了烟叶税暂行条例。

完善货物和劳务税制:1998年以后,经国务院批准,财政部、国家税务总局陆续调整了消费税的部分税目、税率(税额标准)和计税方法。2000年,国务院公布了车辆购置税暂行条例,自2001年起施行。为了适应加入世界贸易组织的需要,逐步降低了进口关税的税率。2003年,国务院公布了新的关税条例,自2004年起施行。2008年,国务院修订了增值税暂行条例、消费税暂行条例和营业税暂行条例,初步实现了增值税从生产型向消费型的转变,结合成品油税费改革调整了消费税,自2009年起施行。自2012年起,经国务院批准,财政部、国家税务总局开始实施营业税改征增值税的试点。

完善所得税制:自1999年至2011年,全国人民代表大会常务委员会先后5次修改个人所得税法,主要内容是调整工资、薪金等所得的扣除额和储蓄存款利息征税的规定。2007年,全国人民代表大会将过去对内资企业和外资企业分别征收的企业所得税合并,制定了企业所得税法,自2008年起施行。

完善财产税制:1997年,国务院发布了契税暂行条例,自当年10月起施行。自2001年起,国务院将船舶吨税重新纳入财政预算管理。2011年,国务院公布了船舶吨税暂行条例,自2012年起施行。2006年,国务院将对内征收的车船使用税与对外征收的车船使用牌照税合并为车船税,公布了车船税暂行条例,自2007年起施行;2011年,全国人民代表大会常务委员会通过了车船税法,自2012年起施行。自2006年至2009年,国务院先后修改了城镇土地使用税暂行条例、耕地占用税暂行条例,将对内征收的城镇土地使用税、耕地占用税改为内外统一征收,分别自2007年、2008年起施行;自2009年起取消了对外征收的城市房地产税,规定中外纳税人统一缴纳房产税。2011年,国务院修改了资源税暂行条例,自当年11月起施行。

此外,国务院先后于2000年停止征收固定资产投资方向调节税,2008年、2013年取消了筵席税、固定资产投资方向调节税,自2010年12月起将外商投资企业和外国企业纳入城市维护建设税的纳税人范围。

至2013年,中国的税制设有18个税种,即增值税、消费税、车辆购置税、营业税、关税、企业所得税、个人所得税、土地增值税、房产税、城镇土地使用税、耕地占用税、契税、资源税、车船税、船舶吨税、印花税、城市维护建设税和烟叶税。

6. 2013年后全面深化改革时期的税制税种改革

这一时期深化税制改革已经采取的主要措施如下：

完善货物和劳务税制：自2012年起，经国务院批准，财政部、国家税务总局逐步实施了营业税改征增值税的试点。其中，2016年全面推行此项试点；2017年废止了营业税暂行条例，修改了增值税暂行条例。此外，调整了增值税的税率、征收率，统一了小规模纳税人的标准。在消费税方面，经国务院批准，财政部、国家税务总局陆续调整了部分税目、税率。在关税方面，进口关税的税率继续逐渐降低。2018年，全国人民代表大会常务委员会通过了车辆购置税法，自2019年7月起施行。

完善所得税制：在企业所得税方面，2017年和2018年，全国人民代表大会常务委员会先后修改了企业所得税法的个别条款。经国务院批准，财政部、国家税务总局等单位陆续作出了关于部分重点行业实行固定资产加速折旧的规定；提高企业研究开发费用税前加计扣除比例的规定；购进单位价值不超过500万元的设备、器具允许一次性扣除的规定；提高职工教育经费支出扣除比例的规定；小微企业减征企业所得税的规定，而且减征的范围不断扩大，等等。在个人所得税方面，2018年，全国人民代表大会常务委员会修改了个人所得税法，主要内容是调整居民个人、非居民个人的标准，部分所得合并为综合所得征税，调整税前扣除和税率，完善征管方面的规定，自2019年起实施。此外，经国务院批准，财政部、国家税务总局等单位陆续联合作出了关于上市公司股息、红利差别化个人所得税政策，完善股权激励和技术入股有关所得税政策，科技人员取得职务科技成果转化现金奖励有关个人所得税政策等规定。

完善财产税制：逐步调整资源税的税目、税率。2016年，根据中共中央、国务院的部署，财政部、国家税务总局发出《关于全面推进资源税改革的通知》，自当年7月起实施，改革的主要内容是扩大征税范围和从价计税方法的适用范围。2017年和2018年，全国人民代表大会常务委员会先后通过了船舶吨税法、耕地占用税法，分别自2018年7月、2019年9月起施行。2019年8月26日，十三届全国人大常委会第十二次会议通过了资源税法，自2020年9月起施行。

此外，2016年、2017年，全国人民代表大会常务委员会先后通过了环境保护税法、烟叶税法，分别自2018年1月、7月起施行。

至今，中国的税制有18个税种，即增值税、消费税、车辆购置税、关税、企业所得税、个人所得税、土地增值税、房产税、城镇土地使用税、耕地占用税、契税、资源税、车船税、船舶吨税、印花税、城市维护建设税、烟叶税和环境保护税。企业所得税、个人所得税和资源税等税种实现了法定。

通过上述改革，中国的税制进一步简化、规范，税负更加公平并有所减轻，税收的宏观调控作用进一步增强，在促进经济持续稳步增长的基础上实现了税收收入的持续稳步增长，有力地支持了中国的改革开放和各项建设事业的发展。展望未来，中国将继续全面深化税制改革，不断完善税制，主要内容应当包括落实税收法定原则、合理调整宏观税负、优化税制结构和完善各个税种。在完善税种方面，近期的主要内容应当包括完善增值税制度，调整消费税的征收范围、税负和征收环节，完善综合征收与分类征收相结合的个人所得税制度，改革房地产税收制度，社会保险费改税，等等。

复习思考题

1. 公共收入的原则有哪些？如何评价这些原则？
2. 如何理解税收公平原则和税收效率原则？
3. 税收中性的含义是什么？
4. 税收可以按怎样的标准进行什么样的分类？
5. 税制结构的设计包括哪些内容？
6. 税后的转嫁包含哪些形式？如何对税收的归宿作局部均衡分析？

扫一扫，观看"公债的产生与发展"微课视频。

第 7 章　公　债

7.1　公债概述

7.1.1　公债的含义

公债是指一个国家以国家信用为基础，通过借款或发行债券等手段向国内外筹集资金过程中所形成的债权债务关系。公债是政府部门举借的债务，属于政府部门有偿筹集资金获取收入的一种形式。公债是国家财政收入的一种特殊形式，是调节经济的一个重要手段。

公债的具体含义有以下几个方面。

1. 公债是一种具有信用性质的财政收入，体现着有借有还的信用特征

信用的本质特征是有偿性。作为财政收入的重要组成部分，公债与税收的区别在于：公债是政府以国家信用为基础采用还本付息的方式来取得的财政收入，而税收则是政府凭借国家权力强制取得的收入。税收具有强制性、无偿性和确定性的特点，相比之下，公债则具有自愿性(除少数强制性公债之外)、有偿性和流动性的特点。

2. 公债是以国家为主体的一种信用形式

根据债务人信用主体的不同，可将信用划分为国家信用、银行信用、商业信用和个人信用。公债是政府凭借国家信用为了弥补财政收支不平衡而向国内外筹集资金所产生的债务。

3. 公债是一个重要的经济杠杆

公债不仅可以通过为财政筹集资金的方式来弥补财政赤字，同时也是政府实施宏观调控、促进经济稳定发展的一个非常重要的经济杠杆。

4. 公债体现一定的分配关系，是一种"递延的税收"

公债的发行，是政府运用信用方式将一部分已经完成分配的国民收入集聚到政府手中的过程，而公债资金的运用，则是政府将筹集到的资金通过财政支出的各种形式进行再分配。而公债的还本付息，则主要是由国家的经常性收入——税收来承担的。因此，从这个角度来说，公债的发行与偿还是一种对国民收入的再分配过程，是一种"递延的税收"。

7.1.2 公债的产生与发展

1. 公债的产生

公元前4世纪，古罗马和古希腊就出现了国家向商人、高利贷者和寺院举借债务的情况，这就是公债的雏形。当然，在当时这只是一种偶然出现的经济现象，规模较小且一般以高利贷的形式出现。到了封建社会，随着经济发展水平的提高及国家管理职能的扩大，公债得到了进一步发展。各封建国家常常为克服因战争引起的财政收支困难而举借公债，以弥补国用之不足。但由于当时经济还处于相对落后状态，社会的闲散资金非常有限，公债发展速度缓慢。

公债的产生需要一定的环境和条件：首先，政府发行公债主要是用于弥补财政赤字，也就是说需要存在以税收为主的经常性财政收入不能满足政府财政支出的情况。随着政府活动范围的扩大，财政支出规模也随之增加，仅靠税收已不能完全满足财政支出的需要。这时国家就需要利用信用工具来筹集资金，以弥补财政收支的缺口，因而公债就有了存在的必要性。其次，公债能不能发行成功，还取决于社会上是否具有一定规模的闲置资金，这是发行公债的前提。

从总体上看，早期的公债具有规模小、非经常化的特点。其主要作用是满足政府财政支出需要，通过政府筹资来解决财政入不敷出的问题。

2. 公债的发展

在封建社会末期，随着资本主义生产关系的产生，具有现代意义的公债制度逐渐开始有所发展。而公债的迅速发展阶段则是在商品经济和信用制度高度发达的资本主义社会，其原因主要有以下几种。

1) 对外扩张的需要

从历史上看，资本主义国家公债制度的形成和发展是与其对外扩张的进程相联系的。马克思指出："殖民制度以及它的海上贸易和商业战争是公共信用制度的温室。"殖民制度和海上贸易，以及为促进经济发展而进行的大规模基础设施投资，使得国家财政支出不断膨胀，仅靠税收难以维持财政支出需要，因此公债的规模不断扩大，成为政府财政收入的重要形式之一。

我国具有当代特点的公债产生于19世纪下半叶。1865年清朝政府向英格兰银行的借款标志着我国对外公债的产生，该借款的主要目的是对内镇压农民起义和对外支付战争赔款。1894年清朝政府的"息借商款"标志着对内公债的产生，此项借款的目的主要是满足当时的军费需求。

2) 闲置资本增加

公债发展的条件之一是社会上有充裕的闲置资金，这一条件在市场经济较为发达的资本主义社会得以满足。资本主义的发展积累了大量货币资本，为公债的发行提供了经济基础。同时，信用制度的发展则保证了社会闲置资金能够顺利转移到政府手中，从而保障了公债制度的有效运转。

3) 平抑经济波动、实行赤字财政政策的需要

20世纪30年代以后，凯恩斯主义在资本主义国家盛行，大部分资本主义国家实行赤字

财政政策。面临有效需求不足的局面，各国通过发行公债来增加财政支出以期扩大社会总需求，试图把潜在的货币购买力转化为现实的货币购买力，刺激经济增长。在战后很多国家的财政实践中，公债政策成为财政政策不可或缺的组成部分。

4) 金融市场的发展及信用制度的完善为发行公债提供技术条件

政府一般通过特定的金融机构来发行公债，利用国家信用来满足其特定的支出需要。政府的这种信用行为，必然要求有完善的金融市场和信用制度。只有这样，才能有效提高公债运行效率，达到发行公债的预期效果。另外，公债的发展不仅依附于现代信用制度，同时也促进了现代信用制度的发展。

7.1.3 公债的功能与作用

1. 公债的功能

1) 弥补财政赤字

政府收支不平衡是一个经常出现的现象，如果支出大于收入，便产生赤字。弥补赤字有不同的方式，如举借公债、增加税收、动用历年结余、向中央银行透支等。增加税收会加重纳税人负担，容易引起纳税人的反对，而且增税通常还涉及一个法律程序问题，耗时较长。向中央银行透支容易导致货币供应量扩张，可能会加剧通货膨胀。动用历年结余得视政府过去年度收支情况而定，若无结余，此手段也无法运用。这种情况下，政府往往不得不凭借自身信用在国内市场外筹集资金，以弥补财政收支的缺口。因此，发行公债通常被政府用作弥补财政赤字的主要方式。

2) 调控和稳定宏观经济

随着社会经济的发展，国家职能也相应扩大，古典经济学派描述的"夜警政府"不复存在。在现代社会，防止经济波动、保持供求平衡是国家的一项重要职能。政府扩大财政支出之后，既能通过影响资源配置来协调公共生产与私人生产、公共需求与私人需求之间的关系，又能增加有效需求的总量。特别是在有效需求不足时，通过发行公债增加政府支出可以使潜在购买力转化为现实购买力，有利于经济的可持续发展。

在发达国家战后的财政实践中，公债政策是财政调控政策的重要组成部分。各国政府债务规模都呈不断扩大的趋势。我国自 1998 年下半年起，针对经济中出现的新变化，出于扩大内需、增加就业、促进经济增长等多方面的考虑，开始实施积极财政政策，扩大了公债的发行规模，并取得了良好的效果。

3) 为政府投资筹集必要的资金

投资是社会总需求的组成部分，既是经济增长的主要推动力之一，又是通过增量带动存量进行结构调整的有效手段。政府投资作为社会总投资的一部分，其范围主要是公共工程、基础设施和基础产业等领域。尤其是发展中国家，因为在经济发展水平较低的情况下，仅仅依靠民间资本积累或引进外资，很难在短期内满足那些规模大、建设周期长、投资风险高的大型基础建设项目的资金需要，因此，为了实现加快经济发展、改善经济结构的目标，往往需要政府集中财力对相关领域进行重点建设。

政府投资的资金来源，除了通过税收筹集之外，发行公债是另一种有效途径。公债筹资具有较大的灵活性，是弥补政府投资资金不足的主要方式，这也是将"负债经营"引入政府活动领域的体现。从投资的观点看，税收融资是政府的"强制储蓄"，而公债融资则是政府将部分社会储蓄资金以自愿方式转向公共领域囊中的一种再分配。在采用复式预算制度的国家，公债收入一般计入资本性预算。有些国家在公债发行时，对所发行公债的具体用途会做出明确规定。例如，我国从1987年发行的重点建设债券和重点企业债券，包括电力债券、钢铁债券、石油化工债券和有色金属债券等。另外，日本在法律上将公债明确分为两种，一种是赤字公债，另一种是建设公债。

2. 公债的作用

在市场经济条件下，公债不仅具有弥补财政赤字、筹集建设资金、调节经济等基本功能，还有形成市场基准利率、作为财政政策和货币政策配合的结合点、作为机构投资者短期投资的工具等重要作用。

1) 形成市场基准利率

利率是金融市场的价格，是股票、期货、外汇等市场上金融工具定价的重要依据。公债作为一种收入确定及风险较低的投资工具，这一特点使得公债利率成为整个利率体系的核心环节，从而成为其他金融工具的定价基础。

公债的发行与交易有利于形成市场基准利率。政府可以通过公债的发行及回购影响金融市场上的资金供求关系来引起利率的升降。在公债市场充分发展的条件下，在一级市场上，发行某种期限公债的票面利率就代表了当时市场利率的预期水平。同时，在二级市场上公债交易价格的变化，又及时地反映出市场对未来利率的预期变化。

2) 作为财政政策和货币政策配合的结合点

首先，扩大公债的发行规模是国家实施积极性财政政策的重要手段。1998年8月，中国政府为实现GDP增长率达到8%的目标，增发2 700亿元特种公债就是一个例子。其次，公债(尤其是短期公债)是各国中央银行进行公开市场业务操作的常用工具。公债的规模及结构直接影响公开市场操作的效果。如果公债规模过小，央行在公开市场上的操作对货币供应量的控制力就相对有限，难以使利率水平的变化满足央行的要求。同时，公债品种单一或持有者结构不合理，如中小投资者持有比例过大，公开市场操作也很难进行。

3) 作为机构投资者短期融资的工具

由于公债信用风险相对较低，机构投资者之间往往倾向于用公债这种信誉度较高的标准化证券进行回购交易，从而达到调节短期资金余缺、套期保值和加强资产管理的目的。

7.2 公债的种类

随着市场经济的发展，公债经历了由单一到多样、由简单到复杂的演进过程。现在各国的公债都是由许多不同性质、不同特征的债种组成。建立合理的公债结构是有效运用公债的必备前提。

7.2.1 公债的分类

1. 按公债承购人管辖权的不同可将公债分为国内公债和国外公债

国际货币基金组织(IMF)和大多数国家政府均以债权人是否为本国居民作为区分国内

公债和国外公债的基本依据，国内公债(Internal public debt)，简称"内债"，是指面向本国居民发行的公债。国内公债通常表现为债券形式，是一种由政府印制的表示债权债务关系的有价证券，政府按照既定的方式和程序，在国内进行公债的发行和还本付息等事项。国内公债是一国公债的主要组成部分。国外公债(External public debt)，简称"外债"，是指面向非本国居民发行的公债。国外公债的主要表现形式有国际债券和对外借款，借贷方式既可以经双方约定成立，也可在国际市场上直接或委托代理机构发行。政府间借款往往采用契约借款方式。一般意义上的外债是指一国所有的对外负债，包括国外公债和国外私债。本章的外债特指国外公债，即由财政部门统借统还的那部分外债。国外公债的规模一般小于国内公债。

2. 以偿还期限为标准，可将公债划分为短期、中期和长期公债

公债偿还期限(Debt maturity)是指公债从发行之日起至本金全部清偿为止的时间间隔。虽然短、中、长期公债并无统一标准，但目前世界各国通常将偿还期限在 1 年以内的公债为短期公债，偿还期在 1 年以上 10 年以内的公债为中期公债，偿还期在 10 年或 10 年以上的公债为长期公债。

短期公债主要用于弥补预算年度内因财政收支进度差异而造成的临时收支缺口，即由于政府在预算年度执行过程中出现了收不抵支的现象而举借公债，如在某些月份或季度的预算支出大于预算收入，而另一些月份或季度的预算收入则大于预算支出，这种情况下发行短期公债就可以调节预算收支进度的季节性差异。中期公债的主要作用是弥补整个预算年度的财政赤字或增加财政调控能力。中期公债的主要形式是由政府发行的附有息票的债券，比如，我国 20 世纪 50 年代发行的人民胜利折实公债、国家经济建设公债以及美国联邦政府发行的财政部债券等。长期公债一般是在国家遇到重大危机时才发行。如战争、经济危机或进行大型经济建设投资等需要政府投入巨额资金。长期公债的主要形式表现为有期的长期公债和无期的长期公债两种。

事实上，也有的国家以 5 年作为是否为长期公债的划分标准，如日本和德国。事实上，除短期公债主要用于财政临时的资金周转外，中期和长期公债在发行目的上的差别并不十分明显，既可以用于弥补年度预算赤字，也可为建设周期长的基础设施项目和重点建设项目筹措资金。因此，划分标准是 5 年还是 10 年并没有太大的影响，因此通常把中期和长期公债统称为中长期公债。

3. 以发行主体为标准，可将公债划分为国家公债和地方公债

国家公债又简称"国债"(National debt)，是指由一国中央政府发行的公债。国债是中央政府为弥补财政赤字而发行的公债，其收入纳入中央政府预算，并由中央财政使用和偿还。国债是公债的一种，虽然国债通常占一国公债总额的绝大比重，但将国债与公债等同或用国债代替公债都是不准确的。地方公债又称"地方债"(Local debt)，是指由地方政府发行的公债。其主要作用是地方政府弥补财政收支差额或增加财政收入，其收入纳入地方政府预算，由地方政府安排使用并偿还，如东北人民政府经国务院批准于1950年发行的"东北生产建设折实公债"就属于地方公债。

4. 以能否流通为标准，可将公债划分为可转让公债和不可转让公债

可转让公债是指可在金融市场上自由流通买卖的公债，亦称上市公债(Marketable debt)。

认购者在购入这种公债后可根据自身的资金状况和金融市场行情，将债券随时在市场上出售或转让他人。也就是说，这种公债的认购者不一定是债券的最终持有者。这里的"转让"包括两层含义：一是在范围上仅指法律允许的各种交易行为，即在交易所场内进行的交易、松散的柜台交易和贴现，不包括违法的"黑市"交易；二是在交易主体上，交易各方仅限于债券投资者和中介机构，不包括发行市场中财政部门（或其委托的承销商）与投资者之间买卖关系。这两点是划分可转让公债和不可转让公债的主要依据。目前各国发行的大都是可转让公债，在西方各国中可转让公债通常占公债总额的70%左右。可转让公债主要包括国库券、中长期债券、指数化债券、浮动利率债券和预付税款券五种。

不可转让公债是指不能在金融市场上自由流通买卖的公债，亦称不上市公债(Non-marketable debt)。认购者在购入这种公债后，即使遇到资金急需的情况，也不能将债券拿到市场上脱手转让来兑付现金。不过，通常可在持有一定期限后向政府要求提前偿还，只是这种方式会损失较多利息。这种公债的认购者通常就是债券的唯一或最终持有者。

5. 以举债方法为标准，可将公债划分为自由公债、强制公债和爱国公债

自由公债是指完全由认购者自愿承购的政府公债。强制公债是指政府不管认购者是否愿意而利用政治权力强制发行的公债。这种公债一般是以认购者的财产或所得为计算标准，强制分摊认购，也可以公债券代替货币作为政府部门雇员的薪金或用于政府的商品采购支出。从形式特征上看，一方面，强制公债丧失了自愿性而具备了强制性，与税收极为相似；另一方面，强制公债又具有税收所没有的有偿性和灵活性，它本质上仍是一种公债而不是税收。第一次和第二次世界大战期间，美国、英国和加拿大等国政府为了筹集战争军费，都曾发行强制摊派的战时储蓄公债。这种公债不但会剥夺公众的自由意志，而且容易造成负担的不公平，除在紧急需要货币资金的战时特殊情况下，一般很少使用。爱国公债是指政府利用认购者的爱国热情和政治觉悟而不是对经济利益的追求所发行的国债，又称准强制国债。

7.2.2 公债种类的设计原则

公债结构的设计虽然需视不同阶段各国实际情况而定，但都需遵从以下几方面的原则。

1. 公债的种类设计应力求多元化

一方面，在市场经济条件下，公债基本是由市场自由买卖的方式发行的。买多买少都由资金持有者的意愿而定。由于资金持有者的收入水平、对投资的预期收益及持有资金的"暂息时间"各有不同，自然其投资要求也不相同。因此，需要根据市场需求设计不同的公债种类，向各类投资者发行不同条件、不同期限的多样化债券。事实上，各国的公债结构大都呈现出多样化的特点。据统计，从公债的期限种类结构来看，经合组织国家目前所采用的公债期限种类分别为：澳大利亚31种，英国17种，其中种类最少的法国也在3种以上。另一方面，不同期限、不同条件的公债对经济的影响也是不同的。一般来说，短期债券对经济有扩张性的影响，而长期债券则对经济有紧缩性的影响。因此，利用公债种类的变化来执行不同时期及不同目标的经济政策，是各国政府对经济实行宏观调控、保证经济稳定发展的重要途径。

2. 公债的种类结构应适应经济形势的需要

不同种类的公债发行对经济的影响有很大差异，因此，公债的种类结构应根据经济发展的需要加以设计，并随着经济形势的变化及时调整。从经济周期角度来看，根据相机抉择原理，在经济处于高涨或通货膨胀阶段，政府可适当增发对经济发展具有紧缩性作用的长期债券，减少发行对经济发展具有扩张性影响的短期债券，从而提高长期债券在所有公债中的比重，延长公债的期限结构，以期通过压缩消费需求和投资需求来抑制国民经济过快发展。反之，当经济处于低潮或经济危机阶段，政府可适当增发对经济发展具有扩张性作用的短期债券，减少发行对经济发展具有紧缩性影响的长期债券，从而提高短期债券在所有公债中的比重，缩短公债的期限结构，以期通过扩大消费需求和投资需求来刺激国民经济的发展。

3. 公债的种类安排应力争债息成本最小化

公债具有偿还性，必须支付利息，这自然会增加借债者的负担。为了减轻负担，借债者总是希望借债成本最小化，即尽可能以最低的利息来筹集资金。公债利息开支最终是需要税收来偿还的，降低债息开支对减轻政府财政负担有重要意义。合理安排公债种类结构是实现债息成本最小化的一个有效途径，在市场利率较低时多发行长期债券，而在市场利率较高时多发行短期债券；预期利率看涨时集中发行长期债券，预期利率看跌时集中发行短期债券。通过相机抉择原理，在不同市场条件下调整公债的长短期结构，可使公债的整体利息率最低化。

7.3 公债理论

7.3.1 早期公债有害论

1. 早期的公债理论

早期公债有害论认为，公债对社会经济的发展是有害的，因而反对公债的发行。中世纪哲学家阿奎纳认为公债会使国家变弱，从而降低国家的威望，因此他反对发行公债。法国财政学者让·博丹认为，公债的借入是王侯财政崩溃的主要原因，并影响国民经济的发展，所以应避免举借公债。法国重农学派的代表人物魁奈认为，国家应当避免借债，国家公债是体现在公债券上的"不结果实的货币财产"，是"把财富从农业抽出来，且使农村丧失为改善土地以及利用或耕耘土地所必要的财富"。[①] 上述观点都从某些角度出发，得到了公债有害的相关理论。

2. 斯密的公债理论

亚当·斯密(1723—1790)是古典政治经济学的代表人物，他的公债思想主要体现在其代表作《国民财富的性质和原因的研究》中。在这部著作中，亚当·斯密以专门的篇幅论述了公债问题，并建立了古典公债理论体系。

---

① 王传纶，高培勇. 当代西方财政经济理论(下册)[M]. 北京：商务印书馆，1995.

在亚当·斯密之前，英国哲学家、经济学家大卫·休谟(1711—1776)的公债思想已见诸文字。休谟认为，公债这种有价证券带有纸币流通的性质，必然引起粮食和劳动价格的上涨；并且举借公债要支付利息，会加重国民的负担。同时，还使得公债持有人坐享其成，养成以利息维持生活的惰性，这些都不利于经济的发展。他还义正词严地警告政府："国家如果不消灭公债，公债必然消灭国家。"休谟的公债观点对古典经济学派的公债思想影响很大。亚当·斯密就是在休谟的理论基础上，进一步阐述了如下主要观点：一是国家之所以要举债，是因为当权者奢侈而不知节俭；二是公债的用途是非生产性的，因此举债对国民经济的发展是不利的；三是举债过多，国家往往会采用通货膨胀的办法推卸债务，不仅使举债陷入危机，而且会造成国家破产；四是他认同在战时维持紧急经费支出的筹集办法是发行公债；五是公债的原本形态是预借赋税收入。①

3. 李嘉图的公债理论

英国古典政治经济学的另一个代表人物大卫·李嘉图(1772—1823)继承了斯密的公债思想，对公债也持否定态度，把公债看作对国民资本的浪费。大卫·李嘉图在其著作《政治经济学及赋税原理》与《公债论》中提出，政府发行公债融资，相当于抽走社会的生产性资本，会阻碍工商业的发展，因此他坚决反对公债的发行。大卫·李嘉图还在其著作中以英法战争期间(1773—1813)积累的公债，以及为处理"战后"问题所推行的减债基金制度为中心，对公债理论做了阐述。大卫·李嘉图认为，公债是政府弥补战争经费不足的重要途径，但"战后"政府应努力偿还公债。为了还清公债，政府应建立偿债基金制度。他认为政府利用偿债基金偿还公债的具体方式可有：①以赋税来筹划偿债资金；②以公债本身来偿还公债利息或公债；③以公债来筹划资金，以税负来支付公债利息。在李嘉图看来，第一种办法是最好的办法。李嘉图提出著名的税收-公债等价定理。在其著作中他论证了税收与公债在经济影响方面具有相同效应的思想观点，但这并不意味着他主张公债的发行，他否定了公债具有将闲置资本转换为生产性资本的效果，揭示了公债对经济活动的弊端和危害，公债会助长政府的浪费倾向和消费倾向。因此他认为，从总体上来看发行公债是有害的。②

4. 萨伊的公债理论

法国经济学家萨伊(1767—1806)进一步发展了亚当·斯密的公债思想。萨伊是供给经济学派的代表，其公债思想具有独到之处。萨伊认为，公债所筹集的资金，会使国家一部分民间资本从生产性投资转向非生产性消费方面，从而导致通货膨胀。同时，公债意味着加重后代的赋税负担，因此发行公债是在课税上对公债持有者的优待，这是公债的弊端。政府举债，不仅资本被消费，不利于生产，而且以后每年还要付息，给国家造成很大的负担。当然，政府可以通过发行公债来投资于营利性的公共工程，把民间小额的消费基金转化为公共投资，这样有利于社会生产性资本的积累和扩大。但萨伊认为，政府往往会浪费国民的储蓄，尤其是遇到缺乏责任心的政府时更是如此。因此，萨伊认为政府发行公债，是从

---

① 亚当·斯密. 国民财富的性质和原因的研究[M]. 北京：商务印书馆，1997.

② 大卫·李嘉图. 政治经济学及赋税原理[M]. 北京：商务印书馆，2013.

生产领域中抽离资本用于非生产领域，这有碍于国民经济的增长。①

另外，萨伊还批判了梅伦关于"公债只是右手欠左手的债，不会损害身体"的说法。萨伊认同债息不过是由纳税人手中转移到债权人手中，因此公共财富不会因公债付息而减少。债息是在债权人还是纳税人手中，对整个社会来说是无关紧要的，因为这种内部转移不会改变社会价值总量。重要的是公债的本金，因为已随借债产生的消费，而将这笔资本消耗了，永远不能再产生收入了。因此，从整个社会来看，减少的不是这笔利息，而是那笔被消灭了的本金所带来的收入。如果这笔资本投资在生产上，就会带来一笔增值收入。这笔收入是来自生产创造出的新价值，而不是来自同胞的钱袋。

5. 穆勒的公债理论

穆勒(1806—1873)一方面认同斯密和李嘉图的公债思想，认为应限制公债发行，节约财政支出。他也认同公债是一种"坏"的财政手段，因为公债将原本可使用在生产性的资本转化为非生产性支出；另一方面，穆勒对斯密等人的公债思想进行了发展，指出公债由国外资金或国内的剩余资金应募时则会发挥有利作用。其理由主要体现在以下两个方面：一是借入的资本为外国资本，则不会挤占国内的生产性资本；二是当所借的这种资本没有生产用途时，那么这些资本将不会储蓄起来，或会在非生产性企业中浪费掉，或送往外国去投资，公债筹集这些资本也不会削弱国内生产性资本。因此，穆勒认为，若公债发行对象限于国内过剩资金或国外资金时，除支付债息会增加一定负担外，不会挤占国内原有的生产性资本，公债带来的危害就是相当微弱的。

7.3.2 公债有益论

随着自由资本主义向垄断资本主义过渡，一方面，商品经济发展迅速，社会闲置资金不断增加；另一方面，资本主义频繁爆发经济危机，市场失灵现象的存在使得国家开始运用财政和货币政策等来干预经济，以期实现经济的稳定和可持续发展。在这样的背景下，主张发行公债的学派应运而生，他们拓展了对原有公债理论的认识，认为公债的发行利大于弊。

1. 德国公债理论

19 世纪前叶，古典经济学派的经济思想不断渗透到德国，同时又受到德国历史学派的思想影响，从而形成了独具特色的德国公债理论。这一时期的主要代表人物是卡尔·迪策尔和瓦格纳。

1) 卡尔·迪策尔的公债理论

迪策尔(1829—1894)认为，应从公债与整个国民经济的关系来考察公债的经济效应，而不能像古典经济学家那样将公债与国民经济割裂开来进行分析。在迪策尔看来，公债具有生产性，能够促进国民经济的发展。国民经济的运行会经常受到外部因素的冲击，国家可以通过提供公共物质资料消除这些不良影响，从而保证国民经济的顺利发展，因此不能认为政府的支出就是非生产性的。迪策尔的贡献在于：他重新评估了财政支出的性质，指出了财政支出对促进社会生产顺利进行所起的重要作用，摘掉了长期扣在财政支出上的非生

---

① 陈志勇，李祥云. 公债学[M]. 北京：中国财政经济出版社，2012.

产性帽子。他认为,用于生产性投资的公债,尤其是修建公路、铁路、运河等公共设施,是生产发展的必备条件。即使是投资教育和宗教等事业,也是为提高工人的素质和国民的道德水准,使社会生产稳定发展。而且从信用角度来看,公债是信用的一种高级形式,大规模发行是国家进步的标志,是一国国民经济高度发展的表现。因此迪策尔认为发行公债可以促进资本的积累和再生产规模的扩大。①

2) 瓦格纳的公债思想

瓦格纳(1835—1917)整理并完善了德国社会政策学派的公债理论体系。瓦格纳比较了赋税与公债的作用,按公债资本来源的种类不同将公债划分为三种类型:第一种资本来源是来自国民经济中的闲置资金;第二种资本来源是来自外国的资本;第三种资本来源是来自国内资本。瓦格纳认为,公债制度对社会经济发展是有害还是有利取决于公债的来源。如果购买公债的资金是社会闲置资金或者是外国资本的流入,那么发行公债并没有多大的危害。然而,如果购买公债的资金是从生产领域中抽离出来时,发行公债就是有害的。

总的来说,瓦格纳一方面希望保持原有财政秩序,认为应该继续维持传统的平衡预算收支的财政政策;另一方面,他又主张用举借外债的办法来弥补预算赤字以满足膨胀的财政支出需要。

2. 英国公债理论

1) 巴斯泰布尔的公债理论

巴斯泰布尔(1855—1945)在1892年出版的《财政学》一书中阐述了自己的公债思想。巴斯泰布尔认为,公共事业的支出可以用公债来筹集。巴斯泰布尔认为,国家财政能实现收支平衡是偶然的,大部分年份的财政收支是不平衡的,收入超过支出会产生剩余,收不抵支则会产生赤字。尤其是在战争时期或筹建特别大型公共项目时,往往临时财政支出会大幅度上升,财政赤字不可避免产生。公债是筹措临时支出财源的主要手段之一。

2) 道尔顿的公债论

道尔顿(1887—1962)把公债分为国外公债和国内公债,其中国外公债按其负担可以分为直接负担和间接负担。直接负担又分为直接的货币负担与直接的实质负担,其中直接的实质负担依据债务国支付债务使社会福利遭受损失的程度来判断,间接负担则要依据债务国支付债务阻碍社会生产力发展的程度而定。至于国内公债,由于只是在同一国家内财富的转移,所以既无直接货币负担,也无直接货币利益。

道尔顿根据公债和公有财产的关系把公债区分为再生产公债(Reproductive debt)和沉重公债(Dead Weight Debt)。再生产公债是指其背后持有等值资产的公债,而沉重债务是指没有对应资产存在的债务。因为再生产公债有充足的公有资产做后备,支付给债券人的利息来自于后备资产所产生的收益,而沉重公债的偿还资金一般来源于赋税。所以应多发再生产公债,少发沉重公债。再生产性公债不仅不会危害民经济产生,反而会促进国民经济的发展。

3. 凯恩斯及其追随者的公债理论

1) 凯恩斯的公债理论

约翰·梅纳德·凯恩斯在1936年出版的《就业、利息和货币通论》一书中,把资本主

---

① 陈志勇,李祥云. 公债学[M]. 北京:中国财政经济出版社,2012.

义经济危机和严重失业的原因归为有效需求不足。在凯恩斯看来，国民收入取决于有效需求。有效需求又由私人消费、私人投资与政府开支组成。凯恩斯认为，在短期内，消费需求变化不大；在长期内，随着国民经济的增长，人们收入的提高，边际消费趋向递减，这样就会出现消费需求不足。投资需求由利息率和资本边际效率所决定，资本边际效率又是由重置成本和预期收益两个因素所决定的。由于未来不可控的因素相当复杂及人们的有限理性，人们对预测缺乏信心，使得投资决定非常容易发生突然变化，因此，资本边际效率是不具稳定性的。另外，存在着资本边际效率的递减规律，即随着资本量的逐步增加，资本的边际收益率会递减。一旦出现资本收益率的递减，利润就会下降。为了保持投资量和资本存量的不变或增长，就必须降低利率，降低资本的重置成本以促进投资。然而，由于存在着"流动性陷阱"，利率的降低存在约束，最终会出现投资需求不足的现象。私人消费和投资不足会导致有效需求不足，使国民经济陷入衰退。此时，政府应该实行通过发行公债、实施赤字财政来扩大政府支出，刺激总需求，从而带动国民经济的增长。①

2) 汉森的公债理论

汉森从公债是十分重要的内在稳定因素角度进行分析，认为公债的利弊皆有，但利大于弊。因为公债风险极低，人们持有公债就相当于持有切实可靠的财产，商业银行持有公债也可视为为存款人提供了保障。并且在经济衰退时期，有效需求不足，公债提供了购买力，即使持而不用，也会增强消费者的信心。公债要促进经济的发展，需要公债得以有效地利用，这就要加强对公债的管理。汉森对公债管理提出了四个基本准则：第一，政府必须按时还本付息，这样才能保障公债是一种安全可靠的投资；第二，国家必须保持货币价值的相对稳定，避免通货膨胀；第三，尽可能使其与累进所得税共同发挥作用，使公债为全体公民持有，从而促进收入公平分配；第四，国家发行公债的首要目的应该是促进国民收入的不断增长。

3) 萨缪尔森的公债理论

萨缪尔森是一名公债拥护者，虽然他认为公债不是绝对的好，但是如果国家在一定条件下发行公债，就有可能收到好的效果。一方面萨缪尔森在其著作中指出，"我们可以这样说：如果公债的增加是在充分就业时期形成的而又没有相应的资本形成，或者如果公债的增加导致私人投资减少，那么公债的增加确实代表一种'负担'。另一方面，如果造成公债的原因是找不到其他办法来提高社会总需求，以便得到充分就业的均衡点，那么公债实际上代表将来的一种负数的负担，因为，它能够在目前形成更大数量的资本和消费"②。萨缪尔森还认为，公债是国家贯彻补偿性财政政策以稳定经济的常备工具。就公债发行的数量而言，他认为只要公债的增长速度与国民生产总值的增长速度差不多，则不论公债的绝对数字多高，都是适度的。

4) 凯恩斯学派公债理论的总结

凯恩斯学派的公债理论的内容主要体现在以下几个方面：第一，发行公债对国民经济是有益的。劳伦斯·R.克莱因根据20世纪30年代以来公债收入的使用情况进行分析，发现公债不仅不是非生产性的，而且还是增加国民财富的重要因素。第二，公债不会增加下

---

① [英]约翰·梅纳德·凯恩斯. 就业、利息和货币通论[M]. 北京：商务印书馆，1999.
② [美]萨缪尔森，等. 经济学[M]. 北京：商务印书馆，1979.

一代的负担。凯恩斯学派认为，就内债来说，公债只是改变了资源用途。本期资源用途改变不会造成下一代的负担。因为上一代人不仅留下了债务，也留下了债券。第三，公债是政府调节经济的重要手段。发行公债，在有效需求不足时可以扩大社会需求，从而消除经济危机和减少失业。公债不仅能够通过吸收通货膨胀时期的剩余购买力或增加经济萧条时期的需求来平滑经济波动，而且还能通过公债利率来引导社会资金的有效利用。

7.3.3 现代的公债有害论

公共选择学派的代表人物布坎南对凯恩斯主义的公债理论提出了质疑。布坎南认为，公债破坏了资本的价值。公债与私人债务一样，"是一种日后支付的义务。因此，单独来说，一个资产所有人签订了债务契约，就等于他们持有从资产中源源不断获得预定纯利润的权利。这种契约必然会降低资产的价值，现值降低的幅度取决于源源不断得到的预定纯利润的贴现利息。按照这个最基本的逻辑标准，举债等于破坏了资本的价值"[1]。他还认为，西方国家政府持续发行公债的主要目的是满足政府日益扩大的消费，而不是用于生产性投资，这违背了财政节约的传统准则。此外，布坎南还驳斥了"政府举债用于长期固定资产投资便是值得的"观点。

布坎南的主要观点如下：第一，公债的实际负担必定要由那些为债务还本付息支付的未来一代人来承担。第二，公债和私债的本质都是债务，分析私债的逻辑同样适用于公债的分析。因此不论是公债还是私债，在任何一种情况下的借款都是增加了本期购买力，却没有发生额外本期成本，相应的成本被转移到未来。第三，外债和内债基本上是等价的。如果政府靠举债支付消费性支出和转移性支出而不是资本性支出，这就相当于破坏了国民资本价值。第四，公债的合理性取决于支出的预期生产力和预期收益。公债作为一种为公共服务筹集资金的手段，应当被局限于只对预期将产生长期利益的公共工程筹措资金。另外，布坎南还提出警告，当政府债务累积到政府无力偿还的程度时，政府往往会延期偿还或采用通货膨胀等方式来赖债。

就公债而言，还有一些其他学派的观点如下：货币学派认为，通过发行公债增加的有效需求，在货币供给量不随之增加的情况下，政府支出会产生对私人投资的"挤出效应"，这种"挤出效应"会在长期内抵消其政策效果。理性预期学派认为，由于人们理性预期的存在，凯恩斯学派的财政政策不论是在长期还是在短期都是无效的。发行公债时，人们会预测到为了还本付息，未来的赋税会增加，就会未雨绸缪，不敢增加消费和投资，而是增加储蓄。这使得财政政策无法产生创造收入的正效应。而且，政府对经济的过多干预，通常会引起整个经济秩序的紊乱。供给学派认为，财政规模的扩大，一方面导致税负过重；另一方面表现为社会保障支出增加。高税负会影响纳税人劳动的积极性，降低企业设备投资的热情，从而抑制了经济活动；高社会保障会削弱个人储蓄倾向，降低人们的劳动意愿。所以为促进经济增长应紧缩财政支出，实施以减税为主的税制改革，从而刺激经济增长，增加财政收入，最终消灭财政赤字，实现财政收支平衡。

---

[1] [美]布坎南. 自由、市场和国家[M]. 北京：北京经济学院出版社，1988.

7.3.4 马克思、恩格斯的公债理论

马克思与恩格斯的公债理论见于《资本论》及相关著作中。马克思在《政治经济学批判序言》第三节"经济学的方法"中，考察了租税、公债、公共信用等，在《资本论》"原始积累"这一章里，论及了公债问题。他们的主要观点如下。

1. 公债是取得政府财政收入的一种手段

恩格斯指出，为了维护公共权利，政府需要公民交纳的税收，"随着文明时代的向前发展，甚至捐税也不够用了，国家就发行期票、债券，即发行公债"①。同时，他们还阐述了公债产生和迅速发展的经济条件。马克思在《资本论》中指出，公债制度产生于中世纪的热那亚和威尼斯，后来在工场手工业时期流行于整个欧洲。马克思还指出："殖民制度、公债、重税、保护关税制度、产业战争，等等，所有这些真正工场手工业时期的嫩芽，在大工业的幼年时期都大大地成长起来了"②。

2. 公债对资本主义制度的形成和发展起了重要的推动作用

马克思在《资本论》里阐述了资本原始积累中公债所起的作用："公债成了原始积累的最强有力的手段之一，它像挥动魔杖一样，使不具生产性的货币具有了生殖力，这样就使它转化为资本，这些资本不一定投资于工业，有些甚至投资于高利贷，这就不可避免地面临风险。债权人实际上没有付出什么，因为他们贷出的金额变成了容易转让的公债。这些公债在他们手里所起的作用和现金一样。于是就出现了有闲的食利阶级，充当政府和国民之间中介人，大发横财。每次公债的一大部分就成为从天而降的资本落入包税者、商人和私营工厂主的手里。同时，马克思还指出公债对金融主以及证券行业的影响：公债还使股份公司、各种有价证券的交易、证券投机行为等发生在交易所的投机行为和现代银行业兴盛起来"③。

3. 公债和赋税的关系

马克思和恩格斯指出："强制的公债无非是一种特殊形式的所得税。"④ 公债的还本付息往往需要依靠国家税收来支付，虽然发行公债可以使政府弥补财政收支缺口，同时纳税人又不会立即感到税负的增加，这种示范效应又使政府在遇到新的额外开支时，总要借新债，但公债的偿还最终还是会提高税收。在公债和赋税的相互转换中，实际的成本负担最终都是由本国国民来承担的，而不仅仅涉及债权债务人本身。

4. 揭露了资本主义公债具有剥削的阶级实质

马克思分析了国家财富落入金融贵族手中的原因。马克思认为其主要原因就在于国家经常处于有增无减的负债状态。同时，他还指出，公债不过是增加税收及满足资产阶级扩大政权所造成的新需要的一种新手段。另外，马克思指出了资本主义公债制度在剥削国民

---

① 马克思，恩格斯. 马克思恩格斯全集[M]. 北京：人民出版社 1965：21.
② 马克思，恩格斯. 马克思恩格斯全集[M]. 北京：人民出版社 1965：23.
③ 马克思，恩格斯. 马克思恩格斯全集[M]. 第23卷. 北京：人民出版社 1965：823.
④ 马克思，恩格斯. 马克思恩格斯全集[M]. 第5卷. 北京：人民出版社 1965：353.

及财富资本化方面扮演了重要角色。

7.4 公债的发行与偿还

7.4.1 公债发行

公债发行是指政府售出公债同时被投资者认购的过程。发行是公债的开端,主要涉及的内容包括公债的发行条件和发行方式的确定。

1. 公债发行条件

公债发行条件既直接关系到政府的偿债能力,又体现了投资者的收益大小。公债发行条件是否合适直接影响到公债能否顺利销售。公债发行条件主要包括发行期限、发行价格、发行利率和票面价值等。

1) 发行期限

公债的发行期限是政府根据资金的需求期限、已发公债的偿还时间及预期市场利率水平等因素来确定的。首先,政府必须分析已发行但未偿还的公债期限结构状况,从而使还本付息支出均匀分布,以防止出现偿债高峰。其次,从政府筹资目的来看,公债发行的期限结构应尽可能与政府的筹集资金及使用资金的目的相匹配。此外,从市场利率水平来看,公债发行期限结构的成本不仅会受到当期市场利率的影响,还会受到未来各期市场利率的影响,因此,在公债发行时,对市场利率的走势进行分析与预测也是很有必要的。从公债交易市场的发育程度来看,如果公债交易市场发育成熟,那么流动性就相对强,则发行中长期债券就比较容易;反之,如果市场不完善,流动性相对差,投资者购买中长期债券的意愿就弱,那么政府只能发行短期债券。从政府的宏观调控政策来看,在市场经济条件下,政府可以通过发行期限结构长短不同的公债来平抑经济波动。

2) 发行价格

公债发行价格是指政府出售债券的价格或投资者的购买价格。按照公债发行价格与其票面额的关系,公债发行价格可分为平价发行、折价发行和溢价发行三类。

(1) 平价发行。

平价发行是指公债按票面值出售,即认购者按公债的票面值支付购买金额,政府按票面值取得收入。政府定期支付债息并到期按票面值偿还本金。政府债券要按票面值出售,须具备以下两个条件:一是公债利率要和市场利率大体相当;二是政府信用级别较高。

(2) 折价发行。

折价发行是指政府公债以低于票面值的价格出售,亦称折扣发行。公债采取折价发行的原因主要有两个:一是如果债券利率较市场利率偏低且市场利率呈上升趋势的话,政府需降低发行价格,市场上才有债券认购者;二是在债券发行任务较重的情况下,为了鼓励投资者踊跃认购而用减价的方式给予额外的利益。

(3) 溢价发行。

溢价发行是指政府债券以超过票面值的价格出售或者认购者按高于票面值的价格认购。溢价发行需要政府信用级别很高,并且公债的利率一般要高于市场利率,投资者觉得有利可图才会去购买；或者是公债利率和市场利率虽大体一致，但市场利率呈现下降趋势，这种情况下政府有可能增价发行。

3) 公债利率

公债利率指的是政府因举债而应支付的利息额与借入本金额的比率，它反映了政府占用投资者资金的时间价值与机会成本。公债利率主要取决于市场利率、政府信用等级、社会资金的供求状况、公债期限及付息方式等因素。

市场利率一般是指证券市场上各种证券的平均利率水平，它是公债利率的主要影响因素。政府的信用等级通常与公债的发行利率成反方向变化，信用等级越高意味着越安全，利率则越低。当社会资金供不应求时，公债利率趋于上升；反之，则趋于下降。公债的期限越长意味着不确定因素越多，投资风险就越大，因而利率也需相对高一些，这样才能吸引投资者；反之，期限越短，利率就较低。公债的付息方式可分为一次性付息和多次付息，一般来说，短期公债一般采取一次性付息，中长期公债则采取多次付息方式。从预期通货膨胀率来看，为了保证公债顺利发行的同时成本最低化，政府需根据预期通货膨胀率的变化趋势来适时调整公债的票面利率。

4) 公债票面额度

公债票面额度是指公债券上标明的金额，亦称公债面值。公债面值一般取决于公债的发行对象、发行成本、经济发展状况、交易习惯及公债发行的数额等因素。因此，债券面值的设计一般应遵循以下原则：①当公债发行的数额较大、涉及的销售范围较广时，则应以大小票面额兼备为优；若发行的数额较小，则可视发行对象的具体情况来确定所需要采用的票面额。②如果公债的发行对象是以机构的大宗交易为主，则宜采用较大面额；如果发行对象以居民为主，则应根据实际情况而定。③在发行总额既定的前提下，应尽可能少印或不印小面额债券。

2. 公债发行方式

发行方式是指中央财政作为公债发行主体，代表国家与投资者之间销售与购买公债时所采取的方式。

1) 公募招标

公募招标是指在金融市场上公开招标发行公债，亦称公债招标。公募招标有以下特点：①发行条件由投标决定，也就是说认购者对准备发行的公债收益和价格进行投标，推销机构根据预定发行量决定中标者名单，并接受由中标者投标决定的收益和价格。②投标过程通常由财政部门或中央银行负责组织，即财政部门或银行为公债发行机构。③公募招标主要适用于中短期政府债券，特别是国库券。公募招标的具体方法又可分为价格拍卖、收益拍卖、竞争性出价和非竞争性出价四种。公募招标的优点是可以避免因市场利率不稳定而使公债发行条件与市场行情脱钩而无法完成发行任务的情况；其缺点是政府在发行条件上往往处于被动地位。

2) 承购包销

承购包销是指由政府与公债承销机构签订公债承购包销合同，将公债打包统一出售给承销机构，再由承销者自行销售的方式。其特点是：间接发行、认购期限较短、发行条件固定、推销机构不限。这种发行方式主要适用于可转让中长期公债的推销。其优点是在市场利率较稳定的情况下，政府确定公债发行的条件和数量，还可灵活地选择推销时间，但缺点是成本较高，且在市场利率不稳定的情况下，确定条件与需求可能相违背。

3) 随买发行

随买发行是指受政府委托的推销机构在金融市场上设专门柜台销售债券的推销方式，亦称柜台销售方式。随买发行主要通过金融机构和经纪人销售，所以推销期限和发行条件不定。这种方式主要适用于向中小投资者发行不可转让债券，特别是针对居民发行的储蓄债券。其优点是灵活确定公债发行的条件和时间，从而保证任务的完成。其缺点是会对私人投资有一定"挤出效应"。

4) 直接销售

直接销售是指债券的推销机构就是政府财政部门，不通过任何中介或代理机构进行销售，亦称承受发行。直接销售由于发行机构只限于政府财政部门，所以认购者主要限于符合一定条件的机构投资者，发行条件通过直接谈判来确定。这种方式主要适用于某些特殊类型的债券推销。其优点是可以充分挖掘各方面的社会资金，通过谈判确定条件，具有较大灵活性，但缺点是发行的范围很小，只限于特殊债券和机构投资者。

7.4.2 公债本金偿还与付息方式

1. 公债本金偿还方式分类

以偿还时间为标准，可将公债偿还方式分为到期偿还法、期中偿还法和延期偿还法；以偿还频次为标准，偿还方式可分为到期一次偿还法、分期偿还法、抽签轮次偿还法和期中选择偿还法；以偿还形式为标准，偿还方式可分为市场购销偿还法和以新替旧偿还法。

2. 公债本金偿还的具体方法

1) 直接偿还法

(1) 到期一次偿还法。到期一次偿还指政府对发行公债实行在债券到期日按票面额一次性全部偿清。其优点是简单易行，便于管理，不必为公债的还本频繁的筹集资金，有利于降低偿还成本。其缺点：一是由于一次性偿还需大量资金，会对财政造成较大的压力；二是使财政支出迅速增加，导致经济体系中的货币供应量骤然增加，有可能造成经济波动；三是在缺乏保值措施的情况下，持有人容易受到通货膨胀的影响。

(2) 分次偿还法。分次偿还是指政府采用分期分批的方式予以偿还所发行的公债。根据决定分期方式的不同，可分为抽签偿还法和比例偿还法。其优点是有利于分散公债偿还对财政所造成的压力。其缺点是工作量大，需要频繁进行资金的筹集和兑付，公债利息率也有差别，因而导致债务的管理费用相对较高。

2) 市场购销偿还法

这种方式的赎回价格高于票面额，主要是央行的公开业务操作，适用于短期公债。其优点是提供中期兑换可能性，支持债券价格，增强对公债的信任，有利于调节经济。其缺点是工作量较大，市场购销工作人员须较高的素质和具备相当的判断能力。

3) 以新替旧偿还法

这种方式指政府通过发行新债券来兑换旧债券。其优点是从政府的角度来看，能增加政府筹措资金的灵活性；从持有者角度来看，只有认为有利，便可拥有继续持有政府债券的优先权。其缺点是在一定情况下有可能会对政府信誉造成一定影响。

4) 提前偿还法

提前偿还法是指所积累资金已充分满足所需资金时,政府提前偿还尚未到期公债的一种方式。

5) 延期偿还法

延期偿还是指政府在公债到期后,由于某些原因不能按时偿还本金,不得不延长偿还时间的做法。这种方式有损政府信用,不到万不得已政府不会采用。

3. 公债付息方式

公债付息方式按频次可分为两类,按期分次支付法和到期一次支付法。按期分次支付法一般适用于中长期债券或在持有期内不能兑换的债券;到期一次支付法则多适用于短期债券或超过一定期限后随时可以兑换的债券。

7.4.3 公债偿还资金来源

1. 预算列支

预算列支是指用经常性预算收入安排当年应偿债务支出。采用预算列支有以下合理性:一是税收收入是政府财政收入的主要来源;二是公债无非用来弥补财政赤字或用于公共建设,弥补财政赤字的资金理应来自税收;三是用税收来偿还债务不会影响货币总量。预算列支在实际操作中可能会遇到以下问题:一是从预算收入来看,由于税收收入取决于特定时期的经济发展水平,并不能随意增减;二是从预算支出来看,经常性预算的支出项目通常具有"刚性",即使将公债偿付支出列入经常性预算,如果在政府财力不够充裕的情况下,公债偿还支出也可能被其他项目挤掉。因此,在实际操作中,大多数国家都是将公债的利息支付列入预算列支,而本金则通过其他渠道来解决。

2. 预算盈余

预算盈余是指国家预算的执行过程中出现了收入大于支出的情况,收入大于支出的余额即为预算盈余。与预算列支相比较而言,利用预算盈余偿还公债的最明显优点是可以避免公债偿付对税收造成压力。但事实上,出现预算盈余的情况较为罕见,将其作为一种潜在的偿债资金来源的可能性不大,只能将其作为公债偿还资金的一种备选来源方式。

3. 项目收益

如果政府将发行公债所筹集到的资金用于经济建设,然后用投资项目带来的收益偿还债务,这就是我们所说的"以债养债"。这一方式通常用于偿付地方债务。

4. 举借新债

政府通过发行新债券为到期的债务筹措偿还资金,这种方式也被称为"借新还旧"。这是目前大多数国家偿还公债的主要资金来源。但是在利用这种方法筹措偿还公债资金来源时,需要注意以下问题:用于偿还旧债而发行的新债应仅限于到期公债的本金,而不应包括利息。

5. 偿债基金

偿债基金是指由政府设立的专门用于偿还债务的资金。偿债基金有以下优点:一是虽然从短期来看，划拨偿债基金会减少政府当期可支配收入，但从长期来看，偿债基金可以均衡各年偿债负担；二是从债务管理的角度来看，建立偿债基金后，可以把债务收入和支出从正常预算收支中独立出来，这样便于更好地管理债务资金及监控资金使用效果。当然，偿债基金也有一些缺点，主要体现在以下几个方面：一是偿债基金可能被挪用，则相当于形同虚设；二是由于设置了偿债基金，政府需要定期定额拨款，这会减弱部分预算安排的灵活性；三是基金的管理工作相当繁杂，并且管理者需要相当的判断力，以确保基金能获得相当的利益而不至于造成损失；四是若政府无法按预期拨付偿债基金，必然会导致发行新的债券。

7.5 公债的经济效应

公债经济效应是宏观经济学中一个十分重要且充满争议的问题。直到今天，不同的经济学派在公债的经济效应这个问题上持的观点也迥然不同。本节主要介绍公债经济效应的研究方法及公债对财政收支、货币供给、收入分配的影响。

7.5.1 公债效应的研究方法

政府的收支是在政府预算约束条件下进行的，也就是说在一定时期内政府的所有支出必须等于政府所获得的所有收入，可以用 $G = T + \Delta D + \Delta H$ 表示，式中，G 表示政府支出，T 表示税收收入，D 表示公债余额，H 表示基础货币供给量，Δ 表示变化量。这个等式表明：政府支出所需资金既可以通过税收筹集，也可以通过发行公债及增加基础货币量的方式来筹集，通常是这三种方式的组合。从该公式中可以看出，公债的经济效应可以表示为公债余额的变化量和相应的其他政府预算变量的变化量净效应。因此，在对公债的经济效应进行分析时，必须假定何种预算变量保持不变，何种预算变量发生了补偿性的变化。由此发展出研究公债经济效应的两种方法：一种是绝对的研究方法；另一种是差别的研究方法。

1. 绝对的研究方法

首先，我们假定经济中存在闲置资源，为实现充分就业，扩大总需求，政府决定增加财政支出，并且所有财政支出增量都用于经常性支出，而增加支出所产生的财政赤字则是通过发行公债来筹集资金的。根据宏观经济学中的 IS-LM 模型分析可知：在投资乘数原理的作用下，在原有的利率水平上，增加政府支出水平必然会导致总需求水平提高，为满足增加的产品需求，产量必须上升。如果我们保持利率不变，在经济未达到充分就业之前，政府支出增加的效果是使社会总产出按照政府支出增加的倍数(政府支出乘数)扩大。但随着产量和收入的增加，资本市场原有的均衡会被打破，因为收入的增加会提高货币需求量，在货币供给量不变的条件下，利率因需求的增加而上升。利率水平提高又会降低私人的投资支出和消费支出，从而使得总需求也相应降低，这就是"挤出效应"。由于"挤出效应"的存在，部分产出增加的效果可能被抵消。因此，"挤出效应"的大小取决于货币需求对收入和利率反应的敏感性。货币需求对收入和利率反应的敏感性越强，同样数量的政府支出引起利率上升的幅度就越大，"挤出效应"也就越大，反之则越小。例如，当经济处于流动性陷阱阶段时，由于此时的 LM 曲线是水平的，利率不随政府支出的增加而增加，因而不会对私人投资支出产生"挤出效应",政府支出将按其乘数效应扩大社会总产出。再者,如果中央银行配合财政政策扩大货币供应量以防止利率升高,那么"挤出效应"也不会发生。在开放经济中,政府支出增加引起的利率上升可能会吸引外资流入,这种情况下本国的私人投资也可能不受影响,该国财政支出增加实际上挤出了外国的私人投资。当然,更重要的是,在非充分就业的状况下,财政支出的增加必然导致总需求增加,进而收入水平提高,那么储蓄水平随着收入的提高而上升。储蓄增加反过来有可能成为财政预算赤字筹集资金的主要来源,这种情况下,对私人投资支出不会产生"挤出效应"。

在非充分就业的状况下,政府增加财政支出且通过发行公债为所增加的支出筹集资金,其经济效应是增加了总产出。因为这种情况下财政支出的增加对私人投资的"挤出效应"即使有也是微乎其微的,更可能发生的是"挤入效应"。国民储蓄额既可能减少,也可能不变,更可能增加;如果政府增加的支出用于资本性支出,那么国民储蓄绝对额肯定增加。当然国民储蓄率有可能升高,也有可能降低,这主要取决于国民储蓄和总产出各自的增加幅度。

但在资源充分就业的情况下,从标准 AS-AD 模型可以看出,政府支出增加的唯一结果就是价格的上升,因为总产量保持在充分就业水平而不会改变。IS-LM 模型的分析表明,政府支出的增加会完全挤出私人投资。当然,增加的政府支出如果用于资本性支出,那么总投资不会改变,改变的只是政府投资和私人投资的结构。因此,在充分就业情况下,政府支出的增加有可能降低国民储蓄率,也有可能维持国民储蓄率不变,这主要取决于增加的政府支出是用于经常性支出还是资本性支出。

2. 差别的研究方法

按照差别的研究方法分析公债的经济效应,我们假设政府支出不变,通过发行公债为税收减少所形成的财政赤字融资。另外,除非特别提及,我们还假定货币政策不受政府债务的影响,这样就无须考虑债务货币化的影响,可以根据债务的实际值而非名义值来研究其经济效应。公债对经济产生的效应可以分为短期效应和长期效应。

1) 公债的短期效应:增加总需求和总产量

假设政府保持支出不变,削减税收会减少财政收入,从而就会产生财政赤字。但这种减税政策会提高家庭的可支配收入,如果家庭边际消费倾向不变的话,会使家庭消费支出有所增加。如果削减的是公司所得税或对投资活动实施税收优惠政策,那么私人投资将受到激励,这都有利于提高总需求。

在短期内,经济运行符合凯恩斯主义理论的描述,增加总需求将提高总收入。这主要是由于在短期内存在价格和工资的黏性,并且人们在短期内无法完全正确理解总需求变化的真正含义,因此总需求的增加将会带动更多的生产要素投入。如果是在就业不充分的情况下,削减税收对总产出的刺激作用就更加明显。

2) 公债的长期效应:影响国民储蓄

在长期内,经济运行更加符合古典经济理论的描述。在长期内价格和工资将变得更有弹性,人们对经济变化的理解也更加准确。长期内,财政政策唯一能影响的就是生产要素的供给。在充分就业的经济中,政府减税增加了居民的可支配收入,进而增加了居民储蓄。经济学主流观点认为,由于私人部门会将一部分增加的可支配收入用于消费,因此,私人储蓄的增加量将小于政府储蓄的减少量。这样,国民储蓄将减少,国内投资总额也将减少。

在就业不充分的经济中,政府减少税收产生的财政赤字在经济未达到充分就业之前会按照乘数效应扩大总产量和总收入。同时,居民收入的增加将增加居民储蓄,私人储蓄的增加量很有可能超过政府储蓄的减少量,这样总投资和净出口不但不会减少反而有可能会增加。

与绝对研究方法中的逻辑一样,减税产生的财政赤字更可能产生的结果是促进更多的私人投资,特别是对投资实施税收优惠时效果更明显,即私人储蓄增加的数额大于公共储蓄减少的数额。因此,一般来说,政府减税产生的财政赤字会使本国货币升值,增加经常性项目赤字。

7.5.2 公债对财政收支的影响

1. 公债对财政收入的影响

1) 公债对当年财政收入的影响

政府行使其职能的过程中必定会产生一定数量的财政支出,所以政府必须拥有相应的财政资金。一般而言,政府的正常收入是以税收为主的无偿收入。假设 R 表示政府当年财政收入,T 表示政府当年以税收为主的无偿收入,如果该收入正好能够弥补政府当年财政支出,政府就实现了当年财政的收支平衡。那么,就有如下等式:

$$R=T$$

但是,如果以税收为主的无偿收入不能弥补政府的财政支出时,就需要通过其他途径追加财政收入,这种情况下,公债往往成为政府增加收入的最佳手段。假设 D 表示政府当年公债收入,则当政府举借公债弥补财政赤字时,就有等式:

$$R=T+D$$

显然,举借公债的直接效益应是形成政府当年财政收入的增量。设该财政收入增量为 ΔR,则比较上面两个公式,可以得到等式:

$$\Delta R=D$$

以上分析表明,公债对当年财政收入的影响是增加了政府在该年度的收入总量。当然,借款总需还本付息的,因此,发行公债需要考虑今后财政的偿还能力。

2) 公债对以后年度财政收入的影响

公债对财政收入的直接影响是增加了当年财政总收入。那么,公债对之后年度财政收入会有什么影响?一般来说,财政收入是随经济的增长同向变动的。如果用国民收入表示经济发展水平,那么,国民收入增加,财政收入也会随之增加。同理可以证明,政府发行公债,若当年公债收入使用后,必然会引起以后年度国民收入变化,那么财政收入也会随之相应变化。从以上分析可以看到,公债对以后年度财政收入的影响并非直接的,而是间接的。

2. 公债对财政支出的影响

1) 公债对当年财政支出的影响

公债对当年财政支出的影响可从直接影响和间接影响两个方面来分析。直接影响是指因发行了公债而使当年财政的还本付息支出增加了。间接的影响是指由于公债的发行而使当年财政的其他支出(非债务支出)增加了。应该看到,政府举借债务,对其支出确实有这种间接的扩大作用。事实上,各国政府支出的日益膨胀在当今社会是一个比较明显的现象。

2) 公债对以后年度财政支出的影响

公债对以后年度财政支出的影响也可从直接影响和间接影响两个方面来分析。直接影响是指公债增加了以后年度的财政的还本付息支出。公债影响财政以后年度偿债增量的大小主要取决于三个因素：一是公债发行规模；二是公债利率结构；三是偿还债务的期限结构。公债对以后年度财政支出的间接影响是指因公债的发行而使财政在以后年度的其他支出(非债务支出)增加了。这种影响是由于财政支出的许多项目具有单向刚性。实践中，我们往往可以看到这样一些现象，对于具体的政府职能部门来说，它们使用财政拨款行使相应的职能。在这一过程中，资金使用者会预期经费拨款逐年增加，如果一旦减少经费拨款却又没有相应减少工作任务的情况下，这种变化就会在职能部门产生消极影响。因此，表现出来的通常是政府拨款的维持或不断增加。

分析公债对财政支出的影响，可以总结如下：第一，公债并不仅是增加财政收入的常用手段，也是财政支出的内容；第二，政府在举借债务时不仅要关注公债对财政收入的直接影响，也要注意公债对扩大财政支出的间接影响。当政府预算出现财政赤字时，如果不作其他方面的改善仅依赖公债手段，政府的支出容易扩大，从而不利于实现控制财政支出规模的目标。

7.5.3　公债对货币供给的影响

1. 公债发行对货币供给的影响

公债体现了政府与投资主体之间因借贷而产生的债权债务关系。在这一借贷关系中，借方与贷方共存，既产生了债务人也产生了债权人。一方面，公债的债务人是政府，它发行了公债，得到了货币资金，形成了公债收入；另一方面，公债的债权人是公债承购者，它们付出了自己的货币资金，得到了债券。在公募发行的情况下，债务人是唯一的，即政府，而公债承购者是非常广泛的，除非政府设有限制性条件，否则可能是社会上各种企业、投资机构或个人。为便于分析公债发行对货币供给的影响，我们将公债承购者划分为中央银行、商业银行和非银行部门三种类型。三类主体承购公债时，在货币供给中起的作用是不同的。

1) 中央银行承购公债的货币效应

主流经济学认为中央银行直接购买公债将对货币供给产生扩张效应。我们可以通过中央银行的资产负债表项目来阐述为什么会产生扩张效应。财政存款存在中央银行，构成了中央银行的负债项目。政府债券是中央银行的资金运用，构成了中央银行的资产项目。当中央银行承购公债时，财政部在交给中央银行债券的同时也得到了一笔可以支取的货币资金，这个过程就相当于直接增加了财政存款。如果运作过程到此为止，那么社会上还未出现增加的货币供给，因为仅体现出中央银行账面上资产项目和负债项目的等额增加。但是政府的公债收入总是要用于各项支出的，当政府将这部分公债收入拨给社会各部门、企业和个人时，由于它们的账户开立在商业银行，那么这个过程就相当于商业银行的社会存款增加，由于商业银行通过放贷会产生货币创造效应，其结果就会导致货币供给量扩大。如果用 M 表示扩大了的货币供给量，D 表示政府将公债收入拨给社会各方面的款项，R 表示存款准备金率，则有如下关系式：

$$M = \frac{D}{R}$$

这表明，中央银行承购公债会导致货币供给量扩张。当社会经济正好处于货币供给大于货币需求的状况时，中央银行承购公债将会加剧通货膨胀。

2) 商业银行承购公债的货币效应

商业银行承购公债会对货币供给生产产生怎样的影响？分析这一问题前，首先得区分商业银行购买公债的资金来源。在商业银行资产负债表的资金运用方面，主要项目包括政府债券、贷款及在中央银行的存款(准备金)等。因为出售政府债券再来购买新的公债等于是不同公债品种的调换，所以这里不考虑政府债券项目，那么商业银行购买公债的资金来源相当于只有两个：一个是收回已发放的贷款；另一个是动用超额准备金。如果资金来源是收回已发放的贷款，则会产生两方面效应：一方面是收回贷款将直接缩减货币供给量；另一方面是商业银行承购公债会使财政存款增加，而财政部门运用这笔资金后又会扩大货币供给量。从这一增一减两方面效应结合来看，一般认为，商业银行靠压缩贷款来承购公债，不会改变货币供给。如果选择动用超额准备金购买公债的办法，一方面，动用准备金不会减少货币供给量；另一方面，银行购入债券后政府运用其增加的资金会导致货币供给增加。综合考虑这两方面的效果，一般认为，商业银行动用超额准备金来承购公债会使货币供给量具有扩大效应。

3) 非银行部门承购公债的货币效应

非银行部门承购公债的货币效应也需根据其资金来源不同分别进行分析。非银行部门承购公债时，其资金来源有两个，即存款或手持现金，当然也可能是两者兼而有之。不管是在商业银行的存款，还是手中的现金，都属于货币供给量的组成部分。购买公债后，这些存款和现金转化为财政部在中央银行的存款，这个过程导致货币供给量减少。但考虑到政府对公债资金的运用，其结果是增加了接受拨款单位和个人在商业银行的存款和手持现金，它们都属于非银行部门，这个过程意味着货币供给量增加。因此，非银行部门承购公债时会造成货币购买力由非银行部门向政府的转移，但公债资金运用的结果又会造成货币购买力的反向转移。如果不考虑其他因素，比如不考虑货币购买力转移中货币结构的变化(现金与存款比重的改变)，那么非银行部门承购公债最终将不会改变社会的货币供给量。

2. 公债流通对货币供给的影响

公债根据公债到期前是否可交易，可分为流通性公债和非流通性公债。对于流通性公债来说，在其到期偿付之前，可以在证券市场上进行买卖。公债的流通对社会货币供给也会有一定的影响。

1) 公债在同类主体之间转让的货币效应

公债在同类经济主体之间的转让可根据主体的不同分为两种情况：一种是公债在非银行部门之间的转让；另一种是公债在商业银行之间的转让。先来看公债在非银行部门之间的转让。这是一种非常常见的公债交易，在我国公债市场上，大量的参与者属于非银行部门，它们通过证券交易所进行公债现货交易及其他方式的交易。非银行部门参与者包括个人、机构及投资基金等。在分析的时候，我们可以不追寻它们的具体身份，而只需用非银行部门A、非银行部门B等代替即可，因为它们进行公债交易的货币效应是相同的；如果公债是在非银行部门之间交易，即A的公债转让给B，那么，这个过程的结果是B因买入公债而失去了部分货币购买力,而 A 则因卖出公债得到了 B 所失去的这部分货币购买力。这属于内部转移,从整体上来说,这种非银行部门之间的购买力转移对货币供给量的扩大或缩小没有影响。

接下来看公债在商业银行之间的买卖,这主要取决于商业银行购买公债的资金来源。如果是通过收回贷款来购买公债,综合买卖双方的结果是社会货币供给量没有改变。如果是通过超额准备金来购买公债,结果是扩大了货币供给量。

2) 公债在不同类主体之间转让的货币效应

首先,分析公债在商业银行与非银行部门之间的转让。根据交易主体在公债买卖中所处的位置,要区别两种不同的交易方向:第一种是商业银行是公债的卖者,非银行部门是买者;第二种是非银行部门是公债的卖者,商业银行是买者。第一种情况的结果是:商业银行减少其政府债券的同时增加了准备金或者贷款,这实质是商业银行资产项目的调换,并没有影响货币供给量。非银行部门转让给商业银行的效果则因商业银行购买公债的资金来源不同而不同。如果商业银行是用回收的贷款来购买债券,则会导致社会存款的减少,但同时,非银行部门因出售了公债而使其存款增加,这一增一减正好使货币供给的收缩效应和扩张效应相互抵消;如果商业银行是用超额准备金来购买债券,则非银行部门出售公债而增加的存款,将产生货币供给的扩张效应。

其次,分析公债在中央银行与商业银行之间的转让,这也要区分两种不同的交易方向。第一种是中央银行作为公债的卖者,商业银行作为买者。商业银行从中央银行购买公债,对商业银行来说,政府债券增加的同时贷款减少或者准备金减少。商业银行贷款减少意味着货币收缩,准备金减少意味着潜在的扩张货币能力减弱;在中央银行账上,一方面表现为资产方的政府债券减少,另一方面表现为负债方的银行存款减少。因此,综合来看,中央银行向商业银行转让公债具有紧缩银根的效应。第二种是商业银行作为公债的卖者,中央银行作为买者。中央银行向商业银行买入公债,中央银行表现为资产方的政府债券增加,同时负债方的商业银行存款也增加。在商业银行账上表现为资产方的政府债券减少,而准备金增加。由于商业银行增加的超额准备金,可以随时被投放出去。因此,中央银行从商业银行购入公债具有货币扩张银根的效应。

分析公债在中央银行与非银行部门之间的买卖时,仍然要区分两种不同的交易方向,一种是中央银行的公债转让给非银行部门,另一种是非银行部门的公债转让给中央银行。从前面的分析中同理可推导出以下结论:前者将起到紧缩银根的作用,后者将起到放松银根的作用。

3. 公债偿还对货币供给的影响

政府偿债资金来源从形式上看包括预算结余、偿债基金、举借新债、投资收益和课征税款五种。由于预算结余和偿债基金一般也是由税收转化而来的,同时用投资收益还债的货币效应也与税收类同,所以这里可将五种形式简化成两个方面来分析。一方面是以税偿债,另一方面是借新债还旧债。选择不同的偿债资金来源,将对社会货币供给量产生不一样的影响。

1) 以税偿债的货币效应

政府从纳税人那里征税,就纳税人而言,意味着纳税人在商业银行的存款减少,从而导致货币数量减少。对政府而言,这意味着其在中央银行的财政存款增加。单从这个过程看，纳税人资金作为税款流向政府的影响实质是社会存款货币变为中央银行的基础货币，具有收缩银根的效应。实际上当政府有了税款后，会分别向三类公债持有者偿付，总体效应因公债持有者类别不同而有所不同。首先，如果政府用这笔税款偿还给非银行部门，则一方面是非银行部门在商业银行的存款增加，另一方面是政府在中央银行的财政存款减少。这一过程具有放松银根的作用，所以这种偿债方式总体而言将不影响社会货币供给量。其次，如果政府将这笔税款偿还给商业银行，一方面在中央银行账上表现为负债方的财政存款减少和商业银行存款增加，另一方面在商业银行账上则表现为资产方的准备金增加和政府公债减少。由于商业银行在政府偿还公债后，增加了准备金，这是一笔随时可以用来扩大货币供给量的资金，对货币供给具有扩张效应。所以这种偿债方式将抵消征税的收缩效应。最后，如果政府用这笔税款偿还中央银行持有的公债，结果将表现为中央银行账户财政存款和政府债券的等量减少，这一过程对货币供给没有扩张效应。考虑到前期征税的货币收缩，因此，从总体上来看，这种情况是具有紧缩银根的效应。

2) 借新债还旧债的货币效应

(1) 新债发行对象是非银行部门，偿还旧债对象是商业银行或中央银行。

如果新债由非银行部门认购，意味着它们在商业银行的存款减少，这对货币供给量具有紧缩效应。若政府偿还旧债对象是商业银行，商业银行得到政府偿债款后，准备金增加，这对货币供给量具有扩张效应。因此，这种情况从总体上来看，对货币供给量的影响呈中性。若政府偿还旧债的对象是中央银行，则不存在货币扩张效应，所以总体而言是减少了货币供给量。

(2) 新债发行对象是商业银行，偿还旧债对象是非银行部门或中央银行。

如果新债由商业银行认购，意味着商业银行收回贷款或减少超额存款准备金，这会具有货币收缩效应或超额准备金减少效应。若政府偿还旧债的对象是非银行部门，则意味着非银行部门在商业银行的存款增加，这具有货币扩张效应。因此，从总体上看，对货币供给的影响是中性的。若政府偿还旧债的对象是中央银行，因这一过程没有货币扩张效应，所以综合来看，只有商业银行认购新债时的收缩货币效应或超额准备金减少效应。

(3) 新债发行对象是中央银行，偿还旧债对象是非银行部门或商业银行。

如果新债由中央银行认购，则意味着中央银行在资产方与负债方各增加等量金额，这不会影响社会货币供给量。若政府偿还旧债的对象是非银行部门，意味着非银行部门在商业银行的存款增加，具有货币供给的扩张效应。若政府偿还旧债的对象是商业银行，则意味着商业银行的政府债券减少，准备金增加。增加的准备金将是一笔随时可以扩张货币供给量的资金来源，那这种方式则具有放松银根的效应。

7.5.4 公债对总供给和总需求的影响

1. 公债对社会总供给的影响

我们从两个角度分析公债对社会总供给的影响，一是总量方面，二是结构方面。

1) 公债对供给总量的影响

公债对社会供给总量的影响主要表现为以下几个方面。

不管是内债还是外债，如果能够有效地投入生产过程，就能促进经济发展。公债的有效运用是指公债的规模要适当，公债的投向要合理。一般来说，如果规模和投向合理的话，公债的积极效应也就能够充分发挥了。

举借外债可以增加国内市场的供给。政府通过发行外债，拥有了以外汇表现的货币购买力，虽然这部分货币购买力属于一种国际支付能力，一般不直接形成对国内市场的需求。但是如果政府利用这部分外汇收入进口国内短缺的商品物资，就会增加国内市场上的社会供给总量。

清偿外债会减少国内市场的供给。清偿和发行是相反的过程，政府偿还外债的资金来源一是贸易外汇收入；二是借入外汇。如果是贸易外汇收入，贸易外汇的取得依靠出口，出口商品直接减少了国内市场的供给。如果是后者，借入外汇虽然没有直接减少国内市场上可以使用的商品，但是这部分外汇收入原本可以用来进口，现在却用来偿债，相当于减少了商品的进口数量，自然也减少了国内市场上的供给。

2) 公债对供给结构的影响

社会供给结构是指一定时期内全社会所提供的各类商品物资和劳务的组成比例。公债对社会总供给结构的影响主要表现在以下两个方面。

政府举借公债，增加了财政收入，这部分收入投入生产过程就会形成社会供给。当然，资金投向不同，社会供给的内容也不同。比如，假定公债收入全部用于生产生产资料，则社会供给结构中生产资料供给的比重会提高。因此，政府对公债资金分配结构的安排，可以在一定程度上影响社会的生产结构，进一步影响到社会的供给结构。

在政府举借外债的情况下，根据前面的分析可知能增加国内市场供给。实际上，在这一过程中，国内市场的供给结构也可以改变。因为，外债可以通过进口商品来增加国内供给，那么进口商品的结构会影响到社会供给结构。如果国内市场上原有的供给结构与当前需求结构不匹配，政府就可以利用进出口贸易与外债政策的配合来调整不合理的供给结构，使它符合国民经济发展的需要。

2. 公债对社会总需求的影响

1) 公债对需求总量的影响

社会总需求是指有支付能力的需求，也就是货币购买力。因此，如果货币供给量增加，社会需求数量也会增加。如中央银行承购公债、商业银行用超额准备金承购公债、中央银行到证券流通市场上收购政府债券等，这些措施对社会货币供给皆具有扩张效应，从而对社会需求总量也有扩大效应。当然，有些情况对货币供给具有紧缩效应，比如政府通过征税来偿还中央银行持有的公债，这种措施由于减少了货币供给量，从而使社会需求总量也缩小了。

投资和消费是社会总需求的重要组成部门。如果公债运行的结果是增加某经济主体的投资，或者增加某经济主体的消费，或者是两者皆有，同时又没有"挤出效应"，那么社会总需求必然会增加。当然，这种情况发生的实质是把潜在的需求转为现实的需求。比如，政府向个人投资者发行公债，个人投资者用闲置资金购买公债，或是银行吸收了这笔存款也因某种原因很难贷出去，那政府使用这笔债务资金的效果，就相当于将潜在的货币购买力转化为现实的有支付能力的社会需求总量。

政府支出也是社会总需求的组成部分之一，如果政府发行公债获得财政收入后，贮存不用，没有形成自己的支出，则相当于缩减了社会需求总量。当然，这种情况很少发生，在实践中，政府借债后总是要安排支出的。

政府举借外债，不进口商品物资，而是将其作为一国储备由中央银行购入，为此，中央银行就要投放本国货币来增加外汇储备。这里，投放本国货币就会扩大社会需求总量。

2) 公债对需求结构的影响

(1) 公债的来源与运用不同，可以改变社会需求结构。比如，政府向企业发行公债，募集而来的资金不用于投资而用于消费，就使得原来的企业投资需求变为政府消费需求。

(2) 在公债运行中产生了新增社会需求的情况下，新增需求的不同组成，可以改变原来社会需求结构状态。例如，商业银行用超额准备金承购了公债，而政府将这部分公债资金全部用于投资，则也将改变社会的需求结构。

7.5.5 公债对收入分配的影响

1. 公债发行对收入分配的影响

公债发行从资金流动的角度来看，是资金由公债承购者流向政府的过程。对于公债承购者而言，虽然其财富总量没有减少，但可用于其他方面的资金减少了；对于政府而言，发行公债意味着负债增加同时可使用的资金也相应增加了。当然，政府取得公债款项后会用于各项支出。假定这笔支出全部用于转移支付，那么则意味着接受政府转移支付的居民的个人收入将增加。因此，从公债政策与转移支付政策结合来看，这实际上是改变了社会成员的收入状况。如果政府的目标是要缩小贫富差距，就可以采用上面这种操作，即向高收入者举债，并将这部分资金转移支付给低收入者。当然，这样的政策在实践中运用存在一定的困难：首先是公债的认购是自愿的而不是强制的。如果高收入阶层不愿承购公债，或者承购的数量达不到政府为改善社会公平所需要的量，则这一政策效果会打折扣；其次，更重要的一点是，如果考虑到公债的还本付息这一后续过程，那么这种政策在偿还阶段上所产生的影响，可能会更不利于低收入阶层收入状况的改善。

2. 公债流通对收入分配的影响

在公债发行阶段或偿还阶段，资金流动都与政府相关。在公债流通阶段，除非政府直接参与公债流通交易，否则资金流动不涉及政府。因此，公债流通对社会成员收入的影响主要体现在社会成员参与公债流通交易时发生的收入转移。公债流通对收入分配的影响程度视他们参与公债交易的盈亏情况而定。

3. 公债偿还对收入分配的影响

一般来说，低收入阶层的边际消费倾向大，投资比重相对小，高收入阶层则正好相反。因此，高收入阶层持有的公债通常也比低收入阶层多。同时，由于所得税是累进税率，高收入阶层的实际税率高，低收入阶层的实际税率低。在这些前提下，可以推导出如下结论：纳税额和公债持有量都是累进的，也就是说随社会成员收入的增加而增加。由于公债的偿还将使公债持有者受益，公债持有数量越多，受益的份额也就越大。

案例 7-1

我国公债的发展

1. 新中国成立以前的公债发展历程

我国历史上第一次发行的公债券是在 1898 年，即清政府为筹措《马关条约》第四期对日赔款,发行的"昭信股票"。北洋军阀时期共发行过公债27种。国民政府从1927—1936年共发行公债45亿元。从抗日战争开始到1949年,共发行31种债券,包括救公债券、国防债券、建设债券等。在我国新民主主义革命过程中,为了弥补财政收入的不足,各根据地人民政府发行过几十种债券。

2. 新中国成立以后的公债发展历程

新中国成立以来,我国公债的发展历程如表7-1所示。

表7-1 中国公债市场的发展历程

阶段	市场特征
1950—1958年	传统体制下的公债市场
1959—1980年	国债市场的"空白期"
1981—1987年	国债恢复发行和市场机制引入
1988—1991年	实物券柜台市场主导时期——早期的场外市场
1991—1996年	交易所公债市场主导时期——场内市场创立与发展
1997—2001年	银行间债券市场的产生并初步发展——场外交易市场的兴起
2002年至今	市场的融合与发展阶段及柜台市场的兴起

传统体制下的公债市场如下。

(1) 1950年发行的"人民胜利折实公债"。

新中国成立之时,通货膨胀非常严重。为了平衡财政收支,控制通货膨胀,稳定市场物价,中央政府发行了"人民胜利折实公债"。中央人民政府颁布的《1950年第一期人民胜利折实公债条例》规定:人民胜利折实公债的推销对象,主要是大中小城市的工商业者、城乡殷实商户和富裕的退职文武官员,体现了合理负担的政策。为了保护公债购买者的经济利益不受通货膨胀的影响,公债的募集与还本付息采用了"折实"形式,将公债面额按实物计算单位定名为"分"。每分公债的价值按照当时上海、天津、西安等六大城市的大米6市斤、面粉1.5市斤、白细布4市尺和煤炭16市斤的批发价格加权平均计算。发行总额定为2亿分,计划分两次发行。实际上发行了1亿分,折合人民币3.02亿元。这次发行的折实公债从1951年起分5次偿还,第一次偿还10%,以后每年增加5%,第五次还30%,于1956年11月30日全部还清。通过发行人民胜利折实公债,大批货币回笼,预算赤字迅速减少,市场物价得到平抑,国民经济逐渐恢复。这一方面为新中国集聚了财力,另一方面也为财政组织收入提供了宝贵的经验。

(2) 1954—1958年发行的"国家经济建设公债"。

从1954年起,为了适应大规模经济建设的需要,国家开始发行"国家经济建设公债"。由于当时通货膨胀已经得到有效控制,物价也趋于稳定,因此"国家经济建设公债"以货币公债代替实物公债。当时国家计划连续5年每年发行数额为6亿元的公债。每年发行的公债一般占当年基本建设支出的4%~7%。

这五期国家经济建设公债具有以下特点:第一,在推销对象上,在城市主要是以工人、店员、机关团体干部构成的职工阶层,其次是以私营工商业、公私合营企业的私方构成的工商业者阶层;在农村是广大农民。第二,在管理办法上,继1954年财政部委托中国人民银行办理公债的印刷、发行、经收债款、还本付息、债券收回、销毁等事务后,次年又出台了对提前购买债券者给予贴息、免利息所得税等优惠政策。第三，在发行办法上，从1956年起，国务院强调公债发行要坚持自愿认购的原则，对城市职工和工商界阶层仍采取一次认购、一次缴款或分期缴款的方法，对农民仍采取随认购随缴款的方法。第四，在还本付息方式上，各期公债年息一律4厘，除1954年的公债分8年做8次偿还外，其余各次则从第二年开始分10年做10次偿还。

这五期公债的成功发行，为国家经济建设提供了巨额资金。但新中国公债在迈出了成功的第一步后，很快就跌入了"低谷"。1965年年初，我国政府提前还清外债，1968年年底全部还清内债。此后直到1981年的23年中，我国政府没有发行过公债。

3. 国债恢复发行和市场机制引入时期

十一届三中全会以后，国家开始实行改革开放政策，我国进入大规模经济建设时期。1981年年初，为确保按照当时预算编制办法实现财政收支平衡，国务院决定发行国库券和借用地方财力，来弥补预算赤字。1981年发行国库券的主要目的是：把用于扩大企业自主权而分散出去的财力重新集中起来，因此，此次国债对象主要是国营企业、集体企业、企业主管部门和地方政府，当然，其他单位和个人也可以自愿认购。1982年计划发行国库券40亿元，实际发行43.83亿元。1985年，国库券计划发行数额从40亿元增加到60亿元，实际发行60.61亿元。1987年为试行公债"借用还"统一的原则，发行利率为6%、金额为54亿元的重点建设债券。

这一时期的特点是：① 由经济改革引发的国债发行；② 没有一级市场和二级市场之分；③ 国债发行采取行政分配方式；④ 具有一定的市场化表现，适当提高国债利率并缩短国债期限；⑤ 开始面向个人发行国债等。

4. 实物券柜台市场主导时期

1988年国库券的计划发行数由60亿元增加到90亿元，实际发行92.16亿元。1989年由于物价上涨，国家发行保值公债，以保护投资人的利益。为了区别于对企业和个人发行的公债，财政部将原来对企业发行的国库券改为特种公债。1990年，由于银行存款利率有所提高，财政部相应地将三年期向个人发行的国库券利率提高到14%，将向企业发行的五年期特种公债的利率提高到15%。[①]

发行方式上，1988年尝试通过商业银行和邮政储蓄的柜台销售方式发行实物国债，开始出现了国债一级市场，同一年，国债二级市场也初步形成。1991年，以场外柜台交易市场为主、场内集中交易市场为辅的国债二级市场格局基本形成。发行方式逐步由柜台销售、承购包销过渡到公开招标，期限品种基本上以3年期和5年期为主。

5. 交易所公债市场主导时期

1992年，财政部将全部公债的发行任务分解到各省级地方政府，由其证券中介机构承购包销合同。1993年，公债发行时确定的票面利率和当时二级市场的收益率相差较大，公债发行出现困难。1994年实行新的财税体制后，我国公债发行量有了快速增长。此后连续几年，每年的增长率都超过了20%。

1990年12月上海证券交易所成立，首次形成了场内、场外两个交易市场并存的格局。1995年8月，国家停止一切场外交易市场，证券交易所成为我国唯一合法的国债交易市场。

[①] 牛淑珍，杨顺勇. 新编财政学[M]. 上海：复旦大学出版社，2005：248-250.

国债逐步全部采取招标方式发行，实现了国债发行从零售市场向批发市场的转变，同时也实现了国债期限品种多样化。

6. 银行间债券市场的产生并初步发展

1997年，公债的发行额达到了2 412.03亿元；1999年的公债发行额为3 715亿元；1997年，中国人民银行决定商业银行全部退出上海和深圳交易所的债券市场，建立全国银行间债券市场。保险公司、基金等机构投资者陆续进入银行间市场，银行间市场已经成为中国国债市场主要组成部分。

7. 市场的融合与发展阶段及柜台市场的兴起

2004年的公债发行总规模则达到了7 072亿元。政府不断地出台新的政策促进交易主体、交易品种和交易平台的融合和统一。国债市场产品不断创新，交易机制趋于完善，柜台市场兴起。

8. 改革开放以来我国公债规模发展

自1981年我国恢复发行公债以来，公债规模日益扩大。从表7-2可以看出，我国公债年发行额从1981年的48.66亿元上升到2016年的30 869.32亿元，年均增长率达20.25%，公债负担率由0.99%上升到16.14%。公债负担率是指当年公债余额占国内生产总值的比重。国内生产总值(GDP)反映了一个国家或地区的偿债能力，是最终的偿债基础，西方国家和国际经济组织经常使用这一指标。国际经验表明，发达国家的债务负担率一般在45%左右，这与发达国家财政收入占GDP的比重为45%左右有关，即债务余额与财政收入的数值相当时，也就达到了适度债务规模的临界值，超过此界限就意味着债务危机或债务风险。从1981年到2016年，我国中央政府公债负担率最高达到19.59%，看上去离45%的警戒线还有很大空间，实际上，我们这里的数据只是中央政府的数据，不包括地方政府公债数据，所以不完全具有可比性。从表7-2的这些数据可以看出，改革开放以后，我国充分利用公债的积极作用，大力促进经济增长与国民财富积累，同时，近几年来，我们也意识到公债规模过大可能带来的一些负面效应，所以即使是在经济转型和调整阶段，对公债规模也是有所控制的。1981—2016年，我国公债发行额及公债余额变化趋势如图7-1所示，公债负担率变化趋势如图7-2所示。

表7-2 改革开放以来我国公债发行及公债余额情况[①]

单位：亿元

年份	公债发行额	公债余额	GDP	公债负担率(%)
1981	48.66	48.66	4 891.6	0.99
1982	43.83	92.81	5 323.4	1.74
1983	41.58	134.51	5 962.7	2.26
1984	42.53	176.67	7 208.1	2.45
1985	60.61	237.97	9 016.0	2.64
1986	62.51	293.62	10 275.2	2.86
1987	63.07	391.81	12 058.6	3.25
1988	92.17	558.51	15 042.8	3.71

① 根据财政部发布的各年度中央财政余额情况表及中国统计年鉴相关数据整理而得。

续表

年份	公债发行额	公债余额	GDP	公债负担率(%)
1989	56.07	771.41	16 992.3	4.54
1990	93.46	1 170.23	18 667.8	6.27
1991	199.30	1 384.83	21 781.5	6.36
1992	395.64	1 615.94	26 923.5	6.00
1993	314.78	2 018.94	35 333.9	5.71
1994	1 028.57	2 694.83	48 197.9	5.59
1995	1 510.86	3 361.63	60 793.7	5.53
1996	1 847.77	3 973.88	71 176.6	5.58
1997	2 412.03	4 532.33	78 973.0	5.74
1998	3 228.77	5 490.34	84 402.3	6.50
1999	3 702.13	7 294.84	89 677.1	8.13
2000	4 153.59	9 895.12	99 214.6	9.97
2001	4 483.53	12 491.39	109 655.2	11.39
2002	5 660.00	15 607.26	120 332.7	12.97
2003	6 029.24	18 808.55	135 822.8	13.85
2004	6 726.28	22 016.30	159 878.3	13.77
2005	7 022.87	32 614.21	184 937.4	17.64
2006	8 875.16	35 015.28	216 314.4	16.19
2007	23 483.00	52 074.65	265 810.3	19.59
2008	8 615.00	53 271.54	314 045.4	16.96
2009	16 400.00	60 237.68	340 902.8	17.67
2010	19 881.00	67 548.11	401 512.8	16.82
2011	17 397.00	72 044.51	473 104.0	15.23
2012	14 527.33	77 565.70	519 470.1	14.93
2013	16 949.32	86 746.91	568 845.2	15.25
2014	17 876.57	95 655.45	643 974.0	14.85
2015	21 285.06	106 599.59	685 505.8	15.55
2016	30869.32	120 066.75	744 127.0	16.14

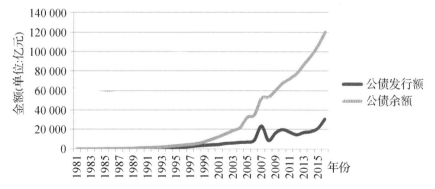

图 7-1　1981—2016 年我国公债发行额及公债余额变化趋势

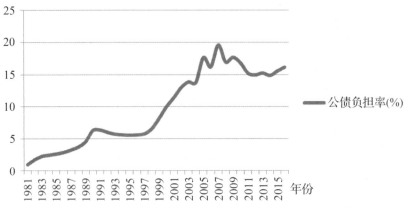

图 7-2　1981—2016 年我国公债负担率变化趋势

2. 改革开放以来中央财政的公债依存度及公债借债率

国债依存度由当年国债发行量与当年财政支出的比率来表示，表明财政支出对债务收入的依存程度，国际通行的标准是一般不超过 25%。我国的中央财政债务依存度非常之高，远远超出国际警戒水平，20 世纪 90 年代以来一直在 40% 以上，2007 年甚至超过了 200%，此后虽有所下降，但是仍然保持在 80% 左右。当然，由于计算中没有考虑(估计与预算支出大体相当的)中央财政预算外支出，使得分母被缩小，指标存在高估，但即便其考虑在内，这一指标也仍然偏高，对此必须保持高度警惕。

公债借债率是指公债发行额与当年 GDP 的比率。公债借债率高，反映本国当年债务增量对当年 GDP 提供的举债资源利用程度高，也反映当年债务增量对当年 GDP 形成的负担压力大。一般而言，公债借债率应与债务负担率匹配使用，如一国的债务负担率低，其公债借债率可适当提高，反之，则应严格控制。目前国际上国债借债率通常以 10% 为控制上限。我国采用的西方经验数据为 3%～5%。

表 7-3　1981—2014 年中央财政公债依存度、公债负担率及公债借债率[①]

单位：%

年份	中央财政公债依存度	公债负担率	公债借债率	年份	中央财政公债依存度	公债负担率	公债借债率
1981	7.78	0.99	0.99	1989	24.70	4.54	0.33
1982	6.72	1.74	0.82	1990	17.64	6.27	0.50
1983	5.47	2.26	0.70	1991	22.51	6.36	0.91
1984	4.76	2.45	0.59	1992	30.46	6.00	1.47
1985	7.34	2.64	0.57	1993	24.82	5.71	0.89
1986	7.31	2.86	0.61	1994	48.93	5.59	2.13
1987	13.35	3.25	0.52	1995	54.36	5.53	2.49
1988	21.42	3.71	0.61	1996	54.09	5.58	2.60

① http://www.chinabond.com.cn.

续表

年份	中央财政公债依存度	公债负担率	公债借债率	年份	中央财政公债依存度	公债负担率	公债借债率
1997	55.41	5.74	3.05	2006	69.83	16.19	4.10
1998	70.91	6.50	3.83	2007	205.38	19.59	8.83
1999	67.54	8.13	4.13	2008	64.07	16.96	2.74
2000	65.85	9.97	4.19	2009	106.72	17.67	4.81
2001	63.50	11.39	4.09	2010	111.63	16.82	4.95
2002	64.33	12.97	4.70	2011	105.35	15.23	3.68
2003	60.99	13.85	4.44	2012	77.42	14.93	2.80
2004	65.88	13.77	4.21	2013	82.79	15.25	2.98
2005	66.72	17.64	3.80	2014	79.21	15.03	2.81

复习思考题

1. 简述凯恩斯学派的公债理论。
2. 公债有哪些分类方法？
3. 简述公债本金偿还与付息方式。
4. 公债对货币供给有哪些影响？
5. 公债对社会总供求有哪些影响？
6. 公债对收入分配有哪些影响？

扫一扫，观看"公共支出的规模与结构演变"微课视频。

第 8 章 公共支出

公共支出作为政府执行公共政策的成本，与整个国家的福利水平密切相关。19 世纪以来，世界主要工业国家的政府支出规模(以政府支出占 GDP 的比例来衡量)都在快速扩张，大致从 1870 年的 5%～13%上升到 2014 年的 42%～56%，平均规模扩大了 5～6 倍[①]。中国自 1994 年分税制改革以来，政府支出的规模也不断提高，2014 年已经超过 25%[②]。这说明，政府掌握着越来越多的社会资源，公共支出对国民经济和社会福利的影响举足轻重。

8.1 公共支出概述

8.1.1 公共支出的分类

公共支出是政府部门的支出总量，分别计入经常账户和资本账户，反映了政府履行职能、执行政策的成本。公共支出可以按照不同标准划分为不同类型。本章将从公共支出经济性质、产生效益的时间及公共支出职能三个角度对其进行分类。

1. 按经济性质分类

公共支出的经济性质体现为政府部门对经济资源是否拥有所有权，根据这个标准，可以将其分为购买性支出和转移性支出两大类。

购买性支出(Purchase Expenditure)是政府购买商品与服务的成本。政府投资和消费行为都属于购买性支出。这类支出是双向的，即政府在支付成本的同时获得了相应的商品和服务的所有权。政府的购买性支出实质是对相应商品和服务的需求，是社会总需求的一个重要组成部分。国民收入恒等式：$GDP=C+I+G$，其中的 G 表示政府的购买性支出。购买性支出主要包括固定资本投资、对日常性商品和服务的使用及对政府雇员的工资支付等。购买性支出体现了政府的资源配置职能。

转移性支出(Transfer Expenditure)是指政府部门无偿转移给私人部门(或外国)的支出部

[①] 金戈，赵海利. 公共支出分析[M]. 杭州：浙江大学出版社，2015.
[②] 中国国家统计局. 国家统计年鉴[P]，2015.

分。与购买性指出相比，转移性支出是单向的，即政府支出了这部分资金却不能获得相应的商品和服务。这部分资金的来源是政府从私人部门中获得税收等各项收入。同时，这部分资金的运用又是将这部分收入返还给私人部门。这种操作就相当于政府将这部分资源进行了一次再分配，政府只是充当了一个中间人而已。转移性支出不构成社会总需求的组成部分，因为它并不反映政府对实际资源的占用，所以不能计入 GDP。转移性支出主要包括社会保障支出、政府补贴、赠与和公债利息支出等。转移性支出体现了政府的收入分配职能。

由于政府购买性支出和转移性支出在经济中所起的作用不同，所以对社会经济的影响也有所差异。一般来说，在公共支出结构中，如果购买性支出所占的比重越大，说明政府对资源配置的影响越大；如果转移性支出所占的比重越大，则说明政府对收入分配的作用越大。转移性支出在发达国家所占比重通常都超过 50%，而在发展中国家的比重一般低于 30%，从这个角度来看，发达国家的政府相对于发展中国家更多地倾向于执行收入分配职能。

2. 按时间分类

根据公共支出产生效益的时间不同，可将公共支出分为经常性支出和资本性支出。介绍这两类支出时，先来介绍复式预算的概念，因为这种分类方式通常与复式预算有关。

复式预算(Multiple Budget)是指按某种标准将预算年度内的全部预算收支分别归入两个或两个以上的收支平衡表，即编成两个或两个以上的预算。通常，国际上的做法是将全部预算分为经常性预算和资本性预算，与之相对应的收支账户为经常账户和资本账户。

经常性支出(Current Expenditure)是指计入日常账户的公共支出，一般包括用于维持政府日常运转、提供经常性公共产品及对私人部门的经常性转移等方面的支出。经常性支出给社会带来的效益主要体现在支出的当期，比如维护公共秩序的支出就直接反映为当期的公共秩序这一类公共产品。由此可以看出，经常性支出直接构成了当期公共产品成本。按照时间配比原则，本期公共产品所耗费的成本应在本期得到补偿。政府的收入来源主要包括税收和公债，一般认为税收是当期收入，公债被认为是未来的税收。如果用公债方式为经常性支出筹集资金，这就意味着将本期公共产品的成本递延到未来各期，公共产品的受益与补偿就会呈现出时间上的不匹配。因此，税收才应该是补偿经常性支出的主要来源。

资本性支出(Capital Expenditure)是指计入资本账户的公共支出，一般包括政府对固定资本的投资(如政府用于修建道路、水利工程等基础设施方面的支出)及对私人部门的资本性转移(如投资补助)。资本性支出产生的效益在当期往往只有一小部分被人们所享用，更多的效益会逐步体现在未来更长一段时期，因此，不能将全部资本性支出作为当期公共产品的成本。根据时间配比原则，本期所享用的资本性支出效益的这一部分应在当期得到补偿，其他部分则应分摊到未来各期中进行补偿。因此，如果资本性支出只用税收来补偿的话，就相当于提前补偿了未来公共产品的成本，这样也使公共产品的受益与补偿产生时间上的不匹配。从这个角度来说，税收与公债都应当成为资本性支出的补偿来源，税收意味着补偿了本期受益的公共产品成本；公债补偿的是未来所享用的公共产品的成本。

3. 按职能分类

公共支出的职能分类即按照不同支出种类所履行职能的不同来进行分类，这些职能可概括为资源配置职能、收入分配职能和经济稳定职能。与此相对应的公共支出划分为资源配置支出、收入分配支出和经济稳定支出。不过，在实际应用中，因为同一项公共支出往往同时兼顾了上述三种职能，所以这种划分标准可行性较低，很少被采用。

国际货币基金组织(IMF)在其《2001年政府财政统计手册》中将政府支出职能划分为10个类别，分别为：①一般公共服务，包括行政和立法机关、金融和财政事务、对外事务、对外经济援助、一般服务、基础研究、公共债务交易、一般公共服务研究和发展等；②国防，包括军事防御、民防、对外军事援助、国防研究和发展等；③公共秩序和安全，包括警察服务、消防服务、法庭、监狱、公共秩序和安全研究和发展等；④经济事务，包括一般经济、商业和劳工事务、农业、林业、渔业和狩猎业、燃料和能源、采矿业、制造业和建筑业、运输、通信、其他行业、经济事务研究和发展等；⑤环境保护，包括废物管理、废水管理、减轻污染、保护生物多样性和自然景观、环境保护研究和发展等；⑥住房和社会福利设施，包括住房开发、社区发展、供水、街道照明、住房和社会福利设施研究和发展等；⑦医疗保健，包括医疗产品、器械和设备、门诊服务、医院服务、公共医疗保健服务、医疗保健研究和发展等；⑧娱乐、文化和宗教，包括娱乐和体育服务、文化服务、广播和出版服务、宗教和其他社区服务、娱乐、文化和宗教研究和发展等；⑨教育，包括学前和初等教育、中等教育、中等教育后的非高等教育、高等教育、无法定级的教育、教育的辅助服务、教育研究和发展等；⑩社会保护，包括伤病和残疾、老龄、遗嘱、家庭和儿童、失业、住房、社会保护研究和发展等。①

8.1.2 公共支出的原则

古典经济学主张自由经济，认为政府应尽量减少对经济的干预，减轻税负，节约支出。19世纪中叶以后，随着政府对经济的干预不断增强，公共支出的规模越来越大，政府既要关心财政收入的来源，又要考虑如何安排财政支出来满足社会各类需要。一般来说，有效的公共支出应遵循以下原则。

1. 弥补市场失灵的原则

在市场经济中，市场是经济资源的主要配置方式，但市场并不是万能的，也会存在由外部性、不完全信息、公共产品以及社会分配的不公等原因引起的市场失灵问题。这些市场失灵往往涉及社会成员的共同利益，而要想解决这些问题，就需要借助其他资源配置手段。政府对调节市场失灵负有不可推卸的责任，因此，政府作为市场的补充，成为资源配置的另一种方式。但公共财政的资源配置必须遵循市场失效的准则，即公共财政不应该进入市场可以有效配置的领域。

2. 社会利益最大化原则

政府的公共支出是追求社会大多数人的最大幸福，因此要以社会利益最大化为原则。这些社会利益主要包括：一是维持社会稳定、保障国家安全，如维持国内治安的司法、行政、治安费用支出及防止侵略的国防支出等；二是用于社会福利支出，如修建道路、增加教育设施、提高医疗保健水平等。虽然某些特殊个人或群体的利益不是公共支出通常考虑的对象，但是如果对这些特殊个人或群体的支出有利于增加社会福利，那么也可列入公共

---

① 国际货币基金组织. 政府财政统计手册[P]. 2001.

支出。比如，补贴某些私营企业，可以扩大就业、稳定经济；对发明创造者进行奖励可以鼓励科学技术的创新；对老弱病残及失业人员的救济可以维护社会稳定、体现公平等。

3. 公平原则

公平原则是指使公共支出所产生利益在社会成员中的分配达到公平状态。公平原则可以从横向和纵向这两个方面来看，横向公平是指对同等情况应同等对待，纵向公平是指对不同情况应不同对待。横向公平是一种相对独立的公正原则，具有合理的意义，这种原则使政府站在一种特定的道德地位来进行资源分配；对于纵向公平而言，由于效用是主观的，不能进行个体间的比较，因此，不同情况要不同对待是很难做到的。

公共支出的公平原则还涉及个人的受益能力问题。受益能力是指个人对政府提供的公共服务具有不同的享受能力，例如，中产阶级由于能够更好地理解复杂的社会体制，往往能更准确地表达自己的意愿，从而对公共支出收益的实际分配也更有影响力，从公共支出中受益的可能性更大。由此可见，政府的每一项支出并不一定都会使全体社会成员受益。为了改善这种情况，更好地体现公共支出的公平原则，政府的财政支出需根据各类居民的受益能力来安排。

4. 厉行节约、追求效益的原则

公共支出本身是一种经济行为，厉行节约、追求效益是经济行为必须坚持的根本原则。厉行节约是指需严格按照节俭精神办事，防止人力、物力、财力的不必要浪费。追求效益是指政府通过公共支出使资源达到最优配置。公共支出的追求效益原则可以从两个角度来进行理解：一是资源配置效率最优，即资源在私人部门和公共部门之间的配置达到最优；二是资源的使用效率最优，即公共部门资源的使用也需遵循最大效益原则。

要确定政府公共支出的效益大小，必须进行成本-收益分析，即判定某项支出所消耗的资源与其产生的收益之间的比例关系。成本-收益分析方法是指对公共支出项目的各种成本、收益进行综合估算，分析各支出方案的利弊，从而确定资源配置项目及资源配置规模。同时，也增强了政府对各项支出的选择性，这部分内容将在本章最后一节中进行阐述。

5. 量入为出、保持平衡的原则

量入为出是指政府应根据收入的规模来安排支出规模，坚持收支平衡。该项原则是财政支出的基本原则。政府要根据财政收入的预算约束，对要办的事进行分析研究，如果收入不抵支出时，则需要根据轻重缓急减少一些项目。量入为出虽然作为财政支出的指导思想，但并不是说国家财政每年都必须要收支平衡。在经济发展的某些阶段，比如，有效需求不足时期，为了维持经济的稳定发展，国家需要以赤字的方式，适当扩大生产性投资，刺激消费，拉动国内总需求，从而实现扩大就业和保持经济增长等目标。

6. 统筹兼顾、保证重点的原则

这个原则要求正确处理各项公共支出之间的关系，优化公共支出结构。统筹兼顾是指确定财政支出项目及各项财政支出规模要合理，保证重点是指在安排各项财政支出的比例时要区分各项目的轻重缓急。实施统筹兼顾、保证重点的原则时，需要按照国民经济各部门间的客观规律来处理国民经济中的一系列比例关系，主要体现在以下两个方面。

(1) 正确处理消费性支出与积累性支出之间的比例关系。消费与积累的比例关系是国民经济中最基本的比例关系，同时也是优化财政支出结构必须解决的问题。由于财政积累性支出的主要组成部分是基本建设,因此,正确处理消费与积累性支出的比例关系,主要是处理好消费支出与基本建设支出的关系。

(2) 正确处理国民经济各部门之间的比例关系。工业、农业和服务业是国民经济各部门的主要比例关系,国民经济协调发展需要这三大部门保持适当的比例关系,且这种比例关系随着经济的发展、产业结构的优化而改变。与此相适应,政府在安排财政支出时,必须根据客观存在的比例关系及对发展趋势的把握,按比例合理地分配资金。

7. 法定原则

法定原则是指政府公共支出行为必须符合规范化、法制化的要求,即依法安排财政支出。根据法律规定确定哪些需求是必须当期满足的,哪些是可以延后满足的;哪些项目是政府必须支出的,哪些项目是政府不应支出的,等等。对于我国来说,就是财政支出的各项安排应根据国民经济发展计划来确定,由政府相关部门制定,并经人民代表大会讨论通过。由于这些活动是在法律的约束下依法进行的,所以具有法律效力。同时,从财政在国家中所占的重要位置来看,只有做到了财政收支行为的法制化,政府行为的法制化才能得到保障。实际上,社会公众也正是依靠法律的手段才得以决定和监督政府的财政收支活动的。

8.2 公共支出的规模扩展与结构演变

8.2.1 公共支出的规模扩展

公共支出的绝对规模是指公共支出总量,一般可用当年价格或不变价格来衡量。由于不同国家的经济规模往往差异很大,用公共支出的绝对量来衡量公共支出的规模大小,没有多少实际意义,因此通常采用公共支出的相对规模来衡量及比较各国公共支出的规模变化。

公共支出的相对规模是指某一时期内公共支出占同期 GDP(或 GNP)的比重。为了便于处理和比较,这里用政府支出来近似代替公共支出,即用政府支出占 GDP(或 GNP)的比例来表示公共支出的相对规模。考察世界部分主要工业国家 19 世纪晚期以来的公共支出规模,我们会发现除个别年份外,各国的政府支出相对规模均呈上升趋势。

从表 8-1 可看出,在 1870—2014 年这一百多年间,各国政府支出的相对规模在总体上均呈现明显上升趋势,但相对规模上升到 50%左右以后会趋于稳定,有部分国家这一比例甚至会有所下降。这说明政府对社会经济的作用和影响在过去一百多年时间里发生了巨大的改变,对经济、社会各方面的影响越来越大,但这种扩张是有边界的。

表 8-1 1870—2014 年世界主要工业国家政府支出占 GDP 的比例[①]

单位:%

年份	美国	英国	法国	德国	意大利	瑞典	挪威	日本
1870	7.3	9.4	12.6	10.0	13.7	5.7	5.9	8.8
1913	7.5	12.7	17.0	14.8	17.1	10.4	9.3	8.3

---

① 1870—1996 年数据来源:坦齐,舒克内希特. 20 世纪的公共支出[M]. 北京:商务印书馆,2005;2007 及 2014 年数据来源:IMF,Government Finance Statistics Yearbook 2008/10/15?

续表

年份	美国	英国	法国	德国	意大利	瑞典	挪威	日本
1920	12.1	26.2	27.6	25.0	30.1	10.9	16.0	14.8
1937	19.7	30.0	29.0	34.1	31.1	16.5	11.8	25.4
1960	27.0	32.2	34.6	32.4	30.1	31.0	29.9	17.5
1980	31.4	43.0	46.1	47.9	42.1	60.1	43.8	32.0
1990	32.8	39.9	49.8	45.1	53.4	59.1	54.9	31.3
1996	32.4	43.0	55.0	49.1	52.7	64.2	49.2	35.9
2007	37.2	44.4	52.4	43.8	48.2	52.8	40.6	36.1
2014	41.6	48.5	56.1	45.4	49.8	51.2	43.9	42.0

8.2.2 公共支出的结构演变

公共支出的结构随着公共支出规模的扩张会发生怎样的变化？表 8-2 根据政府规模将主要工业国家分为大政府、中政府和小政府三大类，比较了这些国家在 1960 年和 1990 年的公共支出结构变化。

如表 8-2 所示，世界主要工业国家在 1960—1990 年期间，公共支出规模扩张的同时结构也发生了很大变化，公共投资的比重下降了，而公共消费和转移性支出的比重提高了。为了在更长时期内厘清这种政府支出结构的变化，表 8-3 列举了主要工业国家 1870—1995 年期间国家补贴与转移支付占全部财政支出的比例。由于补贴和转移支付是构成转移性支出的主体，因此，这一比例也可以被近似认为是转移性支出占政府支出的比重。

表 8-2 世界主要国家政府支出结构的变化(占 GDP 的比例)[①]

单位：%

		大政府		中政府		小政府	
		1960 年	1990 年	1960 年	1990 年	1960 年	1990 年
总支出		31.0	55.1	29.3	44.9	23.0	31.6
购买性支出	消费	13.2	18.9	12.2	17.4	12.2	15.5
	投资	3.1	2.4	3.2	2.0	2.2	2.2
转移性支出	补贴与转移支付	11.9	30.6	10.4	21.5	6.9	14.0
	公债利息	1.5	6.4	1.3	4.2	1.3	2.9

注：大政府的划分标准为 1990 年的公共支出规模超过 50%，中政府为 40%~50%，小政府小于 40%。由于统计上的问题，各组成部分之和并不等于总量。

在过去的一个多世纪里，这些工业国家的转移性支出与购买性支出的结构发生了很大变化，除了个别国家，转移性支出占全部政府支出的比重越来越大，这说明随着经济的不断发展，政府在调节收入分配方面的作用越来越大了。而在转移性支出不断扩大的同时，公共投资支出占政府支出的比例则表现出了一个先升后降的趋势。

---

① 坦齐，舒克内希特. 20 世纪的公共支出[M]. 北京：商务印书馆，2005.

表8-3 1870—1995年世界主要工业国家补贴和转移支付占政府支出的比例[①]

单位：%

年份	美国	英国	法国	德国	意大利	瑞典	挪威	日本
1870	4.1	23.4	8.7	5.0	—	12.3	18.6	12.5
1937	10.7	34.3	24.8	20.5	—	—	36.4	5.5
1960	23.0	28.6	32.9	41.7	46.8	30.0	40.5	31.4
1980	38.9	47.0	53.4	35.1	61.8	50.6	61.6	37.5
1995	10.4	54.9	54.4	39.5	55.6	55.6	54.9	37.6

8.2.3 公共支出规模扩展与结构演变的理论解释

1. 瓦格纳法则

瓦格纳法则(Wagner's law)由德国政治经济学家阿道夫·瓦格纳(Adolf Wagner)在19世纪70年代提出。当时，瓦格纳考察了美国、日本及几个主要欧洲国家的政府支出，发现国家财政支出有不断扩张的趋势，并且在此基础上对公共部门的增长趋势做出了预测。瓦格纳主要从三个角度对公共部门的扩张做出解释。首先，随着经济的快速发展，市场规模越来越大，市场各主体之间的关系也越来越复杂，市场失灵现象时有发生。与此同时，随着城市化进程的加快，导致城市公共基础设施等跟不上人口集聚的步伐，产生了拥挤、堵塞等一系列公共产品短缺问题。在此背景下，需要公共部门进行适当地干预和管理，政府需要建立一套与之相适应的司法制度。这些都意味着社会对法律、警察和金融服务等公共服务的需求较为迫切。其次，随着社会的进步，物质生活日益丰富之余，人们对精神文明方面的公共服务产生了更大的需求。瓦格纳认为诸如文化、教育、娱乐、医疗和社会福利这些公共服务的需求收入弹性是富有的，即随着收入的增加，对这类服务的需求以更快的速度增加。最后，瓦格纳还强调了在初始阶段的战略性新兴行业往往需要政府大规模的投资来引导。

瓦格纳对公共支出的重要贡献还主要体现在他以实证研究为基础，预测了公共支出规模将呈不断增长的趋势。但瓦格纳的研究也有一些局限性，首先，它没有解释公共支出相对规模从什么时候开始将趋于稳定甚至下降。其次，瓦格纳把政府部门看作一个追求社会福利最大化的有机体，政府根据社会公众对公共服务需求的增加而扩张，但是瓦格纳忽视了公共选择问题，也没有认识到政府部门作为一个机构，它同样由追求个人效用最大化的"经济人"组成，从而使得公共支出具有某种内在的膨胀因素。因此，瓦格纳法则没有对公共支出的增长做出全面的解释。

2. 皮科克——怀斯曼假说

英国经济学家皮科克和怀斯曼(Peacock and Wiseman)在《英国公共支出的增长》中，对英国政府财政支出数据进行了实证分析，并在此基础上提出了著名的皮科克-怀斯曼"替代

---

① 坦齐, 舒克内希特. 20世纪的公共支出[M]. 北京：商务印书馆，2005.

效应"假说①。

皮科克—怀斯曼在吸收瓦格纳理论的基础上,引入了公共支出的决定理论来分析公共支出的规模变化。他们提出假定:政府愿意多支出,作为选民的社会公众虽然乐于享受政府提供的各种公共服务,但是不愿意为此多纳税。由于公共支出的扩张会受到纳税人投票结果的影响,因此纳税人的意愿是政府必须密切关注的。由此,皮科克-怀斯曼提出了政府支出扩张的约束条件,即假定存在一个公众"可容忍税收负担"(Tolerable burden of taxation)。

在社会经济发展的正常时期,随着经济的不断增长,一方面,即使税制不变,政府税收也会相应增长,与此同时,公共支出规模往往也会增长。另一方面,在正常时期,纳税人对其所处的环境满意程度较高,为获得额外的公共服务增加其纳税成本的意愿不强。这种情况下,公共支出会呈现出一个渐进上升的态势。但在社会经济发展的非正常时期(如重大自然灾害、社会大动乱、战争等),公共支出的渐进式上升往往不能满足实际支出的需要,这种情况下,公共支出变化曲线就会因这些冲击而改变。例如,战争或自然灾害的发生都将导致公共支出急剧上升,相应地,政府就不得不大幅提高税收水平或采取其他方式筹集资金。在这种危机时期,为了集中财力应对危机,税收水平的非正常提高往往是社会公众可以接受的。提高税收水平意味着私人部门的可支配收入减少,从而导致相应的私人支出减少,这种现象被称为公共支出对私人支出的"挤出",在图形上表现为公共支出的趋势曲线向上位移。这就是公共支出对私人支出的挤出效应(Displacement effect)。

皮科克-怀斯曼进一步指出,社会公众认识到政府在非正常时期解决这些社会问题的有效性,也会反思自己对于整个社会应承担的责任,从而对政府提供更多、更强的公共服务提出更高要求,这样"可容忍的税收负担"水平就永久性提高了,这就是审视效应(Inspection effect)。公共支出在"挤出效应"和"审视效应"共同作用下呈现出梯度(Stepwise)增长趋势。

3. 尼斯坎南的官僚模型

尼斯坎南在1971年出版的《官僚制与代议制政府》中提出了官僚预算最大化模型,认为官僚跟市场经济中的消费者和厂商一样,都是理性自利的"经济人",都是追求自身收益的最大化。一般而言,官僚往往关注官位的特权、公共声誉、权利和管制,这些都与官僚的预算规模大小呈正比,所以,官僚的目标就是追求预算规模的最大化。官僚提供公共物品和服务的程度,往往也与官僚实现自我利益密切相关。官僚为了追求扩大自己的权力,提高自己的薪金和公共声誉,就必然趋于扩大机关预算规模。同时,上级官僚为了获得其下属的支持与合作,也会追求机关预算最大化,因为预算越大,可以为下属提供的升迁机会和工作保障就会越多。官僚机构与国会中的政治家之间存在互动关系,官僚机构追求预算最大化的努力在大多数情况下会取得成功。另外,在官僚机构和资助者之间存在着信息不对称,官僚机构处于信息优势地位。这些都有利于官僚机构实现其预算最大化。尼斯坎南的官僚模型的重要结论就是追求预算最大化的官僚机构将会选择远远超过有效率水平的支出规模来供给公共产品。这实际上是从一个公共选择的视角解释了公共支出规模的快速扩张②。

---

① Peacock, Alan and Jack Wiseman. The Growth of Public Expenditure in the United Kingdom[M]. Princeton: Princeton University Press,1961.

② 金戈,赵海利. 公共支出分析[M]. 杭州:浙江大学出版社,2015.

4. 马斯格雷夫和罗斯托的发展模型

前面介绍的几个理论主要解释了公共支出总量的扩张,美国经济学家马斯格雷夫(Musgrave,1969)和罗斯托(Rostow,1971)则从经济发展不同阶段对不同类型政府支出的需求变化的角度对公共支出的结构变化提供了一种解释[①]。

根据罗斯托于1960年提出的经济发展阶段理论,一国经济的发展大致经历以下五个阶段:①传统社会;②起飞的准备;③起飞;④走向成熟;⑤大众高消费时代[②]。

在经济发展起飞及起飞前的准备阶段,公共投资在一国总投资中所占比重通常较大,在这个阶段,公共基础设施如交通系统、供水供电供气、环境卫生系统、法律、医疗、教育等公共品供给往往严重不足。因此,马斯格雷夫和罗斯托认为,对于处在发展初级阶段进入中等发达阶段的国家而言,公共部门对基础设施的投资是必不可少的。

马斯格雷夫认为虽然国民产出中总投资的比重在整个发展阶段是趋于上升的,但到了中期阶段,私人投资将成为投资的主要力量,公共部门的投资所占比重会有所回落,公共投资只是对私人投资的补充。由于相对于人们的基本需求而言,政府消费支出所提供的公共产品是一种较高层次的需求,因此公共消费支出也会随着社会经济的发展而有所提高。

罗斯托进一步强调,公共支出的重点在经济进入成熟阶段时将从对基础设施的投资逐步转向对教育、医疗及社会福利等服务方面的支出。在大众高消费阶段,相对于公共支出的其他类别,有着社会收入再分配职能的转移性支出将会呈现大幅度增长。

马斯格雷夫和罗斯托的理论主要关注在经济发展的不同阶段下,公共支出内部结构的变化,实际上,他们的发展模型更倾向于是一个关于公共支出结构变化的理论。

8.2.4 我国公共支出的规模与结构

我国政府支出由财政支出、社会保险基金预算支出、政府性基金预算支出及预算外资金支出四个部分组成。财政支出即一般预算支出,是指纳入政府一般预算管理的政府支出,其所对应的收入来源为一般预算收入。社会保险基金预算支出是指纳入社会保险基金预算管理的支出,其所对应的收入来源为社会保险基金预算收入。政府性基金预算支出是指纳入政府性基金预算管理的支出,其所对应的收入来源为政府性基金预算收入。预算外资金支出是指尚未纳入预算管理的支出,其所对应的收入来源为预算外资金收入。

1. 政府支出的经济分类与职能分类

改革开放以来,随着我国经济市场化程度的不断提高,原有的预算收支体系既不能涵盖所有政府活动,也不能体现政府支出的职能分工,同时也很难与国际接轨,因此对原有预算收支体系的改革势在必行。中央政府于2006年实行了关于政府收支分类科目的改革,并决定从2007年开始实行新的政府收支分类科目。

这次收支分类科目改革主要从经济性质和职能两个角度,对全部政府支出进行重新分

---

① Musgrave R. A. Fiscal Systems[M]. New Haven: Yale University Press, 1969; Rostow W. W.. Politics and the Stages of Growth[M]. Cambridge: Cambridge University Press, 1971.

② Rostow W. W.. The Stages of Growth: A Non-Communist Manifesto[M]. Cambridge: Cambridge University Press, 1960.

类。政府支出按照经济性质可以分为12个类别：①工资福利支出；②商品和服务支出；③对个人和家庭的补助；④对企事业单位的补贴；⑤转移性支出(指政府间转移)；⑥赠与；⑦债务利息支出；⑧债务还本支出；⑨基本建设支出；⑩其他资本性支出；⑪贷款转贷及产权参股；⑫其他支出。①政府支出按照职能(功能)分类，共分为17个类别：①一般公共服务；②外交；③国防；④公共安全；⑤教育；⑥科学技术；⑦文化体育与传媒；⑧社会保障和就业；⑨社会保险基金支出；⑩医疗卫生；⑪环境保护；⑫城乡社区事务；⑬农林水事务；⑭交通运输；⑮工业、商业、金融等事务；⑯其他支出；⑰转移性支出(指政府间转移)。②

2. 财政支出的规模变化

在不同预算形式的政府支出中，财政支出的规模和作用最大、管理最为规范，统计数据也最完整，下面我们将重点考察1950年以来我国财政支出的规模变化，如表8-4所示。

表8-4　1950—2016年财政支出③

年份	财政支出/亿元	增长率/%	GDP/亿元	占GDP比例/%
1950	68.05	—	—	—
1955	262.73	7.60	910.8	28.80
1960	643.68	18.50	1 457.5	44.20
1965	459.97	16.80	1 717.2	26.80
1970	649.41	23.50	2 261.3	28.70
1975	820.88	3.90	3 013.1	27.20
1978	1 122.09	33.00	3 645.2	30.80
1980	1 228.83	−4.10	4 545.6	27.00
1985	2 004.25	17.80	9 016.0	22.20
1990	3 083.59	9.20	18 667.8	16.50
1995	6 823.72	17.80	60 793.7	11.20
2000	15 886.50	20.50	99 214.6	16.00
2001	18 902.58	19.00	109 655.2	17.20
2002	22 053.15	16.70	120 332.7	18.30
2003	24 649.95	11.80	135 822.8	18.30
2004	28 486.89	15.60	159 878.3	17.80
2005	33 930.28	19.10	183 217.4	18.50
2006	40 422.73	19.10	211 923.5	19.10
2007	49 781.35	23.20	257 305.5	19.30
2008	62 592.66	25.70	300 670.0	20.80
2009	76 299.93	21.90	340 902.8	22.38
2010	89 874.16	17.80	401 512.8	22.38
2011	109 247.79	21.60	473 104.0	23.09
2012	125 952.97	15.30	519 470.1	24.25

---

① 与IMF科目体系的经济分类相比，最大的差异在于中国的经济分类中包含了债务还本支出。

② 与IMF科目体系的经济分类相比，最大的差异在于中国的职能分类将"科学技术"独立出来成为一个大类，而在IMF体系中，科学基础支出被分割到各个专项职能中。

③ 根据《新中国六十周年统计资料汇编》、各年《中国统计年鉴》及财政部网站各年财政收支情况整理而得。

续表

年份	财政支出/亿元	增长率/%	GDP/亿元	占 GDP 比例/%
2013	140 212.10	11.30	568 845.2	24.65
2014	151 785.56	8.30	643 974.0	23.57
2015	175 877.77	13.20	685 505.8	25.66
2016	187 841.00	6.40	744 127.0	25.24

表 8-4 给出了中国 1950—2016 年财政支出、GDP 及财政支出占 GDP 比例等数据。从财政支出绝对规模来看，1950—2016 年期间，除了 9 个年份出现下降外，其余年份均呈上升趋势，特别是 1982 年以来，我国的财政支出一直都保持增长趋势，这说明财政支出绝对规模总体上保持着不断扩张的态势。从财政支出相对规模来看，改革开放以前，财政支出占 GDP 的比例波动相对较大，在此期间出现过两次大的波动，一次出现在三年自然灾害期间，另一次是"文革"期间，但总体上大致维持在 25%～30%的水平。1979 年以来，财政支出的相对规模则表现为典型的 V 字走势，即从 1979 年的 31.6%持续下降到 1996 年的谷底 11.15%，之后又持续上升到 2015 年的 25.66%。由于改革开放以前，我国是计划经济时代，财政支出的相对波动很难用市场经济理论来解释，所以，我们重点分析改革开放以后的变化趋势。根据瓦格纳法则，公共支出的相对规模表现为不断扩张的趋势，而中国在 1979—1996 年期间却出现了持续下降的趋势，为什么会出现这种情况？1996 年以后，财政支出相对规模变化趋势是连续上升态势，为什么会出现这样的反转？

上述问题要放在经济改革的大背景下来解释。财政支出规模的下降趋势反映了从计划经济体制向市场经济体制转轨的历程。由于政府部门逐渐从竞争性生产领域退出，因此由政府支配的资源比例也不断缩小。另一个解释财政支出比例下降的因素是始于 20 世纪 80 年代初的财政分权改革，特别是 1988 年开始实行的财政包干体制，在这一体制下，地方政府没有很大积极性筹集财政收入，相应的财政支出规模也下降了。1994 年的分税制改革扭转了财政收入和财政支出规模不断下降的趋势，它的效果在一段时间以后逐渐显现，表现为财政支出现模的 V 字转型。此外，市场经济体制在 1993 年正式得以确立，随着经济的快速发展，社会对公共服务的需求开始不断扩张，财政支出的相对规模也因此得以扩张。

但也要认识到，增长的财政支出规模中有一部分是合理的，而另一部分则是由于机构膨胀、各级政府官员盲目追求政绩等因素造成的，因此控制财政支出规模的过度扩张也是当务之急。另外需要说明的是，表面上，中国的财政支出规模只有 25%左右，远远低于发达国家的水平，但考虑到基金支出和预算外支出，我国全部政府支出的规模实际上已超过 30%。[①]

8.3 购买性支出与转移性支出

8.3.1 购买性支出

购买性支出是指政府按照等价交换原则购买产品和劳务，以便向公众提供各种公共物品和服务的支出。购买性支出主要由两部分组成：一部分是各级政府日常活动所需的产品

---

① 金戈，赵海利. 公共支出分析[M]. 杭州：浙江大学出版社，2015.

及劳务支出；另一部分是各级政府进行公共投资所需的支出。购买性支出按其用途不同可以划分为以下几类。

1. 行政管理支出

行政管理支出是指公共部门用于各级国家机关行使其职能所需的支出。行政管理支出是保证各级国家管理机构正常运行及维持国家政权的存在的基本支出。由于行政管理机关所提供的产品和服务具有非排他性和非竞争性，因此行政管理属于一种典型的公共物品。

一般认为，由于行政管理支出的增加具有"挤出效应"，因此行政管理支出的增速不宜超过国民收入的增速。行政管理支出的"挤出效应"可以从两个方面来解释：一是在社会资源总量既定的情况下，行政管理支出的增加相当于将更多的资源用于公共用途，这使得私人部门丧失对这部分资源的使用；二是在公共支出总量既定的情况下，行政管理支出的增加，必将减少其他领域的公共支出。因此，行政管理支出作为全体社会成员所必须负担的成本，其规模要足以保证政府行政职能行使的正常和稳定，但必须对其进行有效的控制，以防止其过度膨胀。

当然，政府机构的设置和规模不仅要从经济角度来考虑，还要从政治角度来考虑。因为行政管理的这种特性，控制行政开支往往是比较困难的，为了使得行政管理支出在经济和政治上更具合理性，应规范行政管理支出范围，完善行政预算约束制度，并强化检查监督，使行政管理法制化、科学化和民主化，从而提高行政管理效率，优化行政管理的支出水平。

2. 国防支出

国防支出是指政府用于国防建设以保证国家安全的相关费用。国防属于纯公共物品，在消费过程中具有非分割性、非排他性和非竞争性。纯公共物品的这些特性使得市场对这类物品供应严重不足，所以只能由政府提供。对于任何一个国家，国防都是政府最重要、最基本的职能。国防支出用于加强国防建设，维护国家独立，保障领土完整、国家安全和主权不受外来侵犯。国防支出关系国家安危，在各级政府的公共支出中都占有及其重要的地位。每年主要国家的军费预算都备受关注。2014年美国军费支出占GDP的比重为3.59%，同年中国约为1.25%。

当然，从经济角度来看，国防支出对社会经济也会有一定的影响。这些影响主要体现在以下两方面：一是国防支出作为政府购买支出的一部分，是社会总需求的构成部分。因此，国防支出也可作为政府干预宏观经济的手段之一；二是国防支出消耗了部分社会资源，当然也具有类似于行政管理支出的"挤出效应"，即国防支出的增加则意味着用于其他方面的支出会相应减少。因此，国防支出很重要，但也不是越多越好。从需求的角度来看，一国国防支出的主要决定因素有经济发展水平、国防目标定位、国际局势变化和政府财政收入水平等。

3. 教育支出

教育并不能算是纯公共物品，这是因为对于大部分学校来说，尽管在学生人数较少的一定范围内具有"消费"的非竞争性，但是，随着学生数量的增多，边际成本很快就开始大于零，从而使其"消费"具有显著的竞争性。同时，教育可以在技术上实现排他性，因而教育可以由私人部门来提供，但世界各国政府仍然把教育作为公共支出的重点之一，这主要是因为可以通过提供教育服务来以实现以下几个目标：①实现教育的正外部效应。教育所带来的收益不仅使受教育者个人综合素质得到提高及未来预期的高收入，而且还会给整个社会带来正外部效应。教育能直接或间接地使社会成员的文明素质得到提高，使社会秩序更加稳定；教育还能够促进科技进步，从而推动经济的快速发展。②克服资本市场在教育融资方面的不完善。教育可看作一种人力资本投资，由于其投资回报率水平受到个人性格、能力、机遇等因素的影响，投资收益往往具有较大的不确定性。在信息的不对称条件下，商业性金融机构无法精确评估个人对于助学贷款的偿还能力，在风险不确定的情况下一般不愿意提供这类贷款或者贷款利息偏高。因此，为了弥补资本市场在教育融资方面的缺陷，政府有必要在教育上进行一定量的投入。③促进社会的公平分配。如果教育完全由市场来提供的话，接受教育的费用相对较高，每个家庭的教育的支出必将受到家庭收入的约束，这很可能使得部分贫穷家庭没有能力支付教育费用，从而享受不到教育。如果没有政府介入，这种收入差距必然会造成受教育程度的巨大差别，从而进一步加剧收入的贫富差距。因此，政府有责任通过公共教育支出给国民创造平等的受教育机会。

政府提供教育的方式通常有两种：一种方式是直接建立公立学校，对学生收取较低的学费或免费；另一种方式是通过提供各种形式的间接补贴来鼓励私人部门兴办教育机构，比如，对向教育的捐赠行为给予税收扣除，对助学贷款的利息免税以及对助学贷款给予担保或财政贴息等。

政府对教育的介入往往是针对不同的教育类别采取不同的支持措施。基础教育由于外部正效应显著，往往是政府财政支持的重点，各个国家在基础教育方面一般通过设立公办学校来实行免费义务教育。而高等教育更多地使受教育者直接获益，因此往往在政府一定投入的基础上对享受高等教育的个人收取一定的学费。

在公平享有政府提供的教育服务的研究中，美国诺贝尔经济学奖获得者米尔顿·弗里德曼于1955年设计了一种政府教育资金的分配方法，称为教育券制(School vouchers)，试图兼顾效率和公平这两个目标。弗里德曼的这种方式要求政府把教育经费换算成教育券，发给每个家庭。这种设计一方面使得家长可为子女选择任何学校，无须受所谓学区的限制；另一方面学校把所收集到的教育券向政府兑换现金，用以支付办学费用。弗里德曼的教育券制度具有一些优点：一是它不是将教育经费直接拨付给学校，而是拨付给家庭，这保证了每个学生都能有同等的机会享受政府提供的教育服务；二是学校需要通过争取学生来获得更多资金，这自然会加强各个学校之间的竞争，从而提高了教育质量，这就通过学校间竞争性达到了财政教育支出效率提高的目的。但是，教育券制度也有一定的局限性，尤其是当学生在选择学校方面没有充分的自由时，教育券促进学校间竞争的效果便大打折扣。

4. 医疗卫生支出

政府医疗卫生支出是指各级政府用于医疗卫生事业的财政拨款。它包括公共卫生服务经费和公费医疗经费。医疗卫生支出也可看作一种人力资本投资，当今世界各国政府都会或多或少地介入医疗卫生市场。政府在医疗卫生方面的投入的必要性主要体现在以下几个方面。

(1) 从公平的角度考虑，不管个人收入、财产状况如何，都应该享有基本的医疗服务。例如，有些人因为失业，没有经济来源或收入入不敷出，当其患有严重的疾病时，个人往往无法承担所需的医疗费用，这时就需要政府的介入，以使公民能获得基本的医疗服务。

(2) 从信息不对称角度来看,由于身体及病理的复杂性,患者不一定能准确描述自己的病情,医生很难完全准确地了解患者的情况,同时,患者一般对医疗知识知之甚少,医疗卫生市场是个信息严重不对称市场。由于医生医药等的专业性,人们需要进行哪些治疗在很大程度上取决于医生对患者病情的了解、医生的知识结构及临床经验等。这就造成了一方面医生从专业角度来决定病人对医疗卫生产品的需求;另一方面,医生又是医疗卫生市场的供给者,既是裁判员又是运动员,很可能在利益诱导时错配医药资源。为了减少这种效率损失,政府的干预是必不可少的。

(3) 从外部性角度来看,某些传染性疾病具有明显负外部性,对这些疾病的防治则具有明显的正外部性。这种外部性使得治疗那些传染性疾病,不仅对病人本身有利,也可使其他人间接受益。因此,政府也应该在这方面提供相应的公共医疗卫生服务。

5. 公共投资支出

公共投资支出是指在政府财政支出项目中具有投资性质的支出,如修建公共设施、经营公用事业、主持公共工程等方面的支出。根据资金来源的不同,社会总投资可分为政府投资和私人投资两部分。私人投资追求投资回报最大化,在一般竞争性领域,市场机制就能有效地发挥作用。然而,在一些非竞争性领域,由于市场失灵的存在,则需要公共投资的介入来弥补私人投资的不足。公共投资领域主要包括基础设施、高新科技产业、基础产业、农业及稀缺资源的开发利用等。其中,基础设施、基础产业的公共投资在国家经济发展中发挥着极其重要的作用。

1) 基础设施投资

基础设施投资是政府投资支出的重要组成部分。基本的公共基础设施包括道路、供水、供电、供热、通信、排污和固体废物处理等经济和社会的发展必不可少的基础设施。由于这些设施提供的功能或服务是面向全社会的,因此存在较大的正外部效应,并且其非营利的属性进一步导致私人投资不足。由政府来发展公共基础设施,既可以提高居民的生活环境水平,又有助于改善投资环境,吸引投资者。当然,基础设施的投资也可以选择不同的投融资方式,在一定程度上灵活地调动私人部门的资源,譬如,我国目前大力提倡的PPP(Public Private Partnership)模式,既可以拓宽资金来源的渠道,也可以提高投资的效率。

2) 经济基础产业投资

经济基础产业一般是关系国计民生的相关产业,如交通、水利、邮电、能源等。这些产业通常资本密集程度高、建设周期较长、投资回收缓慢,如果没有政府的支持,只依靠市场往往会导致供给不足,进而成为制约经济发展的瓶颈。因此,政府应该在较大程度上对这些产业进行直接投资,同时,运用政策鼓励和吸引其他社会资金共同投资。

8.3.2 转移性支出

转移性支出是指政府按照一定方式,把一部分财政资金无偿地单方面转移给居民或其他收益者的支出,主要包括养老金、各种财政补贴、失业救济金、债息利息支出及捐赠等。转移性支出可以具体分为以下几类。

1. 社会保障支出

社会保障支出是指政府依据法律规定,对暂时或永久失去劳动能力、失业及由于各种原因导致生活困难的社会成员给予物质或货币资助。社会保障支出具有以下特征：社会保障的目标是满足社会成员的基本生活需要；社会保障支出的主体是国家和政府；社会保障支出的对象是需要经济帮助的特殊社会成员；社会保障是国家通过立法或行政措施来保证实施的。

不同国家的社会保障制度往往存在一些差异，影响社会保障制度的主要因素有经济发展水平、人口规模和结构及国家的财力等。社会保障制度一般包括社会保险、社会救济和社会福利。社会保险是指国家依据立法，采取强制手段，通过国民收入的分配和再分配，对法定受保人在遭受未来年老、疾病、工伤、生育、失业等风险时，给予其一定物质帮助以满足其基本生活需要的社会保障制度。社会救济也称社会救助，是国家通过立法，对因各种原因而无法维持最低生存需要的社会成员给予物质援助，以保障其最低生活水平的制度。社会福利的内涵较为复杂，一般包括社会福利事业、残疾人劳动就业和社区服务等[①]。

从各国实践来看，社会保障制度的内容非常丰富。按政府、企业和个人在社会保障制度中的责权利、社会保障的水平及不同的融资方式等标准，可将社会保障制度归为不同的类型。总体来说，可将当前各国的社会保障制度归为三类。

1) 保障型社会保障制度

这是多数国家实行的社会保障制度，以美国、日本为代表。它是采用保险技术来应对劳动者可能出现风险的一项社会制度。社会保险基金一般分为个人账户和社会统筹账户，个人账户强调社会保险中权利与义务的相互关系，社会统筹账户里资金在成员中统筹使用，体现了互助共济的宗旨。这种保障制度的特点是兼顾了效率和公平原则。

2) 福利型社会保障制度

以瑞典、英国为代表的一些欧洲国家实行的是福利型社会保障制度。福利型社会保障制度根据"普遍性"原则，目标是使得社会保障"收入均等化、就业充分化、福利普遍化、福利设施体系化"。国家用公共支出的方式来保障全体公民"从摇篮到坟墓"的各种生活所需，并将此视为公民的基本权利。这一制度以国家税收作为社会保障支出的资金来源，其主要特征是政府负责、全民高福利，较为侧重公平原则。

3) 储蓄型社会保障制度

储蓄型社会保障制度是一种个人缴纳保险费的社会保障制度，以新加坡和智利等国家为代表。新加坡的公积金制是以法律制度形式强制所有雇主和雇员按工资收入的一定比例向公积金局缴纳公积金，公积金局将这些公积金连本计息一并储存在每个会员的账户专户中，个人所享受的待遇只在其账户的额度以内支付。相比于其他两种制度，这种制度较为侧重效率的原则。

不同类型的社会保障制度各有其优缺点，从公平和效率角度来看，福利型社会保障制度更强调公平目标，储蓄型社会保障制度更强调效率目标，保障型社会保障制度则力图实现两种目标兼顾。但是，在人口老龄化加剧的背景下，后两种类型的社会保障制度的支付越来越困难，因而面临着更大的改革压力。

2. 财政补贴支出

财政补贴支出是指政府为了实现某种特定需要或特定经济、政治和社会目标，向目标

---

① 金戈，赵海利. 公共支出分析[M]. 杭州：浙江大学出版社，2015.

指向对象提供的津贴或无偿补助等。财政补贴具有政策性、可控性、时效性和灵活性。财政补贴具体分为以下几类。

1) 价格补贴

价格补贴是国家为了实现稳定物价、发展生产及其他政策目标，通过财政支出对某些商品进行价格补贴。财政价格补贴改变补贴对象原有的市场均衡价格，对生产者而言相当于提高了价格，从而引导生产者倾向于生产更多的补贴品；对消费者而言，相当于降低了价格，从而使得消费者倾向于消费更多补贴品。从这个角度来看，财政补贴具有影响资源配置结构的效应。另外，价格补贴会使一部分企业或个人由于获得补贴而增加了收入，从而购买力增加。因此，价格补贴也有增加社会总需求的效应，同时还具有改变国民收入分配结构的效应。

2) 企业亏损补贴

企业亏损补贴是指国家为了政治和经济等因素的需要，当某些特定企业发生亏损时，为了让这些企业继续生存下去，对企业给予一定的财政补贴。企业亏损可视其亏损原因分为政策性亏损和经营性亏损。政策性亏损是指因为国家经济政策的影响而使企业产生的亏损，经营性亏损则是由企业自身经营管理不善所导致的。因此，在进行企业亏损补贴时要区分企业亏损属于哪一种，原则上，政府只应补贴政策性亏损。

3) 财政贴息

财政贴息是指国家针对某些使用规定用途银行贷款的企业或个人就其支付的贷款利息提供补贴。财政贴息的实质就是财政替有关企业或个人向银行支付利息，目标是对有关企业或项目进行财政扶持的一种方式。

4) 税收支出

税收支出是指国家财政对于某些符合一定条件的纳税人给予的减税或免税。从形式上看，税收支出只是减少财政收入，并不列为支出，在国家发布的统计资料中也无明确列示。但税收支出之所以也被看作财政补贴，主要基于以下考虑：一方面，从国家角度来看，税收支出体现为国家财政收入减少，这和其他财政补贴是一致的；另一方面，受益者由于获得减免税待遇，实际收入增加，这也与一般的财政补贴一致。

5) 居民生活补贴

居民生活补贴是指国家为了维持社会成员必要的生活水平和保障其生活安定而提供的一种补助。这类补贴与人们的生活紧密相关，种类较多，如房租补贴、取暖补贴、交通补贴等。

8.4 公共支出的预算与评估

8.4.1 公共支出的预算

公共支出的规模和范围应与生产力发展水平相一致，并随着社会经济发展适时调整，以确保公共支出有相应的财力保障和可行性。要提高公共支出效率，使公共支出科学化，必须做好公共支出预算。公共支出预算是指政府在财政年度内为满足社会经济发展需要，经立法部门通过相关程序批准而提供给全体社会成员大体均等的公共物品与服务，并向企业部门及个人家庭部门单向地无偿地转移财政资金所需开支的分配计划。公共支出预算体现了政府活动的范围、方向和政策。

公共支出预算是政府财政活动不可缺少的组成部分。通常而言，要根据公共支出政策指导编制公共支出预算，同时公共支出预算的编制又体现了政策的意图。公共支出结构的变化及范围的确定，也需要通过预算编制来完成。公共支出预算的编制质量对公共支出效益有着直接的影响。

1. 公共支出预算的作用

公共支出预算作为政府的基本支出方案，其作用有以下几个方面。

(1) 公共支出预算反映政府部门在预算年度内的活动范围及政策取向。公共支出预算反映公共支出的规模及结构，从而使政府各部门占用的政府资金和经费的使用情况都一目了然。公共支出预算全面反映了政府的自身规模和结构及介入社会经济发展的规模、范围和深度。政府三大职能：资源配置、收入分配和经济稳定，均在预算里得到体现。财政通过公共支出预算的编制、执行和决算来实现政府制定的各项活动。

(2) 公共支出预算是控制公共支出规模的一个有效手段。

通常，作为公共机构，政府有追求公共服务最大化的愿望。但公共物品及服务的形成都要有相应的配套支出，因此政府提供公共物品及服务的最大化目标就会受到政府支出的数额限制，因此政府需要进行成本控制。公共支出预算编制需要经过相关程序和科学论证，通过了立法机构审议的公共支出预算，实际上是一份法律文件，政府必须按照规定的预算执行，不能随意突破。因此，公共支出预算是约束政府盲目扩张公共物品与服务、扩大公共支出的有效手段。

(3) 公共支出预算是立法机关和全体社会成员监督政府公共支出运作的依据。

公共支出预算是经过了立法机构的审议和批准，这样就使公民监督和制约政府的行为有法可依。同时，立法机关通过公共支出预算的审议和批准来监督政府公共支出的运作，从而使公共支出规模合理和效益提升。社会成员通过公共支出预算来了解下一财年的公共支出规划、用途、目标等，以便监督政府公共支出的实施。

2. 公共支出预算的程序

公共支出预算程序与国家的政府体制密切相关。公共支出预算程序通常包括四个阶段，即预算编制、审批、执行和决算，这四个阶段又被称为"预算周期"。

1) 预算编制

预算编制是预算程序中的首要环节。预算编制通常根据政府的财政部门已确定的目标及收入情况，运用预算编制技术，以相对准确的经济和财政预测为基础，制订下一财年的公共支出计划草案并提交立法机构批准。

在编制预算时需确定预算的总规模、不同职能的支出规模及体现部分职能的各类方案的支出规模。完成这项工作可运用成本-收益法对项目进行分析，用边际效用理论和机会成本理论等来对支出进行控制。因此，预算编制是一个不断优化的过程。

2) 公共支出预算的审核与批准

预算草案经过立法机构的审议得到批准后就被赋予了法律效力。整个审批过程要分成以下几步完成：首先，立法机构要审批预算的总体分配，考察政府宏观经济政策及公共支出与公共收入预测的依据与合理性；然后，对每项预算进行细致分析，这项工作一般由专门的委员会或小组来完成；最后，提交立法机构进行全体会议讨论，一旦通过后就成为法定的公共预算案。在预算的审批阶段，完全由立法机构进行全面的讨论和最后的批准，财政部门对预算草案不具有影响力。

3) 公共支出预算的执行

预算的执行通常由财政部门负责组织实施。政府各部门在公共支出预算执行过程中，如遇到特殊情况需增加预算支出，可以向财政部门提出申请。但是这个过程的审批程序与预算审批程序一样，需要花费较长时间。如果支出部门或预算机构要避免调整预算的情况发生，也可以在编制下年预算时再提出将开支延迟至下一预算年度。当然，财政部门会尽可能避免调整预算的情况发生。如果出现必须追加支出的项目，通常不是通过增加支出总规模来解决，而是在总规模既定的条件下，通过项目间的内部调剂来实现，如削减其他部门的支出项目来解决。因此，在发生预算失衡的情况下，财政部门往往采取减少开支、冻结资金等措施，因为调整公共预算是需要立法机构批准的。

4) 公共支出预算的决算

公共支出预算的决算是指年度预算执行结果的会计报告。这个会计报告是对预算执行情况的总结，体现预算资金的使用情况及效果，同时也是政府职能履行状况的反馈。公共支出预算的决算通常由报表和文字说明两部分组成。通过编制决算，可以系统地对预算分配活动进行检查，从中总结预算编制和执行的经验。通过对决算数字和有关资料的统计和分析，把握预算支出与各项因素的内在联系，检验预算编制的科学性和合理性。

8.4.2 公共支出的评估——成本-收益分析

成本-收益分析是指对项目各种收益和成本进行估算与衡量，然后把各期成本和收益折现为现值来比较分析，经济主体根据净现值的大小来选择最优项目的经济决策方案。政府部门作为一个经济主体，其经济效率的衡量是实现既定政府目标的成本最小化。要实现这个目标，首先需要有科学合理的公共支出预算来约束公共支出规模；其次还需要政府必须做出正确的公共支出决策。政府各部门以最小成本获取最大收益这一效益原则来决策公共支出，使得财政资金得到最有效的利用。提高公共支出效率主要需要在预算编制与审批环节上对支出项目进行成本-收益分析，根据成本-收益分析结果选择最优的支出项目。

1. 公共支出成本-收益的确定

公共支出成本是指政府在提供公共产品、履行公共义务时所发生的各种费用及由此所引发的各种社会成本的总和。公共支出的收益可分为经济收益、社会收益、政治收益和生态环境收益等。其中，经济收益包括 GDP 的增长、居民生活水平的改善、经济结构的优化、社会福利的提高、城市化水平的上升和贫困人口的减少等。社会收益包括综合国力的提高、国际地位的改善，社会文明、教育、文化、科技、卫生、体育等各项社会事业的发展等。政治收益包括国家政局的稳定、社会的安定和谐、国际环境的友好、民众的团结等。生态环境收益包括生态环境的保护与美化、资源的节约与高效利用、污染的减排、生态环境的可持续等[①]。

成本-收益分析是通过对各种备选项目的预期收益和预期成本的现值进行比较来评价这些项目，并以此作为决策的依据。项目现值大于零说明收益大于成本，现值越大说明该项目所带来的收益越大。进行成本-收益分析的程序主要由以下四个步骤组成：第一步是确定备选方案，可适当地提出多套方案，以便于比较；第二步是分析各种方案可能产生的收益和成本；第三步是对每一种投入与产出作出价值倾向的评估，因为我们的追求目标是社会福利最大化，它本身是一个价值问题；第四步是加总每个项目的所有成本和收益，以估计项目的获利能力。

分析公共支出成本-收益时，要考虑以下两点：一是公共部门是以社会福利最大化为目标进行经济决策的。这意味着政府为了实现这一目标可能无法顾及利润，如为了追求公平的分配原则以及消除生产的外部效应等，就不可能单纯追求利润的最大化。二是许多公共支出所提供的产品并不是通过市场交易来实现的，因此，公共部门项目的投入与产出通常不能直接用市场价格来评估。比如，治污为社会提供清新空气所需要的种种费用，不能通过出卖新鲜空气来取得回报，然后再行估价。况且公共部门提供的公共产品本身是起到弥补市场失灵作用的，意味着对它的投入用市场标准来衡量也是不合理的。

2. 公共支出成本——收益分析的分类

1) 实际收益(或成本)与货币收益(或成本)的区分

实际收益是指公共项目消费者实际获得的收益量大小，即剔除了物价因素的影响。实际收益大意味着社会获利增加，实际成本则是公共项目利用资源的实际耗费。货币收益和货币成本则是受到市场上相对价格影响的收益和成本，价格的变化可能使一部分收益缩水。这种缩水可能是因为有人受益更大或受损更小所引起的，价格的变化实际上只是一种分配关系的再调整。因此，从整体上看，货币收益和成本无法反映会计的净受益或净损失。

2) 直接收益(或成本)与间接收益(或成本)的区分

直接收益(或成本)是与公共项目主要目标密切相关的收益(或成本)。间接收益(或成本)则是只与项目非主要目标相关，属于项目附带品。例如，风景区餐饮、旅游业的发展是直接收益，这一地区开放度提高，百姓文明程度提高，视野开阔，整个经济得到发展则是间接收益。

3) 有形收益(或成本)和无形收益(或成本)的区分

有形收益(或成本)是能够以市场货币价值计量的收益(或成本)。无形收益(或成本)是很难以市场货币价值直接反映出来的收益(或成本)。例如，灌溉工程有利于某一区域的农业产出增长属于有形收益，而灌溉工程导致该区域的生态环境改善则属于无形收益。

4) 中间收益(或成本)与最终收益(或成本)的区分

中间收益是指该资源作为生产的投入要素间接提供的收益，最终收益则是该资源作为最终产品提供的收益。比如，对于需要外出或郊游的人们来说，天气预报的服务提供的是最终收益；而天气预报对于民航服务来说则是中间产品，即提供中间收益。

5) 内部收益(或成本)与外部收益(或成本)的区分

这里的内部收益(或成本)主要指项目所在辖区范围内发生的收益(或成本)。外部收益(或

---

① 金戈，赵海利. 公共支出分析[M]. 杭州：浙江大学出版社，2015.

成本)是指项目范围以外发生的收益(或成本)。比如，修建三峡大坝不仅使所在地市受益，而且大坝防洪蓄水功能也使下游省市受益。

3. 成本-收益分析的步骤

20世纪40年代，美国政府在防洪工程建设公共支出中首次使用了成本-收益分析方法。经过多年的实践及改进，成本-收益分析方法已经成为可行性研究的一个重要组成部分。主要步骤如下。

1) 根据公共支出目标提出若干备选方案

根据目标提出多种备选方案，备选方案越多，考虑越周全，选出优秀方案的概率也越高。需要注意的是，在制订备选方案时，要视项目的复杂程度对项目进行适当分割，这样做方便于对每个支出项目都可以进行成本-收益分析，并对这些项目进行排序，对于有些收益低的项目，削减其部分资金以补给收益更高的项目，从而使不同支出项目的边际收益趋同。

2) 计算各个方案的成本和收益

公共支出的成本和收益的计算是一项复杂的工作，因为公共项目的成本和收益，既有实际与名义、直接与间接之分，又有无形与有形、中间与最终之分，所以，一方面要考虑直接投入的社会劳务量和社会生产量，另一方面又要计算由于连锁效应而引起的其他人力、物力的耗费及增加的产量和福利。实践中，通常是先计算可用市场价格估量的有形成本和收益，然后用合适的方式计算不能由市场价格表示的无形收益和成本，最后进行加总并用统一的价格尺度去表示。

3) 计算各个备选方案的成本和收益的比率

核算出每个公共项目的成本和收益的总金额后，再计算出其比率，即收益/成本。如果某方案的收益成本比率小于1，则该方案不可行；如果比率等于1则表明其成本收益相抵，此方案可舍可取；如果比率大于1，则表明此方案收益大于成本，净收益大于零，该方案可行。

4) 确定各个备选方案的优劣顺序

各个公共项目成本与收益的比率都计算出后，决策部门根据比率的大小来确定各个方案的优劣次序，选择比率最大的方案作为最优方案。

5) 进行各个项目或方案的选择和决策

4. 成本-收益分析中的关键问题

1) 影子价格

对于一家私人企业来讲，在对项目进行成本和效益的评估时的计算是直接的。但对政府公共支出来说，因为社会收益和成本并不能完全用市场价格来评估，因此问题就会复杂得多。影子价格是指对那些无价可循的商品与劳动所规定的一个比较合理的替代价格。这种价格只是一种社会价格，并不真正存在于市场上。影子价格的存在有两个原因：一是因为某些商品本身就不存在价格，如政府公共支出对空气的净化及公园建设等给人们带来的好处；二是因为现实中市场的不完美性，如垄断、外部性等，扭曲了正常的市场价格，而政府在此领域中的技术干预也不可能用真实的市场价格来分析。

2) 社会贴现率

贴现率是指票据持有者拿未到期的票据向银行进行贴现，银行按市场利息率扣除未到期利息，然后将票面余额以现金形式支付给票据持有者。选择合适的贴现率对于公共部门来说是很重要的，考虑到通货膨胀等因素的影响，当期投入的 1 美元与若干年后收回的 1 美元是存在很大差异的。因此，要分析一个项目的成本和收益，必须计算该项目在生命周期内可能带来的成本和收益的现金流量，即进行现值和贴现的计算。只有这样才不会轻易地高估收入，使未来的收益看上去比实际更高。私人企业在核算成本效益时，所采用的贴现率往往被视为其资金的机会成本，即把该资源用作其他投资可以得到的收益率作为贴现率。但对于公共项目贴现率的选择则要困难得多，一个原因是一个公共支出项目的成本和收益往往要延续若干年，而且公共支出的领域常常是市场不完善的领域，所以公共项目参考的市场贴现率也是不尽合理的。

公共部门所采用的贴现率通常称为社会贴现率。由于市场利率并不能完全反映各资源的机会成本和收益的相对价值，所以，估计社会贴现率还必须考虑以下三个方面的问题。一是要清楚一个项目是如何影响经济的，其收益与成本由谁来承担；二是要注意福利效用的主观特性，不同的人对同一公共物品具有不同的福利观和评价；三是在福利分配时要考虑代际问题。

5. 对成本-收益分析的评价

成本-收益分析作为一种分析工具，应用在公共支出领域的目标是保证公共部门把稀缺资源有效地配置到各种公共部门项目中。尽管这种方法不可能非常精确地预测成本和收益，但它确实为决策者提供了很不错的参考。它不仅为决策人员提供了丰富的资料和信息，提高了决策水平，而且也增强了政府支出的选择性，改善了预算决策的效益水平。决策人员通过对各种相关信息的搜集、处理、分析，为决策提供了相当程度的科学依据。

由于外部性的干扰和政策决策人员自身能力的影响，成本-收益分析并不是一种完美无缺的分析方法。一方面，它受成本收益的评估方法、社会贴现率及政府支出方案中资源配置和分配效果的内部相互作用的影响，所以，根据成本-收益分析而定的支出方案不一定是最佳选择。另一方面，政治家在进行成本-收益分析时，往往有着自己的利益追求，他们的偏好将影响分析，从而可能做出不利于公共利益的选择。

另外，值得注意的是，一些公共部门的投资项目，并不单纯为了达到效率的目标，有时候这些投资也服务于分配的目标。例如，一些工程能创造就业机会，并在一些地区创造收入，因此决策者必须就效率和其他目标之间做出选择。再如，政府决定补贴低效率的企业，虽然其支出不符合成本-收益分析的效率原则，但如果政府不这样做，就可能引发大规模的失业及随之而来的政治等其他方面的损失。因此，决策者选择工程项目很大程度上是以分配标准为基础的，成本-收益分析的适用性也是有限的。

案例 8-1

美中 2017 年军费开支之比较①

2017 年 3 月初，美国和中国先后公开 2017 年军费开支预算，美国为 6 045 亿美元，约合 4.2 万亿元人民币，增幅为 10%，约占 GDP 的 4%；中国军费增幅为 7%，约为 1.02 万亿

---

① 马世琨. 美中 2017 年军费开支之比较，http://cn.chinausfocus.com/peace-security/20170317/13701.html，2017/3/17.

元人民币，约占 GDP 的 1.3%。两相对比可以看出，美国军费总额是中国的 4 倍多，如果按人均计算，美国约是中国的 18 倍。同时，美国军费已超过排在它后面的七个国家的军费总额，这七个国家是中国、沙特、俄罗斯、英国、印度、法国和日本。另外，北约各国被美国要求提高军费，达到各自 GDP 的 2%。

在外界看来，美国的军费支出很巨大，军事实力也很强大，但特朗普总统却嫌不够，他提出要"重建美国海军"，使美国军舰由目前的 275 艘增加到 350 艘，将航母增加到 12 艘。特朗普扬言："要给美军最好装备，如果打仗，那就让美军赢！赢！"

特朗普最具鼓动性的口号是"让美国重新强大"。这句话用在美国经济领域是说得过去的，相比"二战"后初期美国经济总量占全球的一半，今天的美国经济是相对变弱了，提出让其"重新强大"也不为过。但在军事领域根本不存在"重新强大"的问题。"二战"后至今，美国军事一直是世界第一，苏联解体后，美国军事实力更是独步天下。举例说，美国的航母数量十倍于中国和俄罗斯，十年前美国空军就装备了第 5 代战机，仅 F-22 就有 180 多架，这方面中俄被远远抛在后面，然而特朗普提出"让美国重新强大"却以应对中俄威胁为借口。

对美国大幅增加军费的举动，世界舆论颇多微词。《印度时报》《今日印度》等媒体指出，中国军费"温和"增长 7%，美国军费开支猛增 10%，二者形成鲜明对比。美国"国家备忘录"网站刊登的题为"特朗普的肮脏战争机器"一文称，特朗普减少非军事领域的预算，展露出的价值观是"枪炮比黄油更重要"。俄罗斯专家认为，美国大幅增加军费的举动十分危险，可能在全世界引发军备竞赛，美国总想着摧毁他国，"这是一种可耻的行为"。

中国 2017 年军费增长 7%，出乎许多人的意料。中国 2016 年军费增长 7.6%，已是六年来的最低增长。目前国际形势复杂多变，中国周边动荡加剧，美国军费开支增幅高达 10%。鉴于以上诸多因素，人们普遍预计中国 2017 年军费增幅应该不下两位数，没想到仅为 7%。有评论指出，7%这个数字表明中国继续执行军费增长与 GDP 增长比例相匹配的政策。中国当然清楚，世界安全风险在增加，也深知军事实力在国际竞争中的作用，但中国对安全的理解是多纬度、全方位的，并非只盯着军事领域，也不迷信军事力量，中国坚持通过谈判来解决国际争端。

中国大多数百姓对政府压低军费关心民生之举表示理解和支持。但也有学者认为目前世界各国国防费用之和占全球 GDP 的 2.6%，中国军费仅占 GDP 的 1.3%，未免太低了。中国不搞对外扩张，不参与军备竞赛，但为了自身安全，应随着国家经济发展，适当增加军费比例，这个比例应不低于 GDP 的 2%。

案例 8-2

中央本级"三公"经费 2016 年预算执行和 2017 年预算安排情况[①]

中央本级 2016 年"三公"经费财政拨款预算限额 61.78 亿元，实际执行 47.11 亿元，其中，因公出国(境)费 17.07 亿元，公务用车购置及运行费 25.85 亿元(其中，购置费 1.42 亿元，运行费 24.43 亿元)，公务接待费 4.19 亿元。实际执行低于预算限额的主要原因，一方

---

① 财政部. http://yss.mof.gov.cn/zhengwuxinxi/caizhengshuju/201704/t20170407_2576919.html.

面是受国际形势、外方因素等影响，部分因公出国、外事接待等任务2016年未能实施，将在2017年及以后年度开展。另一方面是"三公"经费预算限额是根据部门年初工作安排和合理开支水平确定的支出上限，一些部门执行中因工作任务取消或调整相应减少了支出。

中央本级2017年"三公"经费财政拨款预算限额61.47亿元，比2016年预算限额减少了0.31亿元，继续贯彻了国务院"约法三章"要求，做到了只减不增。其中，因公出国(境)费18.82亿元，公务用车购置及运行费35.04亿元(其中，购置费2.75亿元，运行费32.29亿元)，公务接待费7.61亿元。在总限额只减不增的前提下，2017年"三公"经费预算重点保障重要出访、外事接待、参加国际会议或赛事，中央部门根据北京市有关环保政策集中更新国Ⅰ和国Ⅱ排放标准公务用车，部分中央垂直管理部门因工作需要增加公务用车运行支出等。

复习思考题

1. 公共支出有哪些分类？
2. 公共支出规模不断扩大及结构改变的原因是什么？
3. 为什么要进行公共支出的预算？
4. 简要介绍成本-收益分析在公共支出评估中的运用。

扫一扫，观看"三部门经济国民收入的决定及财政乘数"微课视频。

第 9 章　财政政策

9.1　财政政策概述

9.1.1　财政政策的含义及分类

1. 财政政策的含义

20 世纪 60 年代初，财政学者 V. 阿盖笛(V. Urduidı)将财政政策定义为："财政政策可以认为是税制、财政支出、举债等种种措施的整体，通过这些手段，作为整个国家支出组成部分的公共消费与投资在总量和配置上得以确定下来，在这一过程中，私人投资的总量与配置可能会受到直接或间接的影响。"但该观点仅强调了财政政策的政策工具，并未说明财政政策的政策目标[①]。

有关财政政策比较典型的说法是由凯恩斯学派于 20 世纪 60 年代给出的。该学派认为，"财政政策就是通过政府的课税及支出行为影响社会有效需求，促进就业水平的提高，并避免通货膨胀和通货紧缩的发生，实现经济稳定的目的。[②]"

从以上定义可知，财政政策的实质就是政府用来促进经济发展的间接控制手段。首先，财政政策的实施主体是政府；其次，财政政策的目标是多样的，但往往以一两种目标为主，如实现充分就业、物价稳定、刺激投资、扩大社会总需求等；最后，财政政策的工具主要包括税收、政府支出、公债等。

本书认为，财政政策是政府为达到一定目的在财政领域采取的措施与手段的总称。财政政策作为政府政策体系的重要组成部分，是政府实现经济政策目标的主要手段，它不仅对宏观经济运行起到控制作用，对总量经济产生影响，还对微观个体发挥作用，进而影响整个国民经济。总的来看，财政政策就是政府解决市场失灵的方法，是政府一种有目的的调控行为。财政政策的效能是政府宏观调控能力的重要体现。

财政政策是一个有机的整体，包含政策目标、政策工具和政策传导三个方面的内容。

---

① 顾建光. 公共经济学原理[M]. 上海：上海人民出版社，2007.
② 郭庆旺，等. 公共经济学大辞典[M]. 北京：经济科学出版社，1999.

其中，政策目标是指通过政策的实施所要达到或实现的目的，它规定着财政政策的性质和方向，因而也是政策的核心内容。政策工具是为政策目标服务的，是为了实现既定的政策目标所选择的组织方式和操作方式。没有政策工具，政策目标就无从实现；政策工具选择得是否恰当、操作力度的大小、工具之间的配合状况，都直接决定着政策的质量。政策传导是指政府从操作政策工具到实现政策目标所经由的媒体及其运行过程。

2. 财政政策的分类[①]

1) 按财政收支活动与社会经济活动之间的关系，可将财政政策分为宏观财政政策和微观财政政策

宏观财政政策是指财政政策的实施和影响范围是整个国民经济，调控对象为社会供求总量，通常也称为总量财政政策。宏观财政政策又常被划分为三种类型：扩张性财政政策、紧缩性财政政策和中性财政政策。

(1) 扩张性财政政策是指通过财政支出规模的变动来增加和刺激社会性的总需求量，在总需求不足时，通过扩张性财政政策使总需求与总供给的差额缩小以至平衡。扩张性财政政策的载体主要是增加财政支出和减少税收，两者相比，前者的扩张效应更大一些。财政支出是社会总需求的直接构成因素，财政支出规模的扩大会直接增加总需求，增加支出的乘数效应大于减税的乘数效应。减税政策可以增加民间可支配收入，在财政支出规模不变的情况下，也可以扩大社会总需求。同时，减税的种类和方式不同，其扩张效应也不同。流转税的减税在增加需求的同时，对供给的刺激作用更大，所以，它的扩张效应主要表现在供给方面。所得税尤其是个人所得税的减税，主要在于增加人们的可支配收入，它的扩张效应体现在需求方面。在增加支出与减税并举的情况下，扩张效应虽然更大，但可能导致财政赤字，从这个意义上说，扩张性财政政策等同于赤字财政政策。

(2) 紧缩性财政政策是指通过财政收支规模的变动来减少和抑制总需求，在国民经济已出现总需求过旺的情况下，通过紧缩性财政政策可以消除通货膨胀，达到供求平衡。实施紧缩性财政政策的手段主要是减少支出和增加税收。减少支出可以降低政府的消费需求和投资需求，增加税收可以减少民间的可支配收入，降低民间消费需求和投资需求，所以，无论是减少还是增税，都具有减少和抑制社会性总需求的效应。如果在一定经济状态下，增税与减支并举，财政盈余就有可能出现，在一定程度上说，紧缩性财政政策等同于盈余财政政策。

中性财政政策是指财政收支活动对社会总需求的影响保持中性，既不产生扩张效应，也不产生紧缩效应。在一般情况下，财政中性政策要求财政收支保持平衡。在经济政策理论中，一般把通过增加盈余或减少盈余及增加赤字或减少赤字的形式表现出来的财政政策，称为非均衡财政政策，而把以收支均衡的形式表现出的财政政策，称为均衡财政政策，均衡财政政策的主要目的在于力求避免预算盈余或预算赤字可能带来的消极后果。但是，预算收支平衡或均衡财政政策，并不等于中性财政政策。因为通过支出结构的调整和税收政策的调整，同样可以对经济发挥调节作用，而且平衡预算本身也具有乘数效应。

微观财政政策的实施和影响对象是个人、家庭、企业等微观意义上的主体，以收入分配和资源配置为调控对象，如调整产业结构的农业财政支持政策、高新技术产业财政支持

[①] 孙开. 公共经济学[M]. 武汉：武汉大学出版社，2007.

政策、解决就业问题的失业人员再就业财政支持政策等，都属于微观财政政策。一般意义上的财政政策主要指的是宏观财政政策，本章的分析也主要针对宏观财政政策。

2) 按实施期限划分，财政政策可分为中长期财政政策和短期财政政策

中长期财政政策是为国民经济发展的战略目标服务的政策，具有长期稳定性的特点。短期财政政策属于战术性政策，适用于特定时期和特定范围。

3) 按财政政策所规范的活动内容划分，财政政策可以分为财政收入政策、财政支出政策和财政调控政策

财政收入政策是通过调整财政收入总量水平、结构、方式及方法等来实现对经济活动的调节；财政支出政策是指通过调整财政支出的总量水平、支出结构和方式来实现对经济的调节；财政调控政策是指根据一定时期的经济和社会发展要求，对中央政府和地方政府之间、政府与企业之间、预算资金和预算外资金之间关系进行调节和控制。

4) 按财政政策发挥作用的方式划分，可分为非选择性政策(自动稳定政策)和选择性政策(相机抉择政策)

非选择性政策是指通过财政制度中的"内在稳定器"在经济波动时自动发挥调控作用的财政政策，而不再需要人为进行调节，包括诸如累进税制、转移性支出等财政工具在内；选择性财政政策是指政府根据对当前经济形势的判断来选择相应的政策目标和政策工具，以稳定经济和减轻经济周期波动而采取的财政政策，如改变公共工程和其他开支方案、改变转移支付开支方案、调整税率等。

9.1.2 财政政策的目标

美国当代经济学家保罗·萨缪尔森在其代表作《经济学》一书中写道："我们所说的制定财政政策，指的是对税收和政府开支进行具体规划的过程，其目的在于：①有利于阻抑商业周期的波动；②有益于保持经济的不断增长和高就业率，以及避免过高的或剧烈的通货膨胀。①"目前，世界各国普遍公认的财政政策的目标可以概括为四个方面，即：充分就业、经济增长、物价稳定和国际收支平衡。

1. 充分就业

广义上讲，充分就业是指经济中现有的经济资源或生产要素都达到了使用的一种理想状态。而鉴于这样的状态是很难加以具体地衡量的，因此经济学家用失业率这一指标来间接地描述经济资源的使用情况和配置效率。狭义上讲，充分就业是指有工作能力并且愿意工作的人，都能够按照现行工资水平得到工作。

充分就业之所以被作为财政政策的首要目标，主要原因有两个：其一，从本质上讲，失业是一种资源没有得到正常利用的状态，在这样的状态之下，资源不仅被闲置或浪费，而且政府能够做的事没有做到——政府完全有可能凭借财政政策功能使劳动者和生产资料结合起来从事生产，为社会创造物质财富；其二，失业打击劳动者的尊严，扭曲正常人的心态，有时甚至毁坏家庭。以人为本的社会的首要任务应该是想方设法提供更多的就业机会，给人们以生存的信心和发展的动力。因此好的政府应该把就业作为自己的重要的执政

---

① 保罗·萨缪尔森，等. 经济学[M]. 北京：首都经贸大学出版社，1996.

目标。

虽然高失业率是件坏事，充分就业是一件好事，但社会能否达到100%的就业及失业率为零的状态呢？这当然是不可能的，因为现实生活中存在如下几种类型的失业[①]：①自愿性失业，是指人们自愿决定暂时离开工作岗位去从事其他活动，如抚养子女、重返学校学习新的技能、旅游或希望寻找更适宜于自己的工作；②摩擦性失业，是指由于劳动力市场功能上的缺陷造成的临时性失业，如新生劳动力找不到工作，工人转换工作岗位时出现的工作中断等；③季节性失业，是指在某些行业生产中由于季节性变化所造成的失业；④结构性失业，是指随着新技术新产业不断出现，一些人难以适应社会经济的这种快速变化，而不能在合适的岗位上得到就业；⑤周期性失业，是指由于周期性经济危机而造成的失业。当经济处于萧条阶段，失业增加；当经济处于繁荣阶段、失业减少。这种失业才是财政政策力求加以解决的问题，对于上述其他几种类型的失业，财政政策通常是无能为力的。

事实上，现代货币主义学派提出了自然失业率这一概念。该学派认为，市场机制具有使经济达到均衡的力量，不能因为失业的存在而否定充分就业状况的存在，因为有些失业是自愿的。这样，自然失业率就是劳动市场均衡状态下的失业率。它通常是由那些不愿意接受现有正常的工作条件和工资水平而自愿放弃工作的人引起的。就这一点来说，利用经济政策来调控自然失业率是徒劳的，因为这部分失业完全出于自愿。

2. 经济增长

增长是财富的源泉，是提高人民福利的物质基础。没有增长，什么问题也解决不了，"发展是硬道理"说的也正是这个道理。现在，无论是发达国家还是发展中国家，都把经济增长作为自己最重要目标之一。经济增长是指一个国家或一个地区在一定期间内(通常为一年)的国民生产总值或国民收入的实际总量增长。从本质上讲，经济增长应该是生产可能性边界的外移。造成这一外移的原因是多方面的，这为政府的政策操作创造了空间。制度优势、技术水平、经济结构、政策效果、资源配置效率、人力资本状况、执政能力等因素都可能会影响经济增长。

在现代社会人们越来越重视环境污染、社会不公等问题，认为经济增长速度快，并不表示人们的生活质量提高了。如果环境污染加重了，社会分配更加不公平，那么这种经济增长是以牺牲人们的生活质量来获得的。因此越来越多的经济学家认为，应该考虑用更多的指标来衡量经济增长。

另外，在世界资源越来越紧张的时代，促进经济增长的任务也变得空前的复杂和艰巨，所以政府要有新思维，更加有效地利用资源、加大人力资本投资、积极致力于技术创新和产业深化，这些政策都是现代经济社会必须遵循的基本原则。资源约束状态下的经济增长，必须立足于增加潜在生产能力。

3. 物价稳定

通货膨胀的社会代价和经济代价已经越来越引人关注，因为持续上升的物价水平造成了经济的不确定性。比如，当物价水平正在变动时，商品和劳务中所包含的信息就更加难以解释，从而消费者、企业和政府的决策可能变得更加困难。通货膨胀的另一个明显的影

---

① 寇铁军. 财政学教程[M]. 大连：东北财经大学出版社，2006.

响是对收入和财产的再分配，它危害投资者、退休者的利益而有利于借款人，如果工资增长落后于物价上涨幅度，它会降低工薪者的生活水平，可能引起一系列的社会冲突。当然，适度的通货膨胀有利于促进经济的增长，但过度的通货膨胀会对经济增长产生负面效应。一定程度的需求拉动的通货膨胀通常可以引发产出的增加，因此对经济增长而言是积极的，而成本推动的通货膨胀由于加大了厂商的负担而打击了它们扩大生产的积极性，所以会引起就业和产出的下降，因此对经济增长是消极的力量。而无论是什么原因引起的通货膨胀，当它达到相当高的程度而失去控制时，经济就可能走向崩溃。因此，稳定物价被视作各国财政政策的重要目标之一。

4. 国际收支平衡

一国的国际收支一旦发生明显的失衡现象，无论是逆差还是顺差，都会对经济产生不利的影响，而尤以逆差为甚。逆差意味着某国的外汇入不敷出，这会通过外汇市场的供求关系的较量而形成使其汇率下跌的压力，从而使贸易条件恶化。如果一国政府不愿接受本币下降和贸易条件恶化的后果，就必须动用外汇储备干预外汇市场，从而减少自己的外汇储备。而外汇储备减少会导致国内银根紧缩和利率上升，这会影响就业和收入的增长。如果逆差是由于贸易逆差引起的，那就会通过贸易乘数对本国的就业和收入产生消极的影响。如果逆差是由于资本项目逆差引起的，那就会加剧本国的资金紧张并对就业和收入产生消极影响。资本外流减少了积累率，从而影响就业和收入。因此，现在越来越多的国家把国际收支平衡作为一国财政政策的目标。

上述这四个政策目标并不总是一致的，而是经常处于矛盾之中。比如，充分就业与物价稳定之间、物价稳定与经济增长之间都有可能发生矛盾。但从长期来看，上述四个目标是一致的。而现实中一个比较重要的问题是，我们必须对付时刻困扰经济社会的短期问题。

9.1.3 财政政策的手段

1. 选择性政策工具

所谓选择性政策工具，是指为实现一定的政策目标，可供政府选择操作的备选工具。主要包括以下几个。

1) 税收

税收是最重要的财政政策手段之一，通过对供求总量的调控广泛地影响资源的有效配置、经济稳定、收入公平分配和其他更为具体的财政政策目标。这种影响可以分为两个方面，即对总需求的影响和对产出(或供给)的影响。税收对供求总量的调控，是通过调整税负直接影响企业和居民的税后可支配收入来实现的。政府通过增加或减轻税负来减少或增加企业和居民的税后可支配收入，在预算支出规模不变的情况下，税收一方面可以调节社会总需求，起限制或刺激需求的作用；另一方面也可以影响企业与居民的储蓄投资能力，从而对社会总供给产生效应，起到刺激增加或限制减少社会总供给的作用。税收政策手段的运用还可对供求结构发挥调控作用，税收对供求结构的调控表现在对地区间经济结构的调控和对产业结构的调控等方面。在实际操作中，一国税收政策工具的内容主要有：①税种的开征与停征；②税率的提高与降低；③税收征收面的扩大与收缩；④税收优惠的增加与减少，等等。

在实现财政政策目标上,税收除了上述意义上的对经济稳定增长的作用外,还包括:①对不同产品、行业实行差别税率或开征调节税种,可以调节不同产品、行业的利益结构,影响其价格水平和竞争条件,从而引导资源流向,改善投资结构,实现资源合理配置;②国际收支平衡的关键是外贸收支平衡。国家通过对出口商品的低税、免税政策,可以降低出口商品价格中的税金含量,增强出口商品的竞争能力,增加外贸收入;同时,对进口商品实行适当的关税保护政策,可以限制盲目进口,减少外贸支出。这种由税收增减引起的国际收支对比关系变化,无疑有利于实现国际收支平衡的宏观调控目标。

2) 政府预算支出

政府预算资金是政府可直接支配的财力,也是政府掌握的最直接有力的宏观调控手段。政府预算支出对供求总量的调控是通过调整支出规模来实施的。因为政府预算支出是社会需求总量的重要组成部分,在财政收入不变的情况下,其规模的大小会直接影响到社会总需求规模。此外从长远看,政府预算支出中的投资性支出规模还会影响社会总供给能力。

预算支出投向的不同组合,是协调供求结构的重要手段。在既定的供给结构或要素可彼此替代的限度内,变动预算支出的内部结构,短期内可影响需求结构和积累与消费的比例关系,长期可影响供给结构即产业结构。运用预算支出手段调节供求结构是我国市场经济下财政调节供求结构的最直接有力的手段,但其运用的程度受到财政收入规模的制约。政府预算支出政策又包括政府投资支出政策和政府消费性支出政策。

政府投资支出政策也称为财政投资政策,是政府支出政策的重要组成部分。政府通过投资政策,可以扩大或缩小社会总需求,调整产业结构、资源结构、技术结构、劳动力结构及国民经济部门间的比例关系,改善社会投资环境,刺激私人投资。政府消费性支出政策是政府为了维持国防、文教卫生事业等一般行政及其他政府活动所进行的物资、劳务的购买支出。政府通过消费政策,可以直接增加或减少社会的总需求,引导私人生产的发展方向,调节经济周期波动。

3) 转移性支出

转移性支出包括财政补贴与社会保障支出,其共同特点是财政资源从政府向企业和居民家庭的单向转移。转移性支出在宏观调控中的作用与政府预算中的购买支出相比略逊一筹。因为政府购买支出的变动将直接增减社会有效需求,而转移支付的变动对需求总量的影响,需要通过转移支付资金受益者的需求变动来产生效应。例如,政府增加对居民的财政补贴支出,其对总需求的增量效应要在居民动用这笔补贴增加消费需求时才显现。

财政补贴可分为消费性补贴与生产性补贴两大类。消费性补贴的增减一般仅影响需求总量。从短期看,生产性补贴具有扩张需求的效应。因为当财政补贴刺激的投资尚未形成生产能力时,生产性补贴不仅不会增加供给,还要从市场上取走投资品,并连带增加消费需求。但是从长远看,生产性补贴可以增加产出,从而增加供给。此外,政府通过调整生产性补贴或消费性补贴占整个财政补贴的比例,可以影响财政支出中积累与消费的比例,从而影响整个积累与消费的比例关系。同样,政府也可以根据产业政策有选择地发放生产性补贴即对生产者的补贴,可引导企业更多地向国民经济中的短线项目投资,从而达到调整产业结构的目的,这也是我国财政补贴的发展方向。

社会保障支出在社会保障制度健全的国家,是一项具有法律效力的支出,一般不能根据财政收支状况而人为变动。因此,社会保障支出具有自动维持社会总供求平衡的功能。

当经济处于不景气即总供给大于总需求时，失业人口增加，社会保障支出就会依据既定的社会保障法规自动增加，起到防止个人消费需求萎缩的作用，进而防止经济进一步衰退。反之，当经济处于繁荣时期即总需求大于总供给时，失业人数减少，人们收入水平上升，社会保障支出就会自动减少，加之此时税收收入增加，就可能形成财政盈余，从而限制社会总需求的进一步增加。

4) 公债

公债是国家组织财政收入的一种补充形式。公债的运用使国家财政收入具有一定的弹性，同时也增强了政府运用财政进行宏观调控的能力。公债是一种具有财政金融联动机制的调控手段，因此分析公债的宏观调控功能时要结合货币政策。当政府发行公债增加了由政府集中支配的有支付能力的需求量时，如果因发行公债而扩大了货币供应量，那么公债就起到了扩张社会总需求的作用。反之，政府发行公债而货币供应量不变，则所增加的需求量就是企业、居民支付能力的转移，不会产生扩张总需求的效应。此外，政府发行公债可改变国民收入的使用结构，从而能调节供求结构，尤其是消费基金与积累基金的比例，这主要是因为公债的来源中既包含了非预算部门的消费基金，也包含了积累基金。

2. 非选择性政策工具

所谓非选择性政策工具，是指通过制度设计，内置于国民经济运行机制中并对国民经济运行状况做出自动反应的政策工具，主要指累进税制和社会保障制度。

1) 累进税制

在国家税制中，以累进的个人所得税和企业所得税为主体税。在萧条时期，累进税制自动地减税，企业和居民税后收入增加，带动企业投资和居民消费的增加，从而起到扩大内需、推动经济增长和增加就业的政策效应。而在经济过热、通货膨胀时期，累进税制自动地增税，企业和居民税后收入减少，带来企业投资和居民消费的下降，从而起到抑制内需，给过热的经济、过高的物价降温的政策效应。

2) 社会保障制度

在萧条时期，由于居民收入下降，失业人数增加，社会保险基金中的失业救济金及其他各种福利支出都自动增加，它们起着抵消个人收入下降的作用，减轻了经济的萧条程度或加快了经济复苏的进程。反之，经济过热时，相反的效应将发生，从而对过热的经济和过热的物价起到釜底抽薪的作用。

由于非选择性政策工具内置于国民经济之中，因此会自动随着国民经济周期性波动而适时地做出反应，无须对当前经济形势做出判断并取得共识，省略了漫长的决策过程，避免了选择性政策工具的内部时滞。它自动地反经济周期，避免了政府对政策选择的失误，也解决了政策力度难以把握的困难。它与经济一体，避免了政策经常性变化带来的经济震动，以及因政策性原因带来的经济波动。

但一国启动非选择性政策工具需要具备一定的前提条件。首先，需要有较高的财政管理水平和完善的财政制度，这样才能保证非选择性政策工具启动的可能性，以及相应政策工具的质量。其次，需要完善的市场机制，这样才能保证经济对政策工具变化感知灵敏度和对应的反应能力，如果市场对政策工具反应迟钝，则政策效应很难表现出来。只有具备这两个前提条件，非选择性政策工具才能发挥其应有的效果。因此，发展中国家一般主要采用选择性政策工具，发达国家一般主要采用非选择性政策工具。

3. 财政政策的传导[①]

财政政策目标的实现是由众多的财政工具借助于中介媒体的传导，最终作用于经济而完成的。传导财政政策的媒体主要有收入、货币供应量和价格等。

1) 收入

收入是财政政策的主要传导媒介，主要通过对企业收入和家庭收入的影响来进行传导。政府支出政策特别是消耗性支出和公共工程支出，都会最终增加企业收入，税率的调整也会直接影响企业的税后利润水平。财政政策对家庭部门收入的影响主要体现在改变家庭部门实际支配收入的变化上。例如，调高或调低税率，增加或减少补贴，最终会带来家庭部门实际支配收入的增减。居民个人收入的变化会影响其消费行为和储蓄行为，引起消费需求的变化，影响劳动者的积极性，在一定程度上导致人们在工作和休闲之间的重新选择。

收入传导媒介具有非对称性特征。当财政减税、扩大支出增加企业和家庭部门收入时，很容易取得它们的配合，政策力度可以顺利地通过收入媒介传导到国民经济中去。当财政增税、压缩支出减少企业和家庭部门收入时则阻力相对增大，政策力度较难传导。这也是财政政策在治理通货紧缩时的作用大于治理通货膨胀时的主要原因。

2) 货币供给量

财政采取的扩张性政策通常都具有货币扩张效应，采取紧缩性政策则会引起货币紧缩的效应，从而最终对社会供求总量平衡和经济的发展产生影响。财政政策如果通过货币供给量传导，必须取得货币政策的配合，否则有可能会带来物价水平的波动。

3) 价格

价格是市场经济条件下引导资源配置的最为灵活的杠杆，财政支出政策和税收政策所引起的某些商品价格变动，或是扩张性财政政策所产生的货币扩张效应最终都会引起价格的变动，从而对市场供求状况产生影响，以实现财政政策目标。

9.2　国民收入的决定与财政政策乘数

如前所述，财政政策主要通过对政府支出和税收这两个变量的调节来影响社会总需求的大小，进而达到调控经济的目的。那么，政府支出和税收为什么能够及如何影响社会总需求的变动呢？本节将运用经济均衡理论和乘数理论对此进行分析。

9.2.1　国民收入的决定

国民收入的决定是凯恩斯经济学的中心内容。凯恩斯从国民收入均衡的原理出发，认为国民收入的大小取决于总需求与总供给的均衡水平。在总供给既定的条件下，国民收入的大小就取决于社会总需求的水平。为了便于理解，我们先讨论最简单的两部门经济，然后研究三部门经济条件下国民收入的决定。

1. 两部门经济条件下国民收入的决定

所谓两部门经济，是假定一个封闭型的经济，只存在家庭和厂商两个经济部门，没有

---

① 辛波，朱智强. 财政学[M]. 北京：中国金融出版社，2011.

政府的经济活动。在这种两部门经济体系中，家庭向厂商提供各种生产要素，并得到各种收入。厂商用各种生产要素进行生产，向家庭提供各种最终产品和劳务。在两部门经济体系中，可以从总需求和总供给两个角度来考察国民收入的均衡情况。

从总需求的角度看，一国的国民收入就是私人消费需求和私人投资需求的总和。它是从各个家庭的收入中产生出来的，可分别用消费支出和投资支出来代表，即：

$$国民收入=消费支出+投资支出$$

若用 C 代表消费支出，I 代表投资支出，Y 代表国民收入，则上述公式可以写成：

$$Y=C+I$$

从总供给的角度来看，一国的国民收入就是各种生产要素供给的总和，即劳动、资本、土地和企业家才能供给的总和。这种总和可以用各种生产要素相应得到的收入总和，即工资、利息、地租及利润的总和来表示。从用途上来看，这些收入又可分为私人消费和私人储蓄两部分。因此，国民收入的均衡公式为：

$$国民收入=各种生产要素供给的总和$$
$$=消费+储蓄$$

若用 C 代表消费，S 代表储蓄，Y 代表国民收入，则上述公式可以写成：

$$Y=C+S$$

国民收入的大小取决于社会总需求与总供给的均衡水平，即国民收入达到均衡的条件是：

$$总需求=总供给$$

由 $Y=C+I$ 和 $Y=C+S$ 可得出上述条件的另一种表达式：

$$C+I=C+S$$

或

$$C+I=Y$$

于是，当 $C+I>Y$ 时，国民收入扩张；当 $C+I<Y$ 时，国民收入收缩；当 $C+I=Y$ 时，国民收入达到均衡。

上述三种情况在市场经济条件下，随时都可能发生，即在两部门经济条件下的国民收入均衡水平不一定是理想的，既可能低于充分就业的水平而存在失业，也可能高于充分就业水平而存在通货膨胀。

2. 三部门经济条件下国民收入的决定

当在前述的两部门经济体系中引入政府的经济活动时，就形成了三部门经济体系。在引入政府预算的三部门经济体系中，总需求和总供给都要在两部门经济体系的基础上有所添加。

从总需求的角度看，要在两部门经济体系的私人消费需求和私人投资需求的基础上，加上政府的需求。政府的需求可以用政府的支出来代表。这样，国民收入的均衡公式可写成：

$$国民收入=消费+投资+政府支出$$

若用 G 代表政府支出，则上述公式可以写成：

$$Y=C+I+G$$

从总供给的角度看，要在两部门经济体系的各种生产要素的供给的基础上，加上政府的供给。政府的供给可以用政府的税收来代表。这样，国民收入的均衡公式可写成：

国民收入=消费+储蓄+政府税收

若用 T 代表政府税收，则上述公式可以写成：

$$Y=C+S+T$$

这时，国民收入的均衡条件仍然是：

总需求=总供给

用公式来表示，即：

$$C+S+T=C+I+G=Y$$

于是，当 $C+I+G>Y$ 时，国民收入扩张；当 $C+I+G<Y$ 时，国民收入收缩；当 $C+I+G=Y$ 时，国民收入达到均衡。

在三部门经济条件下，国民收入的大小仍然取决于总需求和总供给的均衡水平，但政府支出和税收的加入使得国民收入和均衡水平发生了相应变动。政府支出增加总支出(总需求)，政府税收则减少总支出(总需求)。因此，政府预算可以主动地影响社会总需求，它既可以扩大总需求，提高国民收入水平，也可以压缩总需求，降低国民收入水平。而最终结果如何，则取决于政府支出和税收的相对规模，并取决于它们各自的特点。

9.2.2 财政政策乘数

根据上面的分析，政府支出和税收是决定国民收入的重要因素。政府支出和税收的变动会引起国民收入均衡水平的相应变动，但是如果要衡量政府支出和税收变动对国民收入增加或减少的影响到底有多大，就需要引入"乘数"这一概念。

1. 乘数原理

乘数原理亦称为倍数原理，是凯恩斯国民收入决定论的核心内容之一，它主要考察和分析在社会经济活动中某一因素的变化或变量的增减所引起的一系列连锁反应的状态和结果，从而衡量一个因素或变量的变化对整个社会经济活动的影响程度。所谓乘数原理，简单地说，是指假定一个国家增加一笔投资(用 ΔI 表示)，那么，由此引起的国民收入的增加量(用 ΔY 表示)并不限于原来增加的这笔投资，而是原来这笔投资的若干倍，即 $\Delta Y = K_I \Delta I$，其中 K_I 被称为"投资乘数"，K_I 值通常是大于 1 的正数，故有乘数(倍数)原理之称。

在西方经济学史上，投资增加会增加国民收入的观点，检冈·巴拉诺夫斯基和维克赛尔早已论及。在 1931 年，英国经济学家卡恩在《国内投资与失业的关系》一文中最先提出乘数，将其定义为"用来估计投资净量与由此引起的总就业量二者之间的实际数量关系"。卡恩的乘数是就业乘数，即净投资所引起的全社会就业总量与净投资直接引起的最初就业的比。凯恩斯在《就业、利息与货币通论》中论述收入与投资之间的关系时，提出了投资系数概念，是指投资增加与国民收入增加的比例关系，表明投资变动会引起国民收入数倍的变动。

在市场经济条件下，许多市场性活动如投资和货币的供应等，都将产生乘数效应。乘数理论用于不同的领域和方面，就有不同的乘数。财政乘数则是对政府支出乘数、政府税收乘数和平衡预算乘数的统称。

2. 财政乘数

1) 政府支出乘数

政府支出乘数即公共支出乘数。政府支出乘数是指政府用于商品和劳务上的开支每 1

元所引起的国民收入的增加量。政府支出的增加会引起国民收入的增加。但国民收入的增加必定大于最初的政府支出增加额,这是因为各个经济部门是相互关联的。政府在商品和劳务上的一笔最初购买量,将会启动一连串的再开支,使国民收入成倍增加。支出乘数的大小则由边际消费倾向所决定,也可以将其定义为边际储蓄倾向的倒数。乘数与边际消费倾向成正向联系,边际消费倾向越大,乘数就越大;边际消费倾向越小,乘数就越小。

政府支出乘数的作用具有两面性:一方面,政府支出的增加会引起国民收入按 K_G 倍增加;另一方面,政府支出的减少也会引起国民收入按 K_G 倍减少。而国民收入增加或减少的规模取决于 K_G 的大小,K_G 的大小则取决于边际消费倾向或边际储蓄倾向的大小。

政府支出乘数 $K_G = \dfrac{1}{1-b}$,b 为边际消费倾向。政府支出乘数是正值,说明购买性支出的增减与国民产出呈正方向变动;政府增加支出时,国民产出增加,增加量为支出增量的 $1/(1-b)$ 倍。假定边际消费倾向为 0.8,则购买性支出乘数为 5。同税收乘数相比,支出乘数较大,这说明,增加财政支出政策对经济增长的作用大于减税政策。

2)政府税收乘数

政府税收的增加会引起国民收入的减少,但国民收入的减少必定大于最初的政府税收增加额。这同政府支出增加的原理是一样的。政府税收增加的每 1 元可压低 1 元的纳税人可支配收入。由于纳税人可支配收入的下降,其购买消费品的支出亦会随之下降。假定这些纳税人的边际消费倾向也是 0.8,那么,纳税人的可支配收入每下降 1 元会导致其购买消费品的支出减少 0.8 元。这又会使消费品的生产者减少 0.8 元的可支配收入。如果其边际消费倾向也是 0.8,则他们也会因此而减少购买消费品支出 0.64 元,从而使这些消费品的生产者减少 0.64 元的可支配收入。这些家庭也会在下一轮中减少支出 0.512 元,如此下去,国民收入的减少额 ΔY 总计为:

$\Delta Y = 0.8\text{元} + 0.64\text{元} + 0.512\text{元} + \cdots$

$\Delta Y = 1\text{元} \times 0.8 + 1\text{元} \times 0.8^2 + 1\text{元} \times 0.8^3 + \cdots$

$\Delta Y = 1\text{元} \times \dfrac{0.8}{1-0.8} = 4\text{元}$

即对于所增加的每 1 元的政府税收而言,整个国民收入将减少 4 元。当然反过来也是如此。对于所减少的每 1 元的政府税收而言,整个国民收入将增加 4 元。

这种国民收入的变动量与引起这种变化的政府税收变动量之间的比率就是政府税收的乘数。需要注意的是,从数值上来看这种乘数正好比政府支出乘数小 1(方向相反)。其原因是政府支出是社会总需求和国民收入的一个直接的组成部分,增加政府支出一开始就可以直接扩大社会总需求,增加国民收入。而政府税收支付的初次循环仅是一种购买力的转移,它不能算是国民收入。税收的增加要通过压低纳税人可支配收入,并在扣除边际储蓄倾向因素后才能发挥减少社会总需求,进而减少国民收入的乘数作用。因此,政府税收的变动虽也可以乘数方式造成国民收入随之变化,但其带来的变动率比同样数额的政府支出的变动所带来的变动率要小。如上例中,政府税收增加 1 元,国民收入减少 4 元,政府税收减少 1 元,国民收入增加 4 元,乘数均为 4,正好比政府支出增加或减少 1 元所带来的国民收入的变动倍数小 1。若用 ΔT 代表政府税收的变动额,则政府税收乘数 K_T 有下述计算公式:

$$K_T = -\dfrac{b}{1-b}$$

因此，政府税收对国民收入是一种收缩性的力量。增加政府税收可以压低总需求，减少国民收入。相反，减少政府税收可以扩大总需求，增加国民收入。

总体而言，政府税收乘数表明的是税收的变动(包括税率、税收收入的变动)对国民收入的影响程度。税收乘数是负值，说明税收增减与国民产出呈反方向变动。政府增税时，国民收入减少，减少量为税收增量的 $b/(1-b)$ 倍。假定边际消费倾向 b 为 0.8，则税收乘数为-4。可见，若政府采取减税政策，虽然会减少财政收入，但将会成倍地刺激社会有效需求，有利于国民收入的增长。

3) 平衡预算乘数

如前所述，政府支出的增加会引起国民收入的增加，政府税收的增加会引起国民收入的减少。自然，当政府支出和税收同时等量增加，将对总需求产生两种不同的影响，前者会使总需求水平上升，后者则使总需求水平下降，但二者的作用不会完全抵消。也就是说，其净影响并不会趋于零，其原因是政府支出的乘数大于政府税收的乘数且其差额为1。因此，在政府收支(分别对应税收和政府购买)等量增加的条件下，总需求水平仍然上升，上升的幅度就是政府支出的增加量或税收的增加量。在前面的例子中，在社会边际消费倾向为 0.8 的条件下，政府支出每增加 1 元，可增加国民收入 5 元；政府税收每增加 1 元，可减少国民收入 4 元。两者相抵，其差额或净影响就是国民收入增加 1 元。反之，如果政府支出和税收同时等量减少，其净影响也不会趋于零。在社会边际消费倾向为 0.8 的条件下，政府支出每减少 1 元，将减少国民收入 5 元，政府税收每减少 1 元，可增加国民收入 4 元。两者相抵，其差额或净影响就是国民收入减少 1 元。

这种国民收入的变动量与所引起这种变动的政府支出和税收的同时等额变动量之间的比率，就是平衡预算的乘数。乘数的数值永远为 1。若用 K_B 代表平衡预算乘数，其计算公式可写成：

$$K_B = K_G + K_T = \frac{1}{1-b} - \frac{b}{1-b} = 1$$

由此可知，当政府支出和税收的同时等量增加时，对国民收入仍有扩张作用，其扩张的规模就是政府支出或税收的增加量；政府支出和税收的同时等量减少，对国民收入会有一定的收缩作用，其收缩的规模就是政府支出或税收的减少量。在西方财政经济理论中，这一结论也被称作"平衡预算乘数定理"。

9.3 选择性财政政策

首先需要说明的是，我们所提到的财政政策，或者政府的财政政策运作内容和基点主要指的就是选择性财政政策，政府主动性的政策意图大体上也只能依靠这种手段来贯彻和完成。通常而言，政府财政的收缩和扩张对于经济的许多方面都能产生重要影响，政策的制定者在考虑实施一项具体政策时需要做再三的权衡。如果财政政策要达到经济稳定的目的，刺激政策和限制政策都必须适时得当，否则会起到相反的作用。由于稳定政策采取逆经济风向行事，而且决策者在出台政策时要审时度势，因此称为选择性财政政策。

一般地说，使用扩张性财政政策即减税或扩大赤字规模会促使经济升温，消除紧缩缺口；使用紧缩性财政政策会促使经济降温，消除通胀缺口。上述两种方式在很大程度上可以避免经济的大起大落，鉴于此通常也把选择性财政政策称为"反周期政策"。需要注意的是，选择性财政政策不仅包括财政政策，而且也包括货币政策。

选择性财政政策的制定和实施需要有一个时间过程。首先，从制定到实施需要一定的时间，因为要使用这种政策必须改变税法和政府支出计划，而改变这一切都需要国会通过复杂的程序来实现，以至于作为反周期的政策失去其时间价值，所以要保证政策的有效性，政策制定者必须在时间上做出精心的安排；其次，即使政策实施后，真正发挥效力也需要6～12个月的时间，尽管人们具有一定的预测能力，但是毕竟有限，在这种情况之下预测出现偏差不仅是可能的，而且也是合情合理的。

9.3.1 选择性财政政策的作用机制[①]

1. 扩张性财政政策的作用机制

在现实经济运作中，如果由于总需求的过度萎缩造成了真实GDP小于潜在GDP，这时真实的失业率高于自然失业率，经济面对的是紧缩缺口。政府这时可以不采取任何行动等待自动调节机制发挥作用，由于总需求下降，必将迫使工资和其他生产要素的价格下降，从而降低生产成本，导致总供给增加，进而促使现实GDP与潜在GDP趋于一致，充分就业实现。

但凯恩斯主义者认为，经济处于潜在GDP水平之下运行时会出现失业，依赖自动调节机制要花费过长的时间，这使得宏观经济的运行缺乏效率，因此这些经济学家建议政府使用扩张性财政政策以扩大总需求。扩张性财政政策包括增加政府对物品和劳务的购买或者减税。政府的这些行为通过乘数作用过程推动整个总需求增大，而且总需求的增加将远远超出政府购买的增加或减税的数量，如果时机比较适当，扩张性财政政策将使得总需求增加，促使经济走向充分就业的均衡。当政府的财力不能满足政策的需要时，凯恩斯主义者的处方便是实行积极的赤字预算，以举债填补支出超出收入的部分。在凯恩斯主义的经济政策中，赤字预算成为其政策内容的一个重要特点。

2. 紧缩性财政政策的作用机制

当需求冲击使总需求扩大进而形成现实GDP超出潜在GDP时，这时真实失业率低于自然失业率，经济面对的是通胀缺口。同样，政府也会面临两种选择：自动调节机制和经济政策。如果政府等待市场的自动调节，市场本身在通胀缺口存在的条件下，将会导致工资水平、利息率及其他生产资源的价格上升，带动生产成本的提高，从而使总供给减少，膨胀缺口消失，现实GDP和潜在GDP趋于一致，失业率等于自然失业率。

从另一方面来说，政府也可以采取经济政策来降低总需求，引导经济实现非通货膨胀均衡。如果从财政政策入手，则要实行紧缩性财政政策，也就是通过减少政府购买或提高税收而降低总需求。总需求降低会使通胀缺口逐步缩小，进而现实GDP和潜在GDP趋于一致。如果政府减少政府购买、增加税收，预算赤字将会因此而减少以至于出现预算盈余的现象。在凯恩斯主义的理论分析中，这种政策是治疗由过度总需求引发的通货膨胀的良方。

---

① 李冬妮. 公共经济学[M]. 广州：华南理工大学出版社，2007.

以上分析可看出，凯恩斯主义的稳定政策的取向不是年度的或周期的预算平衡，而是总体经济状况是否稳定于潜在的产出水平，因而评价预算政策的依据就不应是实现年度的预算平衡，而是预算是否有助于总体经济状况的好转。稳定政策实际上是一种反周期政策，这种政策强调当经济受衰退威胁时政府应寻求一种积极的预算赤字政策，而当经济受通胀威胁时则应寻求积极的预算盈余(或减少赤字)的政策，不应拘泥于每个年度的或周期的预算平衡。财政政策并不是一个消极的措施，政府应积极、主动运用财政政策实现预期的目标。与一些经济行为一样，财政政策不但可以帮助实现政策目标，而且也会带来某些消极影响和副作用，特别是预算赤字，表现得更为明显。

9.3.2 扩张性财政政策

财政政策用于减轻或消除经济衰退时，通常称为扩张性财政政策。在经济衰退时期，国民收入小于充分就业的均衡水平，总需求不足，所以政府应当执行扩张性财政政策。其内容是：增加政府支出，减少政府税收。因为该财政政策一方面增加了政府支出，另一方面又减少了税收，不可避免地会出现财政赤字，所以又将扩张性财政政策称为赤字财政政策。而对于财政赤字，政府通常用发行债券的方式来弥补。

(1) 增加政府支出，包括增加公共工程的开支、增加政府对物品或劳务的购买及增加政府对个人的转移性支出。这样，一方面，可以使社会总需求中的政府开支部分提高，从而直接增加总需求；另一方面，也可以刺激私人消费和投资，间接增加总需求。不仅如此，在政府支出乘数的作用下，增加政府支出还可以引起国民收入和就业量的增长，国民收入的增加额可以达到政府支出增加额的数倍。如图 9-1 所示，若社会边际消费倾向为 3/4，则政府支出增加 100 亿元，可以导致国民收入增加 400 亿元。

在图 9-1 中，原来的总支出线 AE 与 45 度线的交点 E 所决定的国民收入水平 OA 仍低于充分就业的水平 OF，经济处于衰退之中。在这种情况下，假定政府为此执行扩张性财政政策，增加政府支出 100 亿元(以 ΔG 表示)，使均衡点由 E 移至 E'，从而引起国民收入增加 400 亿元，达到了充分就业的水平 OF。

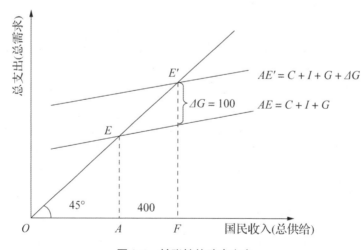

图 9-1 扩张性的政府支出

(2) 减少政府税收,包括降低税率及实行免税和退税。减少税收的结果可以扩大总需求。这是因为减少个人所得税可以使个人拥有更多的可支配收入,从而增加消费;减少公司所得税,可以使厂商拥有更多的税后利润,从而刺激投资;减少各种对商品和劳务课征的间接税,可通过商品和劳务价格下降增加可支配收入的实际价值,从而刺激消费和投资。不仅如此,在税收乘数的作用下,减少税收还可以引起国民收入一轮又一轮地增长,国民收入的增加额可以达到政府税收减少额的数倍。如图 9-2 所示,假定社会边际消费倾向为 3/4,则减少政府税收 100 亿元,可以导致国民收入增加 300 亿元。

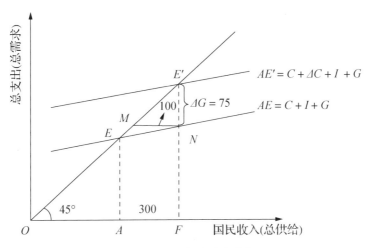

图 9-2 扩张性的政府税收

在图 9-2 中,原来的总支出线 AE 与 45 度线的交点为 E,此时国民收入水平 OA 低于充分就业的水平 OF,经济正处于衰退时期。为此,政府执行扩张性财政政策,减少政府税收 100 亿元(用 MN 表示),导致私人消费支出增加 75 亿元(用 ΔC 表示),从而使均衡点由 E 移至 E',引起国民收入增加 300 亿元,达到充分就业水平 OF。

西方国家政府在 20 世纪 60 年代以后,大都选择增加政府支出和降低税率的扩张性财政政策,以便刺激经济增长。比如,1962 年美国政府的全面减税政策(个人所得税减少 20%,公司所得税税率从 52%降到 47%)对经济增长起到了强烈的刺激作用,这在一定程度上促进了 20 世纪 60 年代美国经济的繁荣。

值得一提的是,挤出效应是与扩张性财政政策相伴随的概念。所谓挤出效应,是指增加政府支出对私人投资产生挤占,从而导致由增加政府支出所增加的国民收入可能因为私人投资减少而被全部或部分抵消的效果。通常而言,政府支出增加会以下列方式使私人投资出现抵消性的减少:由于政府支出增加,商品市场上购买产品和劳务的竞争会加剧,物价就会上涨,在名义货币供应量不变的情况下,实际货币供应量会因价格上涨而减少,进而使投机需求的货币量减少。结果,债券价格下跌,利率上升,进而导致私人投资减少。

扩张性财政政策的实施效果取决于挤出效应的大小。而挤出效应的大小又取决于以下几个因素:① 政府支出乘数。政府支出增加会使利率上升,政府支出乘数越大,利率提高使投资减少所引起的国民收入减少也越多,挤出效应也就越大;反之,政府支出乘数越小,挤出效应就越小。②投资对利率变动的敏感程度。投资对利率变动的敏感程度越大,一定量利率水平的变动(增大)对投资水平的影响就越大,挤出效应也就越大;反之,投资对利率变动的敏感程度越小，挤出效应就越小。③货币需求对利率变动的敏感程度。货币需求对利率的变动越不敏感意味着一定量货币需求的变动只会引起利率较大的变动，此时，当政府支出增加引起货币需求变动所导致的利率上升就越大，挤出效应也就越大；反之，货币需求对利率的变动越敏感，挤出效应就越小。

9.3.3 紧缩性财政政策

当财政政策用于减轻或消除通货膨胀时通常被称为紧缩性财政政策。在经济繁荣时期，国民收入高于充分就业的均衡水平，存在过度需求，所以政府应当执行紧缩性财政政策，其内容是主要包含减少政府支出及增加政府税收。

(1) 减少政府支出，包括减少公共工程开支、减少政府对物品和服务的购买及减少政府对个人的转移性支出。这样，一方面，可以使社会总需求中的政府开支部分降低，从而直接减少总需求；另一方面，也可以抑制私人消费和投资，间接减少总需求。而且，在政府支出乘数的作用下，减少政策支出还可以引起国民收入一轮又一轮地减少，国民收入的减少额可以达到政府支出减少额的数倍。如图9-3示，若社会边际消费倾向为3/4，则政府支出减少100亿元，可导致国民收入减少400亿元。

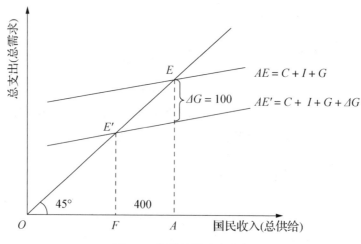

图9-3 紧缩性的政府支出

在图9-3中，原来的总支出线 AE 与45度线的交点为 E，此时国民收入水平 OA 高于充分就业的水平 OF，经济正处于通货膨胀之中。为此，政府执行紧缩性财政政策，减少政府支出100亿元(用 ΔG 表示)，使均衡点由 E 移至 E'，造成国民收入减少400亿元，恢复到充分就业水平 OF。显然，减少政府支出的紧缩性财政政策通过压缩社会总需求，达到了抑制通货膨胀的目的。

(2) 增加政府税收，包括提高税率及增加新的税种。增税可以缩小总需求，这是因为增加个人所得税可以减少个人的可支配收入，从而减少个人消费；增加公司所得税，可以减少厂商税后利润，从而减少投资；增加各种对商品和服务课征的间接税．可通过商品和劳务价格提高减少可支配收入的实际价值，从而抑制消费和投资。而且，在税收乘数的作用下，增加税收还可以引起国民收入一轮又一轮地减少，最终国民收入的减少额可以达到政府税收增加额的数倍。如图9-4所示，如果边际消费倾向为3/4，则增加政府税收100亿元，可以导致国民收入减少300亿元。

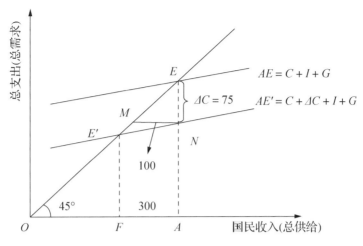

图 9-4　紧缩性的政府税收

在图 9-4 中，原来的总支出线 AE 与 45 度线的交点为 E，此时的国民收入水平 OA 高于充分就业的水平 OF，经济正处于通货膨胀时期。为此，政府执行紧缩性财政政策，增加政府税收 100 亿元(用 MN 表示)，造成私人消费减少 75 亿元(用 ΔC 表示)，使均衡点由 E 移至 E'，从而促使国民收入减少 300 亿元，恢复到充分就业水平 OF。显而易见，增加政府税收的紧缩性财政政策通过压缩社会总需求，抑制了通货膨胀的势头。

9.4　非选择性财政政策

9.4.1　内在稳定器的含义

所谓内在稳定器，是指这样一种宏观经济的内在调节机制：它能在宏观经济的不稳定情况下自动发挥作用，使宏观经济趋向稳定。财政政策的这种"内在稳定器"效应无须借助外力就可直接产生调控效果，这意味着财政政策工具可以内在地、自动地产生稳定效果，并且可以随着社会经济的发展自动发挥调节作用而不需要政府专门采取干预行动。

内在稳定器的自动稳定性主要表现在两个方面：税收的自动稳定效应和政府支出的自动稳定效应。经济学家一致认为，转移支付是最为普遍的自动稳定器。转移支付是指政府为维持居民的最低必要生活水平而提供的失业救济金和最低生活保障金等福利性支出。如果国民经济出现衰退，就会有一大批家庭具备申请失业救济金的资格，政府必须对失业者支付津贴或救济金，从而可以使总需求不至于下降过多。同样，如果经济繁荣来临，失业者可重新获得工作机会，在总需求接近充分就业水平时，政府就可以停止这种救济性的支出，使总需求不至于过旺。

9.4.2　内在稳定器的效应

1. 累进的所得税制

税收体系对经济活动水平的变化反应相当敏感。如果当初政府预算是平衡的，税率没有变动，而经济活动出现不景气，国民产出就要减少，这时税收收入就会自动下降。如果政府预算支出保持不变，则由税收收入的减少而使预算赤字发生，这种赤字会"自动"产生一种力量，可以抑制国民产出的继续下降。

从经济稳定的角度看，一般来说，当经济处于通货膨胀时，增加税收，缩小社会总需求是合乎需要的；而当经济倾向于衰退时，减少税收，扩大社会总需求则是比较有利的。税收制度则具有这种自动调节社会总需求的内在稳定机制，其主要表现在累进的所得课税制度上。

(1) 个人所得税。个人所得税的课征有一定的起征点，并采用一定的累进税率，所以具有内在稳定作用。具体来说，在经济萧条时期，由于经济衰退，个人收入会减少，符合纳税规定的人数也相应减少，因而使用较高税率的税基缩小。这样，税收就会自动减少。由于税收的减少幅度会超过个人收入的减少幅度，税收便产生了一种推力，防止消费与投资需求过度紧缩，减缓经济的萎缩程度，从而收到刺激经济复苏之效。在膨胀时期，由于经济高涨，个人收入会增加，符合纳税规定的人数也相应增多，因而适用较高税率的税基扩大。这样，税收就会自动增加。由于税收的增加幅度会超过个人收入的增加幅度，税收便产生了一种拉力，防止消费与投资需求过度膨胀，经济过度繁荣，从而收到抑制通货膨胀之效。

(2) 公司所得税。同个人所得税一样，公司所得税的课征同样有一定的起征点，并采用一定的累进税率，所以也具有内在稳定作用。具体来说，在萧条时期，由于经济衰退，企业利润会减少，符合纳税规定的企业也相应减少，因而适用较高税率的税基缩小。这样，税收就会自动减少。由于税收的减少程度会大于企业利润的减少幅度，税收便产生了一种推力，防止企业投资需求过度减少，减缓经济萎缩程度，从而发挥反经济衰退的作用。在膨胀时期，由于经济高涨，企业利润会增加，符合纳税规定的企业也相应增多，因而适用较高税率的税基扩大，这样，税收就会自动增加。由于税收的增加幅度会大于企业利润的增加幅度，税收便产生了一种拉力，防止企业投资需求过度膨胀，经济过度繁荣，从而发挥反通货膨胀的作用。

2. 社会保障制度

在健全的社会福利和社会保障制度下，各种社会福利支出一般会随着经济的繁荣而自动减少，这有助于抑制需求的过度膨胀，也会随着经济的萧条而自动增加，这有助于阻止需求的萎缩，从而促使经济趋于稳定。

(1) 失业救济金。失业救济金的发放有一定的标准，发放的多少主要取决于失业人数的多少。在经济萧条时期，随着国民收入下降，失业人数增多，失业救济金的发放就会增加。失业救济金的增加就是转移性支出的增加，从而有利于抑制消费支出的下降，防止经济衰退的进一步恶化。在经济繁荣时期，随着国民收入上升，失业人数减少，失业救济金的发放就倾向于自动减少。失业救济金的减少同样是转移性支出的减少，从而有利于抑制消费支出的增加，消除可能发生的通货膨胀。

(2) 各种福利支出。各种福利支出都有一定的发放标准，发放的多少取决于就业与收入状况。在经济萧条时期，个人收入下降，随着符合接受福利支出条件的人数增加，作为转移性支出之一的福利支出倾向于自动增加。这样就有利于抑制私人消费支出的下降，防止经济衰退的进一步加剧。在经济繁荣时期，就业增加，个人收入上升，随着符合接受福利支出条件的人数减少，作为转移性支出之一的福利支出倾向于自动减少。这样就有利于抑制私人消费支出的增加，防止可能发生的通货膨胀。

(3) 农产品维持价格。按照当今各国通行的农产品维持法案，政府要把农产品价格维持在一定水平上。当农产品价格高于这一价格水平时，政府抛出手中掌握的农产品库存，压低农产品价格；农产品价格低于这一价格水平时，政府收购农产品，提高农产品价格。这种农产品价格维持制度对经济活动的波动也是较为敏感的。在经济萧条时期，随着农产品价格下降，政府收购剩余农产品的支出自动上升，这就会增加农场主的收入，维持他们既定的收入和消费水平。在经济繁荣时期，伴随着通货膨胀，农产品价格上升，政府抛出农产品。这样既可以抑制农场主收入和消费的增加，又可以稳定农产品价格，防止通货膨胀。

值得一提的是，自动稳定器有其局限性，它只能配合相机抉择的财政政策来稳定经济，单以其本身作用并不足以稳定经济。在萧条时期，它只能减缓经济衰退的程度，而不能改变经济衰退的总趋势；在膨胀时期，它只能抑制过分的高涨，缓和通货膨胀的程度，而不能改变通货膨胀的总趋势。因此，要消除经济周期波动，除了依靠财政政策的内在稳定作用之外，还必须采用更加有力的选择性财政政策措施。

9.5 财政政策和货币政策的搭配

9.5.1 货币政策与财政政策的区别

货币政策与财政政策的区别主要表现在以下几个方面。

1. 政策目标的侧重点不同

财政政策与货币政策共同担负着促进经济增长和维持物价稳定的总体经济目标，但是两者的侧重点有所不同。中央银行独占货币发行权，并适时进行调节，保持物价的稳定是货币政策的首要目标，也即货币政策的主要调节对象是价格水平，对价格水平有较为直接的决定关系，如果用来调节生产，其作用是无效的；相反，财政与国家之间有着本质的联系，财政为满足国家实现政治和经济职能而存在，其政策目标侧重于实现经济增长。财政政策是通过财政收支活动和再分配功能而直接参与投资和生产调节的政策，与投资、产出和就业水平，以及资源配置、结构调节有着较为直接的关系。

2. 调节需求总量和结构的功能不同

从总体上讲，财政政策与货币政策均具有调节社会需求总量和结构的功能，但是调节的重点不同。这是因为财政政策本质上反映的是一种以国家为主体的分配关系，其主要作用于商品市场，原则上是不能创造信用和货币的。故与货币政策相比，财政政策对经济结构的调整主要表现在通过财政政策手段来鼓励或限制资源流向，从而达到资源优化配置和经济结构调整的目标。与财政政策相反，货币政策对控制社会需求总量的作用突出，但结构性调整功能是不完全的。这主要是因为货币政策是从流通角度出发进行调节的，对控制社会需求总量的作用突出，但其主要作用于货币金融市场，通过对货币供应量和市场利率间接影响融资主体的借贷成本和资产选择行为,达到调节总需求的目的。

3. 货币和财政政策调节的弹性不同

货币政策的政策工具与财政政策不同,主要包括:公开市场业务、存款准备金、再贷款与再贴现等,这些工具都是间接调节经济的手段,具有伸缩性、灵活性的特征,对经济调节作用较为间接,振动较小,弹性好;财政政策工具则主要包括:税收、利润上缴、公债、财政支出和财政补贴等,这些工具具有行政性和强制性的特征,对经济调节较为直接,力度大,弹性差。

4. 货币政策和财政政策的时滞长度不同

货币政策和财政政策都存在着政策作用的时滞问题。这是因为,从发现宏观经济问题,到采取政策行动,并最终对经济运行产生影响,总是需要一段传导时间的。时滞按照其过程可以分为内部时滞和外部时滞。由于货币政策和财政政策的制定程序和传导途径不同,时滞的长度也不尽相同。一般来讲,财政政策的内部时滞较长,因为财政收入政策的重大变动都必须经过立法机构批准才能执行;而货币政策的决定无须经过这种冗长的决策,内部时滞相对短得多。但是,财政政策的外部时滞却比货币政策短。财政政策一旦付诸实施,对总需求的调节作用可以即刻显现;而货币政策的多层传导机制需要较长的时间,所以货币政策的外部时滞显得长些。

9.5.2 财政政策和货币政策搭配的必要性

1. 独立的财政政策或货币政策在理论上并不存在

我们知道,政府预算是政府支出 G 和税收收入 T 之差,即 $(G-T)$。如果 $G-T>0$,为政府预算赤字;如果 $G-T<0$,为政府预算盈余。在出现预算赤字时,政府一般有两种方法维持平衡:一是发行政府债券;二是增加货币供应,即 $G-T=B+M$。

上述公式为政府预算恒等式。由此可知,政府应付赤字的方法有两个:一是通过借贷获得债务收入 B,二是通过增加货币发行征收通货膨胀税 M。上述恒等式也可写为 $\Delta G - \Delta T = \Delta B + \Delta M$。假定 $\Delta M = 0$(货币供应既不增加也不减少),此时没有货币政策相配合,故任何扩张性财政政策——或增加政府支出($\Delta G > 0$)或减少税收($\Delta T < 0$)——都只能靠借贷来维持($\Delta B > 0$)。假定政府只使用货币政策而不使用财政政策,则 $0 = \Delta G - \Delta T = \Delta B + \Delta M$,进而 $\Delta M = -\Delta B$,这意味着,货币供应增加的数量(ΔM)必须等于公众手中的政府债券减少(由中央银行买入)的数量($-\Delta B$)。由此可见,财政政策($\Delta G - \Delta T$)和货币政策(ΔM)之间并不相互独立。

2. 财政政策与货币政策的合理配置可以取长补短

如果单独使用财政政策(如增加政府支出),会直接增加总需求,从而导致总产出上升,但同时也会出现挤出效应(由于利率上升),由此会产生两方面的副作用:其一,利率上升会影响中小企业投资的积极性,而鉴于中小企业是提供就业机会的一个重要方面,财政政策有可能并不能有效地改善失业状况;其二,利率上升会导致汇率上升,从而使本国产品在国际市场上的竞争力下降。尽管可以通过货币政策增加货币供给,使得利率下降进而抵消产生财政政策的副作用,从而达到刺激经济的目的。然而,由于货币政策不能直接导致总产出的提高,用它来对付经济衰退时,就有可能难以把握准确的操作时机。因此,财政政策和货币政策单独实行各有利弊,只有将两者合理配置使用才有可能起到较好的效果。

3. 财政政策与货币政策的实施都必须通过货币资金的流动来实现

从政策的实施主体看,货币政策的实施主体是中央银行,而财政政策的实施主体是财政部门。财政政策主要通过财政支出、税收政策等政策工具实施,而货币政策主要通过法定准备金、再贴现率、公开市场业务等政策工具实施。但是,财政政策工具的实施也必须通过货币资金的流动来实现,如果没有货币政策的配合,财政政策的实施将难以进行。

4. 一国必须应用两种政策的配合效应来实现内外部的经济均衡

一国的经济目标不是单一的,不仅要实现经济的内部平衡,即国内总需求正好等于充分就业条件下的总供给,还要取得经济的外部平衡,即国际收支的平衡。然而,一种政策工具通常只能用来实现一种目标,若要实现多种目标,则会使相关的每一个目标都难以实现,因为内外部经济目标往往是有冲突的。例如,为了扩大总需求,应增加货币供给,但货币供给的增加又将引起通货膨胀。而通货膨胀一旦发生,就会使国内企业的生产成本提高、价格上升,造成出口困难进而国际收支恶化。一般而言,财政政策更有利于解决一国的内部失衡,货币政策更有利于解决一国的外部失衡。因此,为了解决一国经济的内外部平衡的冲突,必须使财政政策与货币政策配合使用。

9.5.3 财政政策和货币政策的配合模式[①]

如上所述,财政政策和货币政策是国家调控宏观经济的两大政策。总的来说,财政政策和货币政策的调控目标是一致的,但是财政政策和货币政策各自使用的政策工具和作用不尽相同,各有其局限性。因此为了达到理想的调控效果,通常需要将财政政策和货币政策配合使用,财政政策和货币政策的配合模式一般有四种。

1. 松的财政政策和松的货币政策,即"双松"政策

当社会总需求严重不足,生产资源大量闲置,解决失业和刺激经济增长成为宏观调控的首要目标时,适宜采取以财政政策为主的"双松"的财政政策和货币政策配合模式。这主要是因为财政可以扩大支出或降低税率,扩大有效需求,以刺激经济增长,但却会产生挤出效应。因此,由央行采取扩张性货币政策,增加货币供应量,降低市场利率,则能够更有效地实现调控目标。但是,这种政策带有通货膨胀的风险。

2. 紧的财政政策和紧的货币政策,即"双紧"政策

当社会总需求极度膨胀、社会总供给严重不足及物价大幅度攀升,抑制通货膨胀成为首要调控目标时,可以适宜采取"双紧"的财政政策和货币政策配合模式。这主要是因为政府通过削减政府开支、提高税率等方式,压低社会有效需求。同时,中央银行采取紧缩货币政策,减少货币供应量,提高利率,抑制投资和消费支出,两者相互配合使用,可以

---

① 孙开. 公共经济学[M]. 武汉:武汉大学出版社,2007

对经济产生有力的紧缩作用。但是,这种政策有可能带来经济停滞的风险。

3. 紧的财政政策和松的货币政策

当政府开支过大,国家基本稳定,经济结构合理,但是企业投资并不十分旺盛,经济也非过度繁荣,促使经济较快增长成为经济运行的首要目标时,适宜采取"紧财政、松货币"的配合模式。紧的财政政策可以减少财政开支,便于促进经济增长。当然,货币政策过松,也会带来通货膨胀。

4. 松的财政政策和紧的货币政策

当社会运行表现为通货膨胀与经济停滞并存,产业结构和产品结构失衡,治理"滞胀"、刺激经济增长成为政府调节经济的首要目的时,适宜采取"松财政、紧货币"的配合模式。紧的货币政策有助于抑制通货膨胀,但为不造成经济的进一步衰退,有必要实施减税和增加财政支出等扩张性的财政政策,与此同时还要发挥财政政策的结构调整功能,优化产业结构和产品结构,促进经济增长,缓解滞胀。但是,长期运用这种政策会造成大量财政赤字。

从以上几种政策组合可以看到,所谓松与紧,实际上是财政与信贷在资金供应上的松与紧,也就是银根的松与紧。凡是使银根松动的措施,如减税、增加财政支出、降低准备金率与利息率、扩大信贷规模等,都属于松的政策措施;凡是收紧银根的措施,如增税、减少财政支出、提高准备金率与利息率、压缩信贷规模等,都属于紧的政策措施。至于到底采取哪一种松紧搭配政策,则取决于宏观经济的运行状况及其所要达到的政策目标。一般来说,如果社会总需求明显小于总供给,就应采取松的政策措施,以扩大社会的总需求;而如果社会总需求明显大于总供给,就应采取紧的政策措施,以抑制社会总需求的增长。

必须指出,以上四种财政政策和货币政策的配合模式只是大致的理论划分。在实际操作中运用何种配合模式,应根据一国当时宏观经济运行状况及宏观调控目标来选择。在此过程中,有时还会出现其他配合方式(如适度从紧、适度放松等)。但不管采用何种方式,都应对政策措施的出台背景、各种政策的调节对象和力度、操作措施和方法予以明确化,以免产生彼此抵消效应而达不到预期的效果。

财政政策和货币政策搭配使用的一般模式如表 9-1 所示,除了紧缩与扩张两种情况外,财政政策、货币政策还可以是中性状态。中性财政政策,是指财政收入量入为出、自求平衡的政策;中性的货币政策,是指保持货币供应量合理、稳定地增长,维持物价稳定的政策。若将中性货币政策和中性财政政策分别与上述松紧状况搭配,又可以产生多种不同的组合。

表 9-1　财政政策和货币政策的配合模式

类　型	效　果
"双松"	这种政策组合可以刺激经济增长,扩大就业,但也会带来通货膨胀的风险
"双紧"	这种政策组合可以有效抑制需求膨胀与通货膨胀,但也可能带来经济停滞

续表

类 型		效 果
"松紧"搭配	紧的财政政策与松的货币政策	在控制通货膨胀的同时,可以保持适度的经济增长,但货币政策过松,难以制止通货膨胀
	松的财政政策与紧的货币政策	可以在保持经济适度增长的同时,尽可能避免通货膨胀,但长期使用这种政策组合,会积累大量财政赤字

案例 9-1

财政政策的得与失[①]
——美国与日本运用财政政策的不同结果

在美国历史上,财政政策起过重要作用。20 世纪 30 年代的罗斯福新政就是增加政府支出的例子,当时政府增加公共工程投资(如田纳西河治理),对经济恢复起到了积极作用。战后,艾森豪威尔政府投资于高速公路建设也有效地防止了从战争经济转向和平经济中的严重衰退。60 年代肯尼迪和约翰逊政府实行减税,促成了 60 年代经济繁荣。80 年代里根政府减税无疑是当时美国经济复兴的首要原因。相反,在经济衰退时不采取这类财政政策则会加剧经济衰退。老布什就是在 1991 年、1992 年的衰退中没有采取有力的财政政策,而在竞选中败给克林顿的。而小布什上台伊始美国经济进入衰退,但他吸取了历史经验,并从父亲老布什的失败中得到教训,一上台就采取减税政策,增加国防支出,以扩大社会总需求,刺激经济增长。

同样是运用财政政策,在日本的作用却适得其反。进入 20 世纪 90 年代之后,日本经济一直走不出衰退的阴影。各届政府无一不以经济振兴为己任,所用"偏方"都是凯恩斯主义的赤字财政政策。从 1992 年宫泽喜一内阁发行 10 万亿日元国债开始,10 年间中央与地方政府已发行国债 675 万亿日元,相当于一年 GDP 的 136%。日本未清偿的国债高达 366 万亿日元(约合 3 万亿美元),居发达国家首位,是居于第二位的美国的 2 倍多。

应当说,当经济处于严重衰退时,政府采取扩张性财政政策,举债支出也不失为一种临时补救办法,但为什么赤字财政在美国起作用,而在日本所起的作用却并不显著呢?因为赤字财政的作用如何,在一定程度上取决于经济本身的特点及引起衰退的原因。美国经济总体上运行正常,企业有活力,科技创新领先,衰退大都是由一时的总需求不足或外在冲击引起的。因此,赤字财政有刺激经济的作用。但日本的这种长期衰退与美国由于短期总需求不足引起的衰退不同。20 世纪 80 年代后期,日本国际收支盈余巨大,日元强劲升值,由此激发了房地产和股票市场投机过度,呈现一片泡沫繁荣。90 年代的长期衰退正是这种泡沫繁荣的后果,即可谓"冰冻三尺非一日之寒"。日本经济的今天是长期以来各种问题累积的结果,哪是一副赤字财政的药可以药到病除的呢?

[①] 梁小民. 宏观经济学纵横谈[M]. 北京:生活·读书·新知三联书店,2002.

案例 9-2

从中国财政政策的演变看财政政策的特点①

回顾改革开放四十多年,中国的财政政策调控方式发生了很大的转变,由单纯"一刀切"转变为"有保有压",由僵化的"行政命令"转变为灵活的"市场引导",由单一政策工具转变为多种政策组合。财政政策调控方式并没有单纯照搬西方经济学中的理论,而是根据中国经济的实际,先后相机抉择实施了适度从紧的财政政策、积极的财政政策和稳健的财政政策。

适度从紧的财政政策是在 1994 年提出的,由于 1992 年、1993 年经济出现过热苗头,固定资产投资高速增长,政府明确要积极运用经济手段实现经济"软着陆",为了给经济过热降温,采取行政性"紧缩到底"的政策手段。适度从紧的财政政策表现为:控制政府财政支出规模,压缩财政赤字。运用经济手段和掌握好政策实施力度,避免经济剧烈波动,保持经济平稳增长,即实现经济运行过热状态的稳步降温。总量从紧,结构调整,做到"紧中有活",避免"一刀切"。

积极的财政政策是在 1998 年提出的。由于亚洲金融危机的冲击,中国外贸出口滑坡,加上与国民经济运行周期低迷阶段相重合,经济增长显著放缓。针对市场有效需求不足的问题,政府实行积极的财政政策:通过增发长期建设国债来加强铁路、公路、农田水利、市政、环保等方面的基础设施建设,以此来扩大内需;同时采取减税、退税等税收优惠政策刺激投资,提高机关事业单位人员的基本工资标准,不断完善社会保障体系,提高下岗职工基本生活费、失业保险费、城市居民最低生活费水平,提高企业离退休人员基本养老金水平,通过改善收入分配来培育和刺激消费需求。

稳健的财政政策是在 2004 年首次提出的。稳健的财政政策是一种中性的财政政策,是一种松紧适度、有保有压的财政政策。稳健的财政政策是当国民经济运行走出低迷后,为了保证经济平稳发展所采取的一种财政政策。这种财政政策能够对经济存在的结构性问题进行有效调整,保证国民经济平稳增长。稳健的财政政策的主要措施:一是控制赤字,适当减少中央财政赤字,但不做急剧压缩,做到松紧适度,重在传递调控导向信号,既防止通货膨胀苗头的继续扩大,又防止通货紧缩的重新出现,适应进一步加强和改善宏观调控,巩固和发展宏观经济调控成果的要求,体现财政收支逐步平衡的趋向。二是调整结构,在对财政支出总规模不做大的调整和压缩的基础上,进一步调整财政支出结构和国债资金项目的投向结构,区别对待、有保有压、有促有控,注重财政支出的增量调整和优化。三是推进改革,在以财政政策服务于合理调控总量、积极优化结构的同时,还大力推进和支持体制改革,实现制度创新,即大力支持收入分配、社会保障、教育和公共卫生等制度改革,为市场主体和经济发展创造一个良好、公平的政策环境,建立有利于经济自主增长和健康发展的长效机制,优化经济增长方式。四是增收节支,依法组织财政收入,确保财政收入持续稳定增长,同时,严格按照预算控制支出,提高财政资金使用效益。

从财政政策宏观调控的演变可以看出,中国的财政政策在面对经济衰退的时候,综合国家干预主义和经济自由主义的观点,同时使用增支和减收的政策,一方面使用政府的信

---

① 新浪财经. http://finance.sina.com.cn/review/hgds/20150316/140521730821.shtml.

用，增发国债筹集资金以扩大政府购买支出规模，另一方面降低税收，来提升企业投资和居民可支配收入。从财政政策工具的使用看，政府购买支出政策、转移支付政策和税收政策使用得更加灵活，能够针对经济所处阶段进行适当的微调，修正经济结构上的问题。在收支平衡方面，政府的大规模基础设施投资来源于长期国债的发行。虽然按照李嘉图等价定理，收税和发债是等价的，今天的债务需要明天的税收来偿还，但是在实际检验中，李嘉图等价定理并不成立，债券被居民更多地看作一种财富而非税收负担，因此不会对其日常消费和投资产生不利影响。

复习思考题

1. 财政政策的含义是什么？如何对财政政策进行分类？
2. 财政政策的目标包括哪些？
3. 选择性财政政策和非选择性财政政策各包含哪些工具？
4. 什么是财政政策乘数？它由哪几个方面的乘数构成？分别对 GDP 的均衡水平有什么影响？
5. 什么是选择性财政政策？它的作用机制是怎样的？
6. 什么是非选择性财政政策？它的作用机制是怎样的？
7. 货币政策和财政政策如何搭配？

扫一扫，观看"欧债危机对中国社会保障的启示"微课视频。

第 10 章 社会保障制度

10.1 社会保障概述

社会保障是一个自古以来就一直存在的问题，因为任何一个时期的社会总会遇到各种天灾人祸，总有部分社会成员因此而面临生活和生存困难，这就需要政府、社会或者其他成员提供援助来帮助他们度过生活困境。政府为了安抚社会困难群体，缓和社会矛盾，维护社会稳定，也会制定和实施帮助受难群体度过困难的诸如赈灾、济贫等相关政策措施。例如，中国历代统治者都面临黄河泛滥等长年灾害的侵扰，很早就有针对天灾人祸的各种开仓放粮、减免赋税等应急制度，保证民众不至于饿死，更不能流离失所成为流民，因为一旦流民大规模出现就意味着国家政权将会面临重大威胁。世界上其他国家政府也面临着相同的问题，因此很多国家都在这方面做了积极探索。特别是自人类进入工业文明以来，社会有了更多的物质财富的积累，人道主义的思想也发展得很快，在慈善救助方面的进步更是突飞猛进。英国于 1601 年就在世界上率先制定了《济贫法》，德国也于 19 世纪 80 年代建立了代表着工业文明发展水平的社会保险制度，随后在西方国家得到普遍接受和推广。后来国际组织也把这些保障内容视为现代国家的应尽职责，不断加以明确和完善，于是社会保障理念也在全球得到广泛的认同和响应。当然，不同国家由于经济发展水平的悬殊、历史文化的不同、伦理道德的差异，对社会保障的重视程度和支出标准也会表现出显著不同。

10.1.1 社会保障的含义

"社会保障"（Social Security①）一词最早出现在 1935 年美国颁布的《社会保障法》中，随后在世界各国被广泛接受，并成为各自福利保障制度的统一称谓。但关于这一词的含义众说纷纭，至今并无统一定论。在此，我们简要介绍一下一些国际组织和发达国家对于"社会保障"的概念界定以供大家更好地理解。

---

① "social security"一词，也有人将它翻译为"社会安全"，在国际劳工组织相关文献中，将社会保障扩展为社会保护，其内涵和外延都在不断扩展。

社会保障制度 第10章

国际劳工组织是维护劳工权益、协调劳资关系的专门性国际组织,对社会保障的研究和推广是其一项重要的工作内容。在1942年该组织出版的文献中对社会保障做出的界定是:社会通过一定的组织对其成员所面临的某种风险提供保护,为公民提供保险金、预防或治疗疾病,失业时资助并帮助他重新找到工作。[1]

英国作为老牌资本主义国家,很早就有了社会保障的相关措施,社会保障在英国被解释为:公民在疾病、灾害、失业、年老及生活困难、家庭收入剧减时所给予的生活保障。[2]德国作为最早形成政府主导市场模式的国家,也是最早建立现代社会保障制度的国家,将社会保障理解为:针对竞争中遭遇挫折的人而提供基本的生活保障。事实上社会保险在德国整个社会保障制度中处于极其重要的地位。[3]美国尽管最早使用"社会保障"一词,但对社会保障的理解却是一个逐步接受的过程,开始只针对老年人、残疾人和遗属等人的生活援助,后来延伸到社会保险和家庭津贴等其他方面。在美国社会保障总署编写的《全球社会保障》中,将"社会保障"界定为:依据政府法规而建立的制度,这些制度主要包括对因为工作能力中断或丧失的个人给予保险,并为生育、死亡、结婚等需要特殊支出提供保障,以及为抚养子女提供家属津贴等内容。[4]"二战"后,日本的高速发展为其国民社会保障提供了良好的经济基础,日本在社会保障方面也一直不断完善,其对社会保障的解释是:对因生病、受伤、生育、残疾、失业、死亡、子女多和其他因素造成的贫穷,从保险措施和直接的国家财政上,寻求经济保障的方法。对于生活贫困者,国家给予最低限度的生活帮助,国家同时保证所有国民都能过上真正有文化的成员的生活而不断提高医疗卫生和社会福利。[5]

上述介绍表明,各工业化强国在经济飞速发展后,都认识到社会保障是国家对国民应该承担的义务,也只有逐渐增强这方面的供给,才能解决好贫富悬殊的差异,同样解决好各阶层的后顾之忧,国家的稳定发展才有可靠的保障。但因为历史文化、发展阶段及国民性等方面的区别,各国政府在总体趋同的情况下,在社会保障上有不同的做法和特点。

国内学者也从不同的角度对"社会保障"一词给出了解释:陈良瑾认为,社会保障是政府通过国民收入的初次分配和再分配,依法对公民的基本生活权利予以保障的社会安全制度。他的定义强调社会保障的主体是国家和政府,目标是满足人的基本生活需求,社会立法是实施手段。[6]郑功成在综合考虑各国社会保障制度理论和实践的基础上,为"社会保障"做了一个解释。他的理解是:社会保障是国家或社会依法建立的、具有经济福利性的、社会化的国民生活保障系统。在中国,各种类型的社会保险、社会福利、社会救助、医疗保障、军人福利及各种政府或企业补助、社会互助等社会措施都是社会保障的内容。[7]

综合上述,本书认为,社会保障是指国家或政府以人为本、根据本国经济发展水平依

---

[1] 见国际劳工组织于1952年6月28日在日内瓦国际劳工会议上通过的《社会保障(最低标准)公约》。

[2] William Beveridge Cmd. Social insurance and Allied Services[M]. HMSO.London, 1942.

[3] 陈良瑾. 社会保障教程[M]. 北京:知识出版社,1990.

[4] 美国社会保障署. 全球社会保障——1995(阅读指南)[M]. 北京:华夏出版社,1996.

[5] 陈良瑾. 社会保障教程[M]. 北京:知识出版社,1990.

[6] 陈良瑾. 社会保障教程[M]. 北京:知识出版社,1990.

[7] 郑功成. 社会保障学[M]. 北京:中国劳动社会保障出版社,2007.

法设立的、以保证社会成员基本生活权利的社会安全制度。这个定义包含了以下几个要素：第一，社会保障的主体是政府，这是现代社会政府的必然职责，不容推辞。第二，政府提供的社会保障受到国家经济发展水平的制约，随着工业化和城市化水平的提高，财政收支的增加，政府应根据经济发展水平的增长相应地改善社会保障的供给，让处于困境的民众得到国家更多的救济和援助；第三，以人为本的原则。"水可载舟，亦可覆舟"是中国大多古代统治者比较重视的一条执政原则。以人为本，对现代国家治理者来说也是为政之要，只有考虑到人民的福祉，关心人民的疾苦，在执政过程中考虑到政策调整和社会转型给不同群体带来的可能的伤害，通过及时有效的社会保障手段让人们避免受到生存威胁，这样政府的执政基础才会坚实，政策才会受到欢迎和有效执行，而不是受到阻挠甚至抵抗。第四，依法设立。社会保障的设立应该由法律作出明确的规定，保障的范围、内容、执行机构、受益人员等都应由法律做出明确的界定。

10.1.2 社会保障的内容

社会保障到底由哪些部分构成？结合联合国、欧美发达国家的经验和中国的实际来看，一般应该包括社会救助、社会保险和社会福利三大部分，此外还包含一些面向特殊群体和其他补充性的社会保障措施。

1. 社会救助

社会救助是政府针对贫困者和受难人群等提供财物救济和帮扶的一种生活保障制度，也是政府的一项责任，采取的是无偿救助和非供款型(指不需要个人缴纳费用而由政府财政全额资助)的方式，目的是帮助社会困难人群脱离生存危机，从而有利于稳定社会秩序。其具体救助内容包括贫困救助、灾害救助及其他针对弱势群体的救助措施。

社会救助既是一种政府行为，也可以是一种社会行为，针对的是生活遭遇困境的社会弱势群体，期望帮助他们脱离困境。它与习惯上的社会救济没有多大的区别，但范围更加广泛，相对于"救济"一词所包含的慈悲、怜悯等不平等色彩而言，"社会救助"一词更加中性化，因而在现在得到更加广泛的应用。从这个角度来说，社会救助的历史更加长远，包含了人类社会早期的宗教慈善事业、官办慈善事业和民间慈善活动，可以说这些慈善事业是现代社会救助的雏形，是人类社会生产力发展的必然，具有最低保障性、按需分配、权利义务的单向性、社会救助对象的全民性等主要特征。

社会救助一般分为生活救助、灾害救助、失业救助、住房救助、医疗救助、教育救助、法律援助和扶贫救助等具体内容。按照救助时间是否延续又可分为长期救助和临时救助两种。在社会救助对象方面，各国的社会救助制度都做出了具体的规定，总的标准是只提供给那些自我保障困难且确实需要外界给予援助才能摆脱困境或危机的社会成员。这在各国具体的操作过程中往往有所区别。例如，国际劳工组织认为，在工业化国家，所谓符合救助标准的救助对象，是指那些收入水平少于制造业工人平均工资30%的家庭和个人。欧洲经济合作委员会则规定，一个成年人扣除所得税和保险税后的可支配收入低于平均水平的一半，就可列入救助对象的范围。具体来说，英国的社会救助对象主要是指那些工作不固定或就业不充分、因不能按期缴纳社会保险费而无权获得社会保险者、领取社会保险津贴但仍无法维持最低生活者、领取社会保险到期而无其他生活来源者、未参与社会保险而生活又无着落者。

在中国，社会救助的对象主要包括四部分人员：一是三无人员，即无依无靠、无生活来源、无法定抚养人的社会成员，主要包括孤儿、孤老、丧失劳动能力且无社会保险津贴的劳动者、长期病患者。这些人一般是需要长期救助的群体。二是灾民，是指一些受到突发性灾难而身陷困境的民众，这类人一般有劳动能力也有收入来源，生活只是暂时遇到困难，需要国家社会的救助。三是贫困人口。即生活水平低于国家规定的最低生活标准的社会成员，这部分人群更多是居住在中西部地区的民众，也是国家扶贫的重点。四是特殊救助对象，这主要是针对特殊病患者，如艾滋病等患者。

2. 社会保险

社会保险是指国家通过立法强制为劳动者制定的一种社会保障制度，其主要由养老保险、医疗保险、失业保险、工伤保险和生育保险等内容组成。它最早出现于19世纪80年代的德国，它的出现是现代社会保障制度得以确立的标志。

社会保险是现代化工业大生产的必然产物。工业大生产促使人们走出家庭，进入工厂和城市，对城市和社会的依赖性增强，家庭原有的生产和分配、保障功能逐渐弱化，这种变化不仅使家庭成员间的相互保障及代际反哺的养老保障面临着严峻的挑战，工业劳动者所面临的职业伤害风险和失业风险也不断增加，这些都导致了工业社会初期社会问题突出，失业工人不满闹事，劳资矛盾激化，为此，政府不得不出台相关保险法规，强化对工人的社会保险。这里重点介绍几种常用的社会保险：养老保险、医疗保险、失业保险、工伤保险和生育保险。

1) 养老保险

养老保险是指政府为减轻劳动者的养老顾虑而制定的一种保险制度，其意图是提高劳动者抵御老年风险的能力，同时也减低家庭养老的压力。养老保险是社会保险制度的主要项目，因为养老问题是全体劳动者的普遍需求，随着人均寿命的增加，养老保险也具有长期性，在所有社会保险中具有特殊地位。法国最早在1669年制定《年金法典》中开始规定对从事海上工作的海员年老后可以发放养老金，开了养老保险制度之先河。后来各国纷纷效仿，并不断扩大适用人群的范围。

从养老保险制度的实践来看，养老保险模式按照不同标准可以划分为以下几种形式。

(1) 根据养老保险的责任承担主体的不同可以分为政府承担型、责任分担型、个人承担型和混合责任型。

政府承担型是指由政府完全承担的一种养老保险制度，它通常以国民年金的形式存在。一般来说，这种保险制度在福利国家比较常见，国民养老金由政府财政提供，提供对象面对所有老年人，政府直接承担了国民养老的完全责任，但由于国家财政最终还是来自于企业和个人的税收，这些国家的企业与个人须履行社会保障的纳税义务，导致企业和国民个人税收负担高于其他国家，这意味着还是由个人和企业间接承担了自身的养老保险义务，只是承担方式发生了变化。政府的这种大包大揽及人口老龄化为政府带来了较为沉重的财政负担。

责任分担型是指养老保险金的缴纳责任由政府、单位或雇主、个人等多方主体分别承担，这是一种常见的形式。在实践中，这种制度既有政府、单位或雇主、个人三方共同缴纳养老保险金的类型，也有单位或雇主与个人两方共同缴纳养老保险金的类型，但政府也承担一定的管理和其他方面的责任。我国目前对有劳动能力的劳动者也主要采取责任分担型这种形式。

个人承担型是指国家立法规定劳动者必须参加养老保险制度，缴纳养老保险金义务完全由劳动者自己承担，政府和雇主没有法定缴费义务，所交保险费完全计入个人账户，政府通过市场机制有偿运营这些保险资金，所赚收益再充实到个人账户，待劳动者退休后领取用于养老。这种养老保险模式强调个人自我负责，缺乏互助共济和风险分散的功能，政府几乎不承担责任，也无法维护公平，实际上更多是刺激劳动者实行积累和提高储蓄率。智利在20世纪80年代开始推行这种保险模式，是这种模式的代表。

混合责任型是指上述三种责任的综合，根据不同国民的具体情况分别确定养老保险金的缴纳责任。有些人是由国家承担完全责任，有些人是劳动者自身承担完全责任，也有些人是三方分担或两方承担责任。例如，中国前些年政府公务员的养老保险就是由国家财政承担，现在正在逐步改革，企业职工则采取责任分担机制，一些个体户或者其他有劳动能力的劳动者由个人自己承担。

(2) 根据世界各国对养老保险的筹资模式，分为现收现付型、完全积累型和部分积累型三种。

现收现付型是指不关注资金储备的问题，以支出数额确定征收额度，只从当年或近几年的社会保险收支平衡角度出发，确定一个合适的费率标准，要求企业与个人据此缴纳社会保险税(费)。这种筹资方式往往会出现开始规模小费率低，但会随着支出规模的不断增加而逐渐提高费率标准，表现出明显的养老保险负担的代际转移。虽然管理简单清楚，无贬值风险，但缺点是费率调整速度快，不利于企业的成本核算。

完全积累型是指在综合考虑到退休比率、通货膨胀率等因素的情况下，对养老保险收支总额做出长期评估后定出费率标准，向企业和个人分摊和征收，同时对筹集来的资金进行有效的运营和管理。这种方式更关注长期综合平衡，费率稳定性高，能够有效实现养老保险基金的积累。其优点在于能够有效预防人口老年化的压力，使得保险金的缴纳同企业的经济状况相适应，劳动者付出和报酬紧密关联。不足之处在于经济环境和通货膨胀变化较大时固定费率会受到严峻的挑战，保险基金保值增值的压力较大。

部分积累型是指分阶段根据收入情况和适当结余的原则来确定支出额度，决定征收费率，目的是保证一定时期内的收支平衡，这种筹资方式实际上是对前面两种筹资方式的一种折衷和综合，吸收其长处，避免其弊端。

(3) 根据养老保险基金筹集后的管理方式，可以分为社会统筹模式、个人账户模式，及社会统筹和个人账户相结合模式。

社会统筹模式是指政府相关管理部门将所筹集的养老保险资金统一纳入社会统筹，由政府管理部门根据一定时期内的社会需求情况统筹规划考虑养老保险的分配使用。该模式的特点是可以很大限度地实现社会保险互助共济和风险共担的功能，但只能保证基金在短期内的平衡，一般很少有结余。

个人账户模式是指收取的养老保险费全部进入个人账户，当劳动者达到退休年龄后再根据个人账户累积的金额(本金+运营收入)，领取自己的养老金。这种模式虽然对于劳动者有一定的激励作用，但缺乏互助共济和风险共担的精神。

社会统筹和个人账户相结合模式是指将社会统筹的资金采用现收现付的方式由政府进

行统一调度使用,而个人账户的资金则采取封闭积累的方式,这两种方式同时运行。它规定国家、单位、个人三方承担供款责任,但采用分别记账的方式,其中个人所缴纳部分进入个人账户,其余进入社会统筹账户,进行社会互济,发放时按照一定的标准进行组合。这是中国正在实行的一种社会保险金运行模式,其实际效果如何还有待时间的检验。

当然根据不同标准还有多种模式可以划分,在此不一一赘述。

一个国家的养老保险制度还涉及覆盖领域、基金筹集、运营管理和支付、养老金领取条件和待遇标准、监督手段等内容。就我国养老保险制度的实行情况来看,1995 年以前,主要对城镇劳动者实行养老待遇。1995 年,我国开始建立由政府主导的社会统筹与个人账户相结合的基本养老制度。1997 年 7 月,国务院发布《关于建立统一的企业职工基本养老保险制度的决定》标志着我国社会统筹和个人账户相结合的职工养老保险模式基本成型,该决定统一了企业和职工个人的缴费比例,统一个人账户的规模,明确规定了基本养老金的计发办法,同时还提出要逐步扩大养老保险覆盖范围。

基本养老保险基金分为社会统筹基金和个人账户基金,分别由企业和职工个人缴纳,其中,企业缴纳比例一般不得超过企业工资总额的 20%,计入社会统筹基金;职工个人缴纳不得超过工资的 8%,全部计入个人账户,并属于职工个人所有,可以继承。

在享受条件方面,除有特殊规定外,现行政策规定享受基本养老保险金必须具备的条件有两个:一是达到国家法定退休年龄;二是在基本养老保险覆盖范围内并且参加保险缴费期限满 15 年。符合这两个条件的就可以领取来自社会统筹基金中的基础养老金和个人账户中的养老金;而个人缴费年限不满 15 年的,则不能享受基础养老金待遇,其个人账户储存额一次性支付给本人。

我国基本养老保险金的管理和监督部门为人力资源与社会保障部,财政部门和审计部门也有权监督。随着人口老龄化问题的日益严重,我国的养老保险制度也正面临着日益严峻的挑战,需要不断进行调整以适应人口和经济发展的趋势。

2) 医疗保险

医疗保险是指国家或社会为因疾病、受伤或生育需要治疗的国民提供必要的医疗服务或经济补偿的制度。同养老保险制度一样,它也起源于德国。1883 年德国颁布《疾病社会保险法》,以法律的形式确立医疗保险的强制性,规定某些行业中工资低于规定限额的职工应强制加入疾病保险基金会,该基金会对雇主和工人强制征收相应费率的医疗保险基金以用于工人的疾病治疗。这项社会保障制度很快在欧洲推广并不断扩大适用人群,很多发达国家都覆盖到全体国民。医疗保险作为一种医疗费用的补偿制度,主要目的是为参保人员提供相应的医疗服务而使患者恢复健康,这种保险补偿与疾病治疗费用直接相关而与缴费多少无关。因此,医疗保险待遇不是实行定额支付,而是根据患者所患疾病的具体情况进行补偿。从涉及的参与者来看,医疗保险一般涉及政府、医疗保险机构、医疗服务机构、被保险人(患者)和雇主等相关当事人。

医疗保险基金的筹集一般与养老保险类似,有现收现付型、积累型和混合型三种情况,多数国家倾向于现收现付型。资金来源渠道主要有专门税收、雇主与雇员缴费、公共财政补贴,以及利息等其他方面的收入。其中,雇主与雇员分担缴费责任或者政府、雇主和雇员三方负担缴费责任是比较常见的选择。费率结构不同的国家差别也较大,同一国家费率也有多种,如一般费率、提升费率、减免费率、适用于大学生和见习生的费率、适用于军人的减免费率、适用于养老金人员的费率和其他人员的费率。

在医疗保险金的支付方面，最初医疗保险只对被保险人因病造成的收入损失补偿，后来扩展到承担因治疗疾病所发生的医疗费用。一些福利国家，逐渐将预防、免疫、疾病的早期诊断、保健、老年护理和康复也纳入医疗保险的范围。但不同的国家，因为经济发展水平的差异和筹资水平不同，医疗保险的服务范围及其支付标准差别很大。并且各国个人承担比例也差别很大，有的国家承担20%，有的国家则达到50%左右。对于补偿给医疗服务机构的方式也有预付式和后付式两种。

上面主要介绍的是社会医疗保险，除此之外，还有国家医疗保险、强制储蓄医疗保险、合作医疗保障和私营医疗保障等多种模式。

国家医疗保险模式实际上就是全民医疗保险或全民健康保险，即政府包揽医疗保险责任，为本国全体国民提供免费或低价医疗服务的模式。这种模式在英国、瑞典、丹麦、芬兰、加拿大等国家得到认同和实行。它更强调公平性和全民性，在这些国家，一般也实行医疗机构的国有化，医护人员的国家公职人员化。

强制储蓄医疗保险模式是政府通过立法强制雇主和雇员双方或雇员一方建立医疗保健储蓄账户以用来支付个人及家庭成员的医疗费用的医疗保障制度。这种模式实际上是一种非保险型筹资制度，它是以家庭为单位进行纵向筹资的，是基于自我负责的精神建立起来的一种医疗保障。政府在此间的主要责任是负责制度的建立和实施，实现医疗保险基金的保值增值，并对医疗机构给予适当补贴。这种模式以新加坡为代表，马来西亚和印度尼西亚等发展中国家也采用了这种模式。

合作医疗保障是以社区或者基层为服务对象，按照"风险分担，互助共济"原则进行多方筹款，用于支付参加保险的公民及其家庭成员的预防、医疗、保健等费用的一项综合性医疗保障手段，又被称为社区合作医疗保险或基层医疗保险和集资医疗保障制度。其中，中国农村的合作医疗就是这种保障制度的一个典型。尽管新中国成立初期曾尝试实行过一段时间，后来因为多种因素而终止，直到2002年国家又重新制定并推行了这项制度，同时针对我国农民人数多、范围广、收入低的情况进行了不断探索创新并取得了较好的成效，帮助广大农民在一定程度上解决了"看病难和看病贵"的难题，提高了农民抗风险的能力。泰国的健康保险卡制度也属于这种模式。

私营医疗保障模式实际上是一种商业性质的医疗保险制度，它主要是私营机构按照市场经济原则实行自由竞争的医疗保障模式。这种模式主要针对的是高收入群体，它把医疗当作一种特殊的商品，在市场上自由买卖，买方可以是企业、团体、政府或者个人，卖方是私人医疗保险机构，资金主要来源于投保人或者雇主所缴纳的保险费，政府财政不负责补贴，因此缴费水平一般较高。这种商业医疗保险模式以美国为典型代表，美国80%以上的政府雇佣人员和70%以上的私营企业员工参加营利性或非营利性的商业医疗保险。但美国还有其他针对不同群体的医疗保险制度安排，如为65岁以上老年人和残疾人提供医疗照顾，为低收入家庭提供医疗救助，还以联邦所得税税制为私人医疗保险给予隐形补贴。

在实际操作中，很多国家不是仅仅采取一种模式，而是更多采取社会医疗保险和其他保险混合的医疗保险制度。

3) 失业保险

所谓失业保险是指国家制定的一种旨在为帮助劳动者抵御因失去工作而导致基本生活

受到威胁所提供的制度保障。其目标是提高劳动者抵御失业风险的能力，其主要手段是向失业者提供失业保险金以保障其本人及其家属的基本生活，甚至提供就业培训和就业指导帮助其尽快回到就业岗位。它具有互济性、社会性、福利性和强制性等特点。法国于1905年最早建立了失业保险制度，后来其他国家纷纷效仿。1920年国际劳工组织通过了《关于失业的建议》的文件，就失业问题以制度化的方式来分散风险，后来越来越多的国家也纷纷建立了这一制度。

失业保险的覆盖范围与一个国家的经济发展水平、价值取向、历史传统等因素密切相关，并且范围也经历了一个从小到大、从严格到宽松的演变过程。往往开始覆盖范围仅仅限于"正规部门"的劳动者，那些临时工、季节工和"非正规部门"的劳动者，甚至职业非常稳定的公务员，都不在覆盖范围之内，但随着社会、经济的发展，这些人会慢慢地越来越多地被纳入失业保险所覆盖的范围。

在失业保险金的筹集方面，一般来说，多数国家采用雇主与劳动者共同支付失业保险费的方式来筹集资金，少数国家实行政府和用人单位单方付费制。当然，政府还要承担管理责任，负责行政管理费用的支出和弥补失业保险基金赤字的职责。

在资金使用方面，失业保险待遇与促进就业支出是失业保险基金的主要支出项目，失业保险待遇一般包括失业保险金、失业补助和附加补助金，如医疗补助金和丧葬抚恤金等，都是维持失业人员失业期间基本生活的最主要来源，占失业保险基金支出的最大部分。促进就业支出主要包括职业培训支出、抑制失业及开发就业岗位、职业介绍等方面的支出。这部分支出在失业保险基金中所占比重有逐渐增加的趋势。失业保险基金的管理费用在一些国家是由政府财政补贴，但也有国家规定从失业保险基金中按一定比例提取，或者按照固定金额提取。中国以前是按照一定比例提取，后来改为由政府财政进行补贴。

失业保险的领取条件各国都有严格的规定，一般来说，客观方面要具备三个条件：一是失业者必须处于法定劳动年龄范围内并具有劳动能力；二是必须在失业前参加失业保险并缴纳了规定的费用；三是失业后向失业保险机构登记失业并接受职业培训或职业介绍。主观方面要求：失业者没有失业的主观意图；失业后有就业的意愿并必须到职业介绍机构求职登记、办理相关手续；参加相关培训、不无理拒绝职业介绍所提供的合适的就业机会等。只有上述主客观条件都具备，才能有资格享受失业保险待遇。

在失业保险待遇水平的确定方面，一般遵循这样三个原则：一是保障失业者及其家属的基本生活水平的原则；二是权利与义务相结合的原则；三是待遇水平必须低于失业者原工资待遇的原则。在具体金额的确定方面，有三种方法：工资比例法，即与失业者失业前的工资水平相联系；均等法，对所有符合条件的失业人员支付同等水平的失业保险金；混合法，即把工资比例法和均等法相结合的一种方法。目前我国实行的是高于最低生活标准、低于最低工资标准的支付标准。在失业保险待遇的领取期限方面，发放保险金等待期一般较短，多数为7天；付款延续时间在3~24个月，一般不超过24个月。

4) 工伤保险

所谓工伤保险是指劳动者在工作中或者规定的某些特殊条件下遭受意外伤害和罹患职业病，暂时或永久丧失劳动能力甚至死亡时，劳动者或其遗属从国家和社会获得物质帮助的一种社会保险制度，也称为职业伤害保险。1884年德国颁布了世界上第一部工伤保险法——《工人灾害赔偿法》，现在，世界各国几乎都不同程度地建立了工伤保险制度，这种保险是所有社会保险制度中普及率最高的一种社会保险制度。

工伤保险制度涉及对工伤责任的认定，而工伤责任的认定历史上大致走过了三个阶段：一是劳动者个人负责阶段。这是资本主义早期的通行做法，劳动者工作过程中受到职业伤害的一切后果由本人承担，就是所谓的劳动者个人责任原则。二是雇主过失责任阶段。在工人的不断斗争下，工伤赔偿责任逐渐发生松动转变，劳动者在受到职业伤害后，可以通过法律手段获得一定的赔偿。但这种赔偿是依据民事赔偿责任，通过法院的裁决才能实现的。劳动者只有自身通过举证证明工伤是由于雇主的过错造成的，法院才能判决雇主承担赔偿责任，否则后果还得自己承担，这就是所谓的雇主过错责任。由于这种责任追究需要通过法院起诉，这就设置了过高的门槛，同时还需自己举证证明受伤是因为雇主的过失造成的。除此之外，较高的诉讼费用、起诉雇主意味着会被解雇等方面存在的问题导致这种责任追究往往以劳动者的自动放弃为结果。三是雇主无过失责任阶段。随着工人的力量不断壮大，工会的作用持续增强，西方工业国家逐渐接受了"职业危险原则"，该原则内容为：工业化在为社会创造大量社会财富的同时，也非常容易给职工带来身体伤害和职业病，而劳动者发生职业伤害，无论雇主是否存在过失，只要认定不是劳动者的故意所为，雇主就应进行赔偿，雇主支付职工伤害赔偿保险是一笔正常开支，就像机器磨损和厂房折旧一样，是企业经营和雇主应该负担的一部分管理费用。在该原则的指导下，工伤责任认定进入了雇主无过失责任阶段。正是在雇主无过失赔偿责任原则确定后，工伤保险开始在全世界范围内普遍得到了推行。

当然，工伤保险还要遵循一系列原则：首先是无过失补偿原则；其次是个人不缴费原则，这种保险费用由用人单位单方承担，这是工伤保险与其他社会保险项目的根本区别；再次是补偿直接经济损失原则，即只补偿劳动者本人的直接工资收入方面的经济损失，不补偿劳动者直接经济损失以外的如兼职收入等项目；最后，补偿与预防康复相结合的原则。

5) 生育保险

生育保险是指国家通过立法规定的女性劳动者因怀孕、分娩等生育行为而无法从事正常的劳动生产进而中断经济来源时，由国家和社会给予医疗保险服务和物质帮助的一项社会保险制度。生育保险的费用一般由用人单位按照一定的比例缴纳，生育保险基金在一定的范围内实行社会统筹，个人不必缴纳，享受对象一般被要求在分娩前缴纳生育保险费必须达到规定的最低期限。我国规定了以下条件：第一，必须是已婚妇女劳动者，未婚先孕的女职工，不具备资格条件；第二，必须是正在劳动期间，与单位建立劳动合同关系的女职工，未签劳动合同，或已解除、终止劳动合同的，不具备领取生育保险金资格条件；第三，当前还要求必须符合计划生育规定，如果违反计划生育规定的，则不能享受生育保险待遇。

生育保险一般包括三部分内容。一是有酬产假。从全世界来看，产假长度一般12周左右，我国规定为90天。二是生育津贴。生育津贴的发放标准多有不同，一般从劳动者本人生育前所在企业的平均工资、个人工资、行业平均工资、地区平均工资等级中选取一个，很多国家规定不低于生育前的工资水平，或为原工资的100%，少数国家规定不低于原工资的50%。三是医疗服务。医疗服务包括孕妇保护和胎儿保护，主要表现为妊娠期间的建立保健卡和定期检查监护，对胎儿的生长情况进行观察。

3. 社会福利

"社会福利"一词的概念内涵丰富，对此解释也众说纷纭，这里我们不做过多阐述，如果把"社会福利"狭义化解释，可以将其视为社会保障的一部分，可以理解为国家和社会向社会成员提供社会化的福利津贴、实物产品和社会服务，用以满足其生活需要并持续改善其生活质量的一种社会政策。

社会福利强调以国家和社会为主体，更多以经济福利的形式，对全社会开放，主要通过提供服务的方式，更多是为了实现社会成员生活质量的改善提高和社会的可持续发展的目标。社会福利的类型可分为老年人福利、残疾人福利、妇女儿童福利等；也可分为医疗卫生福利、公共教育福利、住房福利和社会服务等内容。

当然，社会保障的内容还包括军人保障和其他一些补充保障，这里不再详述。

10.1.3 社会保障的功能

社会保障是伴随着工业化和城市化而发展起来的，是现代社会工业化、城市化的必然结果，是统治阶级缓和社会矛盾，促进社会公平而做出的一种让步和调整，也是为了社会进步和持续发展而做出的制度安排，对于保护人权和社会关系的和谐稳定都具有积极的意义和作用，是人类文明和社会进步的重大标志。自西方资本主义国家开始制定社会保障制度以来，得到了整个国际社会的广泛认同，越来越多的国家根据本国国情和经济发展水平进行了效仿，制定出各具特色的社会保障制度。总的来说，社会保障制度的功能可以归纳为以下几点。

1. 扶危济困的功能

社会保障起源于早期的个人和社会组织的慈善活动，慈善本身就是一种扶危济困的行为，针对一些个人和群体在面临疾病、灾害和贫困时实施救济，帮助其走出困境，避免这些人群的生命健康受到严重威胁。社会保障承接了慈善活动的这种重要职能，不仅为在职的劳动者提供未来的养老安排，还考虑到为其在可能遇到疾病、失业、工伤和生育等问题时提供救济，而且对于那些没有劳动能力的特殊人群，如老人、妇女、儿童、残疾人、鳏寡孤独等给予必要的保障。社会保障也提供养老、医疗、扶贫等多种援助，这种救援有长期的，也有短期的。这些扶危济困的职能都是社会保障的重要内容，没有社会保障这方面的主动救济，很多人群将会因为各种原因而陷入贫困、疾病之中无力摆脱。因此，社会保障的扶危济困的功能在现代社会是不可或缺的。

2. 促进公平的功能

工业化是与市场经济密切相关的，而市场经济带来工业化飞速发展的同时，也造成了社会的贫富两极分化，甚至会出现"马太效应"，很多人通过资本、关系等资源可以很容易赚到更多的财富，而对于那些一无所长的人却可能长期陷于贫困之中，如果政府没有加以及时有效的干预，这种强弱、贫富会在代际之间传承复制，弱势群体将长期难以摆脱出身和环境的限制，导致整个社会的不公平，社会底层群体也会因绝望而反抗甚至破坏社会秩序。为了避免这种因不公平而导致的极端情况的出现，社会保障就成为政府干预这种社会不公平的重要手段之一，不仅可以为人们提供各种基本的生活保障，还可以为人们提供教育、住房、医疗等福利，让人们有机会为争取更加美好的生活而努力。

3. 稳定秩序的功能

工业化和社会化大生产的发展，使得人们物质生活水平得到普遍提高的同时，人们面对的贫富悬殊、环境污染、疾病、天灾人祸等各种问题也越来越多，这些都会激化群体之间的矛盾，甚至破坏整个社会秩序，进而影响整个国家、社会、经济的正常发展，中国历史上历代农民起义几乎都是因为天灾人祸逼得人民流离失所、妻离子散，最后不得已才奋起反抗。资本主义早期正是因为劳资矛盾的激化，导致很多工人罢工、游行示威，甚至破坏机器工厂，导致正常的生产秩序无法维持，政府出面组织劳资双方谈判，要求资方从利润中划拨出一部分补偿工人，其中一部分就以社会保障的形式出现了，自从社会保障建立并逐步完善以来，资本主义国家的社会秩序也大大改善了，暴力冲突也大为减少了，可以说，社会保障确实在很大程度上缓和了阶级冲突，稳定了社会秩序。

4. 互助共济的功能

现代社会人们面临来自贫穷、疾病、灾难等问题的风险还是很大的，所以用于救助的经费也是庞大的，并且支出费用还在不断上升，这笔费用不是某个群体或者组织单独能够承受的，需要整个社会发挥有难同当、同舟共济的精神，更需要政府的宏观布局和统筹兼顾，社会保障实际上就是政府统筹社会资金用于互助共济的一个有效形式，政府通过制定制度，鼓励人们缴纳很少一部分资金，以备不时之需，政府必要时从财政中划出部分资金进入统筹账户，并建立专门机构管理这些基金，对符合条件的受难人群用这笔筹集的基金进行救助，从而使社会保障互助共济的功能得到充分的体现。我国的农村合作医疗就要求每个农民每年缴纳一定的费用给合作医疗基金，同时政府给予一定的财政补贴，在此基础上建立了一个惠及全国五亿多农民的合作医疗网络，为全体农民大病医疗提供了可靠的保障，大大减轻了农民的医疗负担，可以说为农民消除了一大后顾之忧。

10.2 社会保障的主要模式

现代社会保障制度从19世纪80年代发展到现在，由于各种因素的差异，各国的选择不尽相同，从而形成了不同的发展模式，总的来说，现代社会保障制度可以分为以下四种模式：社会保险型模式、福利国家型模式、强制储蓄型模式和国家保险型模式。

10.2.1 社会保险型模式

社会保险型模式实际上也是一种传统型模式，或称自保公助型模式。起源于德国俾斯麦当政时期，在劳资矛盾紧张的环境下，他采纳了德国新历史学派的主张，开始建立社会保障制度。20世纪30年代的美国在经济大萧条的背景下，富兰克林·罗斯福基于凯恩斯提出的有效需求和政府干预经济的思想颁布了社会保障方面的法律，吸收了德国的经验，确立了保险费用由雇主和雇员共同承担、国家给伤残和养老保险提供津贴的制度。在美国的带领下，战后经济发达国家纷纷效仿建立起社会保险型模式。

社会保险型模式主要有以下特点。

一是主要针对的是在职的劳动者。为其年老、疾病、工伤、失业、生育等可能风险提供保障。

二是强调责任分担。它规定雇主和雇员分别承担缴纳社会保险费用的责任,国家财政也给予一定补助,从而建立了一种风险共担和责任同享的社会保障制度。

三是权利义务相一致。劳动者的劳动付出多,得到的收入高,缴纳的费用多,得到的保险金待遇水平也就越高。

四是现收现付。社会保险型模式的保险资金筹集一般采用现收现付制度。

五是体现互助共济精神。社会保险金由政府统筹使用,在社会成员间根据需要来进行调剂,体现互助共济和风险共担的原则。实行社会保险型模式的国家以德国、美国和日本为代表。

10.2.2　福利国家型模式

福利国家型社会保障的理论来源于英国经济学家庇古的《福利经济学》,他认为经济政策的目标在于使社会福利实现最大化,国民收入的总量越大,社会福利也就越大。在国民收入一定的情况下,国民收入的分配越趋向均等化,社会福利也越大。因此,他主张国家要实行累进税政策来把富人缴纳的税款转移支付给低收入者以改进其福利。英国接受了这种主张,并通过一系列政策加以落实。后来西欧、北欧、加拿大、澳大利亚等国家也加以效仿并建立了这种制度。

它的主要特征如下。

(1) 政府是社会保障的主要承担主体,全面负责社会保障。国家承担社会保障实施、管理与运行监督的责任。保障项目众多,福利待遇高,涵盖了"从摇篮到坟墓"的所有福利保障需求。国民个人通常不需要缴纳或者仅仅缴纳很少费用,主要开支由政府和企业负担。

(2) 实行累进税制和高税收政策。累进税制的实行使得收入越高者承担税率越高,促进社会财富向低收入群体的转移。社会保障的高福利也必然要求国家实行高税收制度,才能保证有较高的财政收入来负担高福利的支出。

(3) 全面覆盖和全民共享。福利国家强调全面普及,各项保障制度不仅限于劳动者自身,还覆盖到其家庭成员,不仅限于某一项保险而且延伸至维持合理生活水平有困难和经济不稳定的所有事件,不管是贫穷、疾病、灾难、肮脏,还是愚昧、失业等问题,都要以最适当的方法给予保障。

福利国家实行的这种"从摇篮到坟墓"的社会保障制度,对于促进社会稳定和经济发展起了很大的作用,推动了社会财富分配的日益公平。当然过于丰厚的社会保障待遇也带来了一些负面影响,如增加了财政压力,导致税收过高及生产投资的热情减少、社会成本提高、产品国际竞争力下降、资本外流,进而导致财政税源进一步减少。同时,过高的社会福利也带来了"养懒汉"的负面问题,导致干与不干一个样,多干与少干一个样,这样,很多人会逐渐减少创造财富的热情。这些都是福利国家必须面对的一个现实问题。

10.2.3　强制储蓄型模式

强制储蓄型模式是一种与前面两种模型有着极大区别的模式。但由于其在面对人口的老龄化问题方面的优势,因而也得到了越来越多的重视。

强制储蓄型模式的主要内容是国家立法规定劳动者必须自我负责,自力更生,强制从工资中扣留一定数额作为养老费用，这些储蓄和雇主为劳动者所缴纳的费用被纳入政府统一为其单独建立的个人账户，并逐年累积，直到其年老退休后才能领取，只能为劳动者自身使用，不会被政府统筹用于互助共济。这种模式对政府提出很高的要求，因为这种养老储蓄基金历时几十年，期间易遭各种风险，如何保证其保值增值，是对政府管理部门的严峻挑战。新加坡和智利是采用这种模式的代表国家，因为这种模式不具有互助调剂功能，不能解决很多社会问题，所以一直遭到众多质疑。

10.2.4 国家保险型模式

国家保险型模式是一种以公有制为基础，由政府统一包揽并面向全体国民，提供全面社会保障的模式，主要在苏联、东欧等社会主义国家使用，其目标是充分满足无劳动能力的国民的需要，保护劳动者的健康并维持其工作能力。

这种模式下的社会保障面向全体国民，其支出由政府和企业承担，资金由整个社会的公共资金无偿提供，由政府事先做了预留和扣除，个人不需要缴纳费用。这种模式随着这些国家制度的解体而被取消。中国原来也在城市居民中采用这种模式，但后来转而采用混合型保障模式。

10.3 中国社会保障制度的发展过程、目前管理体制和发展水平

中国的社会保障事业也经过了一些曲折，可分为改革开放前和改革开放后两个重要阶段。

10.3.1 新中国成立后到改革开放前计划经济阶段

在这个阶段，客观上因为中国经济发展水平比较低，只是做了一些基础性的工作。

(1) 明确了对革命战争中做出贡献的革命烈士家属和革命军人及其家属给予优待的政策。在当时充当临时宪法的《中国人民政治协商会议共同纲领》中做出法律性的规定，国家和政府对革命烈士、军人及其家属给予优待，参加革命战争的残疾军人和退役军人，应由人民政府给予适当安置，使其能谋生自立，并要逐步实行劳动保险制度。

(2) 制定了服务城镇职工的劳动保险制度。1951年2月，当时的政务院颁布《中华人民共和国劳动保险条例》，明确了城镇职工享有劳动保险，主要针对城镇机关、事业单位以外的所有企业和职工。此后条例于1953年、1956年两次修订，并于1957年和1958年颁布了关于工人职员退休、退职的相关规定。对于机关事业单位工作人员的社会保障问题，1952年制定了《关于全国各级人民政府、党派、团体及所属事业单位的国家工作人员实行公费医疗预防的指示》，建立了针对这些人的公费医疗制度。随后又专门颁布了关于机关事业单位人员的退休、退职的制度。

(3) 在农村建立了"五保户"制度和医疗保健制度。1956年6月颁布了《高级农业合作社示范章程》，确立了面向乡村孤老残幼的"五保户"制度，规定农村集体担负着救济"五保户"的社会保障责任。1962年在农村普遍建立起县、乡(公社)及村(生产大队)三级医

疗保健网络，合作医疗制度在广大乡村得到建立。

在这期间，社会保障的主体主要是国家和单位，体现为国家负责、单位包办，主要针对城镇职工。后来随着国家经济方面出现严重困难，很多保障体系基本崩溃。

10.3.2 改革开放后社会保障制度的建设阶段

(1) 第一阶段(1978—1985年)，对原有制度做出恢复和修补。这个阶段虽然国家经济体制开始发生变化，但计划经济体制仍然起主导作用，那时候的工业经济主要以国有企业为主体，乡镇企业才刚刚开始，在整个国家经济中所占比重不大，所以，这一阶段仍然是在原有基础上对城镇职工的相关保障进行补充完善，恢复了被"文革"破坏的相关制度，对国家和单位为主体的社会保障制度没有触动。

(2) 第二阶段(1986—1997年)，逐步开始强调社会保障的社会化，由以国家和单位为主体的责任机制转向由社会和个人更多分担的社会机制。随着经济的多元化，国家面临来自承担城镇职工社会保障的压力越来越大，政府开始改变思路，提出社会保障的社会化原则，逐步控制和调整其中的国家责任，改变单位包办社会保障事务的现状，要求个人开始承担部分缴费责任。1988年，国务院《关于建立城镇职工基本医疗保险制度的决定》中就提出建立社会统筹和个人账户相结合的城镇职工基本医疗保险制度，当时的社会统筹基金主要支付住院及部分慢性病门诊治疗的费用，一般性门诊费用则由个人账户来承担。1993年，在十四届三中全会上则提出城镇职工养老保险金"由单位和个人共同担负，实行社会统筹与个人账户相结合"。后来的失业保险制度、城乡居民基本养老保险、医疗保险制度也实行了这一原则。这样，原来由国家和单位为主的责任体系逐渐转变为单位和个人共同缴费，按照一定的缴费基数及缴费比例分别建立社会统筹账户及个人账户，减少了单一依靠政府或企业所带来的风险，解决了社会保险制度中资金来源稳定性和可靠性不足的风险问题。

(3) 第三阶段(1998年至今)，制度逐渐完善，人员逐渐实现全覆盖，同时正在实现社会保障水平与经济发展增速的同步提高。1998年3月，国务院在原有民政部之外，新成立了劳动和社会保障部，专门承担社会保障制度的执行，相对统一了社会保障的管理体制，并且开始超越了片面地为国有企业改革配套和单纯地为市场经济服务的观念，开始将社会保障制度作为一项基本的社会制度来进行建设。

1998年以后，国务院先后颁布了《关于实行企业基本养老保险省级统筹和行业统筹移交地方管理有关问题的通知》(1998)、《关于建立城镇职工基本医疗保险制度的决定》(1998)、《失业保险条例》(1999)、《社会保险费征缴暂行条例》(1999)、《住房公积金管理条例》(1999)、《城市居民最低生活保障条例》(1999)、《关于完善城镇社会保障体系的试点方案》(2000)、《工伤保险条例》(2003)、《劳动保障监察条例》(2004)等一系列法规或规范性法律文件，还成立全国社会保障基金理事会。在此基础上，劳动和社会保障部、民政部又出台了一系列关于社会保险、社会福利和社会救助等方面的法规性文件，它们共同组成了中国的社会保障制度的基本体系。

2004年3月，十届全国人大二次会议通过宪法修正案，正式将建设与经济发展水平相适应的社会保障制度写进宪法，这标志着社会保障制度正在成为国家发展必要的基本制度安排。而且，社会保障制度从养老、医疗、工伤、失业、生育到最低生活保障、最低工资制度、残疾人救助等各项社会保障制度都已经普遍建立起来，涵盖了广大民众的生老病死和衣食住行等各个方面。另外，在社会保障的全民覆盖方面，2014年12月，国务院提出要实施以养老和医疗保险为重点的全民参保登记计划，把全国所有用人单位和个人的参保情况逐一清查，最终实现全民参保。

如今，中国的社会保障制度已经实现了从机关事业单位人员、城镇各类企业职工到个体工商户、灵活就业人员、大中小学生、未成年人、城乡居民、被征地农民、60岁以上农民群体的全覆盖。针对社会保障待遇水平总体偏低的状况，特别是很多地方最低生活保障待遇还不足以解决相关人员基本生活需要，各地企业职工最低工资标准只有城镇职工社会平均工资的1/3至1/4，距离国际公认的所谓40%~60%的标准还有比较大的差距，各地退休企业职工基本养老金待遇较低，养老金替代率只有40%左右，远低于发达国家70%的平均水平，等等。党的十六大以后，中央加大了对社会保障的投入力度，连续多年按照10%的速度提高企业退休人员基本养老金，上涨速度超过同期国家GDP、财政收入的增长幅度；在医疗保险方面，早在2011年中国城镇居民医疗保险及新农合政策范围内住院费用报销比例就已经提高到70%，2012年《关于开展城乡居民大病保险工作的指导意见》实施以后，大病患者住院费用实际报销比例不低于70%，最高甚至可达到90%；另外，工伤保险、失业保险及城乡居民最低生活保障标准等也在不断提高，反映了国家将经济发展与社会保障待遇同步提高的计划在不断付诸实行。

10.3.3　我国现行的社会保障管理体制及其发展水平

近些年来，随着国家工业化和城市化进程的加快，经济发展水平的提高，国家在社会保障制度建设和财政支出方面的投入力度不断增大，取得了令人瞩目的巨大成绩，这对于中国转型期的社会稳定和秩序重建意义重大。

在管理体制方面，国家一直强调立法先行，在制定一系列法律法规的基础上，进行了管理体制的建立和不断改革创新，目前社会保障尽管总体上以人力资源与社会保障部门管理为主，但在具体业务上仍然分属不同机构进行分别管理，如在社会保险方面主要由国家人力资源与社会保障部门管理，在社会救助、社会福利、军烈属抚恤等方面由国家民政部门直属管理，在农村合作医疗方面则由卫生与计划生育委员会具体负责指导。当然，国家仍在不断推进相关管理项目的整合，促进管理效能的优化，避免"政出多门"和职能的碎片化问题，人力资源与社会保障部门将承担更多这方面的职能。

在发展水平上，随着党中央和国务院对社会保障事业的日渐重视，社会保障事业发展无论在法制建设、资金投入，还是在具体管理执行上都取得了显著的进步，医疗卫生特别是农村合作医疗、卫生防疫体系建设、突发重大灾害的救援救助、贫困人口的扶贫等项目上取得的成绩有目共睹，让更多中国民众感受到了社会保障事业与经济发展水平的同步提高，中国社会保障制度在短时间内实现了制度的全覆盖及其人员的广覆盖。下面我们分别简要介绍近些年来中国在社会保障方面取得的具体成绩。

（1）在社会保险方面，法律法规执行力度加大，参保人数和基金总量都有迅猛增长。近些年来，国家人力资源与社会保障部门成立后，相关制度建设进程加快，并且执行力度不断加大，各地政府也高度重视社会保障的作用，不再忽视劳动者这方面的权益，加大了对雇主缴纳社会保险方面的监管力度，严格规范劳动用工的法律程序，使得社会保险的缴纳人数持续上涨，2016年社会保险基金收入达到53 563亿元，基金支出合计46 888亿元，比2015年增加7900亿元，增速达20.3%。从2008年至2016年，我国社会保险从9 925亿元迅速增长到46 888亿元，翻了近5倍(见表10-1和图10-1)。我国在社会保险扩大覆盖面方面取得的成绩得到国际社会的高度认可，2016年11月国际社会保障协会第32届全球大会授予中国政府"社会保障杰出成就奖"。

表10-1　中国社会保险基金支出数据(2008—2016年)[①]

单位：亿元

年份	基本养老保险(包括城镇职工和城乡居民)	基本医疗保险	失业保险	工伤保险	生育保险	总计
2008	7 390	2 084	254	127	72	9 925
2009	8 894	2 797	367	156	88	12 303
2010	10 555	3 538	423	192	110	14 819
2011	12 765	4 431	433	286	139	18 055
2012	15 562	5 544	451	406	219	22 182
2013	18 470	6 801	532	482	283	26 568
2014	23 326	8 134	615	560	368	33 003
2015	27 929	9 312	736	599	411	38 987
2016	34 004	10 767	976	610	531	46 888

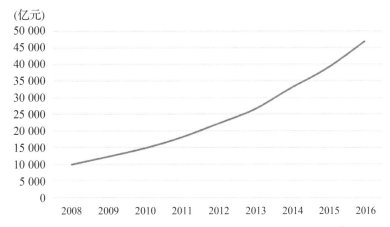

图10-1　中国社会保险基金支出曲线图(2008—2016年)[②]

在基本养老保险方面，截至2016年年末，全国参加基本养老保险人数共计88 777万人，比2015年年末增加2 943万人。全年基本养老保险基金收入37 991亿元，比2015年增长18%，其中征缴收入27 500亿元，年增速为16%。全年基本养老保险基金支出34 004亿元(见表10-1和图10-2)，比2015年增长21.8%，年末基本养老保险基金累计结存43 965亿元。

---

① 中华人民共和国人力资源与社会保障部网站.http://www.mohrss.gov.cn/SYrlzyhshbzb/zwgk/szrs/tjgb/201705/W020170531358206938948.pdf.

② 中华人民共和国人力资源与社会保障部网站. http://www.mohrss.gov.cn/SYrlzyhshbzb/zwgk/szrs/tjgb/201705/W020170531358206938948.pdf.

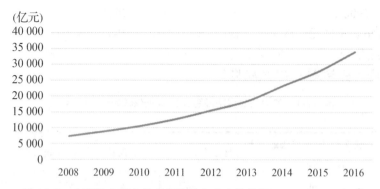

图 10-2 中国社会基本养老保险基金支出曲线图(2008—2016 年)[①]

在医疗保险方面分为两部分：城镇医疗保险和新农村合作医疗保险，下面分别介绍。

首先，城镇医疗保险发展起步早，比较规范。截至 2016 年年末，据统计，全国参加城镇基本医疗保险人数为 74 392 万人，比 2015 年年末增加 7810 万人。其中，参加职工基本医疗保险人数 29 532 万人，比 2015 年年末增加 638 万人；参加城镇居民基本医疗保险人数为 44 860 万人，比 2015 年年末增加 7 171 万人。在参加职工基本医疗保险人数中，参保职工 21 720 万人，参保退休人员 7812 万人，比 2015 年年末分别增加 358 万人和 280 万人。2016 年年末参加城镇基本医疗保险的农民工人数为 4 825 万人，比 2015 年年末减少 340 万人。全年城镇基本医疗保险基金总收入 13 084 亿元，支出 10 767 亿元，分别比 2015 年增长 16.9%和 15.6%。2008 年至 2016 年支出增长见图 10-3。2016 年年末城镇基本医疗保险统筹基金累计结存 9 765 亿元(含城镇居民基本医疗保险基金累计结存 1 993 亿元)，个人账户积累 5 200 亿元。

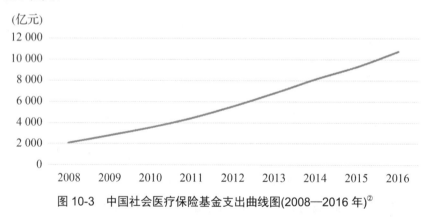

图 10-3 中国社会医疗保险基金支出曲线图(2008—2016 年)[②]

其次，新农村合作医疗保险起步迟，但发展进度快，覆盖面广，影响大。所谓新型农村合作医疗(简称"新农合")是指以农民为服务对象，由政府组织、引导，农民自愿参加，由政府、集体和农民个人三者共同出资建立医疗统筹资金，当农民出现大病时，给予资助

---

① 中华人民共和国人力资源与社会保障部网站. http://www.mohrss.gov.cn/SYrlzyhshbzb/zwgk/szrs/tjgb/201705/W020170531358206938948.pdf.

② 中华人民共和国人力资源与社会保障部网站. http://www.mohrss.gov.cn/SYrlzyhshbzb/zwgk/szrs/tjgb/201705/W020170531358206938948.pdf.

报销的一种农民医疗互助共济制度。它主要通过农民个人缴费、集体扶助和政府补贴的方式筹集资金。2002年10月，国家在《中共中央、国务院关于进一步加强农村卫生工作的决定》明确指出：要"逐步建立以大病统筹为主的新型农村合作医疗制度"，要求从2003年起，中央财政对中西部地区除市区以外的参加新型合作医疗的农民每年以人均10元的标准资助筹集资金，争取到2010年，达到新型农村合作医疗制度对农民基本覆盖的目标，规定地方财政对参加新型合作医疗的农民以每年不低于人均10元的标准予以资助，并且指明这项缴费义务不能算作增加农民负担。这是我国政府历史上第一次为解决农民的基本医疗卫生问题进行如此大规模的投入。在各级卫生部门、财政部门等机构的不懈努力下，坚持三方筹资，农民自愿参加的原则，2003年起，农村合作医疗进展飞快，仅仅到2004年12月，全国参与新型农村合作医疗的县已经达到310个，家庭农户数达到1 945万户，农民人数达6 899万。到2010年，新农村合作医疗保险的覆盖面就达到农村的80%以上，可以说基本符合2002年制定的目标规划。后来，中央不断加大扶持力度，推动这项惠及农民的医疗保险制度的持续深入，在中央和地方各级财政直接给予补贴金额方面，到2016年已经逐步上涨到每人420元，农民自身的缴费标准也提高到平均每人180元。在报销比例方面，到2013年，对农民大病医疗的保险比例已达到75%，2014年政策范围内门诊的报销比例也达到50%。在大病报销范围方面，全面推开儿童先天性心脏病、白血病、结肠癌、直肠癌等20个病种的重大疾病保障试点工作。2017年，各级财政对新农合的人均补助标准在2016年的基础上提高30元，达到450元。国家还在不断推进缩小城镇医疗保险和新农合之间的差距，实现医疗保险这项公共产品的政府供给的均等化，并且国务院还在推动异地就医网上直接结算报销工作。

在失业保险方面，截至2016年年末，全国参加失业保险人数共计18 089万人，比2015年年末增加763万人。其中，参加失业保险的农民工人数为4 659万人，比2015年年末增加440万人。2016年年末全国领取失业保险金人数为230万人，比2015年年末增加4万人。全年共向484万名失业人员发放了不同期限的失业保险金，比2015年增加了27万人。全年共为76万名劳动合同期满未续订或提前解除劳动合同的合同制农民工支付了一次性生活补助。全年共向46万户企业发放稳岗补贴259亿元，惠及职工共达4 833万人。2016年全年失业保险基金收入1 229亿元，比2015年下降10.2%，支出976亿元，比2015年增长32.6%。2008—2016年失业保险金支出增长情况见图10-4。2016年年末，失业保险基金累计结存5 333亿元。

在工伤保险方面，截至2016年年末，全国参加工伤保险人数共计21 889万人，比2015年年末增加457万人。其中，7 510万多农民工参加了工伤保险，比2015年年末增加21万人。全年界定工伤人数为104万人，比2015年减少4万人。全年53.5万人被评定为伤残等级，比2015年减少0.7万人。2016年共计196万人享受工伤保险待遇，比2015年减少6万人。2016年工伤保险基金收入共计737亿元，比2015年下降2.3%，支出则达到610亿元，比2015年增长1.9%。近两年随着国家对安全生产的监督管理日渐增强，工伤事故率明显下降，前些年不断快速上涨的工伤保险赔偿支出得到有效遏制，2008—2016年工伤保险金支出增长详情见图10-5。截至2016年年末，工伤保险基金累计结存1411亿元(含储备金239亿元)。

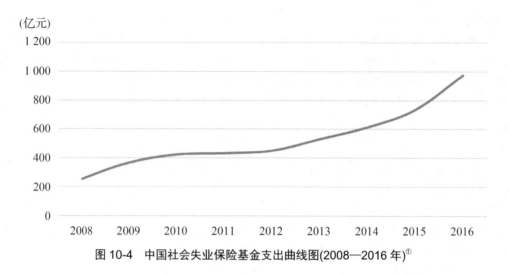

图 10-4　中国社会失业保险基金支出曲线图(2008—2016 年)[①]

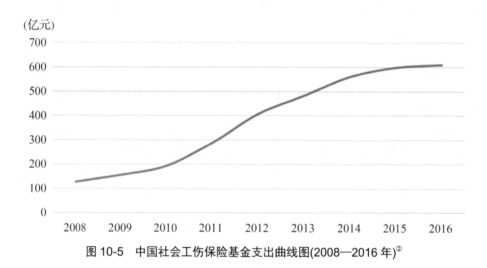

图 10-5　中国社会工伤保险基金支出曲线图(2008—2016 年)[②]

在生育保险方面，截至 2016 年年末，全国参加生育保险人数共计达 18 451 万人，比 2015 年年末增加 680 万人。2016 年享受生育保险待遇的人数达到 914 万人次，与 2015 年相比增加 272 万人次，增长明显。全年生育保险基金收入 522 亿元，支出则高达 531 亿元，分别比上年增长 4%和 29%。这两年开放二胎政策产生的效应在生育保险金的支出方面得到了明显的体现(见图 10-6)，2016 年年末生育保险基金累计结存 676 亿元。

---

① 中华人民共和国人力资源与社会保障部网站. http://www.mohrss.gov.cn/SYrlzyhshbzb/zwgk/szrs/tjgb/201705/W020170531358206938948.pdf.

② 中华人民共和国人力资源与社会保障部网站. http://www.mohrss.gov.cn/SYrlzyhshbzb/zwgk/szrs/tjgb/201705/W020170531358206938948.pdf.

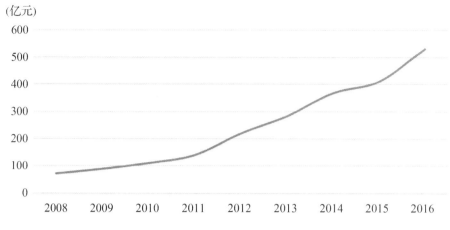

图 10-6　中国社会生育保险基金支出曲线图(2008—2016 年)[①]

(2) 在社会救助和社会福利方面，政府也积极加大投入，通过福利彩票、慈善公益组织等多种渠道筹集资金，多管齐下，大大减轻了相关群体的生活困难。目前社会救助和社会福利的管辖权主要在国家民政部门，社会救助主要包括最低生活保障、特困人员救助供养、临时救助及医疗救助这几个方面。通过国家财政的转移支付和福利彩票业的持续投入，这些年社会救助方面投入大幅提升，超过了国家 GDP 增长速度。

在最低生活保障方面，截至 2016 年年底，全国城市低保对象有 855.3 万户，共计人数为 1 480.2 万人。2016 年各级政府财政用于城市低保资金的支出数额为 687.9 亿元。该年全国城市低保标准为每月人均 494.6 元，比 2015 年上涨 9.6%。全国农村低保对象人数为 2 635.3 万户，人数合计为 4586.5 万人。2016 年各级财政用于农村低保资金支出合计达 1 014.5 亿元。2016 年全国农村低保标准每年人均为 3 744.0 元，比 2015 年上升 17.8%。

在特困人员救助供养方面，截至 2016 年年底，全国共救助供养农村特困人员 496.9 万人，比 2015 年降低 3.9%。全年用于农村特困人员救助供养的各级财政共支出资金达到 228.9 亿元，比 2015 年上升 9.0%。

在临时救助方面，2016 年共有 850.7 万人次受到相关机构临时救助，救助支出金额达到 87.7 亿元，平均每人的救助金额为 1 031.3 元/次，其中救助非本地户籍对象 24.4 万人次。

在医疗救助方面，2016 年参加基本医疗保险的人中，有 5 560.4 万人受到资助，用于支出的资金为 63.4 亿元，人均资助水平为 113.9 元。2016 年实施住院和门诊医疗救助 2 696.1 万人次，共支出资金达 232.7 亿元，住院和门诊每人次平均救助水平分别为 1709.1 元和 190.0 元。2016 年全年累计 409.2 万人次受到资助优抚，共支出 36.2 亿元优抚医疗补助资金，人均补助为 885.5 元。

在防灾减灾救灾方面，2016 年全国共 1.9 亿人次受到各类不同程度自然灾害的影响，共有 1 706 人因灾死亡失踪，紧急转移安置 910.1 万人次；26 220.7 千公顷的农作物受灾，

[①] 中华人民共和国人力资源与社会保障部网站. http://www.mohrss.gov.cn/SYrlzyhshbzb/zwgk/szrs/tjgb/201705/W020170531358206938948.pdf.

其中 2 902.2 千公顷绝收；倒塌 52.1 万间房屋，损坏 334.0 万间房屋；因灾害造成的直接经济损失达到 5 032.9 亿元。国家减灾委、民政部共启动国家救灾应急响应 22 次，累计向各受灾省份下拨中央自然灾害生活补助资金达 79.1 亿元(含中央冬春救灾资金 57.1 亿元)，紧急调拨救灾帐篷 4.1 万顶、棉被 15 万床、棉大衣 1.6 万件、睡袋 2.5 万个、折叠床 2.3 万张等生活类中央救灾物资。

在优抚安置方面，截至 2016 年年底，全年有各类重点优抚对象 874.8 万人受到抚恤、补助。各级财政共支出 769.8 亿元的抚恤事业费，比 2015 年上升 12.1%。全国共有注册登记的烈士纪念设施管理机构 1 109 个，占地面积 4 167.4 公顷，机构内烈士纪念设施 0.9 万处；零散烈士纪念设施 1.2 万处。2016 年新增 150 人享受烈士待遇。全国共有军队离退休人员管理中心、活动中心 293 个，年末职工 0.5 万人，服务军队离退休人员 37.5 万人。

以上是我国社会保障方面的发展情况介绍，我们要清醒地知道，在发展社会保障的道路上，我们才刚刚起步，但我们相信未来一定会有一个更加完善的社会保障体系。

10.4 对欧洲发达国家社会保障制度的借鉴与思考

欧洲进入资本主义社会以来，不仅在工业生产方面引领世界发展，在社会保障方面也做出了积极有效的示范，德国、英国在这方面更是作出了较为突出的贡献。社会保障制度的出现确实有效地保障了广大民众的基本生活需求，缓和了阶级矛盾，减少了社会动荡的风险，使得欧美主要发达国家实现了长期的繁荣稳定，也为这些国家经济的进一步发展创造了条件。

10.4.1 欧洲社会保障制度的现状

作为资本主义工业社会的早期发源地，欧洲的发达国家工业化水平高，经济繁荣，确实有更好的条件为广大民众提供更多的社会福利，在民主制度的推动下，欧洲国家也为世界各国作出了很好的榜样。总的来说，欧洲的社会保障可以概括为以下几点。

1. 覆盖全面，总体福利水平高

总体来说，欧洲的社会保障待遇覆盖领域全面，"从摇篮到坟墓"，生老病死、吃穿住行、突发灾害、重大疾病、教育、保健、带薪休假等都会得到国家和社会的帮助和支持。受惠人群也是全面的，不仅包括就业者，还涉及无劳动能力者、残疾人、失业者、妇女儿童、孤老病独等，都在国家和社会保障体系的覆盖范围之内。例如，早在 20 世纪 80 年代，养老金覆盖率、产假工资覆盖率在瑞典都已达到 100%，病假工资覆盖率达到 87%，失业补偿覆盖率达到 75%[①]，甚至对于在该国居留的外国人也能得到很好的社会福利的照顾。

在教育等福利水平方面，很多欧洲国家是免费的，从小学、中学甚至直到大学，都享受免费教育的福利。国家给每个新生婴儿补贴，北欧国家可以补助到 18 岁，18 岁以上上大学的可以继续领取更高的补助；瑞典政府为了鼓励家庭生育更多的孩子，每生育一个孩子

---

① [美]约翰·D. 斯蒂芬斯. 斯堪的纳维亚：国家、危机和前景. 载：转变中的福利国家[M]. 周晓亮，译. 重庆：重庆出版社，2003.

夫妻双方可以享受带薪休假 480 天。而正常劳动者每年还可享受带薪休假 100 天。南欧、东欧的水平比北欧福利国家水平差些，但整体水平也很高，很多人不工作，仅靠领取津贴也能生活无忧。

2. 支出规模大，国家财政支付占较高比例

欧洲国家较高的福利保障更多地建立在国家财政的基础上，当然在职劳动者更多采取雇主和劳动者双方缴费的方式来承担保障责任，但国家财政在非在职群体和其他救助项目和福利方面承担了更多的责任。例如，英国主要通过国民保险等税收收入充实财政，保证社保体系的运行，社保基金由政府统一管理，没有出现行业碎片化的特征。英国社会保障制度规模相对来说比较庞大，结构也很复杂，主要涵盖养老保险、社会救助、社会服务三大部分，公共社会保障由劳资双方缴纳的国民保险税与国家补贴共同支付。从中央与地方的关系来看，中央财政占据主导地位，地方财政仅仅能够支出较小部分社会救助。养老保险是社会保障的主体部分，其在社会保障总支出中占有 40%左右，而这其中财政补贴占养老保险支出总额超过 10%。其他社会救助和社会服务另算。因此，用于社会保障的巨大的财政支出加大了税收的压力，但对国家的社会保障体系的持续稳定运转和民众福利高覆盖来说是重要的支撑，没有国家财政的支持，长期的全覆盖高福利是很难实现的。

3. 社会保障较好地体现了社会公平原则

工业化、城市化必然会导致严重的贫富分化从而产生很多的社会问题，国家和社会有责任对这部分群体进行必要的救济，避免其面临生存危机。不仅如此，随着社会的发展，给予每个公民公平的机会支持其将来的发展不仅关系到其个体的命运，也直接决定着这个国家未来的国际竞争力，所以，现代国家都高度重视社会保障制度的建设和优化，希望为社会的稳定和国家的发展提供有力支持。欧洲国家在这方面更是不遗余力，不仅在社会保险方面通过法律制度规范雇主和员工的缴费职责，为在职人员提供全方位的保障，对于无劳动能力者或者遭受灾难者等人群也提供必要的保障，让他们不会因贫困、失业或者灾难而生活受到威胁，政府财政在这方面给予足够的支持，在税收等方面也为人们提供各种减免，保证人们得到足够的保护和救助，享受到公平的社会福利。而底层的群体有更多的机会得到来自政府的各种补助和福利，而高收入群体通过累进税制必须承担更高的税收支出。瑞典关于社会保障制度的安排都以国家法律的形式确定，并且在监督法律执行方面不遗余力，建立了专门的社会保障法院，来保证社会保障制度执行过程的公平和正义。也正是如此，欧洲国家的总体福利受到世界各国人民的羡慕，这些国家甚至为外国留学生也提供了很好的社会保障。

10.4.2 欧洲高福利的负面作用

1. 客观上产生了"养懒汉"的消极后果

良好的社会保障确实产生了诸多的正面效应，让人们能够对社会的剧烈变革有很强的承受能力，社会更加稳定有序，人们之间的关系更加和谐。但过多的社会福利也带来了很多负面的后果，如较高的养老金替代率、一些团体受到优待、过多的假期福利等，主要是让一些人养成了不劳而获的依赖心理和慵懒的习惯，等待国家救济和社会慈善的帮助，最终形成依靠别人的劳动来养活自己，导致国家创造财富的人变少，而等待别人供养的人却

增加了，其后果必然是国家竞争能力下降。现在西方国家已经在这方面不同程度地存在这种问题。例如，深受金融危机影响的希腊，平均养老金替代率高达 95.7%；西班牙平均养老金替代率为 81.2%。作为欧债危机起源国的希腊，仅有 1 100 多万人口，但其公共部门就业人员有 100 万人，公共部门不仅规模庞大，而且享有特权，这些公务人员领取高工资高福利，一年可以享有 14 个月薪水，每年还享受不少于一个月的带薪休假，到 58 岁就可以退休，退休后第一年还可以领 14 个月的薪水。不仅如此，这些公务员的后代在社保方面还享有特权，如果公务员的女儿未婚或者离婚，还可以在父母死后享受继续领取父母退休金的特权。不仅如此，公务人员还享有各种名目的额外奖金，如会使用计算机、会说外语、能准时上班都可得到额外奖金，甚至很多人一年中可以有 7 个月在下午两点半就下班。政府机构中某些类型的员工只需工作 20 年到 25 年就可以退休，甚至在 20 世纪 80 年代出现政府部门的女性可以只工作 15 年就退休，所以产生了很多刚满 40 岁就开始领养老金的人。时至今日，这种现象在燃气、水电等公用设施部门仍在延续，因为这些部门与我国计划经济时期一样，过去都属于公共部门，虽然现在相当一部分已经私有化，但仍继承了原来的养老金制度。这些人实际上工作很少但所得报酬却很多，报酬明显远远高于付出。更有很多国家民众因为有较好的最低收入保障和其他补贴，如生育补贴，就在家赋闲，甚至靠着养老金到处流浪，这些都给国家社会保障带来很多负面的评价。

2. 给国家财政带来了沉重的负担并导致高税率，降低了国家的全球竞争力

过高的社会保障要么来自国家财政，要么来自企业负担，但不管其形式如何，源头仍主要来自企业，意味着企业和劳动者的税率变相提高，而全球化的趋势恰恰是企业不再被仅仅限制在本国区域，而是可以全球化投资布局，那些税率低、薪水低、假期福利少、土地价格便宜的国家就成为更多发达国家投资者的首选之地(中国在 20 世纪八九十年代实行改革开放，就提供了这样一个国际选项)。在中国这样的国家投资，不仅政府热情欢迎，给予三年税收减免的优惠，土地低价甚至免费，工人勤奋且工资低，几乎没有社会保障，加班也几乎没有怨言，更没有带薪休假的说法，与西方发达国家高工资、高福利、带薪休假、工会组织谈判罢工等威胁，简直天壤之别，因此这些投资者成群结队离开母国，投向发展中国家，中国前些年的外来投资浪潮就是这种大背景下的选择。这些外国投资者在中国享受税收优惠，获得高额利润，而这些利润在其本国不需要再纳税，这些利润就完全归投资者所有(前些年美国规定本国国民在国外的利润即使在国外已经纳税也要在美国二次交税，就是想避免这些资本对国家财政毫无贡献的问题)。对于这些资本外流的发达国家来说，财政税收来源减少，而社会保障支出却不断增加，要维持这种高福利，只好增加国内这些企业和国民的税收负担，提高他们的税率，这会逼迫更多的企业设法投资国外，如 2013 年 Facebook 创始人之一的爱德华多·萨维林就因为对税收不满移民新加坡，2013 年法国影星德帕迪约也因为税收移民俄罗斯，留在国内的国民也会丧失创业热情，这也是欧美发达国家过高的社会保障带来的负面后果，可以说过高的社会福利是导致西方国家衰退的重要原因之一。

3. 社会保障和民主选举的结合，导致民主被社会保障所绑架

西方有识之士早就预见到社会保障不断推高带来的负面后果，但政治家对此却无能为力，这是因为西方民主制度的发展赋予了民众越来越大的民主投票权，政治家要想在大选

中获胜，必须得到选民的投票支持，而政治候选人用什么来换取选民的选票呢？答案就是在政治纲领中给予选民更多的社会福利的承诺。因为对普通民众来说，政治家的政治理想、政治抱负他们并不太关心，国家的长远战略目标也不是普通民众所关注的，对于广大选民来说，社会福利是最直接的利益，是他们更关注的问题。这样，每次大选很大程度上就成了候选人关于社会福利的承诺比赛大会，哪个候选人的承诺更加切合民众的内心需求，哪个候选人的承诺更加切实可行，这个就成了广大选民给谁投票的衡量标准，这样得到广大选民支持的候选人往往并不是那些有着战略眼光、关注国家长远利益的政治家，而是更关注民众福利的政治家，甚至是一些投机分子，这些人为了能上台，不惜取宠于普通选民，承诺给予民众国家财政难以承受的过高的社会福利，从而把国家推向债务累累的不归之路，这也是当代西方民主发展的悖论。

10.5 中国社会保障制度的发展方向

在中国这样一个世界人口最多的发展中国家，国家社会保障事业的建设是一个关系国家民族前途命运的大事，而对于这样一个事关全局性的大问题，我们应该保持清醒的认识，既不能因为西方的社会保障引发的问题而踟蹰不前，也不能好大喜功，一味满足民众的需求而重蹈覆辙，应实事求是地根据中国自身国情和民族传统做出自己的判断和决策。总的来说，应该坚持做到以下几点原则。

10.5.1 量力而行，做好"补短板"工作

社会保障的发展是以国家和社会的经济发展为基础的，当经济发展到一定水平时，国家应该给予民众相应的社会保障，让民众免受疾病、贫穷、瘟疫、灾难等带来的身体上的痛苦和生活上的困境，让受困民众得到国家和社会更多的关怀和救济，感受到来自社会的温暖和热度，在经济水平允许的条件下，更要提供教育、卫生、培训等一系列有助于民众长远发展的社会福利，让更多的人不仅自食其力，更能为他人和社会贡献智慧和能力。对于当前的中国来说，我们虽然经济总量已经排在世界第二，初步建立起社会保障体系，但这并不意味着我们已经发展到较高水平。我们要清醒地认识到我国社会保障水平还很低，还存在很多短板，今后更重要的任务是补短板，即把国家社会保障的重点集中在社会困难群体等目标人群。

一是贫困人口。尽管中国发展很快，但贫富悬殊却很大，基尼系数较高，社会财富更加集中，呈现出明显的不平衡，所以国家正在加大对贫困人口的扶持力度，各级政府和企业都在集中力量和智慧来解决这个问题，社会保障应该成为扶贫的一个手段，但只是一个辅助手段，做好对贫困人口的托底工作，让这些人在脱贫前不致过于困难，脱贫后一旦返贫还要给予有效救助。

二是农民群体。长期以来，中国农业、农村、农民为中国工业的发展提供了最早的原始积累，提供了丰富自然资源和充足的劳动力资源，可以说没有中国农民这些年来源源不断的供给和奉献，就绝没有中国经济发展今天的成就。虽然近些年来，国家取消了农业税，大大减轻了农民的负担；推行农村合作医疗，基本改变了农民看病难和看病贵的难题；给

予农民种地补偿和60岁以上老年人生活补贴,一定程度上减轻了农民的生活压力,但这些都还远远不够,尤其随着农村独生子女家庭的农民渐渐变老,这些人的生活困难和养老问题是整个社会和国家无法回避的责任,单纯依靠他们的子女已经很难解决其养老问题,给予他们及时必要的照顾应该是政府、社会保障的重要任务。而那些"失独"家庭更应该成为社会保障关注的重点,解决这些人的养老问题,抚平他们的心理创伤刻不容缓。农民工群体在城市的保障问题也要给予关注,他们的医疗、失业和租房、孩子的教育和城市户籍问题都应该得到关注和逐步加以解决,而不能以城市拥挤的理由进行排挤。

三是中西部地区的社会保障应该得到国家财政的重点扶持。国家精准扶贫就是这样一个项目,但中西部地区尤其是西部地区的养老金来源匮乏问题一直以来依靠国家财政资金补贴来解决,未来可以通过资源税,特别是来自西部地区的资源税,要扣留给这些资源输出地区。对于国家已做出的划拨国有企业国有资产的决定,也应该规定给予西部地区优先权,尽快打破地方养老金管理的各自为政,实现中央对全国范围内的养老金统筹安排。还有对西部地区留守儿童如何给予有效的照顾和抚养、教育,避免贫困的代际传递,这些都应该是社会保障关注的重点。

10.5.2 控制规模,避免"养懒汉"后果

在对上述重点人群给予关注和救济的同时,也要清醒地认识到社会保障泛滥带来的显著弊端,更要清楚认识到中国人口基数的庞大,任何一项保障的推出,面对的都是一个巨大数目的支出,中国这些年发展的奥秘之一就是中国人的勤奋和吃苦耐劳的传统,如果不切实际地提高社会保障供给,可能会毁灭中国人的优良传统,代之以好逸恶劳的陋习,那只会加速国家民族的堕落,导致民族未富先衰,未强先懒,那么实现中华民族伟大复兴只成了一句空话。我们国家现行的政治制度决定了社会保障制度不会和民主选举直接关联,更不会被绑架,这给了决策者很大的决策空间和选择余地,把握好社会保障发展的节奏和标准,不能盲目冒进,更不能好大喜功,充分吸取西方国家高福利对经济发展带来严重危害的教训,在经济发展水平允许的条件下稳步推进,具体来说有以下几点需要注意。

1. 积极稳步提高退休年龄,延长在职人员工作年限

随着人口出生率的下降,劳动人口的供给逐渐减少,而人均寿命大幅上升,据统计2015年我国人均寿命为76.34岁,超过了世界中高等收入水平国家的人均寿命,接近发达国家人均寿命,而我国职工退休年龄的规定还几乎停留在几十年前的制度上,男性职工60岁退休,女性职工55岁退休,而发达国家退休年龄普遍达到65岁左右,北欧的挪威、丹麦等国家则达到67岁,早退休意味着要支付大量的养老金,而我国养老金缺口数额巨大,一直困扰着管理部门,推迟退休年龄可以尽快解决这一问题。

2. 审慎对待增加假期和缩短工作时间的福利议案

西方国家职工过长的年假、不断缩减的工作时间带来的竞争力下降值得我们警惕,企业被逼增加用工人数,提高人力资源成本,而人力资源成本日益成为很多企业最大的成本,也是很多发达国家企业投资发展中国家最重要的考虑因素,这些年因为劳动力成本因素的考量,越来越多的企业从中国转向东南亚。当然很多低端产业的转移是必然的,但过快的劳动力成本的上涨也给我国经济发展带来了很大的压力,会推动大量企业加速机器人代替

劳动力的进程,可能反过来导致大量适龄劳动力的失业问题,所以,对待假期和缩短工作时间的问题应该慎重决策。

3. 养老的社会化和传统家庭供养相结合

考虑到现在独生子女的普遍性导致子女照顾老人压力巨大,社会正在大力推动社会养老体系的建立,试图缓解老龄化和独子化带来的养老压力,但也要考虑中国传统文化中的家庭伦理因素,中国人重视情感,更多老人希望享受子孙绕膝的天伦之乐,鼓励更多家庭供养,老人在力所能及的条件下帮助年轻人照顾下一代,年轻人尽力赡养老人,使得传统家庭的养老模式得以延续而不是全部推向社会。毕竟我们还面对发达国家普遍头疼的人口出生率大幅下降的严峻问题,而很多人不愿生的一个重要原因是缺少时间和精力抚育孩子,老人愿意提供帮助的情况下有助于增加年轻人的生育意愿,减缓人口出生率下降的进程。

总的来说,相对于发达国家,我国社会保障的水平还比较低,同时也要认识到我国人均 GDP 水平距离西方国家的差距仍然很大,目前仍属于社会保障水平的初级阶段,要达到比较高的社会保障水平还有很长的路要走。值得肯定的是,我国已经基本建立了比较符合国情的社会保障制度的框架,未来只要不断完善提高,我们的社会保障水平一定能够稳步发展。

案例 10-1

汶川地震中的社会保障[①]

1. 案例背景

2008 年 5 月 12 日,中国四川汶川发生了 8.0 级特大地震,这次地震是新中国成立以来发生的规模最大、破坏程度最强的地震。地震涉及范围包括四川省的 18 个市(州)及重庆、甘肃、陕西等部分地区,受灾面积超过 10 万平方千米,直接受灾人口达 1 000 多万人,造成巨大的人员和经济损失。单单在人员损失方面,就造成 69 000 多人罹难,18 000 多人失踪,新增孤老残疾计 4 335 人,其中孤儿有 1 019 人。在此次地震中还有 8 000 多个家庭失去独生子女。地震还造成 1.6 万余个企业受灾,因灾增加 37.2 万城镇人员失业,新增加零就业家庭 5 100 户,115.2 万户农村劳动者失去土地、失去收入来源。在经济损失方面,此次地震所造成的直接经济损失总数达到了 8 943 亿元。

地震后救灾重建工作异常艰巨,不仅需要投入大量的资金,而且迫切需要社会多方面的力量参与救援,更需要社会保障政策的系统跟进,才能帮助灾民尽快渡过难关,重建家园。在救援和后续的重建过程中,原有的社会保障制度的缺陷和不足日益凸显,难以应对突发的如此严重的灾难,所以必须进行社会保障制度的创新。

2. 社会保障新政策的具体措施

在抗震救灾中,政府出台了大量社会保障新政策,对于灾后恢复和重建起到了非常重要的作用。下面就对汶川地震中出现的社会保障新政策进行详细说明。

1) 临时救助

(1) 临时生活救助包括补助金和救济粮。

首先是第一时间预拨临时生活补助金,救助对象为因灾无房可住、无生产资料和无收

---

① 吕学静. 汶川地震与中国社会保障制度的重建[J]. 社会保障研究, 2010(2).

入来源的群众。

补助每人每天10元和1斤成品粮，暂定3个月补助期限；对于"三孤"(孤儿、孤老、孤残)人员为每月每人补助600元，地震之前的"三孤"人员受灾的，补助补足到每人600元，期限为3个月。

对因灾死亡人员的家庭，政府统一按每位遇难者抚慰金5 000元的标准发放。

在3个月临时救助政策到期后，政府给予每人每月平均200元现金补助。

在后续补助政策到期后，对于生活仍有困难的群众，区别不同情况分别纳入城乡最低生活保障、农村"五保"供养和冬春灾民临时生活困难救助制度的救济范畴。

(2) 灾区倒损农房的恢复重建工作。

对灾区房屋倒塌或严重损坏、无家可归的农户重建住房，原则上按每户1万元的标准补助，中央财政安排专项资金对农村居民房屋进行修缮或重建。

(3) 地震伤员医疗救治和卫生防疫。

对地震受伤人员全部实行免费救治，给予医疗卫生机构合理补偿，相关救治费用，地方政府通过医疗保障基金、社会捐赠及财政补助等多渠道统筹解决。

2) 妥善安置"三孤"人员

(1) 孤儿安置。

① 临时安置。

对于暂时无人认领的儿童，进行有效安置。尽快将其与其他受灾群众分开，一方面尽量查找亲属给予更人性化的照顾；另一方面尽快将他们安置到省内条件较好的福利机构和公立学校，暂时集中养育或在学校寄宿。

② 长期安置。

安置措施包括：亲属优先监护、家庭收养、家庭寄养(对于无法被收养的孤儿依法开展家庭化的照料模式)、家庭养育(公开招募社会上符合条件的爱心家庭，通过建立集中或分散的家庭式设施养育孤儿)、集中供养(利用条件好的福利机构妥善安置)、学校寄宿(对在中小学就读的孤儿，结合孩子意愿，尽可能安排其在原来学校或其他条件较好学校继续完成学业)、社会助养(接受来自社会各方面的爱心人士提供捐助或志愿服务)。

(2) 孤老、孤残人员的安置。

安置措施包括：福利机构护理、居家护理(对选择在自己住所生活的孤老、孤残人员，由政府购买服务等方式，依托现有福利设施或社会中介组织，为他们提供无偿生活护理、康复护理、家政服务、精神慰藉等服务)，鼓励亲属赡养及社区照料(利用托老所、"星光老年之家"、日间照料中心，康复中心等社区服务设施)。

3) 困难大学生的资助政策

(1) 入学绿色通道扩大到高职专科。四川省以前规定只有公办全日制普通高校实行该政策，后来因为地震扩大到高职专科。

(2) 助学贷款每位学生都可申请。贷款分高校国家助学贷款和生源地信用助学贷款两种。

(3) "三金"政策：国家助学金、国家奖学金、国家励志奖学金。

(4) 勤工助学。学生在学校的组织下，利用课余时间，通过自己的劳动取得合法报酬，用于补助学习和生活费用。

(5) 特殊困难补助：各级高校和政府对困难学生在遇到一些特殊性、突发性困难时提供临时性、一次性无偿资助。

(6) 学费减免。对公办全日制普通高校中家庭特别困难、无法缴纳学费的学生，特别是那些孤残学生、少数民族学生及烈士子女、优抚家庭子女等实行减免学费政策。

(7) 师范生免费教育。在签订相关协议的情况下，免费教育师范生在校学习期间，免除学费、免缴住宿费，并补助生活费。

4) 就业援助政策

(1) 针对个人。

① 将因灾出现的就业困难人员及时纳入就业援助的范围。

② 安排公益性岗位，将就业困难人员参与的抗震救灾工作纳入公益性岗位认定范围，为其提供岗位补贴和社会保险补贴。岗位补贴为最低工资标准的50%，补贴期限为3年。

③ 鼓励从事个体经营和灵活就业。个体工商户因灾中断营业后重新开业的，按每户每年8 000元的标准扣减其当年实际应缴纳的营业税、城市维护建设税、教育费附加和个人所得税。

④ 对灾害造成的零就业家庭，派专人帮扶，确保实现至少一人就业。

⑤ 积极开展职业培训和创业培训。对灾区那些有就业意愿和培训要求的城乡劳动者按规定政府给予培训补贴。对有就业去向的灾区城乡劳动者实行免费的定向培训、订单培训。对国家规定实行就业准入的指定工种提供职业技能鉴定全额补贴。

(2) 针对企业。

① 鼓励企业吸纳就业。受灾企业重建中吸收就业困难人员的，享受税费减免等优惠政策，每人每年4 800元，并给予相应社会保险补贴。

② 因灾造成小额担保贷款原借款人死亡、丧失劳动能力及经营场所被破坏的，原贷款额度按规定列入呆坏账处理。

(3) 针对对口地区就业服务政策。

① 各地就业服务机构对灾区外出务工者实行专门帮扶，提供免费就业服务和信息。

② 对有技能培训需求的劳动者，开展技能培训和职业技能鉴定，给予培训补贴和鉴定补贴。

③ 各地企业吸纳灾区劳动者，减免税费，招收一个减免4 000元。对于劳动密集型中小企业，愿意吸纳受灾群众且达到一定比例的，根据吸纳人数给予小额担保贷款，小额担保贷款限额原则上不超过100万元，国家承担社会保险费。

(4) 针对异地就业人员。

对外出打工的灾区劳动者，给予一次性培训补贴、路费补贴。

5) 社会保险政策方面的创新

对于缴纳社会保险困难的企业和个人，政府也做出特殊规定，可以缓缴保险费，缓缴期限一般不超过3年，缓缴期间不征收滞纳金，不计利息，参保人员享受相应的社会保险待遇。

(1) 养老保险新政策。

① 养老保险欠费可以申请核销。凡参加城镇基本养老保险的企业，如因地震灾害关闭破产，在资产清偿不足的情况下，可按规定申请，对于关闭破产前缴纳的社会统筹部分

养老保险费(包括本金、利息、滞纳金)予以核销。对于应计入职工个人账户的养老保险费涉及职工个人的缴费指数、缴费年限等个人切身利益，按规定不予核销。

② 办理内部退养。对因灾困难企业距法定退休年龄不足 5 年的职工，经本人申请，按规定办理内部退养。退养期间，由企业发给生活费，企业和退养人员按规定继续缴纳社保费直到职工达到法定退休年龄。

③ 因灾致残提前办理退休。对于参加了城镇企业职工基本养老保险且本人累计缴费年限满 15 年的职工和个体参保人员，因灾且非因工致残完全丧失劳动力的，相关机构可为其提前办理退休、退职手续，鉴定完次月可领养老金。参加了基本养老保险的职工、个体参保人员，因灾死亡的，其法定继承人(或直系亲属)可领取丧葬补助费和一次性抚恤金。

(2) 医疗保险。

① 因震受伤的后续医疗可报销。因灾不能正常申报缴纳医疗保险费的参保单位和个体参保人员，可按规定申报缓缴医疗保险费。地震受伤人员参加了医保，符合医保规定的，"后续治疗"所发生的治疗费用，按照相关政策予以报销支付，不足部分由城乡医疗救助资金和社会捐助资金等予以补助。

② 居民和农民医疗保险的个人缴费由医疗救助资金负担。

(3) 失业保险。

① 降低失业保险费率。

② 保障困难职工基本生活。参加失业保险的企业因灾停产、歇业期间，对这些暂时失去工作的职工，发放失业保险金。

③ 鼓励失业人员自主创业。灾区的失业人员如果参加失业保险的，自谋职业、自主创业的，可一次性领取失业保险金；自主创业并招用其他失业人员就业的，经失业保险经办机构核实，从失业保险基金中一次性给予 3 000 元创业补助金。

(4) 工伤保险。

对地震中因工死亡人员的工伤保险待遇一次性给予工伤补助金 9 142 元，丧葬补助金 10 970.52 元，因工致残人员按照致残级别给予伤残补助金。对于因工死亡的配偶亲属给予相应不同标准的工资计发。

3. 成效

以上一系列社会保障新政策，取得了不错的成效。

首先，临时救助措施对于解决灾民即时的基本生活问题有很大帮助，阻止了地震后不利影响的扩大。

其次，社会保险的缓缴、免缴是前所未有的创新举措，对于稳定企业、帮助企业渡过难关作用很大。同时灾后重建的社保政策还将个体参保人员纳入进来，完善了社保体系。

失业保险基金在促进就业方面只有两个支出渠道，即职业介绍和就业培训。而地震时将失业保险基金的支出范围扩大，规定将从事地震抢险工作列为公益性岗位，从失业保险基金中支付社会保险补贴和岗位补贴。还有支持创业而给予多种税的减免，发放小额贷款，异地就业的路费国家给予补贴等，这些都极大地发挥了失业保险促进就业的功能。

据统计，2008 年，在汶川地震中，从中央到地方各级财政共投入 674 亿元救灾资金，并且中央财政为地震灾区恢复重建还专门设立了 3 000 亿元基金，2009 年中央财政又追加了 1 300 亿元用于灾后重建。

4. 不足

由于地震事发突然，原有的社会保障体系也存在许多不足，这些不足在灾后恢复和重建过程中凸显。

首先，因社会保险统筹层次低带来调剂能力不足的问题。在地震中，由于工伤保险赔付过于集中，四川省级基金出现了严重不足。根据这种特殊情况导致的工伤保险基金出现的支出大于收入的严峻现实，为了保证伤残人员救治费用的及时兑付，国务院决定，在地方尽快实行市级或省级统筹、允许调拨历年结余、加大基金统筹力度解决的基础上，对于仍不能支付的，同意必要时可动用部分全国社会保障基金。据此，2009年1月，财政部会同人力资源和社会保障部从全国社会保障基金中调拨资金6.8亿元下达四川省，补充德阳、绵阳、广义、阿坝四个重灾市州工伤保险基金的不足。

其次，许多政策未入法律体系，将救灾政策入法能更好地发挥指导作用和保证实施。本次地震中的临时救灾政策，如社会保险缴费的缓缴、免缴和降低费用的政策，失业保险中的促进就业的政策等，都具有创新性，在后来的社会保障制度变革中得以保留下来，这些是值得肯定的。日本的经验值得借鉴，日本是地震频发的国家，该国非常注重对危机事件发生后问题的处理工作的立法，建立了一系列完善的防灾减灾法律法规体系，按照法律内容和性质分为基本法、灾害预防和防灾规划相关法、灾害应急相关法、灾后重建和恢复法及灾害管理组织法五大类，共由52部法律构成。此外，法律还对违规使用救灾款项等违法行为做出了具体处罚规定，以避免灾害救助资金损失、浪费及挥霍等现象发生。因此，中国也应该将适用的紧急政策入法，形成完善的社会保障法律体系。

5. 小结

汶川地震破坏范围大，程度深，对灾后紧急重建恢复工作提出了很高的要求。在中央的统筹决策、全面指挥下，形成了一系列的制度突破、机制创新，这些实践经验的积累和反思将有利于应对以后的重灾事件。我们应该把应急机制中值得保留的经验作为长效机制固定下来，这无疑是一种更高层次的"重建"。我们要提高社会救助水平，加强社会福利体系建设，将地震时期的社会政策的创新和进展，作为我们改革社会保障制度的新起点，最终使之成为常态的中国社会保障制度。

案例10-2

韩国社会保障的发展[①]

1. 案例背景

韩国从20世纪60年代初开始通过工业化实现国家经济短期内的爆发式增长，从一个极度落后的农业国一跃发展成为人均2万美元(2010年)的中等发达国家，伴随经济的发展，韩国社会保障事业的发展也经历了快速增长。2010年，韩国的社会福利支出大概占GDP总额的10%，由于具备了大多数的社会福利制度，所以可以说韩国进入了福利国家的初级阶段。如果把韩国近代社会福利的真正出发点从20世纪60年代初开始算起的话，那么韩国拥有仅耗时50年就步入了福利国家初级阶段的独特经验。

因此，作为一个后发的东亚国家，韩国的经验对我国的社会保障事业发展具有很大的

[①] 金渊明. 韩国社会福祉体系的基本结构及特点[J]. 社会保障研究，2010(2).

研究价值和借鉴意义。

2. 社会福利事业发展历程

1) 近代福利制度的形成阶段：1962—1997 年

从 20 世纪 60 年代初开始，韩国先后制定了医疗保险法(1963 年)、产业灾害险(1963 年)、公共补助制度——生活保护法(1961 年)、儿童福利法(1961 年)，以及囊括了社会福利制度的法律——社会福利相关法律(1963 年)。但是当时这些法律实际上多数有名无实，最终实施并执行的只有产业灾害保险(即工伤保险)制度。医疗保险方面，政府虽然制定了法律但并未真正执行，生活保护与儿童福利法也只有极少数缺乏家庭保护的人得到机构收容人员提供的帮助，所以并不能把相关法律的制定当作施行了真正意义上的现代社会福利制度。

韩国真正意义上的现代社会福利制度起源于社会保险的引入。1961 年开始的公务员年金与 1963 年开始的军人年金，以及 1973 年推行的私立学校教员年金制度(1973 年)等特殊职业种类年金制度，这些年金制度首先以社会保险的形态开始施行。而其他一般职种的社会保险制度以 1964 年在大企业的劳动者中推行的产灾保险为开端，之后把适用范围逐渐扩展到了中小企业。韩国在 20 世纪 70 年代到 80 年代这段时间，从一个农业国家迅速进入工业国行列，国民收入的增加与工薪劳动者人口的增加为社会保险制度的迅速发展奠定了坚实的基础。而随着工薪阶层人数的增加，意味着社会保险的受益对象也不断扩大。例如，1967 年政府规定把产灾保险适用对象范围扩大到 100 人以上的企业，1982 年又把适用对象范围扩大到 10 人以上的企业。

韩国在 1977 年开始建立医疗保险制度。医疗保险与产灾保险一样，也经历了一个逐步推广的过程，最初在 500 人以上的大型企业试验推行，之后分步骤在中小企业中一步步扩大制度适用范围。1977 年在 500 人以上的大型企业开始实施，到 1988 年就把受益者范围扩大到 5 人以上企业与农村地区居民，再到 1989 年延伸到在城市一般居民中强制推行，只用了 12 年就实现了医疗保险的全民普及。当时韩国是继日本之后亚洲第二个实行全民医保的国家，医疗保险成为了韩国最初的、普及公平的社会保险的范例。

20 世纪 80 年代进行了社会福利关联法的大量制定。在 1981 年的老人福利法与身心残疾人法、1982 年的生活保护法制定后，韩国的保障水平得到了提高。但是当时在保护老年人、残疾人和极贫人群方面，与国家义务相比，更加强调家庭抚养的传统责任，国家只承担为那些缺乏家庭保护的老年人、残疾人和极贫群体提供保障救济。1988 年开始实施了以一般国民为对象的国民年金制度。但国民年金制度实施时与医疗保险不同，它没有选择以往采用的"职种别"的运作方式，而是从制度实行初就选择把工薪阶层和个体劳动者包括在同一个制度之下。国民年金制度于 1995 年把制度适用对象扩大到了农渔民，1998 年开始强制城市个体劳动者参保，从而实现了全民共享的年金制度。

1995 年，韩国开始施行雇佣保险(即失业保险)，并由此完善了失业者的保障制度，至此在韩国终于确立了基本的四大社会保险制度。

2) 社会福利制度的调整完善阶段：1997 年以后

1997 年以后的韩国社会开始面临与之前完全不同的社会经济环境。东南亚金融危机的爆发，终结了韩国此前几十年的高速发展的态势，"两极化"的劳动力市场的出现与收入分配结构的恶化，90 年代以后开始显现的老龄化和低生育率问题带来了经济社会环境急剧变化，这些都对韩国的社会福利制度产生了相当大的影响。

东南亚金融危机以后发生的大规模失业与极贫人口的增加凸显了原有公共补助制度(生活保护制度)的不足,促进了以人权为基础的国民生活保障制度的确立。同时,在2000年年初国家从形式上把实际上被四大保险排斥在外的非正式劳动者与零散就业人员(1人以上企业的劳动者)囊括到了社会保险制度内,客观上强化了社会保险制度的普及性。同时为了促进女性就业而扩大了生育服务领域,原来只针对极贫层就业女性的生育服务开始扩展到了中产层,同时政府也加大了财政支援力度,截至2000年年初,相当数量的中产阶级也获得了生育服务的支援。老龄化的加速也带来了老人福利服务领域的强化,典型事件是制定了为独居老人提供机构养老保护的"老人长期护理保险制度"(2008年)。虽然目前老人长期护理保险制度主要为一些生活不能自理的重症老人提供服务,但享受这项服务的人群正在不断扩大。

低生育、老龄化的进程一方面带来了社会福利服务的膨胀,另一方面带来了年金制度的紧缩。因为低生育率和老龄化问题导致的财政紧张,韩国不得不下调养老金的收入替代率。为了补充国民年金养老金水平下滑带来的不足,韩国于2008年引入了向大多数无法领取养老金的老人——70%的65岁以上老人,提供每月9万韩币津贴的基础老龄年金制度。

从20世纪90年代中期开始,韩国就着手对原有的社会福利制度进行调整。最典型性的事件是,将原来由400多个不同职业、地区为单位运营的"多保险者方式"的医疗保险制度转换成为全国单一组织的"单一保险者方式"。所谓"多保险者方式"是指参保者的连带单位为企业或地区,而所谓"单一保险者",则意味着参保者的连带单位扩大到全国,这是一个十分显著的变化。因为医疗保险上"单一保险者方式"的确立,韩国的社会保险实现了除公务员、军人等个别年金制度外,几乎把所有职业种类都囊括在以全国为连带单位的同一制度覆盖下,实现了韩国式的社会保障制度目标。

原有福利供给体系的调整还在社会服务领域里引入了"代金券"制度。传统的韩国福利服务政策主要是由国家通过财政预算拨款给社会福利机构,然后得到预算拨款的机构再向福利对象提供福利服务的这种供给方式。但是2000年以后,实行了"代金券"方式,即不再经过福利机构而直接向福利对象(消费者)提供直接服务选择权方式。例如,从2009年正式实施的儿童哺育服务代金券制度,之前国家提供的儿童哺育支援费是由中央政府下发给地方自治体,最后以现金形式直接发放给哺育机构的,但是在代金券制度下消费链条转变成:由国家提供的哺育支援金——定额,被做成代金卡,直接发放到哺育服务的最终消费者,由他们自主选择自己满意的哺育机构,这样可以更好地促进哺育机构之间进行有效的竞争,为消费者提供更贴心的服务。

3. 发展成效

2010年,韩国的社会福利支出大概占GDP总额的10%,由于制定并实施了大多数的社会福利制度,所以总的来说,韩国进入了福利国家的初级阶段。如果从20世纪60年代开始计算,那么韩国实际上仅耗时50年就步入了福利国家初级阶段的水平,这方面的经验也是韩国所独有的。但与OECD(经济合作与发展组织)成员国社会福利支出占GDP总额22.7%的平均水平相比要低很多,对低收入者还存在较大的歧视和不公平。

通过代金券制度的引入,老人照看、残疾人活动辅助、低收入阶层的疾病看护等社会福利服务领域得到扩大,同时也大幅增加了提供这些福利服务的供给机构数量,刺激了社会服务市场规模的扩展,这一领域的就业岗位也随之增加。此外,在过去的供给者支援方式下,哺育补助金被政府直接提供给了哺育机构,消费者没有选择,哺育机构往往服务态度差,效率低下。而在新的代金券制度下哺育消费者可以获得一定金额的现金卡,因此他们也可以选择供给者。在这种代金券制度引入后可以有效地解决原供给者支援体制下出现的供给者缺乏竞争、机构管理中发生道德风险(侵吞国库资金),以及浪费行政管理费用等问题。但是由于韩国政府管理着服务价格,以及消费者选择权未能充分利用,因此,服务机构的服务质量仍有待进一步提高。

4. 发展中存在的问题

(1) 按照收入由高到低的推行方式带来了很多阻挠。韩国社会保险的发展特点是选择从高收入劳动者入手,再逐步扩大到低收入劳动者的自上而下的过程,在年金、医疗保险、雇用保险等所有制度的实施过程中都遵循这一路径。与更加需要社会保护的低收入阶层相比,由于高收入劳动者首先成为制度受惠对象的这一原因,致使韩国20世纪90年代后在试图推行囊括低收入劳动者在内的普遍主义社会保险制度的过程中遇到了很多困难。

(2) 韩国不同险种的保险采取不同的运营方式会导致区域和职业的差异,激化矛盾。欧洲大部分社会保险是按照职业种类划分后,以此为标准区别运营的"职种别"社会保险制度。韩国的产灾保险并不依据职业种类划分进行独立运营,而是从开始制定制度时就把全国所有劳动者都纳入同一制度,按照全国统一单位来运营的。而韩国的医疗保险却是选择了类似欧洲运作模式——按照职业种类和地区为单位来划分并分别独立运作的组合主义运作模式。这种按照职业种类和地区为单位落实的分离式管理方式,导致了地区间保险费负担与保险受惠的明显不平等,容易造成社会矛盾。

(3) 从保障分配结构来看,非正规劳动者仍然未得到有效的保障。对国民年金与健康保险而言,如果雇佣状态是工薪劳动者的话就会以"职场参保者"身份强制参保,雇佣保险与产灾保险对于工薪劳动者的标准也是一样。虽然正规劳动者多数会被严格按照这一标准参保,但非正规劳动者却没有被严格按照这一标准参保,他们往往被划为"地区参保者"或被排除在社保之外,这就是韩国社会保险的最大漏洞。

(4) 给予特殊人群的补助和福利整体还不足。与飞速发展的社会保险制度相比,针对老人、儿童、残疾人和女性等特殊人群的社会福利服务和救助制度明显不足,仍然处于较低水平。虽然为了解决儿童哺育问题,韩国于1991年制定了婴幼儿哺育法,同时也制定了许多与老人、儿童、女性相关的社会服务供给方面的法律依据,但是这些举措依旧强调了家庭责任,而社会救助是仅针对无法从家庭得到帮助的少数阶层的选择主义制度。公共补助并没有作为一种社会权利来提供,而是对极贫群体的一种形式上的保护。

5. 小结

如前所述,韩国社会福利事业与其经济发展经历了相似的高速膨胀的发展历程,其社会福利水准已经进入了西方国家曾经经历过的福利国家初级阶段,这是其发展取得的主要成就。此外,由于收入分配结构的恶化,低生育、老龄化问题的加剧,民众对于社会福利的需求预计还会进一步增长,社会福利的膨胀趋势还会持续,对财政的压力会越来越大。并且韩国社会福利事业的发展也存在着许多问题和漏洞,如果不进行修补,将会阻碍其福利事业的持续发展。

复习思考题

1. 社会保障的功能有哪些?
2. 社会保障的主要模式有哪些? 主要内容是什么?
3. 如何评价欧洲国家的社会保障制度的现状?
4. 中国未来的社会保障制度发展应该注意哪些方面?

参 考 文 献

英文文献

[1] A.Shleifer. A Theory of Yardstick Competition[J]. Rand Journal of Economics, 1985.

[2] Allyn Young. Increasing Return and Economic Progress [J]. The Economic Journal, 1928, 38(152): 527-542.

[3] Axelrod R.. The Emergence of Cooperation Among Egoists[J]. American political Science Review, 1981(75): 306-318.

[4] Coase, Ronald H. [1988] 1990. The Firm, the Market, and the Law[M]. Chicago: University of Chicago Press, 2012.

[5] Coase, Ronald H. 1991. "Ronald H. Coase Prize lecture". http://www.nobleprize/economic-science/1991/coaselecture.

[6] Hayek, Friedrich A. [1948] 1980. Individualism and Economic Order. Chicago: University of Chicago Press, 1996.

[7] Herderson. A Note on the Economics of Public intermediate Inputs[J]. Economics, 1974:323-327.

[8] IMF. Government Finance Statistics Yearbook. 2008-10-15.

[9] J F Due. Government Finance: Economics of the Public Sector[M]. Richard D. Irvin Illinois,1981.

[10] J H Ellis, W. Fellner. External Economies and Diseconomies[J]. American Economic Review, 1943, 23(3): 493-511.

[11] Lionel Orchard, Hugh Stretton. Public Choice[J]. Cambridge Journal of Economics，1997.

[12] Michael E. Porter. Clusters and New Economics of Competition[J]. Harvard Business Review, 1998, 11.

[13] Musgrave R A. Fiscal Systems[M]. New Haven: Yale University Press, 1969.

[14] Peacock, Alan, Jack Wiseman. The Growth of Public Expenditure in the United Kingdom[M]. Princeton: Princeton University Press,1961.

[15] P Romer. Increasing Returns and Long-run Growth[J]. The Journal of Political Economy, 1986, 94(5): 1002-1037.

[16] Radner, R. Collusive Behavior in Non-cooperative Epsilon Equilibria of Oligopolies with Long but Finite Lives[J], Journal of Economic Theory, 1980, 22: 136-154.

[17] R H Coase. The Problem of Social Cost [J]. The Journal of Law and Economics, 1960,2(1): 1-44.

[18] Rostow • W W. Politics and the Stages of Growth[M]. Cambridge: Cambridge University Press,1971.

[19] Rostow • W W. The Stages of Growth: A Non-Communist Manifesto[M]. Cambridge: Cambridge University Press,1960.

[20] Stephen J Bailey. Public Sector Economics: Theory, Policy and Practice[M]. Macmillan: Macmillan Press LTD,1995.

[21] Xiao Kai Yang, Jeff Borland. A Microeconomic Mechanism for Economic Growth[J]. Journal of Political Economy, 1991(99):460-482.

中译本文献

[1] [英]阿尔弗雷德·马歇尔. 经济学原理[M]. 刘生龙, 译. 北京: 中国社会科学出版社, 2007.

[2] [美]鲍德威·威迪逊. 公共部门经济学[M]. 北京: 中国人民大学出版社, 2000.

[3] [美]鲍莫尔. 福利经济与国家理论[M]. 北京: 商务印书馆, 1982.

[4] [美]布坎南. 自由、市场和国家[M]. 北京: 北京经济学院出版社, 1988.

[5] [美]布坎南, 瓦格纳. 赤字中的民主[M]. 北京: 北京经济学院出版社, 1988.

[6] [美]丹尼尔·F. 史普博. 管理与市场[M]. 余晖, 译. 上海: 上海三联书店、上海人民出版社, 1999.

[7] [美]丹尼斯·缪勒. 公共选择理论[M]. 北京: 中国社会科学出版社, 1990.

[8] [英]大卫·李嘉图. 政治经济学及赋税原理[M]. 北京: 商务出版社, 2013.

[9] [美]坦齐, [德]舒克内希特. 20世纪的公共支出[M]. 北京: 商务印书馆, 2005.

[10] [美]范里安. 微观经济学: 现代观点[M]. 7版. 上海: 格致出版社, 2009.

[11] [美]乔治·J. 施蒂格勒. 产业组织和政府管制[M]. 潘振民, 译. 上海: 上海三联书店、上海人民出版社, 1996.

[12] [美]罗杰·勒罗伊·米勒. 公共问题经济学[M]. 北京: 中国人民大学出版社, 2014.

[13] [德]马克思, 恩格斯. 马克思恩格斯全集[M]. 北京: 人民出版社, 1965.

[14] [英]马歇尔. 经济学原理[M]. 北京: 商务印书馆, 1984.

[15] [英]庇古. 福利经济学[M]. 台北: 台原出版社, 1971.

[16] [美]保罗·萨缪尔森. 经济学. 上册[M]. 北京: 商务印书馆, 1979.

[17] [美]保罗·萨缪尔森. 经济学[M]. 北京: 首都经贸大学出版社, 1996.

[18] [美]斯蒂格利茨. 公共部门经济学[M]. 北京: 中国人民大学出版社, 2000.

[19] [美]萨缪尔森. 经济学[M]. 北京: 商务印书馆, 1979.

[20] [英]亚当·斯密. 国民财富的性质和原因的研究[M]. 北京: 商务出版社, 1997.

[21] [美]詹姆斯·姆斯布坎南. 民主过程中的财政[M]. 上海: 上海三联书店, 1992.

中文文献

[1] 安虎森, 朱妍. 产业集群理论及其进展[J]. 南开经济研究, 2003.3: 31-36.

[2] 财政部. http://yss.mof.gov.cn/zhengwuxinxi/caizhengshuju/201704/t20170407_2576919.html, 2017-04-07.

[3] 陈共. 财政学[M]. 北京: 中国人民大学出版社, 2015.

[4] 杜建刚. 中国政府规制改革的方式和途径[J]. 江海学刊, 2002.

[5] 张力. 2000年中国教育绿皮书[M]. 北京: 教育科学出版社, 2000: 51-53.

[6] 方福前. 公共选择理论——政治的经济学[M]. 北京: 中国人民大学出版社, 2000.

[7] 范晓屏. 工业园区与区域经济发展[M]. 北京: 航空工业出版社, 2005.

[8] 凤凰网财经. http://finance.ifeng.com/opinion/jjsh/20090927/1287758.shtml, 2017-12-22.

[9] 高培勇, 宋永明. 公共债务管理[M]. 北京: 经济科学出版社, 2004.

[10] 高培勇. 公共经济学[M]. 北京: 中国人民大学出版社, 2012.

[11] 顾建光, 王树文, 王琪, 杨林. 公共经济学原理[M]. 上海: 上海人民出版社, 2007.

[12] 顾建光, 等. 公共经济学原理[M]. 上海: 上海人民出版社, 2007.

[13] 郭庆旺, 等. 公共经济学大辞典[M]. 北京: 经济科学出版社, 1999.

[14] 韩康. 公共经济学[M]. 北京: 经济科学出版社, 2006.

[15] 黄恒学. 公共经济学[M]. 北京：北京大学出版社，2002.

[16] 黄新华. 公共部门经济学[M]. 上海：上海人民出版社，2010.

[17] 黄宗智. 国营公司与中国发展经验："国家资本主义"还是"社会主义市场经济"？[J]. 开放时代，2012(9).

[18] 惠宁. 产业集群理论的形成及其发展[J]. 山西师大学报，2005，32(6)：40-44.

[19] 金戈，赵海利. 公共支出分析[M]. 杭州：浙江大学出版社，2015.

[20] 金维新. 反腐败论析[M]. 上海：上海人民出版社，1996.

[21] 寇铁军. 财政学教程[M]. 大连：东北财经大学出版社，2006.

[22] 李春根，廖清成. 公共经济学[M]. 武汉：华中科技大学出版社，2017.

[23] 李冬妮. 公共经济学[M]. 广州：华南理工大学出版社，2007.

[24] 刘红，唐元虎. 外部性的经济分析与对策——评科斯与庇古思路的效果一致性[J]. 南开经济研究，2001(5)：45-48.

[25] 刘佳. 问"一把手"要绿绩[J]. 南方周末，2017-10-14.

[26] 刘金章. 社会保障理论与实务[M]. 北京：清华大学出版社、北京交通大学出版社，2010.

[27] 刘宇飞. 当代西方财政学[M]. 北京：北京大学出版社，2000.

[28] 卢现祥，环境、外部性与产权[J]. 经济评论，2002，(4)：70-74.

[29] 洛杉矶光化学烟雾事件. 百度百科. 2013-04-03.

[30] 马世琨. 美中2017年军费开支之比较[EB/OL]. (2017-03-17)[2020-11-20]. http://cn.chinausfocus.com/peace-security/20170317/13701.html.

[31] 牛淑珍，杨顺勇. 新编财政学[M]. 上海：复旦大学出版社，2005.

[32] 彭丁带. 控制国外污染转移与污染者自负原则的确立[J]. 求索，2007，(12)：83-85.

[33] 石涛. 政府规制的"成本——效益分析"：作用、内涵及其规制效应评估[J]. 上海行政学院学报，2010.

[34] 盛维. 从经济学视角看我国反垄断立法的必要性[J]. 郑州经济管理干部学院学报，2006.

[35] 孙开. 公共经济学[M]. 武汉：武汉大学出版社，2015.

[36] 搜狐网. 我国财政性教育经费支出占GDP比例首次实现4%[EB/OL]. (2012-03-05)[2020-11-20]. http://news.sohu.com/20120305/n336688434.shtml.

[37] 王传纶，高培勇. 当代西方财政经济理论[M]. 北京：商务印书馆，1995.

[38] 王宏新，等. 公共经济学案例教程[M]. 北京：清华大学出版社，2013.

[39] 王沪宁. 反腐败：中国的实验[M]. 上海：三环出版社，1990.

[40] 辛波，朱智强. 财政学[M]. 北京：中国金融出版社，2011.

[41] 王玮. 税收学原理[M]. 北京：清华大学出版社，2016.

[42] 王俊豪. 英国政府管制体制改革研究[M]. 上海：上海三联书店，1998.

[43] 温铁军. 八次危机[M]. 上海：东方出版社，2013.

[44] 吴雨欣. 选举民主中多数裁定原则的合理性与有限性[J]. 理论学刊，2010.

[45] 谢贞发. 产业集群理论研究述评[J]. 经济评论，2005，(5)：118-124.

[46] 徐康宁. 产业聚集形成的源泉[M]. 北京：人民出版社，2006.

[47] 许彬，陈春良，游旭平. 公共经济学[M]. 北京：清华大学出版社，2012.

[48] 许霄云. 公共选择理论[M]. 北京：北京大学出版社，2009.

[49] 杨春洗. 腐败治理论衡[M]. 北京：群众出版社，1999.

[50] 杨燕绥，阎中兴，等. 政府与社会保障[M]. 北京：中国劳动社会保障出版社，2007.

[51] 袁振国. 缩小差距——中国教育政策的重大命题[J]. 北京师范大学学报，2005，3：5-15.

[52] 张海星. 公债学[M]. 大连：东北财经大学出版社，2008.

[53] 张五常. 经济解释——张五常经济论文选[M]. 北京：商务印书馆，2000：81-109.

[54] 张向达，赵建国，吕丹. 公共经济学[M]. 北京：中国商业出版社，2008.

[55] 郑功成. 社会保障概论[M]. 上海：复旦大学出版社，2005.

[56] 郑功成. 中国社会保障论[M]. 武汉：湖北人民出版社，1994.

[57] 植草益. 微观规制经济学[M]. 朱绍文，译. 北京：中国发展出版社，1992.

[58] 中华人民共和国国家统计局. 中国统计年鉴(2015)[M]. 北京：中国统计出版社，2015.